MW01626315

М.Я.АНУФРИЕВА

ИСКУССТВО БИСЕРОПЛЕТЕНИЯ

СОВРЕМЕННАЯ ШКОЛА

КУЛЬТУРА И ТРАДИЦИИ

ББК 37.248
А 73

Художник
Надежда Ильенко

Фото: *Виталий Степанов*

Фотосъемка сделана с изделий и образцов, любезно предоставленных *М.Я. Ануфриевой,* мастерами школы-студии и творческой мастерской "Искусство бисероплетения"

Издательские оригиналы схем и рисунков выполнены с авторских разработок *М.Я. Ануфриевой*

На обложке:
Корытина Ю.А. Воротник «Синева».
Фролова О.В. Цепочка «Якорная».
Корнеева С.М. Цепочка «Янтарная».

На авантитуле и титуле:
Агеева Л.М. Ожерелье «Бирюза».
Корнеева С.М. Лента «Янтарная».
Лента «Медовая».
Фролова О.В. Цепочка «Желтые цветы».
Лента «Ручеек».
Юнеева Р.Г. Цепочка «Апрель»

ISBN 5 — 86444 — 066 — 3

Моим родителям посвящаю

От автора

Украшения из бисера — со вкусом и качественно выполненные — не уступают дорогим ювелирным. Даже строгий деловой наряд бисерное украшение преобразит и сделает неповторимым. А выполненные из бисера предметы интерьера — абажур на настольную лампу, рамка для фотографии, гобелен-миниатюра, салфетки, оплетенные стаканы, сосуды, вазочки, различные шкатулки и многое другое создают в доме уют и приподнятое настроение.

Работа с бисером развивает художественный вкус, воспитывает терпение, приучает к аккуратности и в конечном итоге приносит огромное удовлетворение.

Эта книга — попытка систематизировать и обобщить опыт работы с бисером, накопленный нашими предшественниками и современниками. Насколько это удалось — судить читателям.

Сердечно благодарю всех тех, кто помогал мне в подготовке книги:

в первую очередь моего мужа — Владимира Серапионовича, который на протяжении всей работы над книгой был и советчиком, и строгим критиком;

моих учениц и друзей, мастеров Светлану Михайловну Корнееву, Галину Александровну Кадобнову, Наталию Николаевну Новикову, Юлию Анатольевну Корытину, оказывавших мне постоянную дружескую поддержку;

всех учащихся (1996 — 1998 гг. обучения) школы-студии «Искусство бисероплетения» и мастеров творческой мастерской, которыми я руковожу много лет, предоставивших свои работы для издания.

Из истории бисера

Бисерные работы – живое предание старины. Ведь бисер, как материал, более устойчив к влиянию времени, нежели шелк или шерсть, и потому, если изделие не имеет никаких механических повреждений, оно доходит до нас в той красочной гамме, которая создана в далеком прошлом. Это роднит бисер с живописью по эмали и фарфору, которые также сохранили для нас вкусы и замыслы отдаленных поколений.

Родиной бисера считается Древний Египет. Там из непрозрачного стекла изготавливали крупные бусы. Процесс обработки стекла совершенствовался, бусины становились все мельче и мельче. Так появились бисер – мелкие скругленные бусинки и стеклярус – бусы в виде трубочек, выплавлявшиеся из цветного стекла.

Бисер был известен в Античном мире. У некоторых народов он служил меновой монетой. В Африке, например, в рабовладельческие времена всего за несколько связок бисера можно было купить раба. Бисер наделяли магической силой, приписывая ему свойства оберега.

Наибольшего совершенства производство бисера достигло в Венеции. Знаменитые стекольные мастерские острова Мурано с XIII по XVII век не знали себе равных. Рецепты изготовления прозрачного и цветного венецианского стекла строго оберегались – за их разглашение полагалась смертная казнь. Венецианский бисер наводнил весь мир, принося колоссальные богатства производившей его стране. Он был такой тонкой выработки, что нашитый на холст ряд бисеринок оказывался равным толщине нитки этого холста. Характерной чертой венецианского бисера была его круглая форма.

Особой интенсивностью производство бисера отличалось в XV и начале XVI веков. В этот период появился новый рынок сбыта бисера в связи с открытием Америки, где бисер глубоко вошел в культуру американских индейцев.

В конце XVII – начале XVIII века бисер начали изготавливать в Германии и Франции, а к концу XVIII века самым значительным конкурентом Венеции стала Богемия (Чехия). Благодаря соперничеству этих двух главных бисерных центров мелкий бисер для вышивания становится все разнообразнее, что дает возможность первой четверти XIX века превзойти все предыдущие периоды по количеству и качеству бисерных работ.

В конце XIX века в результате изобретения машины для производства бисера в Богемии появился дешевый бисер. В это же время происходит спад интереса к бисерному рукоделию. Бисер становится более крупным, бледнеют его цвета и оттенки.

На Руси бисер был известен с давних времен. Здесь уже во времена Киевской Руси (IX–XII вв.) в кустарных стекольных мастерских делали не только стеклянные бусы, браслеты, но и бисер. Он получил хождение наряду с жемчугом, который особо любили на Руси. Отметим, кстати, что в русских толковых словарях XV – XVII веков словом «бисер» обозначали жемчуг («бисер», «перлы», «жемчуг»). Только во второй четверти XVII века в письменных источниках упоминается цветной, то есть стеклянный бисер. Так стали называть мелкие стеклянные бусы, внешне напоминавшие жемчуг. Термин «стеклярус» возник еще позднее.

Татаро-монгольское нашествие надолго остановило стекольное производство и вплоть до XVIII века бисер был привозным. Он был дорог и использовался лишь среди высшего духовенства и при дворе: им декорировали одежду и предметы культового обихода, позже – усадебного интерьера. Постепенно использование бисера достигает значительных размеров, что побуждает правительство принять меры к открытию его производства в России. А в 1752 году М.В. Ломоносов учредил в Усть-Рудице (под Ораниенбаумом) мастерскую для изготовления бисера, стекляруса и мозаики по изобретенным им рецептам выплавления цветного стекла. По качеству бисер ломоносовских мастерских был близок к венецианскому. Работы в мастерских велись с 1754 по 1765 год. После смерти ученого они были прекращены, а потребность в бисере и стеклярусе попрежнему удовлетворялась за счет привозного.

«Каждому народу достается наследство от предыдущих поколений, сделанное их руками, созданное их гениями и талантами. Громадно, обширно наследство русского народа, – пишет М.Н.Мерцалова в книге «Поэзия народного костюма». – Веками копилось оно, и вкладывали в него русские люди не только свой труд, но и свою душу, свои мечты, надежды, радости и горести. Уходило и терялось многое – время не щадило человека и его творения, но то, что сохранилось, что дошло до нас, открывает нам неповторимый, дивный лик народа-творца, очищенный от всего случайного, наносного, способного исказить истинный смысл созданного им».

Техника работ с бисером разнообразна. Это – вышивка, вязание крючком и на спицах, низание, плетение, ткачество, мозаика на воске, наклеивание на кожу. На Руси наиболее популярной была вышивка. Мастерицы работали с мельчайшим бисером. Иглы использовали специальные, особо тонкие – немецкие или английские. Если же и эта игла не проходила через отверстие бисера, то вместо нее брали щетинку, конец которой расщепляли и вкладывали туда нитку. Или кончик нитки покрывали воском, нанизывали бисерину, затем продевали нитку в иголку и делали стежок, нитку выдергивали из иголки – и все повторялось заново. Низание и плетение использовалось при создании отделки крестьянского костюма. Бисер низали на нить или конский волос (из хвоста жеребенка).

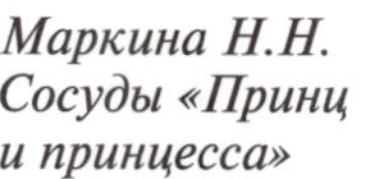

Маркина Н.Н. Сосуды «Принц и принцесса»

В разных местностях бытовали свои традиции. В соответствии с ними украшения из бисера носили каждый день или только в праздник, до старости или только в молодые годы. Очень распространены были ажурные воротники — «ошейник», «сетка», «подгорлок» (теперь их называют «старорусские»). Появились они, когда в народный костюм стала проникать европейская мода и начали шить рубашки с глубоким вырезом. Открытую часть шеи и груди закрывали сеткой из мелкого жемчуга, рубленного перламутра или бисера.

Ко многим нарядным девичьим и женским головным уборам, в частности к кокошнику, приделывалась ажурная сетка из жемчуга, сколов ракушек или белого бисера. Называли такую сетку по-разному: поднизь, налобник, рясна. Женский головной убор «сорока» сзади украшали позатыленем (позатыльником) — плетеной из разноцветного бисера прямоугольной сеткой. Плели также подвески, серьги, накосники, пояса и многое другое. Разных размеров, форм, однотонные и многоцветные, эти украшения придавали праздничность одежде, подчеркивали неповторимость каждого костюма.

В бисерных узорах встречаются мотивы ромба, S-образных знаков, косых крестов, зигзагов. Все эти фигуры, воспроизведенные в орнаментальном ритме, производят впечатление магического повтора, имевшего в древности ритуальный смысл.

Полищук Е.Г. Чехол для ключей «Стрелец». Мозаичное плетение

С 30-х годов XIX века в городах увлечение бисером стало ослабевать, но русская провинция оставалась ему верна до 60-х годов — начала разрушения традиционного усадебного уклада жизни. На этом завершается «золотой век» русского бисера. Однако бисерное рукоделие не прекратилось. В конце XIX века в некоторых регионах европейской части страны (в Подмосковье, на Украине, Тамбовщине, под Тулой) были организованы кустарные бисерные производства.

Активный интерес к бисеру возрождается с 60-х годов нашего столетия. Появляются новые элементы техники и приемы работы с использованием как старинных рисунков и орнаментов, так и вновь созданных. Мастера-энтузиасты этого времени москвичи Вера Константиновна Гладилина, Светлана Владимировна Хансуворова, киевлянка Энгелиса Никитична Литвинец и многие другие расшифровывали, воспроизводили старые и изготавливали современные бисерные изделия, таким образом сохраняя и развивая традиции своих предшественников, обеспечивая преемственность в нашей культуре.

Бисер по-прежнему используется привозной, в большинстве своем чешский. Правда, в начале 90-х годов появилась надежда на отечественный бисер: на Украине (г. Харьков) была создана технология и налажен выпуск бисера очень хорошего качества — разных размеров, очень ровный (его почти не надо калибровать), с большой цветовой и оттеночной гаммой. В процессе отработки технологии и совершенствования качества бисера специалисты предприятия сотрудничали с автором книги, учитывали все замечания, советы и пожелания. Однако после отделения Украины производство бисера на этом предприятии было прекращено. Более половины изделий, представленных в книге, выполнено из харьковского бисера.

Создание бисерного изделия

Материал, изложенный в книге, поможет приобрести основные навыки работы с бисером, научит создавать изделия из бисера. Научиться работать с бисером может почти каждый. Но достичь каких-то высот в этом искусстве может только тот, кто не просто копирует работы мастеров, а создает новые композиционные и художественные разработки, тем самым развивая свои творческие возможности.

При создании собственного изделия, при изучении и анализе работы мастеров прошлого и настоящего мы советуем обращать внимание на следующие факторы: назначение изделия; его форму; технику плетения, узор(орнамент); цветовую гамму бисера. Все перечисленное в сочетании с высоким качеством исполнения определяет художественную ценность изделия.

Иначе говоря, способ работы, величина и сорт применяемого бисера, подбор цветовой гаммы, характер орнамента придают бисерным изделиям каждого мастера (и каждого исторического периода) свои отличительные черты.

Композиция и орнамент

Композиция – это соотношение и взаимное расположение частей художественного произведения, в данном случае изделия из бисера. От композиции зависит смысл и порядок построения изделия.

Целенаправленностью и единством композиции выражается содержание замысла автора. Для достижения выразительности и целостности изделия (произведения) что-то должно быть главным, на что автор хочет обратить внимание, а остальное должно подчеркивать это главное. Необходимо, чтобы все факторы, влияющие на восприятие изделия, были подчинены одной идее.

Основные факторы, которые нужно учитывать при создании изделия из бисера:

назначение изделия (украшение костюма или дополнение к нему, предмет украшения интерьера, памятный сувенир и т.п.);

для какого события создается изделие (к свадьбе, юбилею, празднику и т.п.);

из какого материала выполняется изделие (бисер, стеклярус, бусы).

Немаловажную роль играют также индивидуальные особенности человека, для которого предназначается изделие, и, естественно, автора.

Орнамент – графическое украшение, состоящее из геометрических, растительных или животных элементов.

Орнамент может быть один для всего изделия, например, на поясе, ленте, галстуке, очечнике, кошельке, рамке для фото или же отдельные орнаментальные мотивы чередуются на изделии или его частях.

Для построения орнамента могут быть использованы геометрические формы (треугольники, квадраты, ромбы, окружности), а также волнообразные, ломаные линии, стилизованные растительные мотивы (листья, цветы, веточки), образы животного мира, а также стилизованная фигура человека (в основном в технике плотного плетения).

Узор орнамента может строиться на основе симметрии или асимметрии. Для бисерных украшений наиболее характерна симметрия. Узор здесь строится в плоскости, ограниченной какой-нибудь геометрической формой. Например, медальон гайтана или гривна могут быть квадратной, прямоугольной, уголковой или скругленной формы. В зависимости от формы изделия и замысла исполнителя форма и расположение узора могут меняться.

Композиционное решение большинства бисерных изделий (форма, расположение узора (орнамента) отрабатывается на рисунке (эскизе) с учетом выбранной техники плетения. При подготовке рисунка (эскиза) исполнитель создает (или использует готовые) орнамент или орнаментальные мотивы. Можно использовать образцы узоров для вышивки крестом, как народные, так и созданные художниками и мастерами, а также мотивы бисерных работ XVIII–XIX веков.

Готовые орнаменты и их элементы можно комбинировать, но самое интересное и приносящее большое удовлетворение исполнителю – это творческий процесс создания собственных рисунков (узоров) и их расположение на изделии.

О цвете

Особое внимание при изготовлении изделий из бисера уделяют его цветовой гамме, сочетанию цветов.

Чтобы лучше ориентироваться в цветах и их оттенках, следует иметь некоторое представление об основных характеристиках цвета и закономерностях цветовых сочетаний.

Когда солнечный луч проходит через трехгранную стеклянную призму, он разбивается на составные части – спектр (цвета радуги). Спектр представляет собой непрерывный ряд изменяющихся цветов: красного, оранжевого, желтого, зеленого, голубого, синего, фиолетового, отделенных друг от друга гаммой промежуточных цветов.

Основные (главные) цвета спектра: красный, желтый, синий.

Промежуточные (дополнительные) цвета образуются от смешения основных. Так, соединение красного с желтым дает оранжевый цвет, желтого с синим – зеленый, а синего с красным – фиолетовый.

Сочетания цветов могут быть гармоничными и дисгармоничными. Последних следует избегать. Чтобы найти необходимую цветовую гармонию, нужно знать, что все существующие цвета делятся на *ахроматические* (бесцветные) и *хроматические* (окрашенные). К ахроматическим относятся белый, серый и черный (их называют нейтральными, не имеющими ярко выраженных признаков). К хроматическим относятся все цвета солнечного спектра: красный, оранжевый, желтый, зеленый, синий и фиолетовый, а также весь ряд их оттенков.

Хроматические цвета в свою очередь делятся на *теплые* и *холодные*. К теплым относятся красный, оранжевый, желтый и все тона желтого, напоминающие солнце, огонь и нагретые тела. К холодным – синий, зеленый, фиолетовый и все их оттенки, связанные с чувством холода, воды и льда. Теплые и холодные цвета, расположенные рядом, как бы усиливают друг друга.

Гармоничное сочетание цветовых тонов может быть *тональным* или *контрастным*. Тональным называется сочетание близких цветов одного тона (например, лилового и фиолетового), а контрастным – сочетание холодных цветов с теплыми или дополнительными.

Гармоническое сочетание цветов часто заключается в уравновешивании теплых и холодных цветов, темных и светлых. Один

и тот же орнамент смотрится по-разному в зависимости от цвета применяемого бисера. Он может быть ярким и красочным или тусклым. Гармонические сочетания цветов можно получить из оттенков, расположенных вблизи друг от друга (гармония родственных цветов). Например, сочетание желтого с желто-зеленым. Интересны сочетания, составленные из трех контрастных цветов (или оттенков). Хорошо сочетаются между собой ахроматические цвета: белый с черным, черный с серым и белым. Они гармонируют также с любым цветом. Хроматические теплые цвета выигрывают рядом с темными ахроматическими, а холодные – со светлыми ахроматическими. На сочетание цветов большое влияние оказывает преобладание того или другого цвета.

При выборе цвета надо учитывать еще одно его свойство: светлые и теплые цвета кажутся ближе к зрителю, чем темные и холодные. Поэтому теплые цвета как бы увеличивают предмет, а холодные уменьшают его.

Маркина Н.Н. Четыре сосуда. Ажурное и монастырское плетение, петельная техника

Как правило, фону отводится дополнительное место, а узору главное. Поэтому фон не должен выделяться, быть ярче орнамента.

В бисерных украшениях также не рекомендуется использовать большое количество цветов бисера (кроме сценических костюмов или специальных изделий, например цветочных букетов). Два, три цвета и их оттенки достаточны для того, чтобы придать изделию наибольшую выразительность.

Порядок разработки изделия

Мы рекомендуем следующий порядок:

- определить форму изделия и его размеры;
- продумать в целом его конструкцию и художественное решение;
- определить количество и пропорции отдельных элементов (если такие имеются) и способы их соединения;
- разработать эскиз изделия и его элементов, обратив особое внимание на места их соединений. При необходимости разработать переходные элементы;
- выбрать технику плетения или несколько видов техники, соответствующих конструкции изделия;
- составить схемы изделия и его элементов;
- выбрать или разработать орнамент;
- проработать расположение узора (орнамента) на изделии в целом и на его отдельных частях;
- нанести орнамент на схемы изделия и его элементов (в условных цветах);
- подобрать цветовую гамму бисера (стекляруса);
- проверить правильность выбранных решений, для чего сделать образцы плетения в выбранной технике и цветовой гамме в соответствии с составленной схемой.

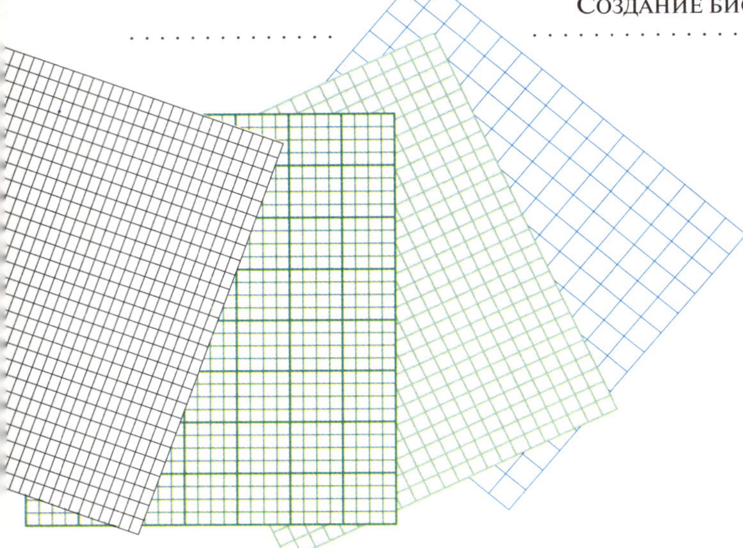

Для составления схем обычно готовят сетку из кружочков, соответствующую виду техники плетения. Такие сетки рисуют на клетчатой бумаге, некоторые образцы которой приведены выше. Сетки для схем отдельных видов плетения приведены на рисунке:

а – для ажурного плетения с ячейкой «ромб»;

б – для ажурного плетения с ячейкой «фонарик»;

в – для сетчатого плетения с ячейкой «соты»;

г – для плотного плетения – монастырского и лент (цепочек) в “квадратик”.

Составляя схему изделия плотного плетения – мозаики, прямого гобеленового плетения или ткачества, следует учитывать, что бисер практически не бывает круглым, он приплюснутый, поэтому форма изделия и орнамент, изображенные на обычной клетчатой бумаге, в готовом изделии будут искажены – вытянуты по длине. Для этих видов техники рекомендуется изготавливать бумагу для сетки самим. Клеточка должна иметь соотношение сторон два к трем, тогда искажение будет незначительным.

Качество работы

К основным характеристикам качества бисерного изделия относятся:

- высокое качество бисера;
- равномерное натяжение нити;
- «скрытность» ниток;
- четкое соединение элементов изделия;
- предельно ровные края изделия;
- чистота и аккуратность в заделке ниток.

Бисер, выбранный для работы с изделием, необходимо калибровать. Для этого на булавку с круглой головкой набрать 10—12 бисерин и сравнить их между собой. Бисерины, которые по ширине и высоте не подходят к большинству бисерин, нужно отбраковать (отложить). Их можно использовать в других изделиях. Булавки, заполненные откалиброванным бисером, удобно вколоть в салфетку, освобождая их по мере использования бисера и снова на них калибруя бисер.

Отрезок нитки, используемый для работы, нужно обработать пчелиным воском. Делается это так. К кусочку пчелиного воска (размером не меньше грецкого ореха), находящемуся в левой руке, прижать нитку большим пальцем этой руки, а правой рукой протянуть ее по воску 2—3 раза по всей длине. Излишки воска аккуратно снять, протянув навощенную нитку между большим и указательным пальцем правой руки, слегка прижимая.

Для «скрытности» ниток и удобства работы иголку с ниткой рекомендуется пропускать второй раз через бисерину или элемент изделия в начале и в конце плетения. Бисерины должны быть прижаты друг к другу так, чтобы не была видна нитка и они не расходились.

Пропуская иголку с ниткой через бисерину с уже пропущенной ранее ниткой, следует вести ее по верху отверстия, чтобы не проколоть (не рассечь) предыдущую нитку. Это особенно важно, когда необходимо распустить часть изделия по требованию технологии (жгуты) или для исправления ошибки.

Во время плетения необходимо выдерживать равномерный натяг ниток и их притягивание.

При плетении цепочек и лент рекомендуется их прикалывать булавкой к салфетке.

Всегда следует оставлять конец рабочей нитки длиной 12—15 см для удобства его последующей заделки. При введении новой нитки конец для ее заделки оставлять такой же длины. Чтобы заделать рабочую нить (после окончания работы или при введении новой нитки), нужно пропустить иголку с ниткой через 2—3 бисерины, притянуть нитку и закрепить ее, сделав узелок приемом, которым обметывают петли (петельный узелок). Сделав таким образом 2—3 петельных узелка (в зависимости от размера изделия), пропустить иголку с ниткой через 2—3 бисерины (в любом возможном направлении), притянуть нитку и обрезать ее, оставив кончик 4—5 мм. Этот кончик быстро оплавить тыльной (нижней) частью пламени спички. На светлом бисере оплавлять нитку не рекомендуется, так как может появиться пятно. В этом случае после заделки конец нитки обрезают «под корень». Для того чтобы научиться аккуратно оплавлять нитку при ее заделке, следует потренироваться на образце. Перед работой со светлым бисером нужно тщательно вымыть руки.

При использовании стекляруса нужно перед и после трубочки стекляруса обязательно ставить по бисерине, иначе он перережет нитку.

Застежки (замочки) должны быть только собственного изготовления — из бисера, бус, стекляруса (примеры приведены в разных разделах книги). Готовая фурнитура: крючки (швензы), зажимы и булавки — может быть использована только для сережек, клипсов и брошей.

Материалы, инструменты, приспособления

БИСЕР – мелкие, круглые или граненые, слегка сплюснутые бусинки из стекла, фарфора или металла с отверстием для нити. Пластмассовым бисером не рекомендуется пользоваться, так как бисерные изделия трудоемки, а пластмасса со временем теряет свой цвет, да и изделия получаются грубыми.

СТЕКЛЯРУС – стеклянные трубочки длиной 5–15 мм (цветные и бесцветные).

РУБЛЕННЫЙ БИСЕР – (или короткий стеклярус) длиной 3–4 мм. Мы рекомендуем использовать бисер и стеклярус, изготовленные из "глухого" (непрозрачного) и прозрачного стекла разных цветов производства Чехии. Хранить бисер и стеклярус, рассортированный по цветам, можно в полиэтиленовых пакетиках или в прозрачных баночках с крышками, которые в свою очередь помещают в коробки.

БУСИНЫ РАЗЛИЧНОЙ ФОРМЫ – круглые, удлиненные, из цветного стекла или фарфора.

КАРТОТЕКА – карточки из картона размером 12 x 20 см. Карточку разграфить и нашивать на нее ниточки с нанизанным бисером (или стеклярусом) штук по 12–15 каждого вида. Нитку закреплять с обратной стороны карточки. Для бисера карточка отдельная, а стеклярус и рубленный бисер можно помещать на одной. Материал можно располагать по цветам и оттенкам, условно нумеруя каждый вид. Отдельно составить перечень, где указать количество бисера этого вида. Такая картотека очень помогает в работе.

ИГОЛКИ – для работы с бисером и стеклярусом применяются очень тонкие, длинные и с длинным ушком иголки № 0 отечественные или № 13 (для более крупного бисера – № 12) производства Англии, Индии, Германии, Японии.

БУЛАВКИ – для вспомогательных работ обычные, желательно тонкие.

НОЖНИЦЫ ДЛЯ ОБРЕЗКИ НИТОК – маленькие (маникюрные) с загнутыми концами, острые.

НИТКИ – швейные капроновые (на бобинах) № 50к (64x3) разных цветов (в зависимости от цвета применяемого бисера или стекляруса).

ВОСК ПЧЕЛИНЫЙ – применяется для обработки нити, повышает ее упругость, прочность, влагостойкость.

ЛЕСКА (РЫБОЛОВНАЯ,КАПРОНОВАЯ) – толщиной 0,1 – 0,12 мм для различных подвесок; 0,15 – 0,17 мм – для основного плетения изделий, изготавливаемых на леске, а не на нитке; 0,2 – 0,22, 0,25, 0,3 мм – для бижутерии из бус.

ЩИПЧИКИ (МАНИКЮРНЫЕ) – используются при работе с леской: при отрезании ножницами кончик лески может расплющиваться.

БУМАГА с нанесенной сеткой (миллиметровая, в клеточку, из альбомов для марок и др.) – для составления схем изделий. Образцы ее приведены на с. 12.

ЦВЕТНЫЕ КАРАНДАШИ ИЛИ ФЛОМАСТЕРЫ, КАЛЬКА ИЛИ ПЕРГАМЕНТ – для снятия узоров.

САЛФЕТКА (размером не менее 20 х 35 см), на которой мастерица работает, должна быть светлой, однотонной, лучше всего льняной. На ней раскладывают бисер разных цветов, необходимый для данной работы, и подцепляют бисер иголкой.

САНТИМЕТРОВАЯ ЛЕНТА – для определения размеров изделия.

СТАНОК – приспособление для изготовления изделий в технике ткачества (см с. 204). Некоторые мастерицы применяют для техники ткачества самодельные рамки (либо с гвоздиками, либо с прорезями). Однако достичь высокого качества изделий в этом случае невозможно.

УПРАЖНЕНИЯ, СНИМАЮЩИЕ УТОМЛЕНИЕ ГЛАЗ

Работать с бисером рекомендуется не более 4–5 часов в день, несколько раз прерывая работу для выполнения упражнений, снимающих утомление глаз.

Первый комплекс.

1. Плотно закрыть и широко открыть глаза. Повторить упражнение 5–6 раз с интервалом 30 секунд.
2. Посмотреть вверх, вниз, вправо, влево, не поворачивая головы.
3. Медленно вращать глазами: вниз, вправо, вверх, влево и в обратную сторону.

Второе и третье упражнения рекомендуется делать не только с открытыми, но и с закрытыми глазами. Выполнять их надо сидя, с интервалом 1–2 минуты.

Второй комплекс.

Стоя смотрите прямо перед собой 2–3 секунды. Затем поставьте палец руки на расстояние 25–30 см от глаз, переведите взгляд на кончик пальца и смотрите на него 3–5 секунд. Опустите руку. Повторите 10–12 раз. Упражнение снимает утомление глаз, облегчает зрительную работу на близком расстоянии. Тем, кто пользуется очками, надо выполнять упражнения, не снимая их.

Сидя, тремя пальцами каждой руки легко нажмите на верхнее веко, спустя 1–2 секунды уберите пальцы. Повторите 3–4 раза.

Очень полезно на несколько секунд взглядом окинуть горизонт, посмотреть в даль.

ВНИМАНИЮ РОДИТЕЛЕЙ И ПРЕПОДАВАТЕЛЕЙ!

Автор книги не рекомендует детям до 16 лет заниматься бисероплетением, так как мышцы глаз у них еще не окрепли, а использование мелкого бисера и очень тонких иголок может привести к нарушению ряда зрительных функций (косоглазию, близорукости, астигматизму). Если же применять крупный бисер, то надо особенно внимательно подбирать его по качеству и цветовой гамме (так же как и виды изделий), чтобы не испортить вкус ребенка.

1
2
3
4
5
6
7

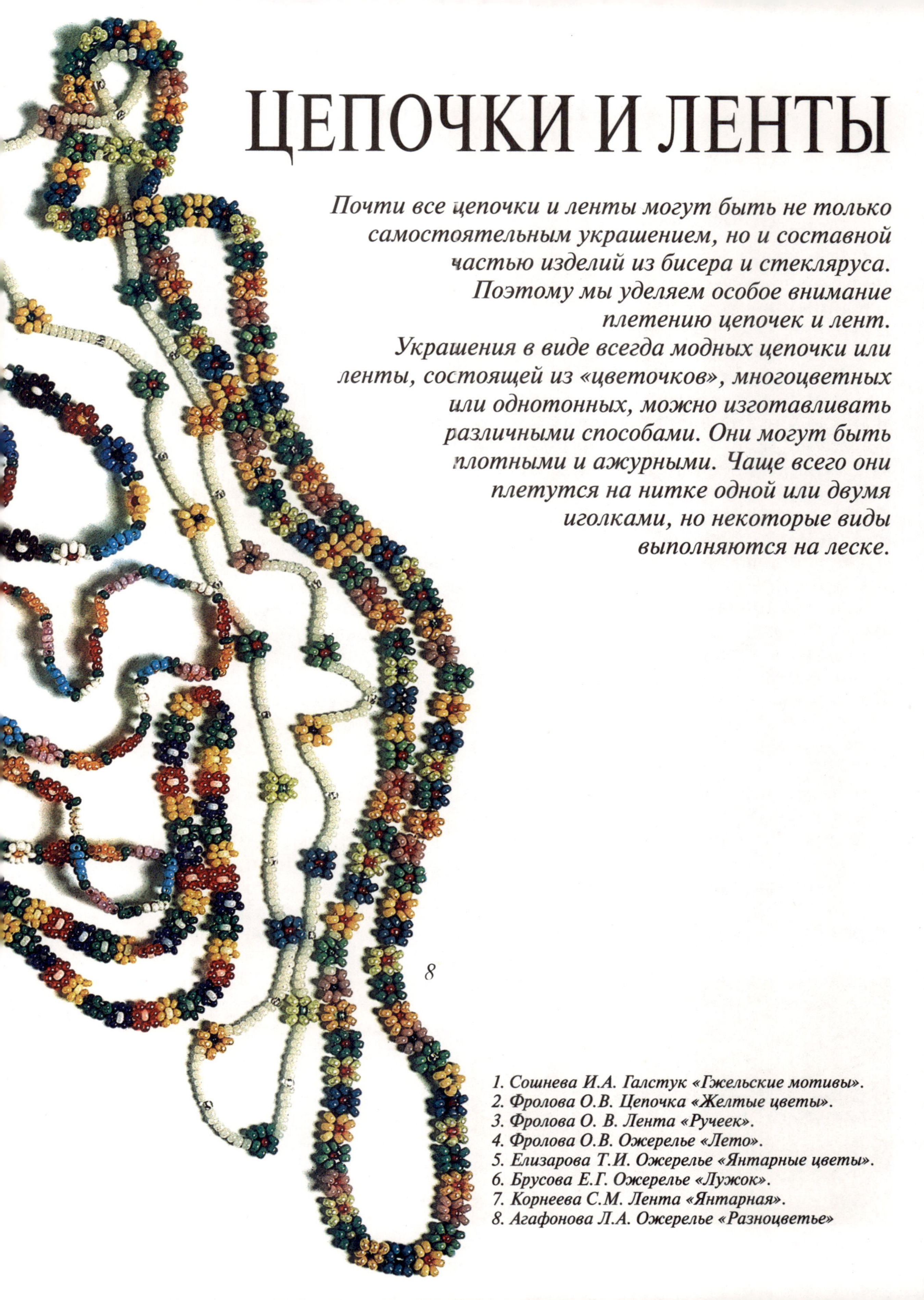

ЦЕПОЧКИ И ЛЕНТЫ

Почти все цепочки и ленты могут быть не только самостоятельным украшением, но и составной частью изделий из бисера и стекляруса. Поэтому мы уделяем особое внимание плетению цепочек и лент. Украшения в виде всегда модных цепочки или ленты, состоящей из «цветочков», многоцветных или однотонных, можно изготавливать различными способами. Они могут быть плотными и ажурными. Чаще всего они плетутся на нитке одной или двумя иголками, но некоторые виды выполняются на леске.

1. *Сошнева И.А. Галстук «Гжельские мотивы».*
2. *Фролова О.В. Цепочка «Желтые цветы».*
3. *Фролова О. В. Лента «Ручеек».*
4. *Фролова О.В. Ожерелье «Лето».*
5. *Елизарова Т.И. Ожерелье «Янтарные цветы».*
6. *Брусова Е.Г. Ожерелье «Лужок».*
7. *Корнеева С.М. Лента «Янтарная».*
8. *Агафонова Л.А. Ожерелье «Разноцветье»*

Цепочки и ленты на нитке

Цепочка «Колечки»

Плетение ведется одной иголкой. На подготовленную нитку (обработанную пчелиным воском), длиной 120–150 см с иголкой на конце, набрать восемь бисеринок 1–8 (рис. 1а). Эти бисеринки следует выбирать с большими, чем у остальных, отверстиями. Пропустить иголку с ниткой через бисерину 1 *справа налево* (рис. 1б). Притянуть нитку. Получилось колечко. Сдвинуть это колечко по нитке так, чтобы остался свободный конец нитки длиной 12–15 см для последующей заделки. Для удобства дальнейшей работы рекомендуется иголку с ниткой протянуть через все бисерины колечка второй раз и вывести ее также через бисерину 1. Затем пропустить иголку с ниткой через бисерины 2–3–4–5–6 и притянуть нитку. На иголку с ниткой набрать шесть бисерин – 9–10–11–12–13–14 и пропустить иголку с ниткой через бисерины 5–6–9–10–11–12 (рис. 1в). Притянуть нитку. Снова набрать шесть бисерин 15–16–17–18–19–20 и иголку с ниткой пропустить через бисерины 11–12–15–16–17–18 (рис. 1г). Притянуть нитку. Набрать шесть бисерин 21–22–23–24–25–26 и далее плести таким же образом.

Не забывать притягивать нитку, стараясь, чтобы натяжение ее было одинаковым, иначе изделие будет провисать.

Закончив плетение цепочки нужной длины, следует заделать рабочую нитку. Для этого иголку с ниткой пропустить через две бисеринки колечка (рис. 1д), притянуть нитку и закрепить ее, сделав петельный узелок (прием, которым обметывают петли).

Пропустить иголку с ниткой еще через 2–3 бисерины, притянуть нитку и снова сделать петельный узелок. Таким образом следует сделать 2–3 узелка, после чего пропустить иголку через 2–3 бисерины, притянуть нитку и обрезать ее, оставив кончик 4–5 мм. Затем этот кончик быстро оплавить тыльной стороной пламени спички. Таким же образом надставляется новая нить (сначала заделать кончающуюся нить, а затем начинать новую).

После окончания плетения разложить цепочку на столе и проверить, не перевернута ли она. Соединить два конца изделия. Для этого ранее оставленный конец нитки (12–15 см) вдеть в иголку. Набрать на иголку две бисерины и пропустить иголку с ниткой через две бисерины колечка второго конца цепочки (рис. 1е). Снова набрать две бисерины и продеть иголку с ниткой через бисерины 2–1 начала плетения. Притянуть нитку. Пропустить иголку с ниткой через бисерины по рис 1е и произвести заделку нитки, как было указано выше.

Образец техники плетения

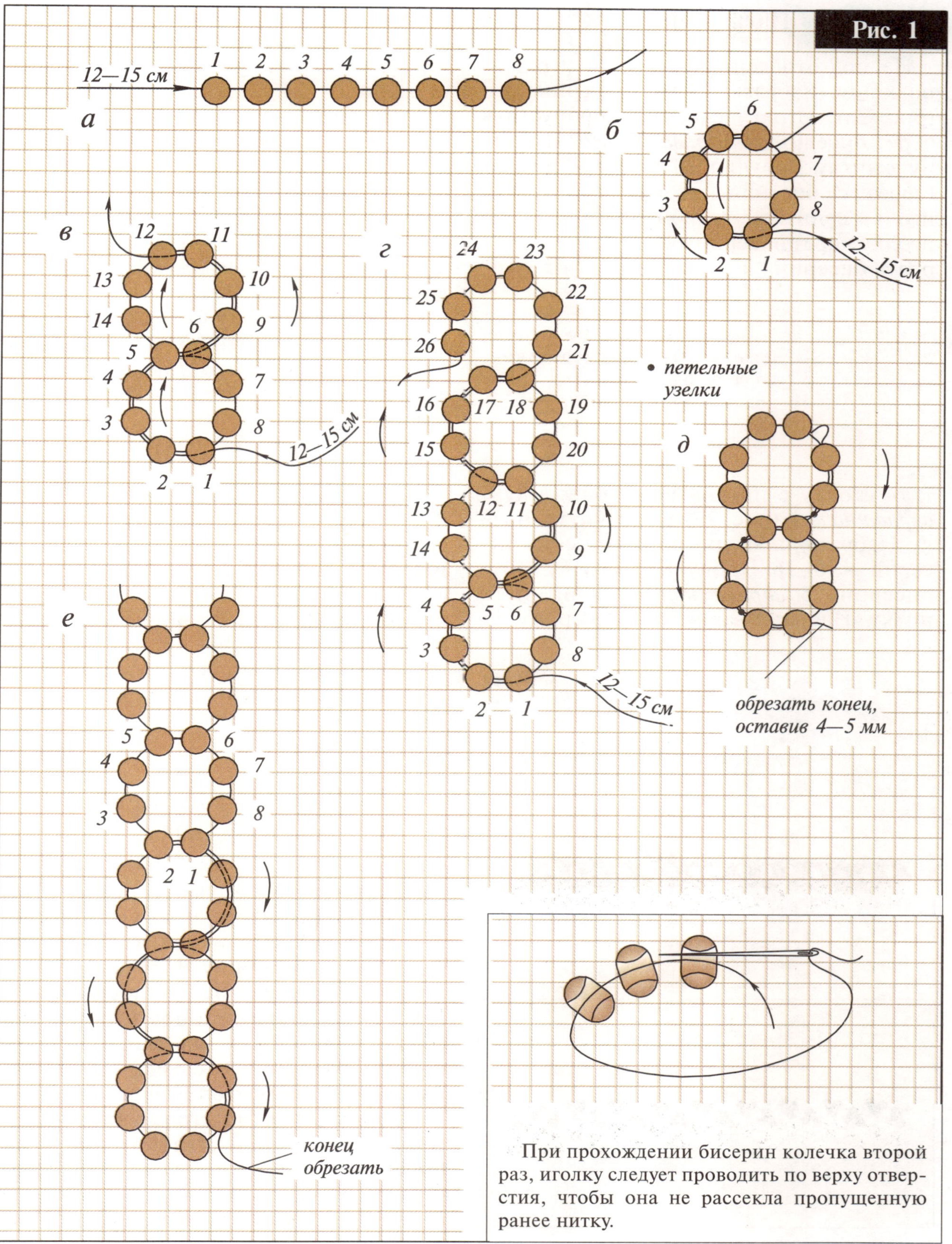

При прохождении бисерин колечка второй раз, иголку следует проводить по верху отверстия, чтобы она не рассекла пропущенную ранее нитку.

Цепочка «змейка»

На подготовленную нитку с иголкой на конце набрать восемь бисерин 1–8 (рис. 2а). Иголку с ниткой пропустить через бисерину 1 *справа налево*. Притянуть нитку. Получилось колечко, рис. 2б (через все бисерины колечка пропустить иголку с ниткой второй раз и вывести иголку через бисерину 1). На иголку набрать бисерину 9 (серединку) и пропустить иголку с ниткой через бисерину 5 *справа налево* (рис. 2в). Притянуть нитку. Набрать на иголку с ниткой семь бисерин – 10–16. Пропустить иголку через бисерину 5 *справа налево*. Притянуть нитку. Набрать на иголку бисерину 17 (серединку) и пропустить иголку через бисерину 13 *справа налево*. Притянуть нитку. Набрать на иголку с ниткой семь бисерин 18–24 и пропустить иголку через бисерину 13 *справа налево*. Притянуть нитку. Набрать на иголку бисерину 25 (серединку) и протянуть иголку через бисерину 21 *справа налево*. Притянуть нитку. Снова набрать на иголку с ниткой семь бисерин 26–32 и пропустить иголку через бисерину 21 *справа налево*. Притянуть нитку.

Бисерины, которые предназначены для серединок, должны быть крупнее, чтобы колечко к ним плотно прилегало.

Набрать на иголку бисерину 33 (серединку) и пропустить иголку через бисерину 29 *справа налево*. Далее плести таким же образом, не забывая притягивать нитку.

Можно сделать цепочку из шести бисерин в колечке(рис. 2г). Каждая цепочка может быть одноцветной или с орнаментом. Для нанесения орнамента следует нарисовать схему, как на рис. 2в или 2г, и разместить на ней желаемый орнамент, для чего закрасить соответствующие кружочки, например, как на рис. 2д.

Соединение концов цепочек производить после заделки ниток, как указано ранее.

Образцы техники плетения

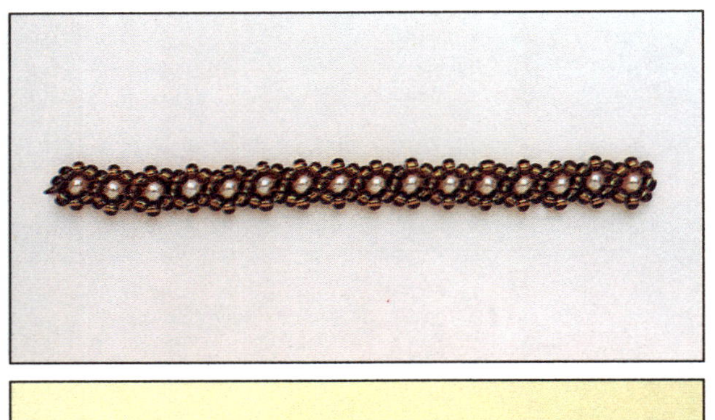

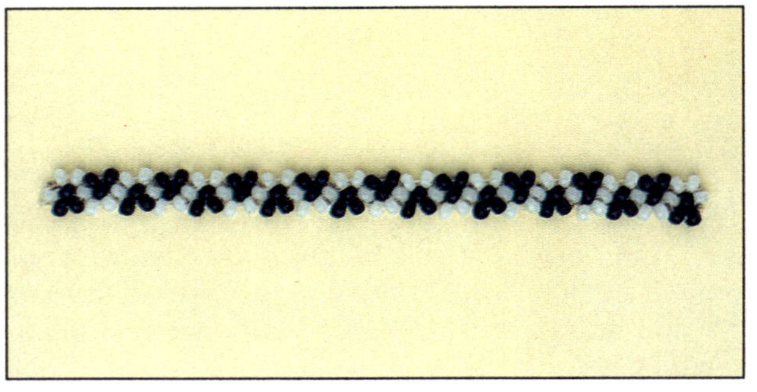

Цепочка из отдельных цветочков

На подготовленную нитку с иголкой на конце набрать восемь бисерин 1–8 (рис. 3а). Иголку с ниткой пропустить через бисерину 1 *справа налево*. Притянуть нитку. Получилось колечко (рис. 3б). Оставить конец нитки 12–15 см для дальнейшей заделки. На иголку набрать бисерину 9 (серединка цветочка) и пропустить иголку через бисерину 5 *справа налево*. На иголку набрать бисерину 10 и пропустить иголку через бисерину 5 *справа налево* (рис. 3в). Притянуть нитку и пропустить иголку через бисерину 10 *слева направо*. При-

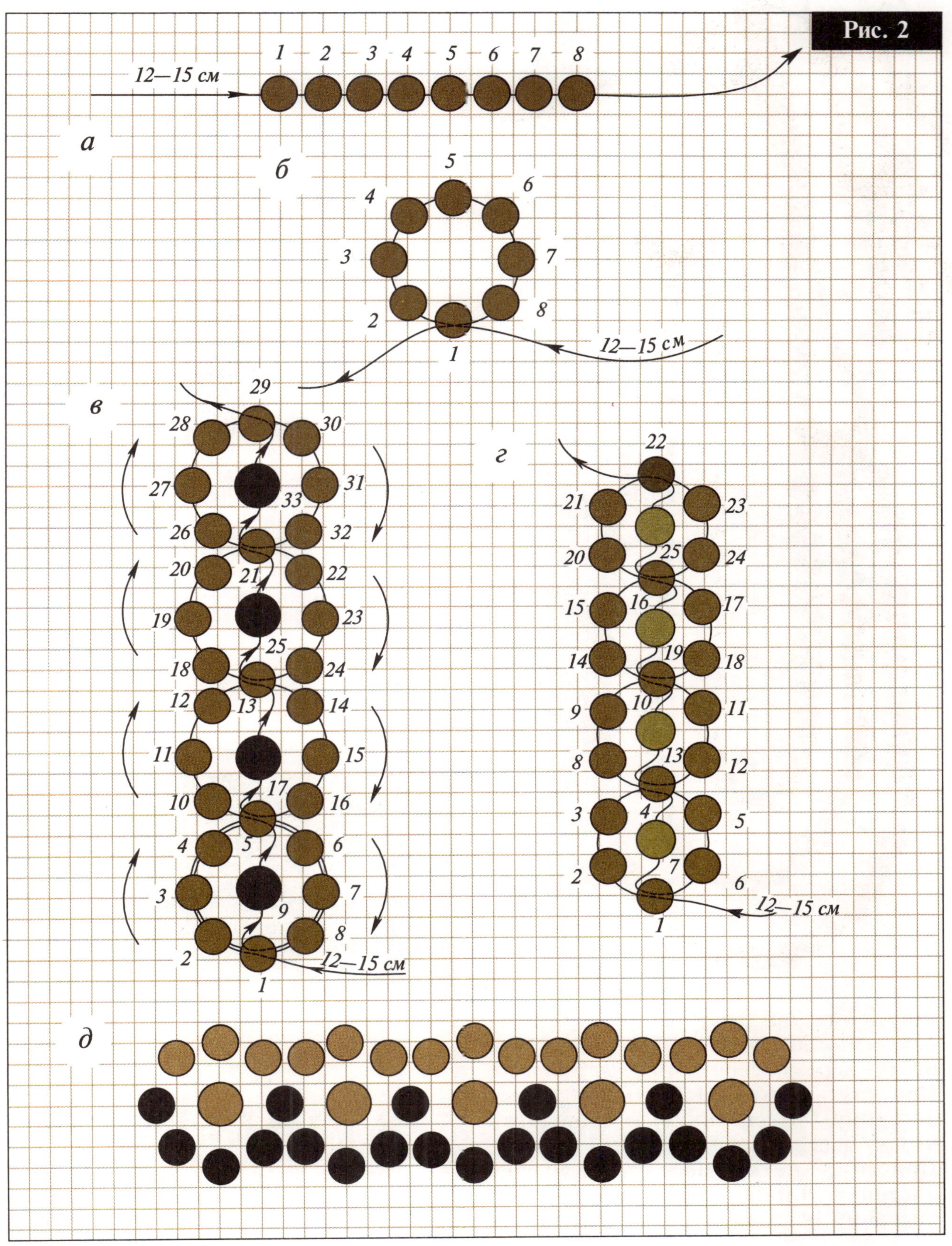
Рис. 2
1
2
3
4
5
6
7
8
12—15 см
а
б
12—15 см
в
г
12—15 см
12—15 см
д

нитку. Пропустить иголку через бисерину 19 *справа налево*. Набрать на иголку с ниткой семь бисерин 20–26 и пропустить иголку через бисерину 19 *справа налево*. Притянуть нитку. Набрать на иголку бисерину 27 (серединка) и пропустить иголку через бисерину 23 *справа налево*. Притянуть нитку. Набрать бисерину 28. Пропустить иголку через бисерину 23 *справа налево*. Притянуть нитку. Пропустить иголку через бисерину 28 *слева направо*. Притянуть нитку. Набрать на иголку с ниткой семь бисерин 29–35 и пропустить иголку через бисерину 28 *слева направо*. Набрать бисерину 36 (серединку) и пропустить иголку с ниткой через бисерину 32 *слева направо*.

Далее плести таким же образом, не забывая притягивать нитку. После окончания плетения цепочки один конец нитки заделать, а другим соединить концы цепочки.

Такую же цепочку можно сделать и на шести бисеринах (рис. 3г).

Образцы техники плетения

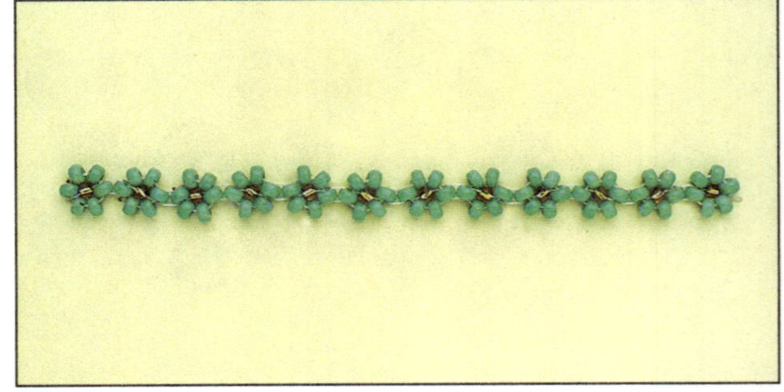

тянуть нитку. Набрать на иголку с ниткой семь бисерин 11–17 и пропустить иголку через бисерину 10 *слева направо*. Притянуть нитку. Набрать на иголку бисерину 18 (серединку) и пропустить иголку через бисерину 14 *слева направо*. Притянуть нитку. Набрать на иголку бисерину 19 и пропустить иголку через бисерину 14 слева направо. Притянуть

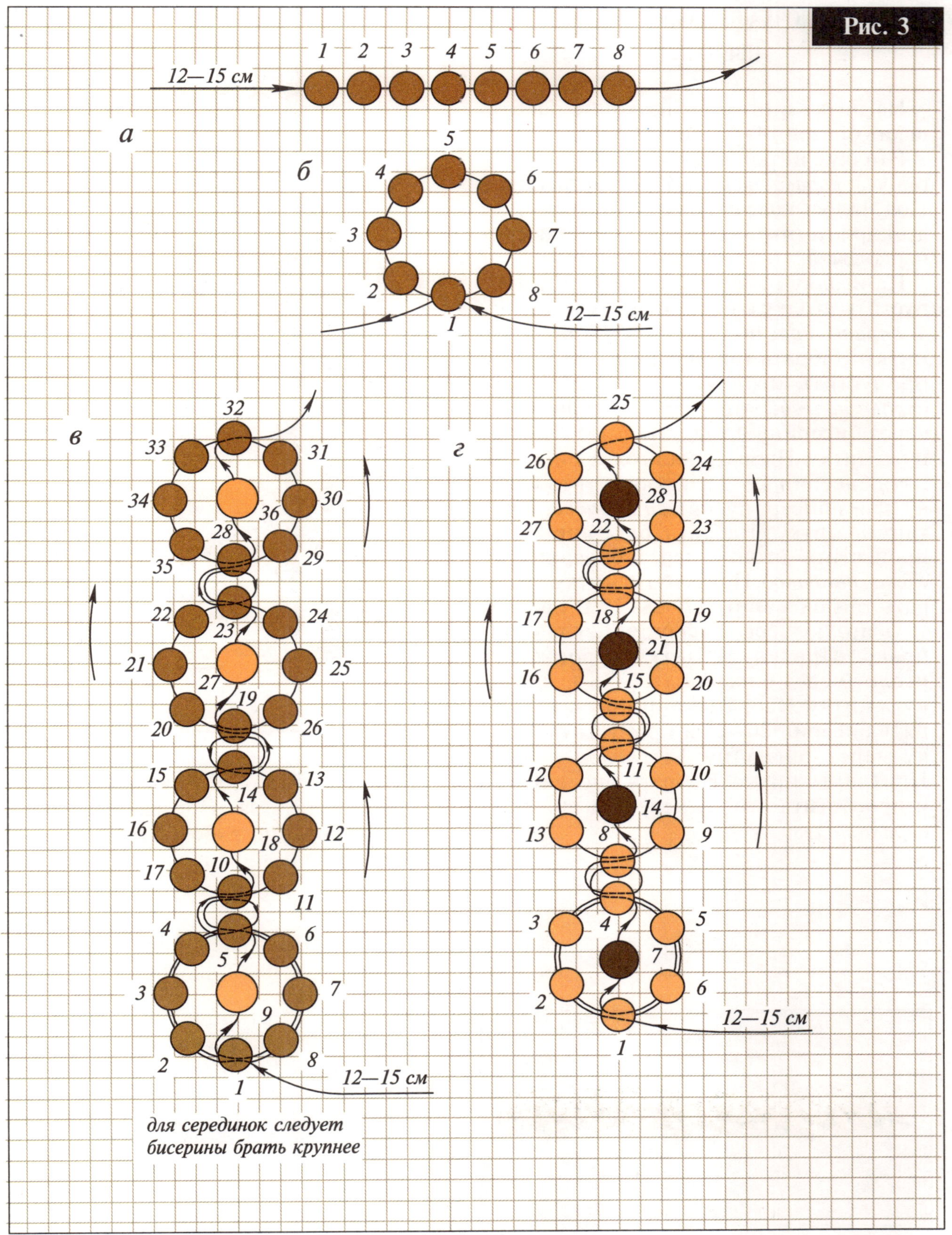
Рис. 3
а
12—15 см
1 2 3 4 5 6 7 8
б
12—15 см
в
12—15 см
г
12—15 см
для серединок следует бисерины брать крупнее

Цепочка из наклоненных цветочков

На нитку с иголкой на конце набрать шесть бисерин 1– 6 (рис. 4а).

Иголку с ниткой пропустить через бисерину 1 *справа налево*. Притянуть нитку. Получилось колечко (рис. 4 б). Нитку следует пропустить два раза через все бисерины колечка.

На иголку набрать бисерину 7 и пропустить иголку с ниткой через бисерину 4 *справа налево* (рис. 4в). Притянуть нитку. Набрать три бисерины 8–9–10 и пропустить иголку через бисерину 4 *справа налево*, затем через бисерину 8, а через бисерину 9 *слева направо*. Притянуть нитку. Набрать на иголку с ниткой пять бисерин 11–15 и пропустить иголку через бисерину 9 *слева направо*. Притянуть нитку. Набрать бисерину 16 и пропустить иголку через бисерину 13 *слева направо*. Притянуть нитку. Набрать три бисерины 17–18–19 и пропустить иголку через бисерину 13 слева направо. Притянуть нитку. Пропустить иголку через бисерины 17–18 и притянуть нитку. Набрать на иголку с ниткой пять бисерин 20–24 и пропустить иголку через бисерину 18 *справа налево*. Притянуть нитку. Набрать бисерину 25 и пропустить иголку через бисерину 22 *справа налево*.

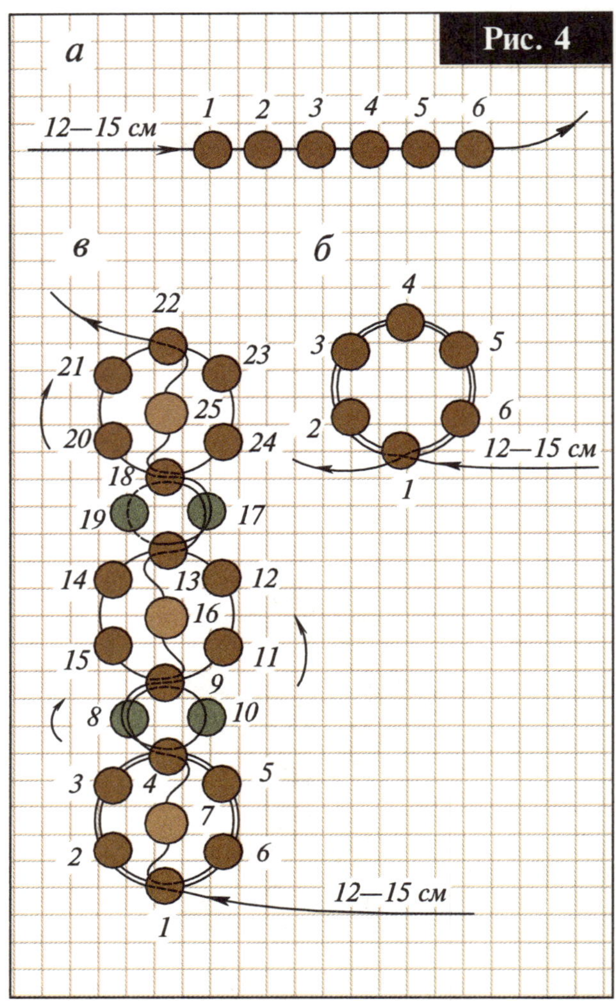

Далее плести таким же образом. Необходимо следить за направлением нити. После окончания работы заделать нити известным способом и соединить концы цепочки.

Образец техники плетения

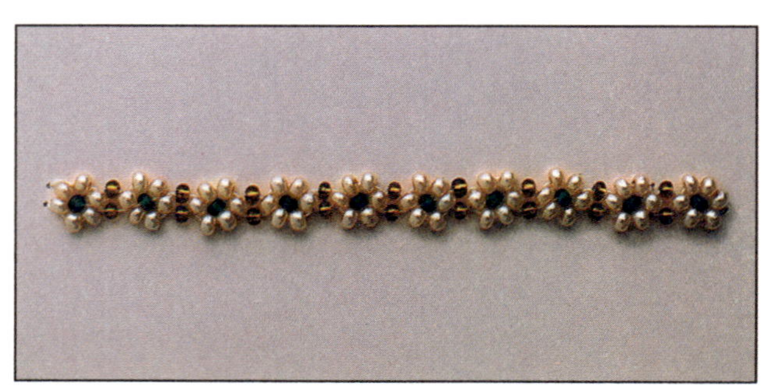

Двойная цепочка с цветочками

На иголку с ниткой набрать шесть бисерин 1–6 для лепестков цветочка (они должны быть крупнее). Оставить свободный конец нити 12–15 см для дальнейшей заделки (рис. 5а). Пропустить иголку с ниткой через бисерину 1. Притянуть нитку. Получилось колечко. Нитку с иголкой пропустить два раза через все бисерины и вывести через би-

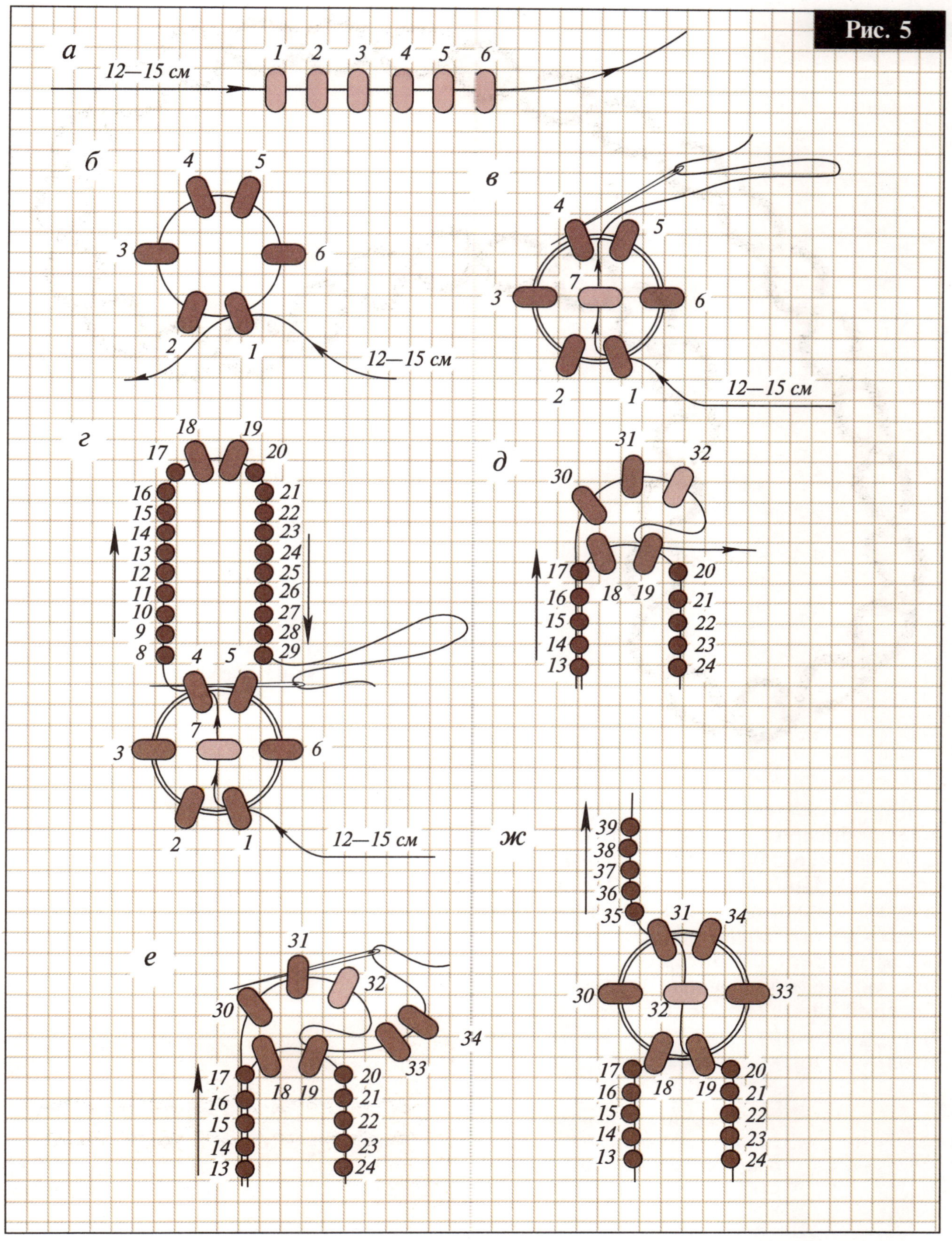
Рис. 5
а
12—15 см
1 2 3 4 5 6
б
4 5
3 6
2 1
12—15 см
в
4 5
7
3 6
2 1
12—15 см
г
18 19
17 20
16 21
15 22
14 23
13 24
12 25
11 26
10 27
9 28
8 29
4 5
7
3 6
2 1
12—15 см
д
31 32
30
17 20
18 19
16 21
15 22
14 23
13 24
е
31
32
30
34
33
17 20
18 19
16 21
15 22
14 23
13 24
ж
39
38
37
36
35
31 34
30 33
32
17 20
18 19
16 21
15 22
14 23
13 24

Корнеева С.М.
Цепочка «Петельки»
Техника — двойная цепочка с цветочками

серину 1 *справа налево*. Набрать на иголку бисерину 7 и пропустить иголку с ниткой через бисерину 4 *справа налево* (рис. 5в). Притянуть нитку. Набрать на иголку с ниткой десять бисерин 8–17 (левая нить, соединяющая цветочки), затем набрать две бисерины 18–19 (лепестки следующего цветочка) и десять бисерин 20–29 (правая нить, соединяющая цветочки), рис. 5г. Пропустить иголку с ниткой через бисерины 5–4 *справа налево*. Пропустить иголку с ниткой еще раз через десять бисерин 8–17 (рис. 5д). Притянуть нитку. Набрать на иголку три бисерины 30–31 (для лепестков цветочка), бисерину 32 (середина цветочка) и пропустить иголку через бисерину 19 *слева направо*. Притянуть нитку. Набрать еще две бисерины 33–34 (для лепестков цветочка) и пропустить иголку с ниткой через бисерину 31 *справа налево* (рис. 5е). Притянуть нитку. Пропустить иголку с ниткой еще раз через бисерины 30–18–19–33–34 и 31 (рис. 5ж). Набрать на иголку с ниткой десять бисерин 35–44 и далее плести таким же образом. Через каждый цветочек нитку пропускать два раза.

Бисерины для нитей, соединяющих цветочки, следует брать мельче и очень хорошо откалиброванные. Тогда изделие будет красивым.

Образец техники плетения

Плотная цепочка и лента

На подготовленную нитку с иголкой набрать восемь бисерин 1–8 (рис. 6а) и пропустить иголку с ниткой через бисерину 1 (рис. 6б). Притянуть нитку. Получилось колечко. Через все бисерины этого колечка пропустить иголку с ниткой еще раз. Притянуть нитку. Набрать на иголку две бисерины 9–10 (рис. 6в) и пропустить иголку с ниткой через бисерину 5 *справа налево*. Притянуть нитку. Набрать на иголку шесть бисерин 11–16 и пропустить иголку с ниткой через бисерину 6 *справа налево*. Притянуть нитку. Набрать на иголку две бисерины 17–18 и пропустить иголку с ниткой через бисерину 13 *справа налево*. Притянуть нитку. Далее плетение продолжать таким же образом.

Можно цепочку сделать шире, сдвоив ее (строив и т. д.), чтобы получилась лента. Для этого сначала следует сплести цепочку необходимой длины, а затем к ней приплетать цепочку II (III и т. д.), рис. 6г.

Набрать на иголку с новой ниткой бисерины 35–36, пропустить иголку через бисерины 7–8 цепочки I, далее на иголку с ниткой набрать четыре бисерины 37–40 и пропустить иголку через бисерину 35 *справа налево*. Набрать на иголку две бисерины 41–42. Пропустить иголку с ниткой через бисерину 37 *справа налево* и через бисерины 16–15 (цепочки I). Притянуть нитку. Набрать на иголку с ниткой четыре бисерины 43–46. Пропустить иголку через бисерину 38 (цепочки II) *справа налево*. Набрать на иголку две бисерины 47–48 и пропустить иголку через бисерину 43 (цепочки II) *справа налево* и через бисерины 24–23 (цепочки I). Притянуть нитку. Набрать на иголку с ниткой четыре бисерины 49–52. Пропустить иголку через бисерину 44 *справа налево*. Набрать на иголку две бисерины 53–54, пропустить иголку через бисерину 49 *справа налево* (цепочки II) и через бисерины 32–31 (цепочки I).

Брусова Е.Г. Ожерелье «Колос». Техника — плотная цепочка и лента

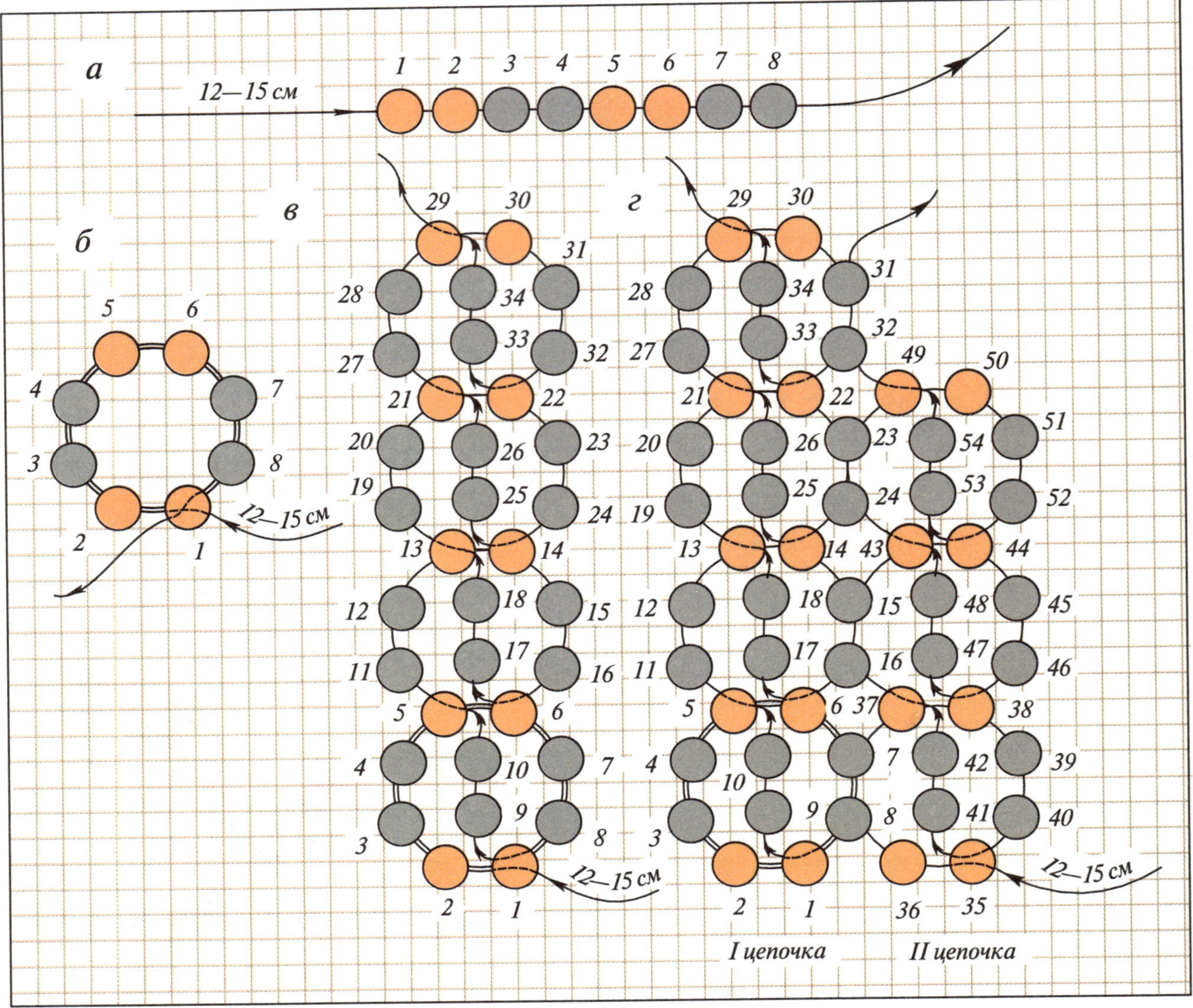

Далее плести таким же образом.

Закончив плести ленту, заделать нитки. Разложить ее на столе и проверить правильность стыковки (чтобы лента не была перевернута). После этого можно соединять концы ленты по полученному рисунку.

Лента может быть с орнаментом. Для этого следует нарисовать схему, аналогичную приведенной на рис. 6д, нанести на нее желаемый узор (закрасить кружочки) и затем плести ленту по этой схеме. На рис. 6д нанесен симметричный узор. В этом случае следует приплетать цепочку II к цепочке I с левой стороны, иначе изделие не будет ровным, так как бисерина 1 в цепочке I (начало плетения) и начальная бисерина в цепочке II находятся не в середине колечка, а сдвинуты вправо.

Всегда следует сделать образец плетения длиной 8—10 см и, лишь убедившись в желаемом результате, приступать к изготовлению изделия. Тогда оно будет красивым.

Аналогичную цепочку и ленту можно сделать более узкими, если вместо восьми бисерин в колечке набирать шесть. Серединка в этом случае будет не из двух бисерин, а из одной.

На рис. 6е, 6ж и 6з приведены схемы такой цепочки и ленты.

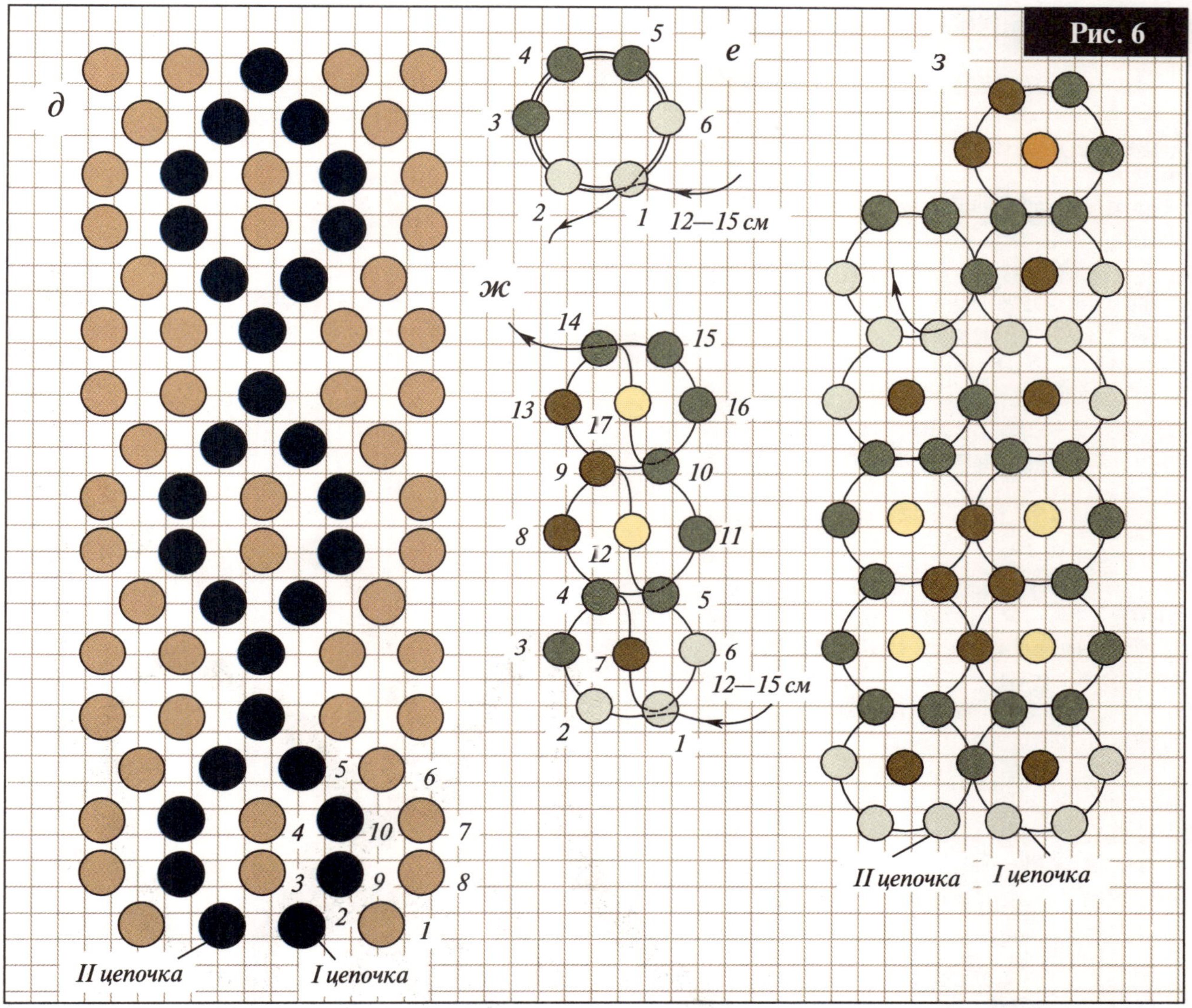

Рис. 6

д

II цепочка I цепочка

1 2 3 4 5 6 7 8 9 10

е

1 2 3 4 5 6

12—15 см

ж

1 2 3 4 5 6 7 8 9 10 11 12 13 14 15 16 17

12—15 см

з

II цепочка I цепочка

Образцы техники плетения

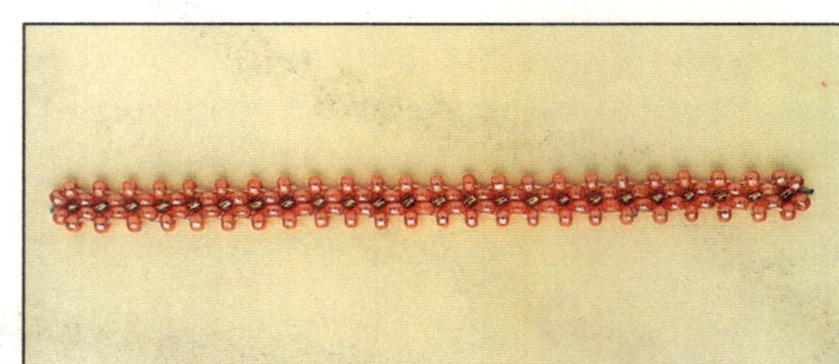

Цепочка из цветочков

На подготовленную нитку с иголкой набрать восемь бисерин 1–8 (рис. 7а). Пропустить иголку с ниткой через бисерину 1, чтобы получилось колечко, а затем пропустить иголку через все бисерины колечка второй раз и вывести через бисерину 1. Притянуть нитку. Набрать бисерину 9 (серединку) и пропустить иголку через бисерину 5 *справа налево* (рис. 7б). Набрать на иголку с ниткой две бисерины 10–11 (рис. 7в) и пропустить иголку через бисерины 6–5. Притянуть нитку. Пропустить иголку через бисерину 10 *слева направо* (рис. 7г). Набрать четыре бисерины 12 (серединка) 13–14–15 (лепестки) и пропустить иголку с ниткой через бисерины 11–10 *справа налево* (рис. 7г). Притянуть нитку. Набрать на иголку три бисерины 16–17–18. Пропустить иголку с ниткой через бисерину 13 *слева направо*. Набрать две бисерины 19–20. Пропустить иголку через бисерины 18, 13 *слева направо* и через бисерину 19 *справа налево*. Притянуть нитку. Набрать на иголку с ниткой четыре бисерины 21 (серединка), 22–23–24 (лепестки) и пропустить иголку через бисерины 20–19. Снова набрать три бисерины 25–26–27 (лепестки) и пропустить иголку через бисерину 22 *справа налево*. Притянуть нитку. Набрать на иголку с ниткой две бисерины 28–29 для лепестков следующего цветочка, пропустить иголку через бисерины 27, 22 и через бисерину 28 слева

Шарай Е.Г.
Ожерелье «Веселое»
(три цепочки из цветочков)

Рис. 7

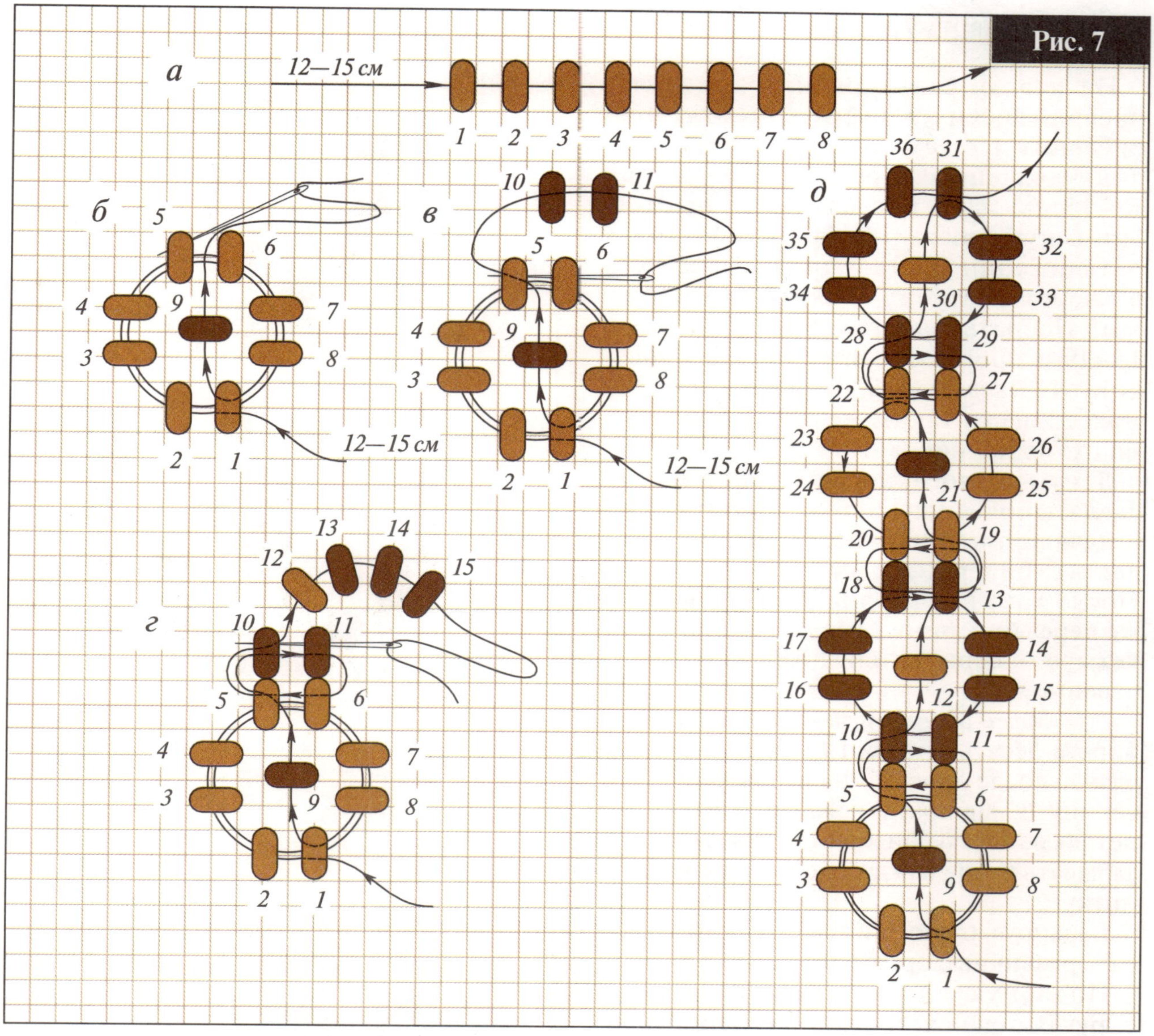

а 12—15 см 1 2 3 4 5 6 7 8

б в г д

направо. Притянуть нитку. Набрать на иголку с ниткой четыре бисерины 30 (серединка), 31–32–33 (лепестки). Пропустить иголку через бисерины 29–28. Притянуть нитку. Набрать на иголку три бисерины 34–35–36 (лепестки) и пропустить иголку через бисерину 31 слева направо. Притянуть нитку. Далее плести таким же образом.

Рекомендуется внимательно следить за направлением нити в каждом цветочке по тексту и схеме, так как оно меняется от цветочка к цветочку.

Образец техники плетения

Лента узкая «зигзаг»

На иголку с ниткой набрать девять бисерин 1–9 и пропустить иголку через бисерину 1 *сверху вниз* (рис. 8а), оставив начальный отрезок нити длиной 12–15 см для последующей заделки. Притянуть нитку. Набрать на иголку пять бисерин 10–14 и пропустить иголку через бисерину 7 *снизу вверх* (рис. 8б). Набрать на иголку пять бисерин 15–19 и пропустить иголку через бисерину 12 *сверху вниз*. Притянуть нитку. Далее плести таким же образом согласно схеме на рис. 8в.

Ленты аналогичного плетения можно сделать более плотными. В этом случае в начале плетения следует набирать не девять бисерин, а семь или восемь. После того как иголка пропущена также через бисерину 1, на нее набирать по четыре бисерины или по пять соответственно.

Для более ажурной ленты в начале набирать десять бисерин (и более). В этом случае после проведения иголки через бисерину 1 набирать каждую следующую петлю из шести бисерин и так далее. Не забывать после каждой петли притягивать нитку.

Варьируя цвета бисера, можно создавать различные орнаменты.

Подобную ленту можно сделать скругляющейся, что удобно для отдел-

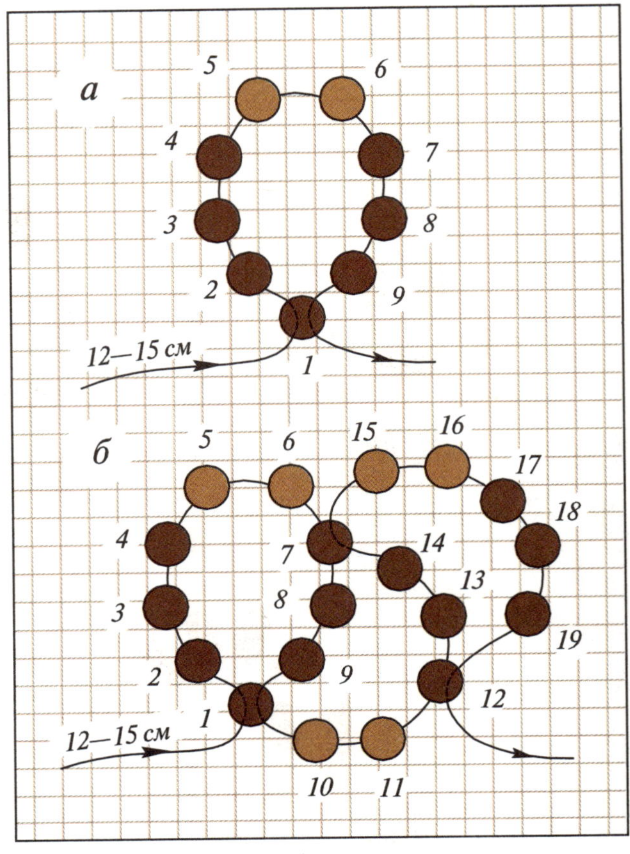

Образцы техники плетения на девяти бисеринах

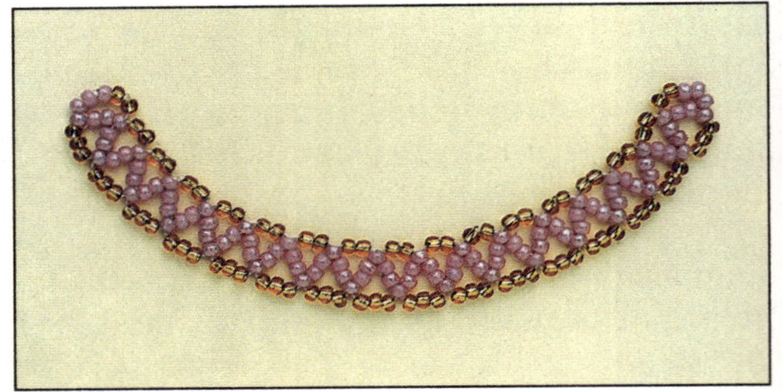

Образцы техники плетения на семи и восьми бисеринах

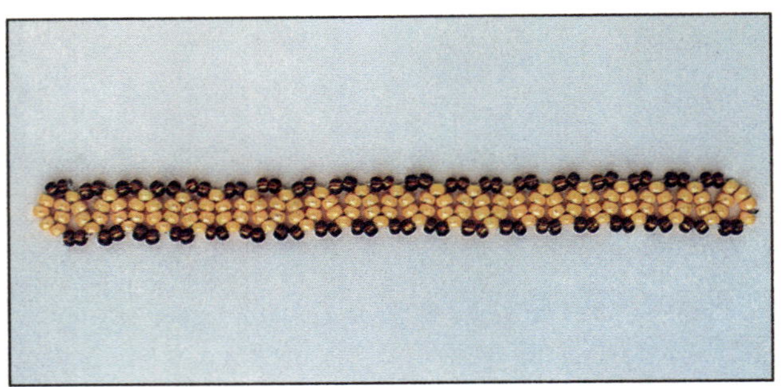

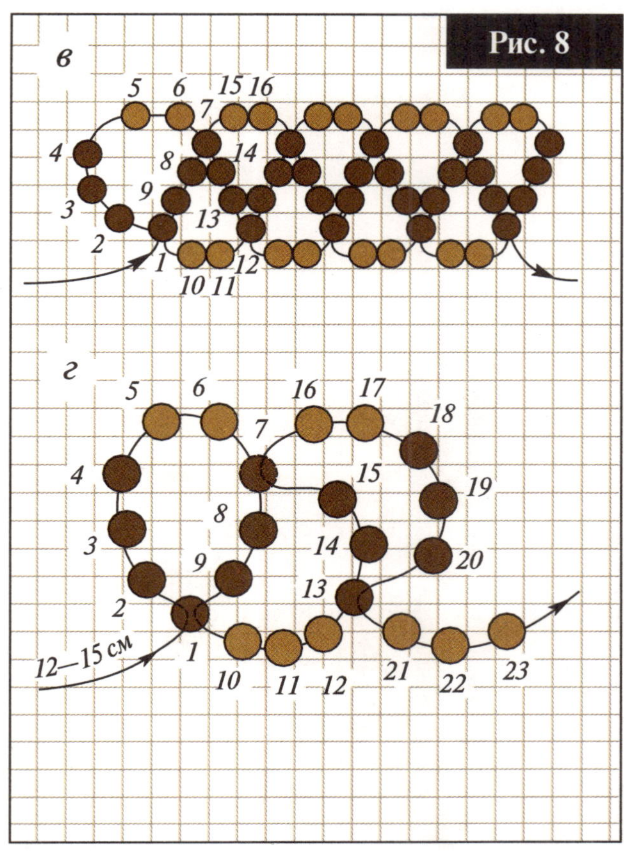

ки верхнего края круглых воротников и других изделий. Для этого на иголку с ниткой набрать девять бисерин 1–9. Пропустить иголку через бисерину 1 *сверху вниз* (рис. 8г). Притянуть нитку. Набрать на иголку шесть бисерин 10–15 и пропустить ее через бисерину 7 *снизу вверх*. Набрать пять бисерин 16–20 и пропустить иголку через бисерину 13 *сверху вниз*. Притянуть нитку. Набрать на иголку шесть бисерин и продолжать плетение таким же образом: шесть бисерин снизу, пять бисерин сверху.

Образец техники плетения

Цепочка ступенчатая

Набрать на иголку с ниткой четыре бисерины 1–4 (рис. 9а). Пропустить иголку через две бисерины 1–2 *сверху вниз* (рис. 9б). Притянуть нитку. Набрать бисерину 5 и пропустить иголку через две бисерины 3–4. Притянуть нитку. Набрать четыре бисерины 6–9 (рис. 9в) и пропустить иголку с ниткой через две бисерины 6–7 *снизу вверх* (рис. 9г). Притянуть нитку. Набрать бисерину 10 и пропустить иголку через три бисерины 7–6–4 *сверху вниз*. Притянуть нитку. Набрать бисерину 11 и протянуть иголку через две бисерины 9–8 *снизу вверх*. Притянуть нитку. Набрать на иголку с ниткой четыре бисерины 12–15 (рис. 9д). Пропустить иголку через две бисерины 12–13 *снизу вверх*. Притянуть нитку. Набрать бисерину 16 и пропустить иголку через три бисерины 13–12–8 *сверху вниз*. Притянуть нитку. Набрать бисерину 17 и пропустить иголку через две бисерины 15–14 *снизу вверх*. Далее продолжать плетение согласно схеме на рис. 9е. Не забывать притягивать нитку. Закончив цепочку, разложить ее на столе и соединить концы так, чтобы не нарушить рисунок изделия.

Цепочку можно сделать шире, увеличив число бисерин в вертикальных рядах. Вместо четырех бисерин в ряду набирать шесть. В этом случае иголку с ниткой пропускать через три бисерины *снизу вверх*, а *сверху вниз* — через четыре бисерины.

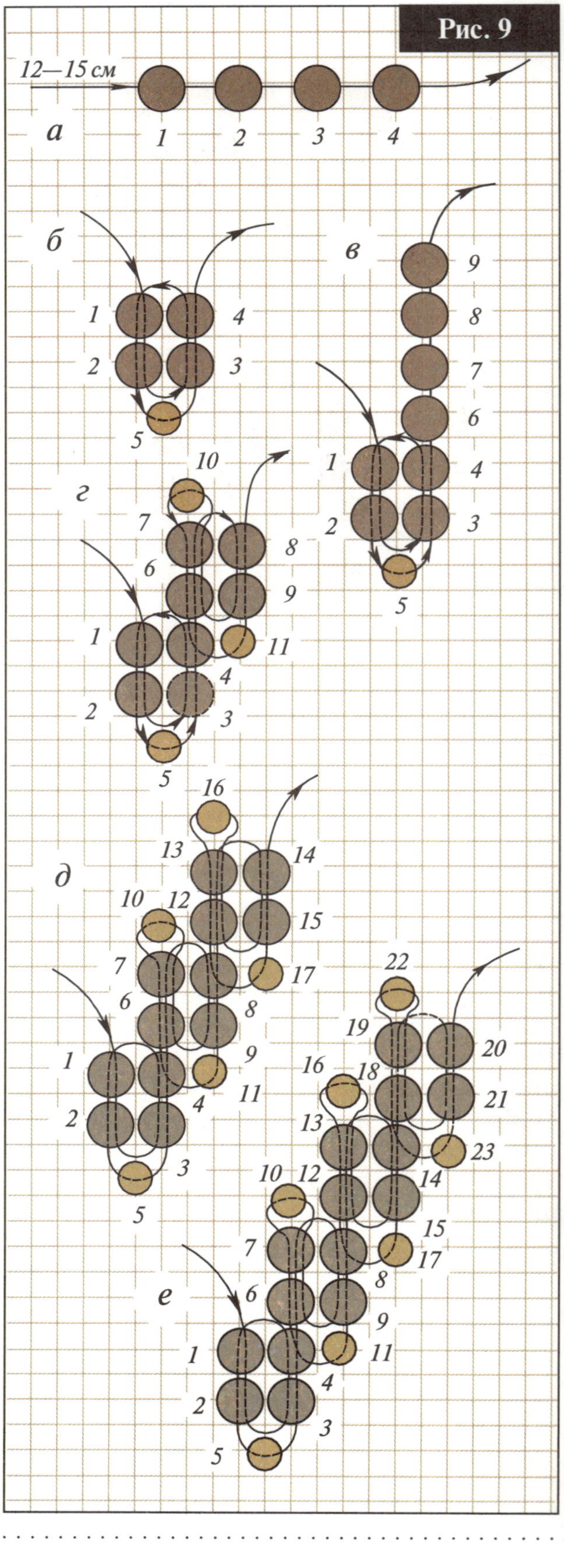

Рис. 9

12—15 см

а 1 2 3 4

б 1 2 3 4 5

в 1 2 3 4 5 6 7 8 9

г 1 2 3 4 5 6 7 8 9 10 11

д 1 2 3 4 5 6 7 8 9 10 11 12 13 14 15 16 17

е 1 2 3 4 5 6 7 8 9 10 11 12 13 14 15 16 17 18 19 20 21 22 23

Цепочка «квадратик»

Плетение ведется двумя иголками. На середину нитки длиной 120–150 см с иголками на каждом конце набрать четыре бисерины 1–4 (рис. 10а) и протянуть иголку I через бисерину 1 *справа налево* навстречу иголке II (рис. 10б). Притянуть нитку. Получился «квадратик» (рис. 10в). Иголки находятся по разные стороны бисерины 1: справа иголка II, слева – иголка I. На иголку II набрать бисерину 5, а на иголку I – две бисерины 6–7. Иголку II пропустить через бисерину 7 *справа налево* навстречу иголке I. Притянуть нитку. Снова получился квадратик. Продолжать работу в такой же последовательности до требуемой длины цепочки, согласно схемам на рис. 10г и рис. 10д.

Помнить, что при нанизывании каждого нового квадратика на левую иголку набирать две бисерины, а на правую – одну.

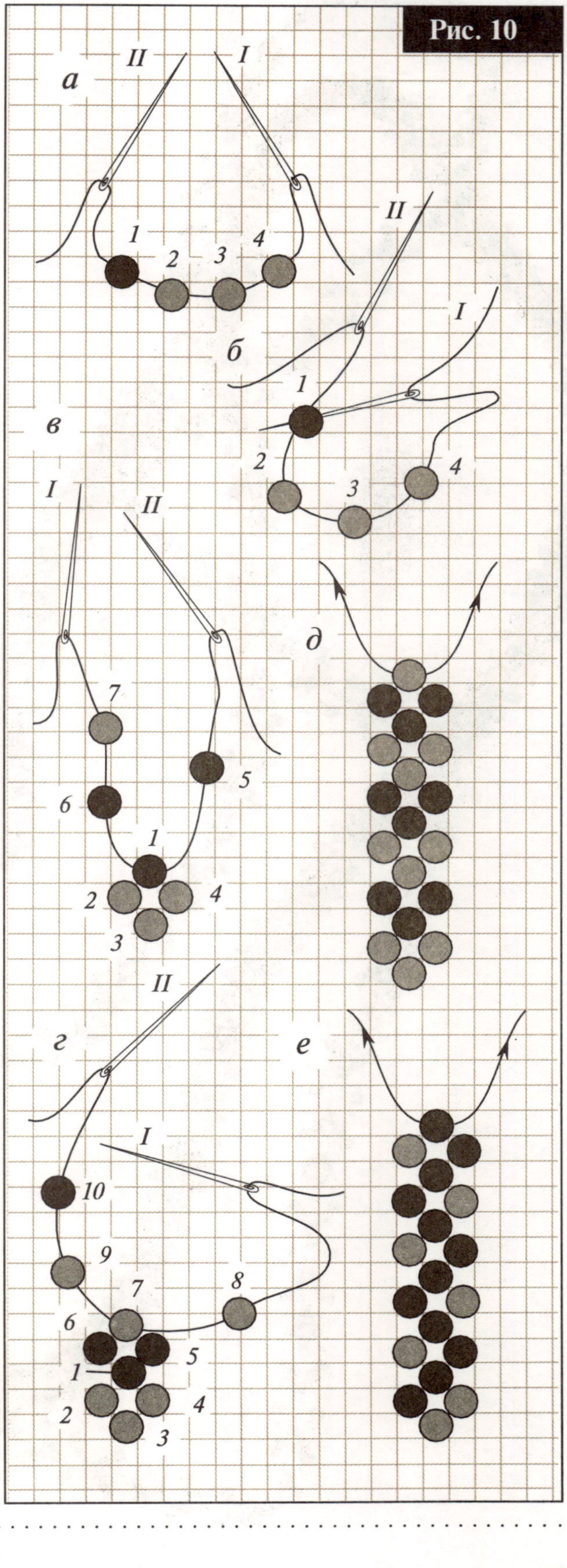

Образцы техники плетения

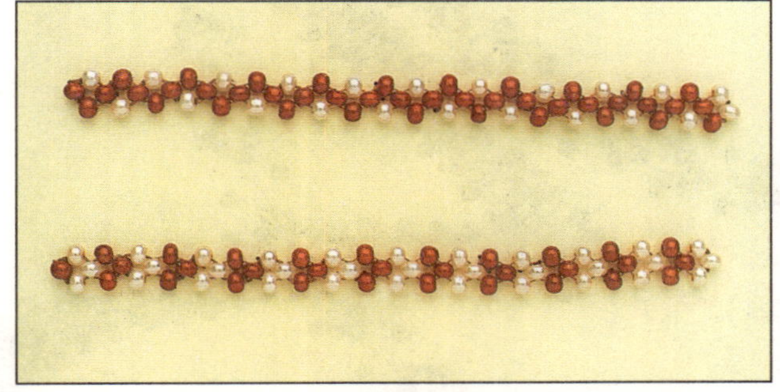

Рис. 10

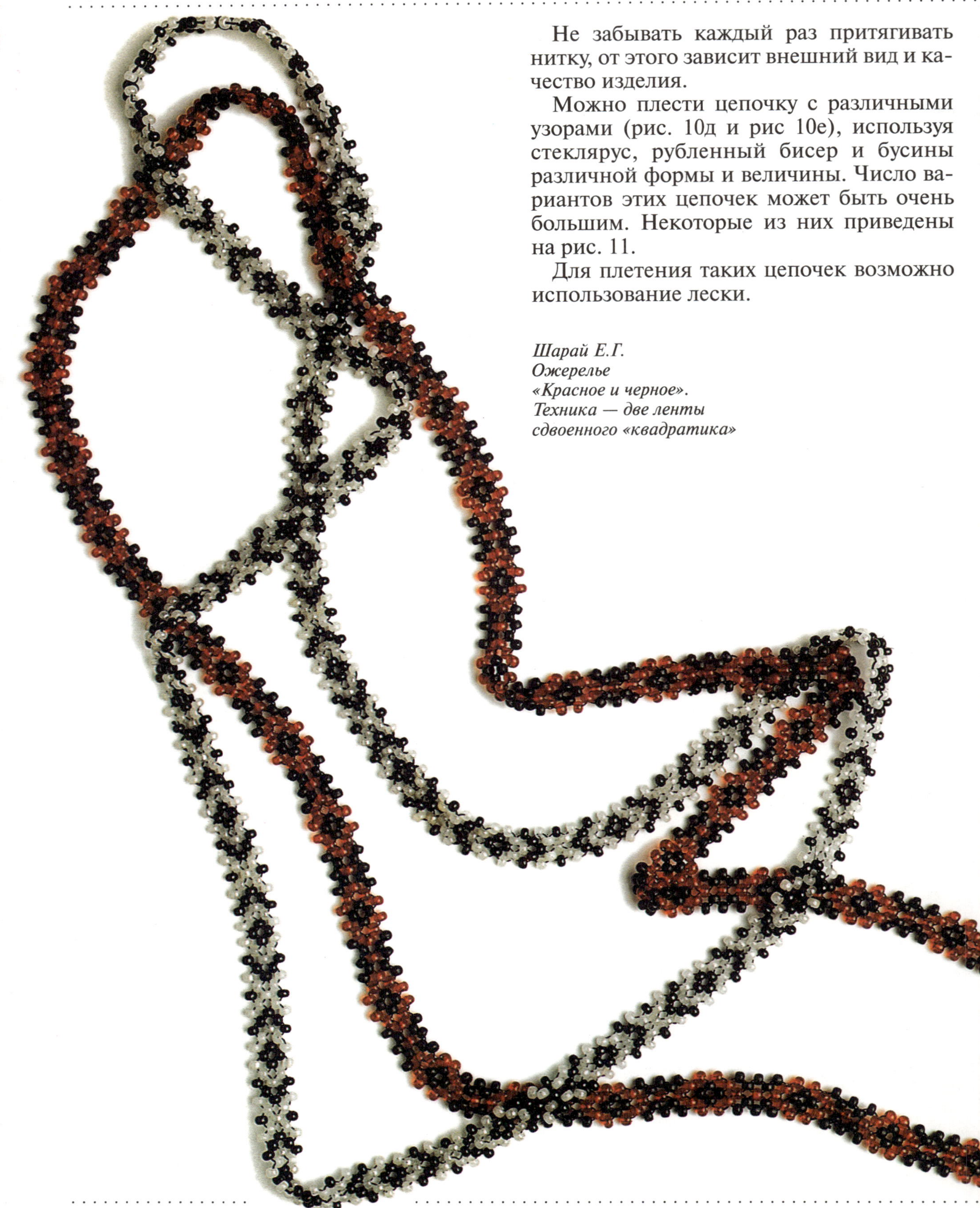

Не забывать каждый раз притягивать нитку, от этого зависит внешний вид и качество изделия.

Можно плести цепочку с различными узорами (рис. 10д и рис 10е), используя стеклярус, рубленный бисер и бусины различной формы и величины. Число вариантов этих цепочек может быть очень большим. Некоторые из них приведены на рис. 11.

Для плетения таких цепочек возможно использование лески.

Шарай Е.Г.
Ожерелье
«Красное и черное».
Техника — две ленты сдвоенного «квадратика»

Цепочка «квадратик» является *основой* для соединения различных частей изделий и их отделки. Ее можно сделать сдвоенной, строенной и так далее. Это будет подробно изложено в разделе «Техника плотного плетения – монастырское плетение».

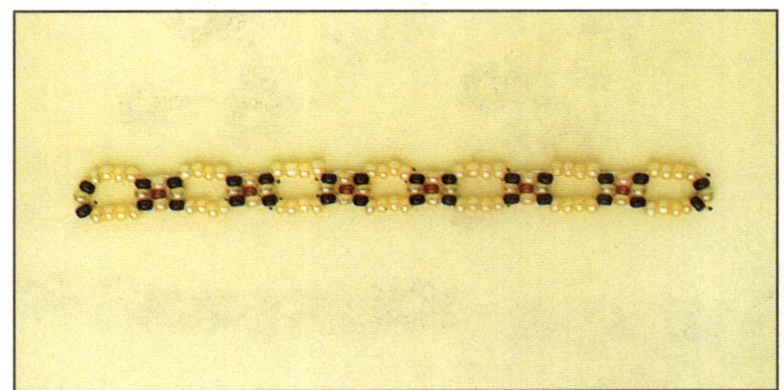

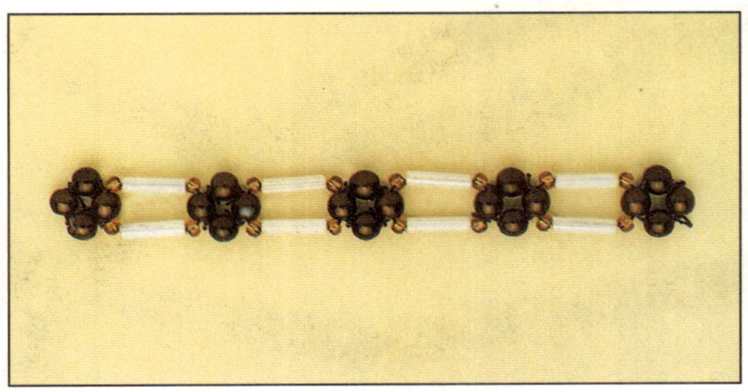

Образцы техники плетения

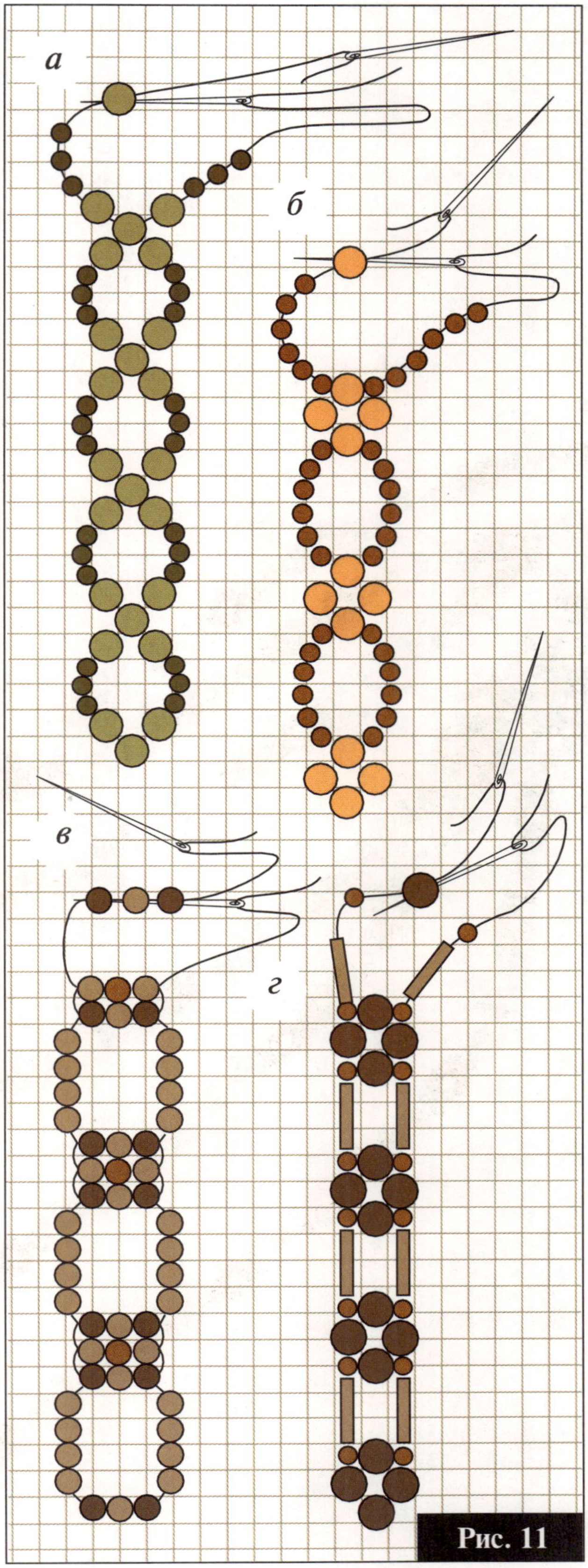

Рис. 11

Цепочки и ленты на леске

Работа с леской отличается от работы с нитками. При работе с леской не используются иголки.

Если при низании на нитку бисер можно брать иголкой прямо с салфетки, то леской это делать неудобно, так как леска для бисера и стекляруса очень тонкая 0,17–0,2 мм, а для некоторых элементов изделий 0,1–0,15 мм. Поэтому на леску бисерины приходится насаживать

Ануфриева М.Я.
Гарнитур «Лето» (ожерелье из трех цепочек и серьги). Техника плетения – цепочки «лето».

пальцами. Однако это позволяет провести дополнительную калибровку бисера: пальцы, привыкая к этому процессу, становятся чувствительнее к размеру бисера.

Не рекомендуется леску для работы с бисером отрезать ножницами. Следует пользоваться щипчиками (маникюрными или бокорезами) и откусывать кончик лески наискосок.

На леске не завязываются узелки для ее закрепления. Для этой цели ее следует пропустить несколько раз по «лабиринту» бисерин и откусить щипчиками.

Леска применяется только для некоторых видов техники плетения: цепочек из цветочков «лето», цепочек и лент «усложненный квадрат», «монастырского плетения», «жабо», шариков и некоторых видов бижутерии. Для всех остальных видов техники следует использовать капроновую нить, обработанную пчелиным воском.

В рекомендованных видах техники леска хорошо держит форму изделия, но они нуждаются в особом хранении. Их нельзя резко перегибать, так как леска в этом случае заминается и изделие теряет форму. Изделие на леске следует хранить между пластинами из картона или пластмассы, которые зажимают резинками.

Цепочка из цветочков «лето»

Бисер желательно иметь нескольких цветов, но одного размера. Для середины цветка бисерины должны быть крупнее.

На середину лески длиной 120–150 см (чтобы было удобно работать) нанизать четыре бисерины 1–4. Например, 1 – красная, 2 и 4 – зеленые, а 3 – желтая (цвета условные) (рис. 12а). Концы лески на рисунке обозначены цифрами I и II. Правый конец лески I пропустить через бисерину 1 *справа налево* навстречу концу лески II (рис. 12б) и притянуть бисерины пальцами левой руки на середину сложенной вдвое лески, чтобы получился квадратик. Зеленые бисерины 2 и 4 будут листиками, красная 1 – лепестком цветочка.

На правый конец лески II нанизать красную бисерину 5, а на левый конец лески I нанизать красную бисерину 6 и желтую 7 (она должна быть крупнее: это – середина цветочка). Через бисерину 7 пропустить правую леску II *справа налево* навстречу концу лески I (рис. 12в) и притянуть эти бисерины к уже полученному квадратику – началу цветка (рис. 12г). Нанизать бисерину 8 (красную) на правый конец лески I и две красные бисерины 9–10 на левый конец лески II. Через бисерину 10 пропустить правый конец лески I *справа налево* навстречу концу лески II и притянуть эти бисерины к бисерине 7 (рис. 12д). Получился красный цветочек, но у него не хватает двух лепестков. Промежутки между бисеринами 5 и 8, 6 и 9 надо заполнить лепестками, чтобы получился восьмилепестковый цветочек. Для этого правый конец лески II надо пропустить через бисерину 8 *сверху вниз*, нанизать на него красную бисерину 11, затем пропустить этот конец через красные бисерины 5–1–6 и нанизать на него красную бисерину 12, пропустить этот конец через красные бисерины 9 и 10 (рис. 12е) и, потянув за концы лески I и II, притянуть все бисерины, чтобы они стали на свои места. Получился красный цветочек с зелеными листиками (рис. 12ж). На правый конец лески II нанизать зеленую бисерину 13. На конец левой лески I нанизать зеленую бисерину 14 и синюю 15. Зеленые бисерины – листочки, а синяя – начало следующего цветка.

Пропустить конец лески II через синюю бисерину 15 *справа налево* навстречу концу лески I. Притянуть бисерины к цветочку (рис. 12з). На конец лески I нанизать синюю бисерину 16, а на конец лески II синюю бисерину 17 и голубую, более крупную 18.

Конец лески I пропустить через бисерину 18 *справа налево* навстречу леске II. Притянуть эти бисерины к предыдущим и снова нанизать на конец лески II синюю бисерину 19, а на конец лески I – две синие бисерины 20 и 21 (рис. 12и). Далее цветочки плести таким же образом по схемам на рис. 12г, д, е, ж, з, и, начиная каждый новый цветочек с листиков.

Достигнув необходимой длины, закончить цепочку цветочком того цвета, с которого начали плетение. В нашем случае бисерина 3 желтая (рис. 12а), поэтому последний цветочек должен быть желтым. Но до конца его плести не следует, а сделать так, как указано на рис. 12к. Когда концы цепочки соединены, необходимо пропустить концы лески еще раз через последний цветочек и далее через несколько цветочков (пять или шесть) и откусить щипчиками (рис. 12л).

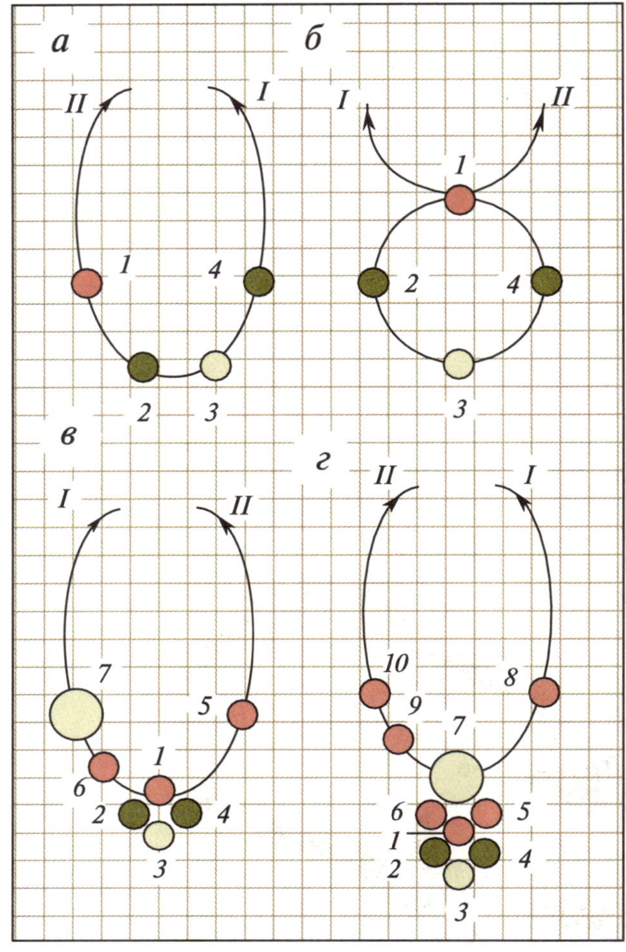

Такая цепочка будет очень красиво смотреться, если ее сделать из цветочков пяти-шести цветов, равномерно повторяющихся.

Можно изготовить ожерелье из двух-трех таких цепочек разной длины, соединенных вместе, которое можно свободно надевать через голову. Как соединять цепочки (две или три) показано на рис. 12м. Серьги и браслет можно сделать таким же образом.

Образец техники плетения

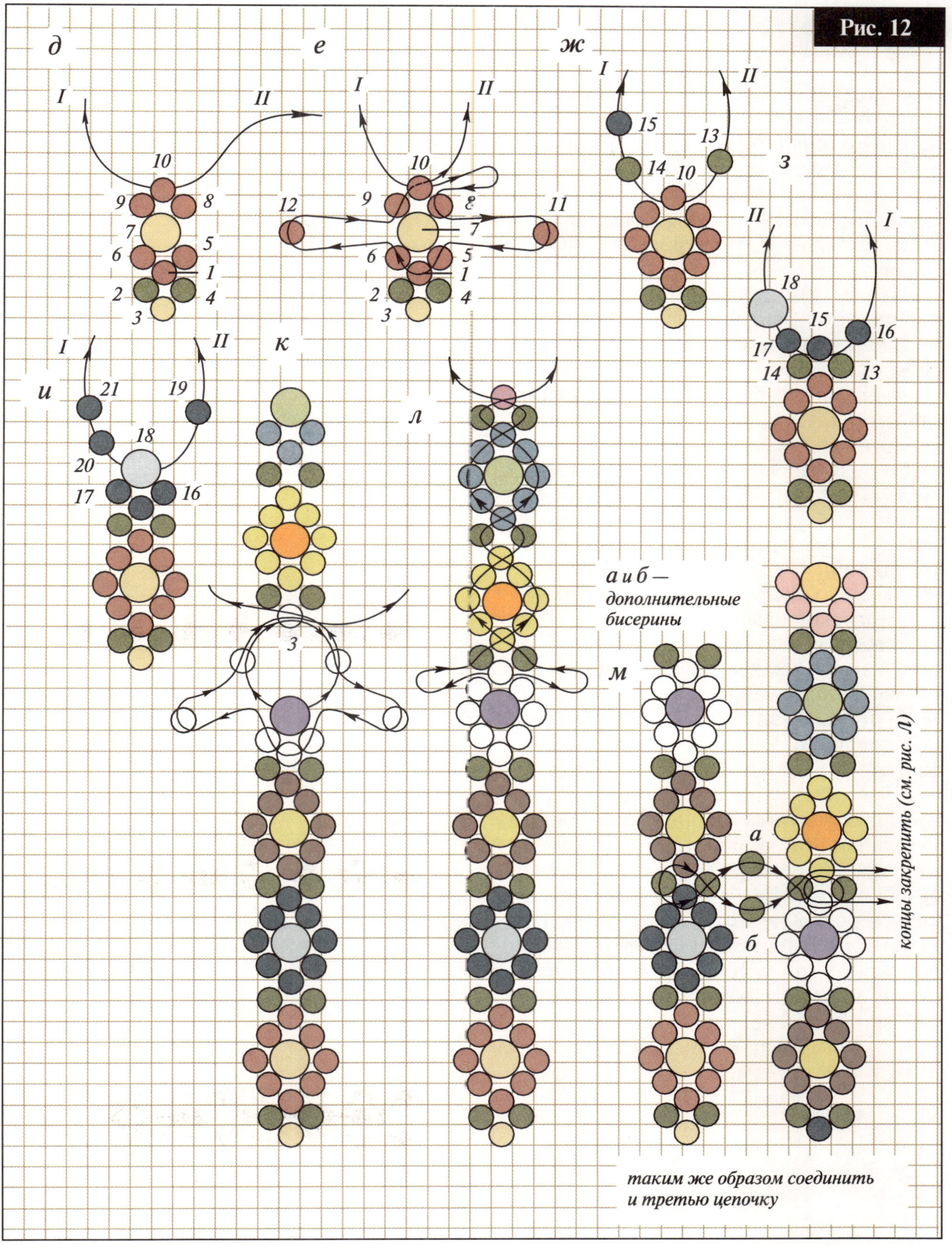
Рис. 12
д
е
ж
з
и
к
л
м
I
II
1
2
3
4
5
6
7
8
9
10
11
12
13
14
15
16
17
18
19
20
21
а и б — дополнительные бисерины
а
б
концы закрепить (см. рис. л)
таким же образом соединить и третью цепочку

Цепочка и лента «усложненный квадрат»

«Усложненный квадрат» состоит из отдельных «квадратиков». Техника плетения цепочки из «квадратиков» на нитке была приведена выше. Относительно же лески следует напомнить, что ее заделка в плетении отличается от заделки нити. На леске не делаются узелки и ее не надо оплавлять.

На рис. 13а показана заделка лески в цепочке «квадратик». Если после заделки необходимо продолжить работу, то берется новый отрезок лески и работа ведется согласно рис. 13б. Во всех видах техники, где используется леска, она заделывается аналогично.

Для изготовления образца в технике «усложненный квадрат» на середину отрезка лески длиной 120–150 см и толщиной 0,15 мм нанизать четыре бисерины: 1– коричневая, 2–3–4 – желтые (цвета условные), рис. 14а. Через бисерину 1 пропустить правый конец лески навстречу левому концу. Левой рукой притянуть полученный квадратик на середину лески, сложенной вдвое.

На правый конец лески нанизать четыре бисерины: 5 – коричневая, 6–7–8 – желтые и этот конец лески пропустить через бисерину 5 *снизу вверх*. Притянуть полученный квадратик к первому. На левый конец лески нанизать коричневую бисерину 9 и три желтые 10–11–12, и этот конец лески пропустить через бисерину 9 *снизу вверх*. Притянуть полученный квадратик к первым двум (рис. 14б). На левый конец лески нанизать коричневую бисерину 13, продеть в нее правый конец лески *навстречу левому* и притянуть эту бисерину к остальным.

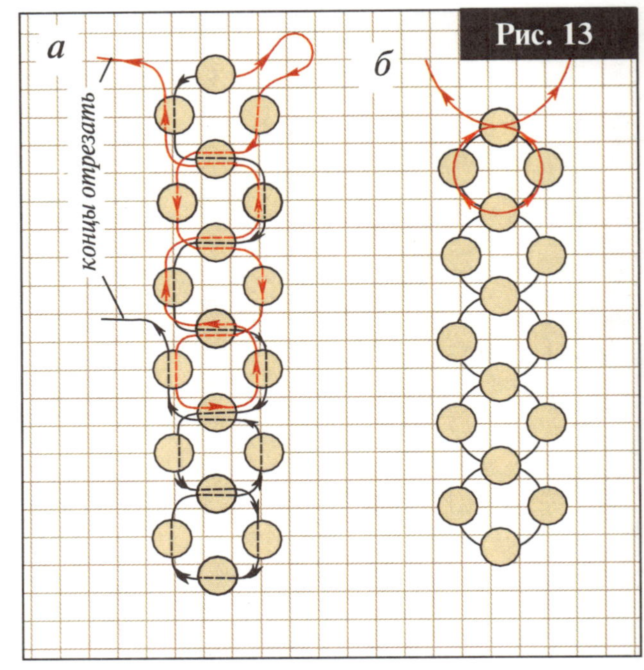

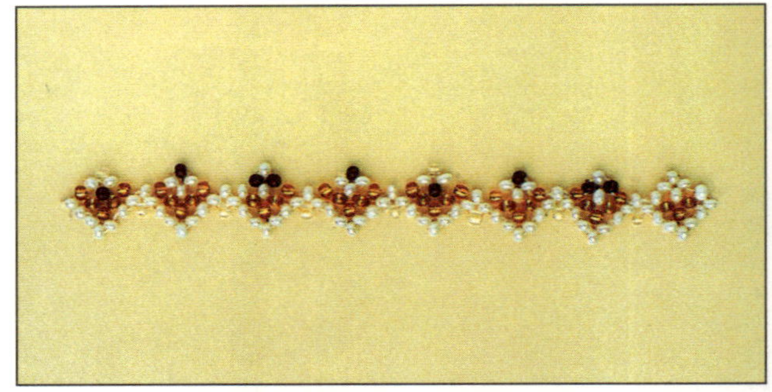

Образцы техники плетения: цепочки «усложненный квадрат», цепочки для галстука и самого галстука

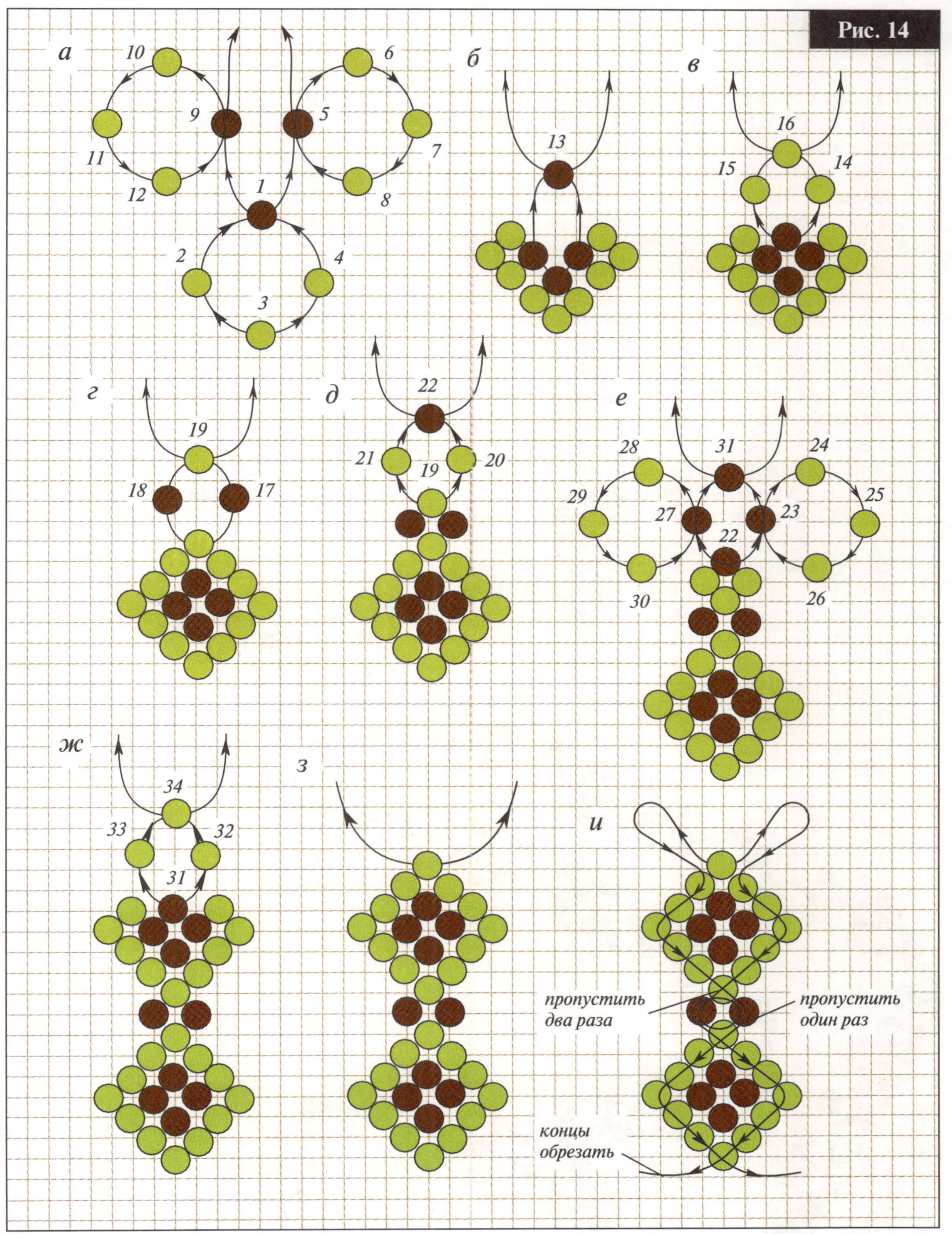
Рис. 14
а
10
9
5
6
11
7
12
1
8
2
4
3
б
13
в
16
15
14
г
19
18
17
д
22
21
20
19
е
28
31
24
29
25
27
23
22
30
26
ж
34
33
32
31
з
и
пропустить два раза
пропустить один раз
концы обрезать

На правый конец лески нанизать желтую бисерину 14, на левый конец – две желтые бисерины 15 и 16. Правый конец лески продеть через бисерину 16 навстречу левому концу (рис. 14в). Притянуть бисерины. Получился желтый квадрат с коричневой серединкой – «усложненный квадрат» (рис. 14г). На правый конец лески нанизать коричневую бисерину 17, а на левый конец – коричневую бисерину 18 и желтую 19. Правый конец лески продеть через желтую бисерину 19 *навстречу левому* концу и притянуть бисеринки к «усложненному квадрату» (рис. 14д). На правый конец лески нанизать желтую бисерину 20, а на левый конец – желтую 21 и коричневую 22. Правый конец лески пропустить через коричневую бисерину 22 *навстречу левому* концу и притянуть бисерины к остальному плетению. На правый конец лески нанизать коричневую бисерину 23 и три желтые 24-25-26. Этот конец пропустить через бисерину 23 *снизу вверх* и притянуть квадратик к остальной цепочке (рис. 14е). На левый конец лески нанизать коричневую бисерину 27 и три желтые 28-29-30. Пропустить этот конец через бисерину 27 *снизу вверх* и притянуть квадратик к цепочке. На левый конец нанизать коричневую бисерину 31. Правый конец продеть в эту бисерину 31 *навстречу левому* концу лески. Притянуть эту бисерину к цепочке. На правый конец лески нанизать одну желтую бисерину 32, а на левый конец – две желтые бисерины 33 и 34. Правый конец продеть через бисерину 34 *навстречу левому* концу (рис.14ж). Притянуть эти бисерины к цепочке. Получилась цепочка из двух «усложненных квадратов» (рис. 14з). Далее плести таким же образом.

После окончания плетения заделать концы лески, пропустив их по контуру цепочки (рис.14и). На рисунке показано, как один конец лески через квадратик пропущен два раза, а второй конец — один раз. При этом необходимо следить за одинаковым натяжением лески, чтобы отдельные квадратики не провисали и не стягивались.

Фролова О.В.
Галстук «Полянка».
Плетение на леске
в технике «усложненный квадрат»

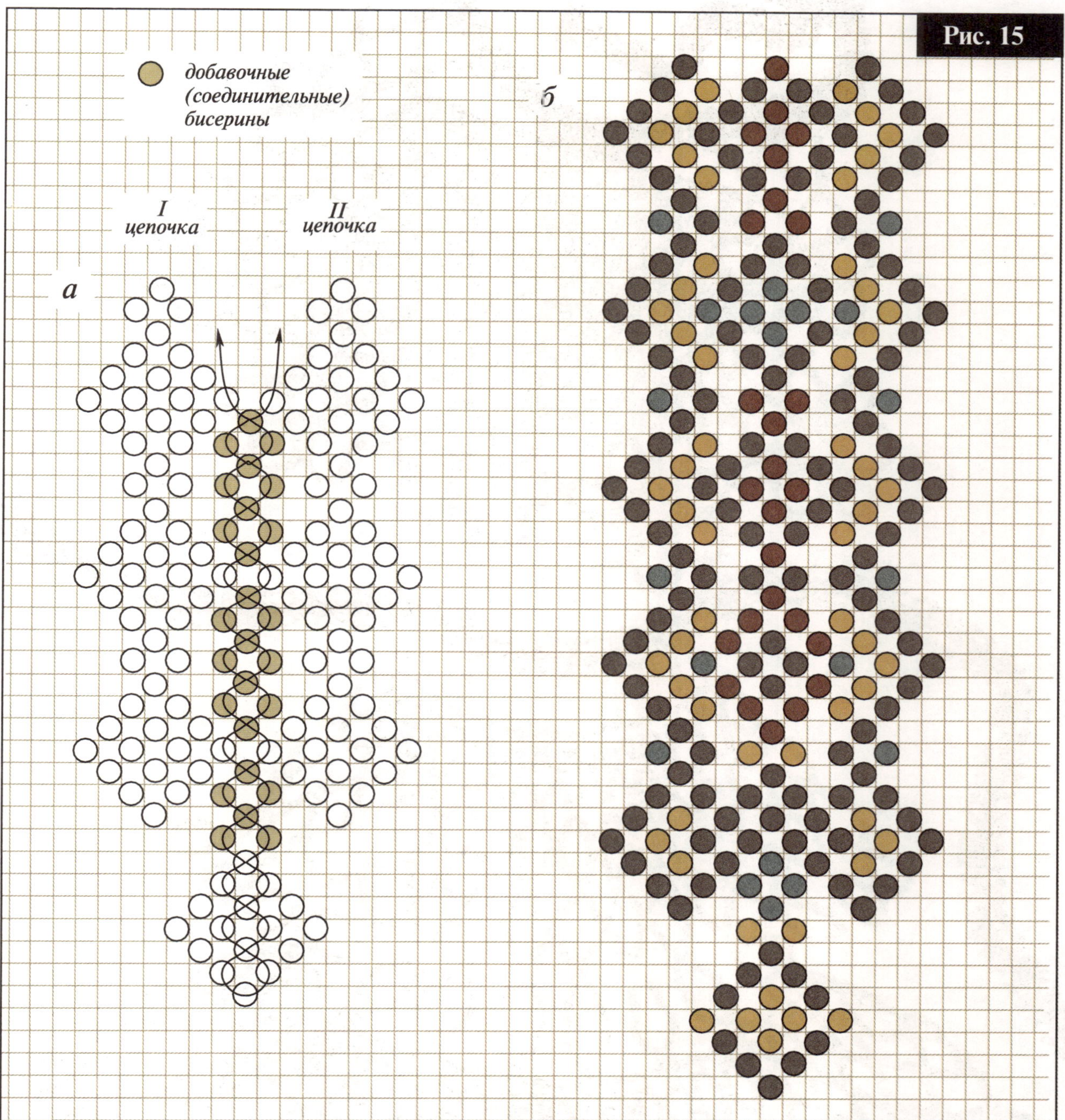

На рис. 15а показано, как соединить две цепочки из «усложненных квадратов». Для того чтобы изготовить изделие в такой технике (галстук, подвеску, гривну, пояс, браслет и другие), необходимо сначала нарисовать схему с нанесенным орнаментом. Пример схемы галстука приведен на рис. 15б.

В этой технике можно применять и капроновые нитки, но в таком случае рекомендуется по контуру каждого «усложненного квадрата» пропускать нитку два раза.

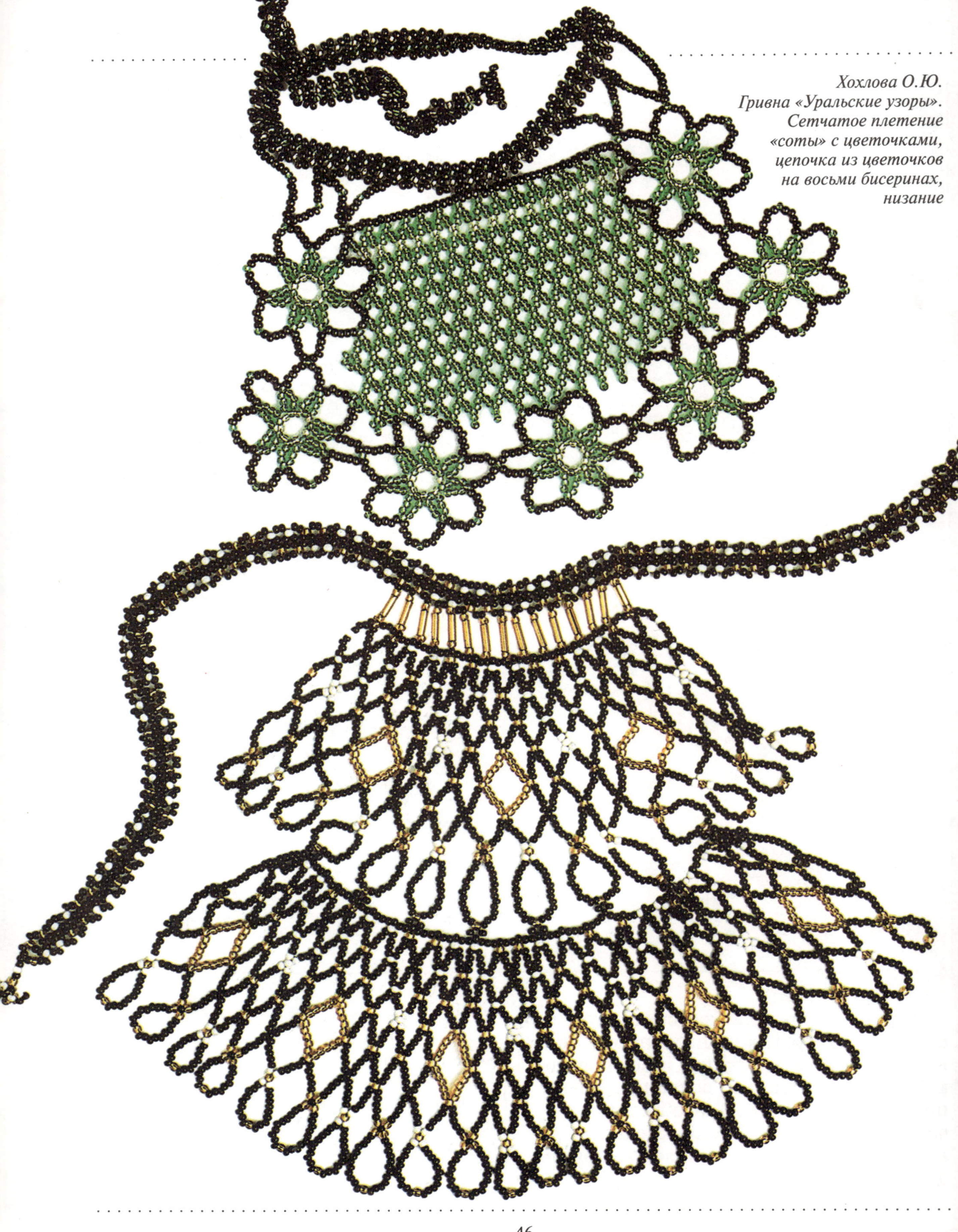

Хохлова О.Ю.
Гривна «Уральские узоры».
Сетчатое плетение
«соты» с цветочками,
цепочка из цветочков
на восьми бисеринах,
низание

Гринберг Н.М.
Гривна «Лужайка».
Ажурное плетение
в три ячейки (ромб),
петельная техника.
Десять цепочек:
«колечки», «квадратик»,
«зигзаг« и другие

Резниковская А.В.
Гривна «Черный ажур».
Сетчатое вертикальное
плетение (двухрядное),
цепочка «квадратик»

Корнеева С.М.
Гарнитур «Серебристый»
(гривна, браслет).
Техника
«усложненный квадрат»,
цепочки «квадратик».
Плетение на леске

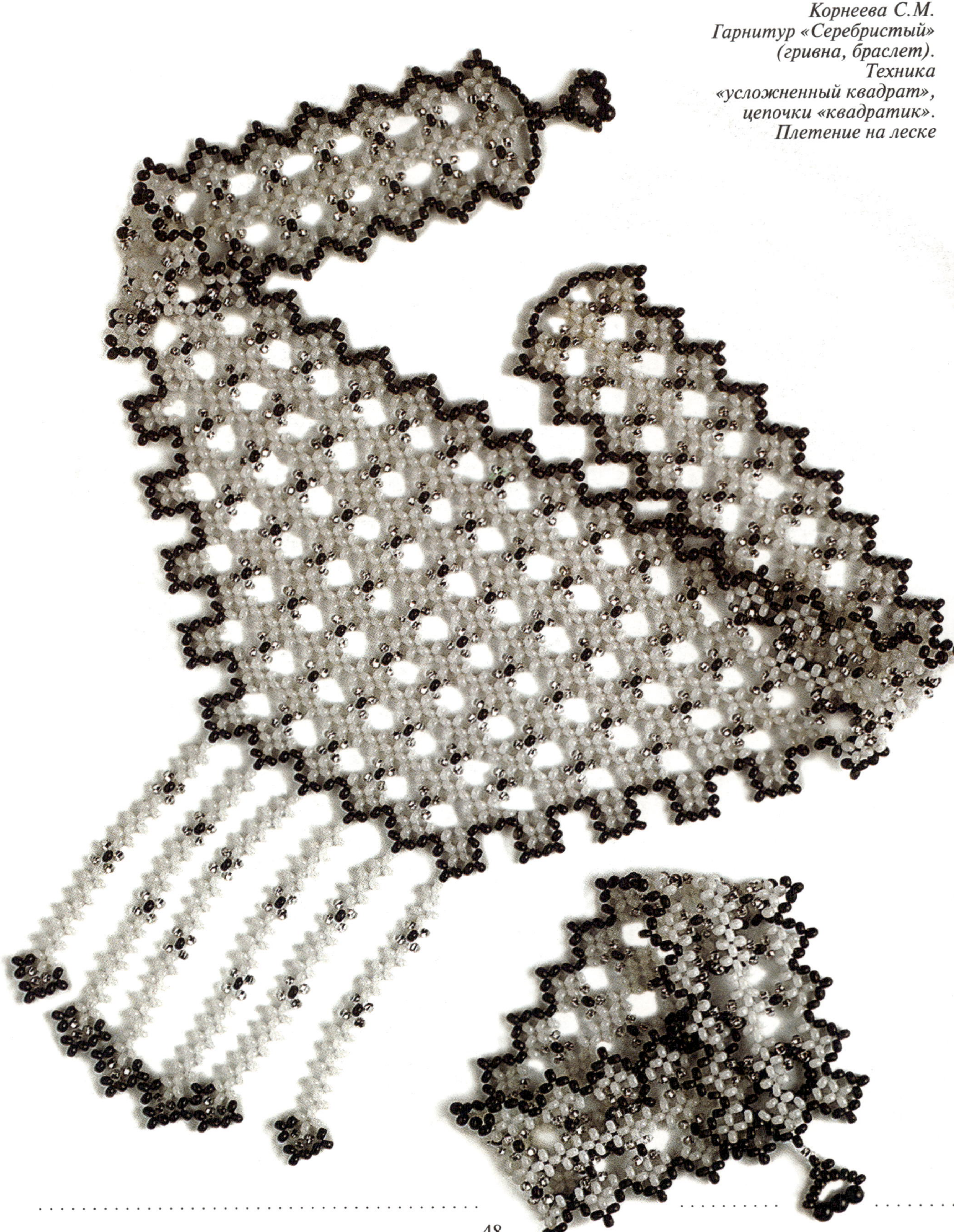

Корчагина Т.Ф.
Часть учебной ленты.
Ткачество

Кадобнова Г.А.
Подвеска «Угол».
Техника
«усложненный квадрат»,
цепочки «квадратик».
Плетение на леске

1. Фролова О.В. Воротник «Искра».
2. Корнеева С.М. Воротник «Сомнение».
3. Резниковская А.В. Колье «Лучистое»

Петельная техника

Предлагаемая техника — это полуобъемное плетение. Оно применяется для изготовления воротников, гривен, колье, салфеток и других изделий, а также как дополнение к другим видам плетения. Работа выполняется на капроновой нити однорядными и многорядными петлями. Изделия могут быть одноцветными, двухцветными и многоцветными. Петли можно делать одинаковой или разной длины. Их размеры зависят от величины применяемого бисера. Число бисерин в петле для двухрядного и многорядного плетения должно быть нечетным. Чтобы освоить технику плетения и апробировать цветовую гамму, нужно изготовить образец длиной 6 — 8 см. Лишь если он удался, следует приступать к изготовлению изделия. Для этого вначале необходимо сплести цепочку или ленту, выбрав любой вариант ее плетения из ранее изложенных. Если это воротник или гривна, то цепочку следует делать по объему шеи, затем к ней приплетать петли.

На рис. 16а показано плетение воротника с двухцветными и одноцветными петлями одинакового размера. Здесь использована однорядная цепочка «квадратик».

Гранкина Е.П.
Гарнитур «Гранат»
(воротник и серьги)

На рис. 16б показано плетение многорядной гривны (таким же образом плетется и многорядный воротник). В этом варианте применена двухрядная цепочка «квадратик».

В середине петель используются бисерины с большими отверстиями или бусины. Стрелками указано, как начинать и как заканчивать плетение изделия.

После окончания работы к изделию приделать застежку. Один из ее вариантов приведен на рис. 16в. Через бисерины в петле и в замочке нитку пропустить 2–3 раза.

В застежках можно применять бусины или длинный стеклярус.

Во время работы следует следить за натяжением нити и при необходимости ее притягивать. Не должно быть ни провисания, ни сильного перетяга нити, чтобы изделие не получилось жестким.

Образец петельной техники

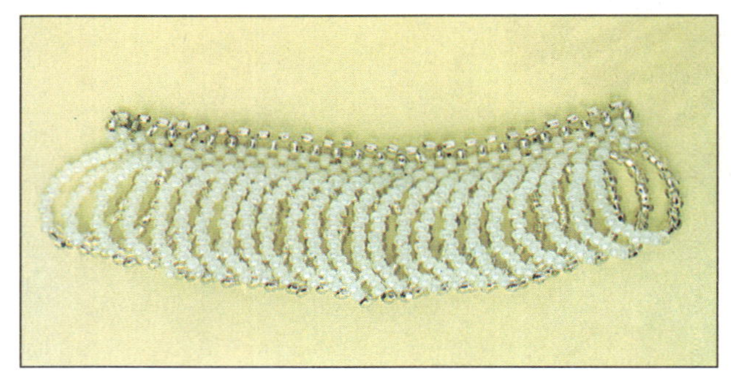

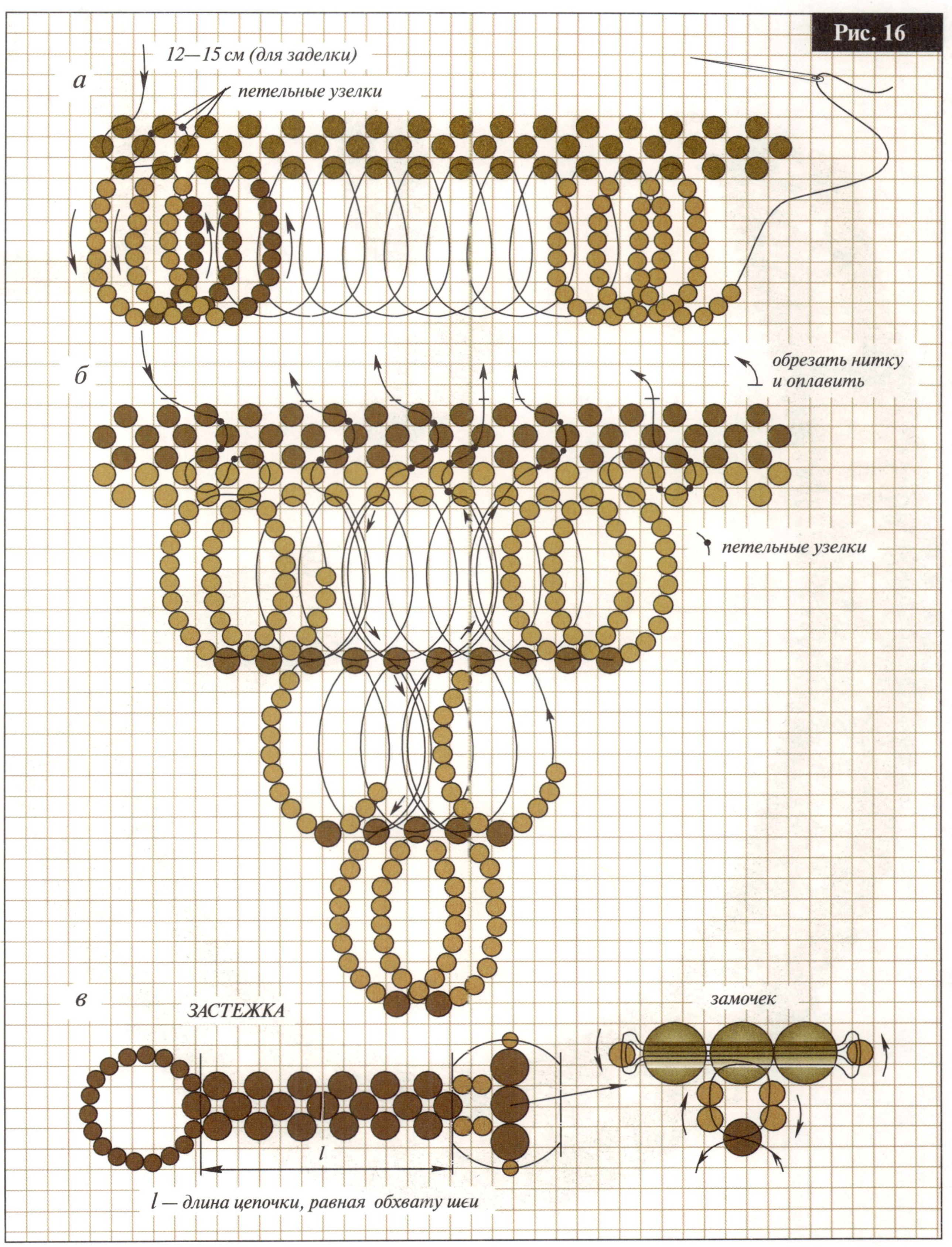
Рис. 16
а
12—15 см (для заделки)
петельные узелки
б
обрезать нитку
и оплавить
петельные узелки
в
ЗАСТЕЖКА
замочек
l
l — длина цепочки, равная обхвату шеи

Шарыкина Н.Л.
Гарнитур «Вечер»
(воротник и серьги).
Петельная техника (двухрядная).
Цепочка «квадратик»

Волкова К.М.
Воротник «Радужный».
Петельная техника

Шарай Е.Г.
Галстук «Салют».
Техника - ажурная лента
2,5 ромба с выступами.
Сдвоенная цепочка «квадратик»

1. Рузанова Г.В.
Жгут «Раджа».

2. ВолковаК.Н.
Жгут «Черно-золотой».

3. Полищук Е.Г.
Жгут «Кора».

4. Рузанова Г.В.
Жгут «Весна».

5. Полищук Е.Г.
Жгут «Бело-золотой».

6. Полищук Е.Г.
Жгут «Зелено-золотой»

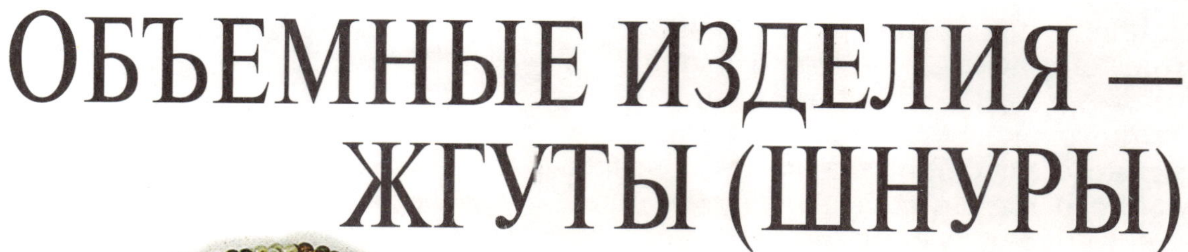

ОБЪЕМНЫЕ ИЗДЕЛИЯ – ЖГУТЫ (ШНУРЫ)

4

6

Жгут представляет собой полый шнур плотного или ажурного плетения. Толщина его зависит от того, сколько петель в ряду: чем их больше, тем толще жгут. Количество петель связано с количеством бисерин первого ряда («кольца»). Для каждого вида техники рекомендуется свое количество бисерин в «кольце».

В старину жгуты низали на нескольких нитках, получали плоскую ленту, потом соединяли ее по длине в шнур. Другой способ – из нитей с нанизанным бисером вывязывали крючком жгут или низали бисер на нить, плотно накручивали ее (виток к витку) на веревочный шнур, а каждые два близлежащих витка сшивали через бисеринки. Позже плетение стало осуществляться на одной нити.

Теперь появились и другие виды жгутов: спиральные – однозаходные и многозаходные, с использованием рубленного бисера или стекляруса, переменного сечения, квадратные, усложненного плетения, с наружной оплеткой (или с наружной отделкой).

Жгуты можно использовать как самостоятельное украшение, либо делать из них другие виды украшений (цепи, кулоны, галстуки, сдвоенные жгуты и др.). Их можно применять и как дополнительные элементы других украшений: в воротниках, подвесках, ободках, серьгах и т.д.

Изготовление жгутов требует повышенного внимания и равномерного натяжения нити.

Мы рассмотрим изготовление различных видов жгутов одной иголкой на капроновой нитке, обработанной пчелиным воском.

Все предлагаемые виды жгутов (кроме «мозаичного») следует плести, используя стержень (корпус шариковой ручки, карандаш или др.) подходящего диаметра, чтобы он не очень туго вставлялся в жгут (в начале плетения, после 3–5 рядов). Потом плетение передвигают по этому стержню. Бисерины в этом случае должны плотно прилегать друг к другу, чтобы нитка не была видна. Натяжение нити должно быть равномерным, иначе жгут получится «рыхлым».

Работу следует держать в левой руке большим и указательным пальцами. Рабочая нить, идущая от изделия, должна лежать сверху указательного пальца и прижиматься средним. Все остальные пальцы, прижимая нитку к ладони, осуществляют ее натяг. Плетение вести по часовой стрелке, тогда натяжение нити будет более равномерным.

Если нужен короткий жгут (вокруг шеи), то необходимо сделать застежку. Ее схематическое изображение приведено на с. 53, 62.

1. Кадобнова Г.А. Жгут спиральный «Темно-коричневый».
2. Харитонова Н.Н. Жгут ажурный «Янтарный».
3. Корнеева С.М. Жгут ажурный «Светло-коричневый».
4. Кадобнова Г.А. Жгут мозаичный «Бело-золотистый».
5. Кадобнова Г.А. Жгут мозаичный «Жемчуг»

Если жгут должен быть длинным (чтобы надевался через голову), то его надо соединить встык или цепочкой в «квадратик».

Готовую фурнитуру применять не следует, ручная работа значительно красивее. Применять можно готовые крючки для серег (швензы) и зажимы для клипсов.

6. Кадобнова Г.А.
Жгут ажурный «Светло-зеленый».
7. Харитонова Н.Н.
Жгут мозаичный «Оранжевый».
8. Рузанова Г.В.
Жгут квадратный «Черно-белый».
9. Резниковская А.В.
Жгут мозаичный «Змейка»

Жгуты «мозаичные» – плотное плетение

Как уже говорилось выше, толщина жгута зависит от количества полных петель в ряду. Их может быть две, три, четыре, пять, шесть, семь, восемь, девять — в зависимости от числа бисерин первого ряда («кольца»).

Для «мозаичных» жгутов в «кольцо» (первый ряд) рекомендуется набирать нечетное число бисерин: пять, семь, девять, одиннадцать, тринадцать, пятнадцать, семнадцать, девятнадцать и т.д., в зависимости от желаемой толщины жгута.

Для изучения техники плетения выбираем жгут на семи бисеринах в «кольце».

На подготовленную нитку длиной 120–150 см (чтобы удобно было работать) с иголкой на конце набрать семь бисерин 1–7 одного цвета (например, коричневого – цвета условные) и пропустить иголку через бисерину 1 (рис.17а). Начальный конец нити длиной 12–15 см оставить для дальнейшей заделки. Притянуть нитку. Получилось *«кольцо»* – это первый ряд плетения. Для второго ряда набрать на иголку зеленую бисерину 8 и пропустить иголку через бисерину 3 первого ряда (рис. 17б).

Следить за тем, чтобы иголка проходила по верху отверстия бисерины, не прокалывая предыдущую нитку (рис. 17ж), особенно в начальных рядах плетения, иначе их невозможно будет распустить.

На иголку набрать зеленую бисерину 9 и пропустить иголку через бисерину 5 первого ряда (рис. 17в). Снова набрать одну зеленую бисерину 10 и пропустить иголку через бисерину 7 первого ряда. Каждый раз притягивать нитку, стараясь, чтобы натяг был одинаковый.

Третий ряд набирать из коричневых бисерин 11–12–13–14. После каждой нанизанной бисерины иголку с ниткой пропускать через выступающие бисерины второго ряда 8–9 и 10 (рис. 17г, д). Так плести все последующие ряды (рис. 17е). Не забывать притягивать нитку. Сплетенный жгут не должен быть жестким. Он должен свободно сгибаться. Поэтому сначала необходимо сделать образец и на нем отработать одинаковый натяг нити, чтобы не было «рыхлых» участков и жесткость жгута была одинаковой.

По желанию можно создавать узоры, чередовать цветные бисерины или выплетать участки одного цвета.

Когда жгут достиг необходимой длины, следует снять с нити (расплести) первые три – пять рядов бисера от начала плетения, для того чтобы жгут был одинаковой плотности (в начале плетения он получается «рыхлым»). Затем доплести жгут рабочей ниткой, с учетом снятых рядов, до нужной длины. Теперь можно проводить заделку нити.

Если нужен короткий жгут (вокруг шеи), то необходимо сделать застежку. Можно «замочек» изготовить также в технике жгута (рис. 17з). Если же жгут длинный, чтобы надевался через голову, то его концы можно соединить «встык» или цепочкой «квадратик».

Образцы техники плетения

Рис. 17

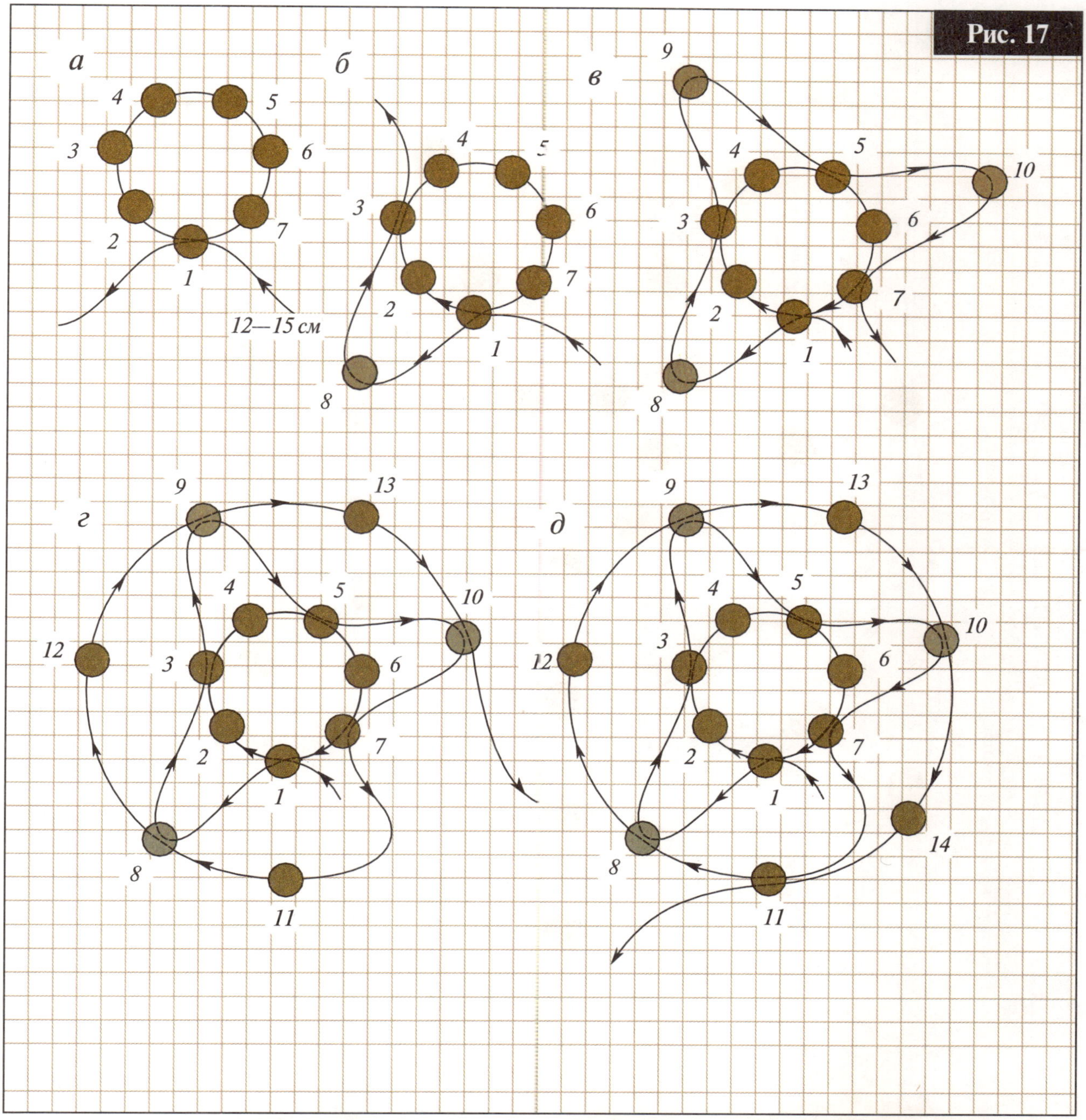
а
4
5
3
6
2
7
1
12—15 см
б
4
5
3
6
2
7
1
8
в
9
4
5
10
3
6
2
7
1
8
г
9
13
4
5
10
12
3
6
2
7
1
8
11
д
9
13
4
5
10
3
12
6
2
7
1
14
8
11

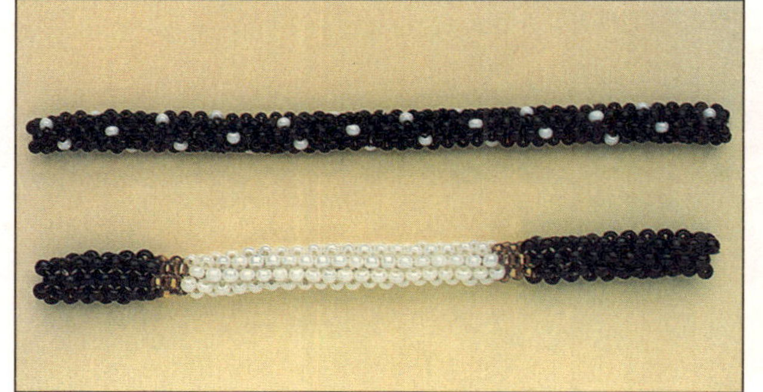

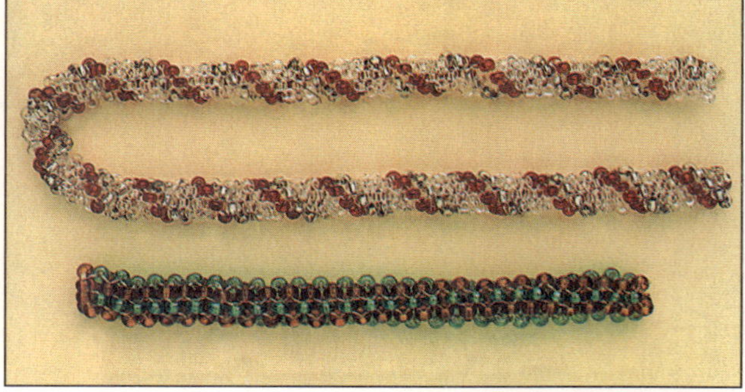

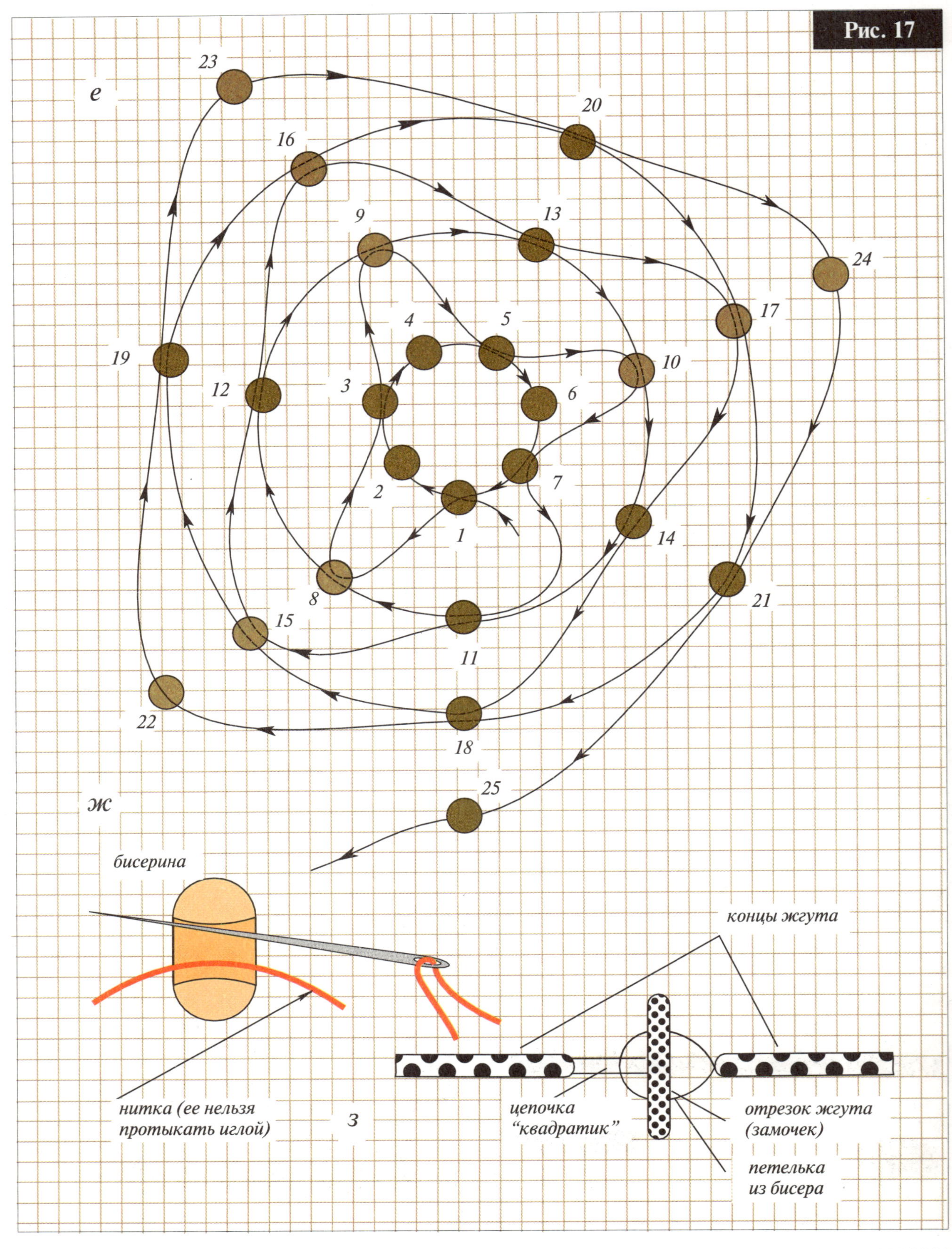
Рис. 17
е
23
20
16
13
9
24
17
4
5
10
19
12
3
6
7
2
14
1
21
8
15
11
22
18
25
ж
бисерина
концы жгута
нитка (ее нельзя протыкать иглой)
з
цепочка "квадратик"
отрезок жгута (замочек)
петелька из бисера

Заделка ниток

Оставленный в начале плетения отрезок нити 12–15 см вдеть в иголку и пропустить ее через несколько бисерин по спирали жгута. После того, как иголка пропущена через 3–4 бисерины, зацепить иголкой нитку между соседними бисеринами и сделать петельный узелок, затем пропустить иголку через следующую бисерину (по спирали) и снова, зацепив нитку, сделать петельный узелок. Таким образом сделать 3–4 узелка. Иголку пропустить еще через несколько бисерин и обрезать нитку, оставив кончик ее длиной 4–5 мм, затем этот кончик быстро оплавить *тыльной* стороной пламени спички – получится маленький оплавленный шарик, который не будет заметен и закрепит нитку.

Если бисер светлый, оплавлять нитку не следует, так как остается желтое пятно. В этом случае нужно сделать побольше узелков (5–6), а нитку обрезать «под корень».

Заделку рабочей нити (которой плели жгут), когда она кончается и необходимо вводить нитку для продолжения работы, производить таким же образом.

Соединение жгута «встык»

При соединении концов жгута «встык» заделывать рабочую нить необязательно, ею можно продолжать работу по соединению концов (заделать нужно только начальный отрезок нити).

Сложить на столе «встык» оба конца жгута (соблюдая рисунок на нем) и продевать иголку через выступающие бисерины то одного, то другого конца поочередно (нитку таким образом провести два раза). Затем иголку с ниткой пропустить через бисерины по спирали с петельными узелками, как при заделке нити.

Узелки, концы нити, нитка между бисеринами – ничего этого не должно быть видно. Всю заделку следует производить очень аккуратно.

Чистота изделия – основное в искусстве бисероплетения.

Таким же способом можно сделать украшение в виде цепи, соединяя каждое последующее звено «встык», сделанное в технике жгута.

Можно украсить жгут кистью из бисера, подвесками, шариками, петлями, оплести цепочкой либо сделать ожерелье из двух жгутов разных оттенков, сплести серьги (или клипсы), браслет, а также различные предметы украшения интерьера.

Образцы мозаичных жгутов: с отделкой цепочкой из цветочков, с ажурной оплеткой

Жгуты ажурные

На подготовленную нитку с иголкой набрать 11 бисерин и пропустить иголку через бисерину 1. Получилось кольцо (рис. 18а). Бисерины 1–4–7–10 – зеленые, остальные коричневые (можно набирать в кольцо и бисерины одного цвета). Нанизать на иголку с ниткой три бисерины 12–13–14 (13 – зеленая, 12 и 14 – коричневые) и пропустить иголку через зеленую бисерину 4 (рис. 18б). Притянуть нитку. Снова нанизать три бисерины 15–16–17 (средняя, 16 – зеленая, 15, 17 – коричневые) и иголку пропустить через бисерину 7, зеленую. Нанизать три бисерины 18–19–20 (средняя, 19 – зеленая, 18 и 20 – коричневые) и пропустить иголку через зеленую бисерину 10. Не забывать притягивать нитку. Нанизать три бисерины 21–22–23 (средняя, 22 – зеленая) и пропустить иголку через зеленую бисерину 13, рис. 18в. Нанизать три бисерины 24–25–26 (средняя, 25 – зеленая) и пропустить иголку через зеленую бисерину 16. Нанизать еще три бисерины 27–28–29 (средняя, 28 – зеленая) и пропустить иголку через зеленую бисерину 19. После третьего ряда для плетения рекомендуется использовать стержень – натяг нити будет более равномерным. Далее плести таким же образом: нанизывать на иголку с ниткой по три бисерины (средняя – зеленая) и пропускать

Корнеева С.М. Жгут ажурный «Темно-коричневый». Корнеева С.М. Жгут ажурный «Светло-коричневый». Кадобнова Г.А. Жгут ажурный «Светло-коричневый»

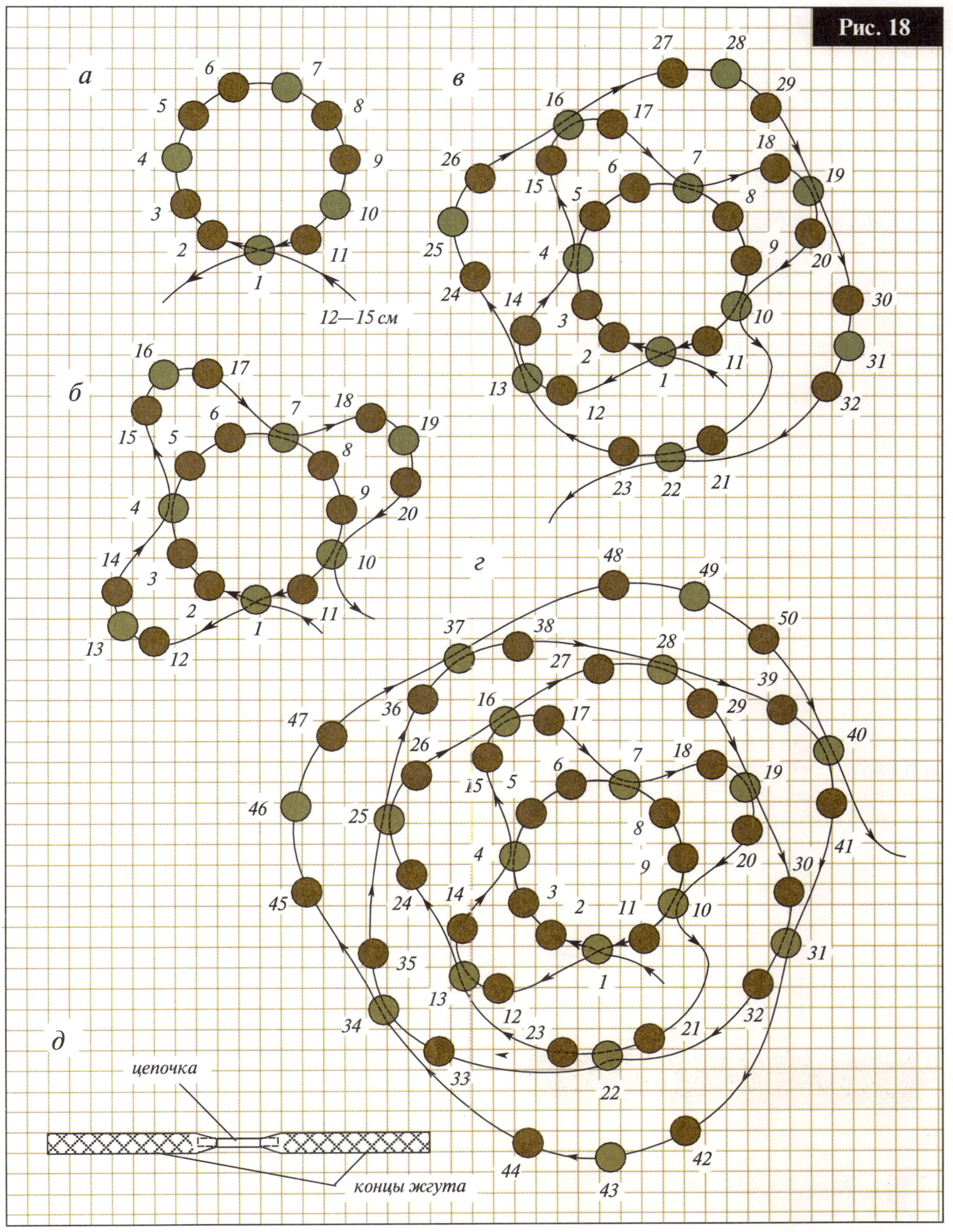
Рис. 18
а
б
в
г
д
12—15 см
цепочка
концы жгута

иголку через среднюю бисерину (зеленую) петли предыдущего ряда (рис. 18г). Не забывать после каждой петли притягивать нитку, иначе жгут или отдельные его участки получатся «рыхлыми». Если все же это произойдет, то по длине «рыхлого» участка (или всего жгута) нитку необходимо пропустить второй раз через бисерины по спирали жгута, а затем произвести ее заделку.

Заделка нитки во всех видах жгутов производится так же, как в «мозаичном» жгуте.

Когда изделие достигнет желаемой длины, его начальный участок, как правило более рыхлый, следует распустить (3–5 рядов) и тогда заделать оставленный отрезок нити.

Как уже говорилось (см. также рис. 17ж), необходимо следить, чтобы иголка проходила по верху отверстия бисерины, не прокалывая предыдущую нитку, иначе невозможно будет распустить начальный участок жгута.

Затем рабочей ниткой с иголкой нужно доплести жгут на величину распущенного участка, после чего соединить оба конца «встык» (по рисунку жгута) с добавлением соответствующих бисерин, чтобы не было заметно соединения.

Образцы ажурных жгутов

Можно соединить концы жгута цепочкой в «квадратик». Для этого сплести отрезок цепочки нужной длины и аккуратно заделать ее в концы жгута (рис. 18д).

Мы разобрали плетение ажурного жгута через две бисерины «по кольцу». Такие жгуты можно делать разной толщины — она зависит от количества петель в ряду и соответственно от начального количества бисерин в кольце (рис. 18а).

Если в кольце 10, 11 или 12 бисерин, то в ряду будет три полных петли и одна переходящая в следующий ряд (рис. 18в).

Если в кольце 13, 14 или 15 бисерин, то в ряду получается четыре полных петли и одна переходящая в следующий ряд. Если в кольце 16, 17 или 18 бисерин, то в ряду — пять полных петель и одна переходящая и так далее. Следовательно, толщина жгута будет одинаковой при использовании 10, 11 и 12 бисерин в кольце — жгут будет тонким; при 13, 14 и 15 бисеринах в кольце — будет толще, при 16, 17 и 18 — еще толще и так далее.

Можно плести ажурный жгут через три бисерины в кольце. Схема плетения такого жгута на 14 бисеринах в кольце приведена на рис. 19а, б, в. В этом случае для получения жгутов различной толщины рекомендуется в начальном кольце набирать 10, 14, 18, 22, 26 бисерин и так далее.

Для более ажурного жгута следует набирать большее количество бисерин *в петле*, но их число должно быть нечетным. Чем ажурнее жгут, тем он мягче.

Можно делать ажурную оплетку на жгутах плотного «мозаичного» плетения, как это представлено на стр.63. Бисер для такой оплетки рекомендуется брать мельче, чем для плетения основного жгута и в петле набирать 5–7 бисерин.

Более крупные петли (с большим числом бисерин) с использованием стекляруса или рубленного бисера можно применять для оплетения вазы, графина, абажура и других крупных изделий.

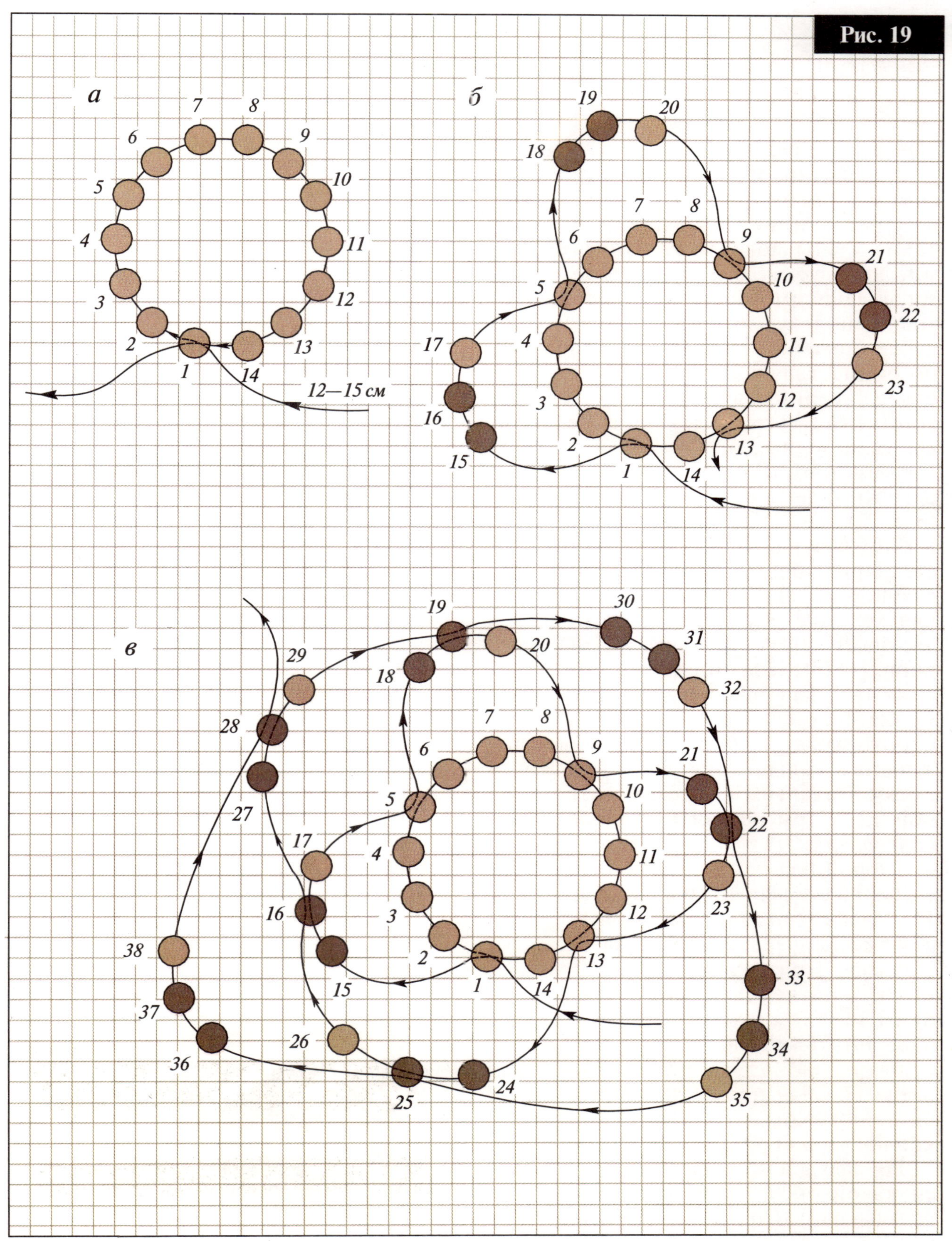

Рис. 19
а
1
2
3
4
5
6
7
8
9
10
11
12
13
14
12—15 см
б
1
2
3
4
5
6
7
8
9
10
11
12
13
14
15
16
17
18
19
20
21
22
23
в
1
2
3
4
5
6
7
8
9
10
11
12
13
14
15
16
17
18
19
20
21
22
23
24
25
26
27
28
29
30
31
32
33
34
35
36
37
38

Жгуты спиральные

Жгут спиральный – это ажурный жгут из бисера и стекляруса или из бисера и рубленного бисера, нанизанных в определенной последовательности. Такие жгуты могут быть однозаходными, двухзаходными и многозаходными, в зависимости от количества цветов используемого стекляруса (или рубленного бисера). Их плетение можно осуществлять на 9, 12, 15, 18, 21 и более бисеринах в кольце (в ряду, соответственно – три петли, четыре, пять, шесть, семь и т.д.).

Рассмотрим технику плетения спирального жгута на девяти бисеринах в кольце (рис. 20).

Нанизать на иголку с ниткой бисер и стеклярус (или рубленный бисер) в следующем порядке: одна бисерина + стеклярус+ две бисерины + стеклярус + две бисерины + стеклярус + одна бисерина. На рис. 20а они обозначены цифрами 1–9 (для бисера и стекляруса применяется общая нумерация). Иголку пропустить через бисерину 1, чтобы получилось кольцо (рис. 20б). Притянуть нитку. Начальный отрезок нитки длиной 12–15 см оставить для последующей заделки.

Второй ряд начинать набором одной трубочки стекляруса 10 и двух бисеринок 11–12, после чего иголку пропустить через бисерину 3 первого ряда (кольца), рис. 20в. Притянуть нитку. Набрать на иголку с ниткой стеклярус 13 и две бисерины 14–15, и иголку пропустить через бисерину 6 кольца. Притянуть нитку. Снова набрать стеклярус 16 и две бисерины 17–18 и пропустить иголку через бисерину 9 кольца. Притянуть нитку. Закончен второй ряд.

Для дальнейшего плетения понадобится какой-нибудь стержень (карандаш, ручка и т.п.). Стержень вставить в сплетенную часть жгута и продолжать на нем работу. В этом случае натяг будет более равномерным, а работать значительно удобнее.

Для третьего ряда нанизать на иголку с ниткой стеклярус 19 и две бисерины 20–21. Пропустить иголку через бисерину 11 второго ряда (рис. 20г). Набрать стеклярус 22 и две бисерины 23–24, пропустить иголку через бисерину 14 второго ряда. Набрать стеклярус 25 и две бисерины 26–27. Иголку пропустить через бисерину 17 второго ряда. Снова набрать один стеклярус 28 и две бисерины 29–30 и пропустить иголку через бисерину 20 третьего ряда (рис. 20д). Далее вести работу таким же образом, то есть набирать в петлю стеклярус и две бисерины, пропускать иголку через среднюю бисерину (следующую за стеклярусом) предыдущего ряда. Не забывать после каждой петли притягивать нитку. Когда жгут необходимой длины сплетен, нужно первые 3–5 рыхлых рядов (от начала плетения) снять с нитки (распустить), для того чтобы изделие было одинаковой плотности.

Заделка ниток и соединение концов жгута аналогичны приведенным ранее для «мозаичных» и ажурных жгутов. Од-

Образцы спиральных жгутов

нако для спиральных жгутов (со стеклярусом или рубленным бисером) соединения «встык» лучше не применять, потому что под тяжелой одеждой острые края стекляруса или рубленного бисера быстро перетрут нитку и жгут будет поврежден.

Соединять концы жгута лучше цепочкой «квадратик», как показано на рис. 18д, или несколькими цепочками «квадратик» и «мозаичным» жгутом (рис. 21б).

Выше мы разобрали спиральный однозаходный жгут (так как использован стеклярус одного цвета), сплетенный через две бисерины по кольцу (бисерина + стеклярус).

Можно плести жгут и через три бисерины по кольцу, и набирать в начальное кольцо только бисер (без стекляруса).

Схема плетения двухзаходного спирального жгута на 14 бисеринах в кольце приведена на рис. 20е. Работа ведется аналогично работе над однозаходным жгутом, только в этом случае применяется стеклярус двух цветов (одного размера), например темно-зеленый и светло-зеленый, а бисер – золотой.

В этом жгуте ряд состоит тоже из трех петель. На иголку с ниткой набрать 14 бисерин 1–14 и пропустить иголку через бисерину 1. Получилось кольцо (рис. 20е). Притянуть нитку. Набрать на иголку стеклярус 15 (темно-зеленого цвета) и две бисерины 16–17 и пропустить иголку через бисерину 5 кольца. Притянуть нитку. Набрать на иголку стеклярус 18 (светло-зеленого цвета) и две бисерины

Корнеева С.М.
Жгут спиральный «Рубин».
Волкова К.Н.
Жгут «Черно-золотой» (спиральный, переходящий в мозаичный)

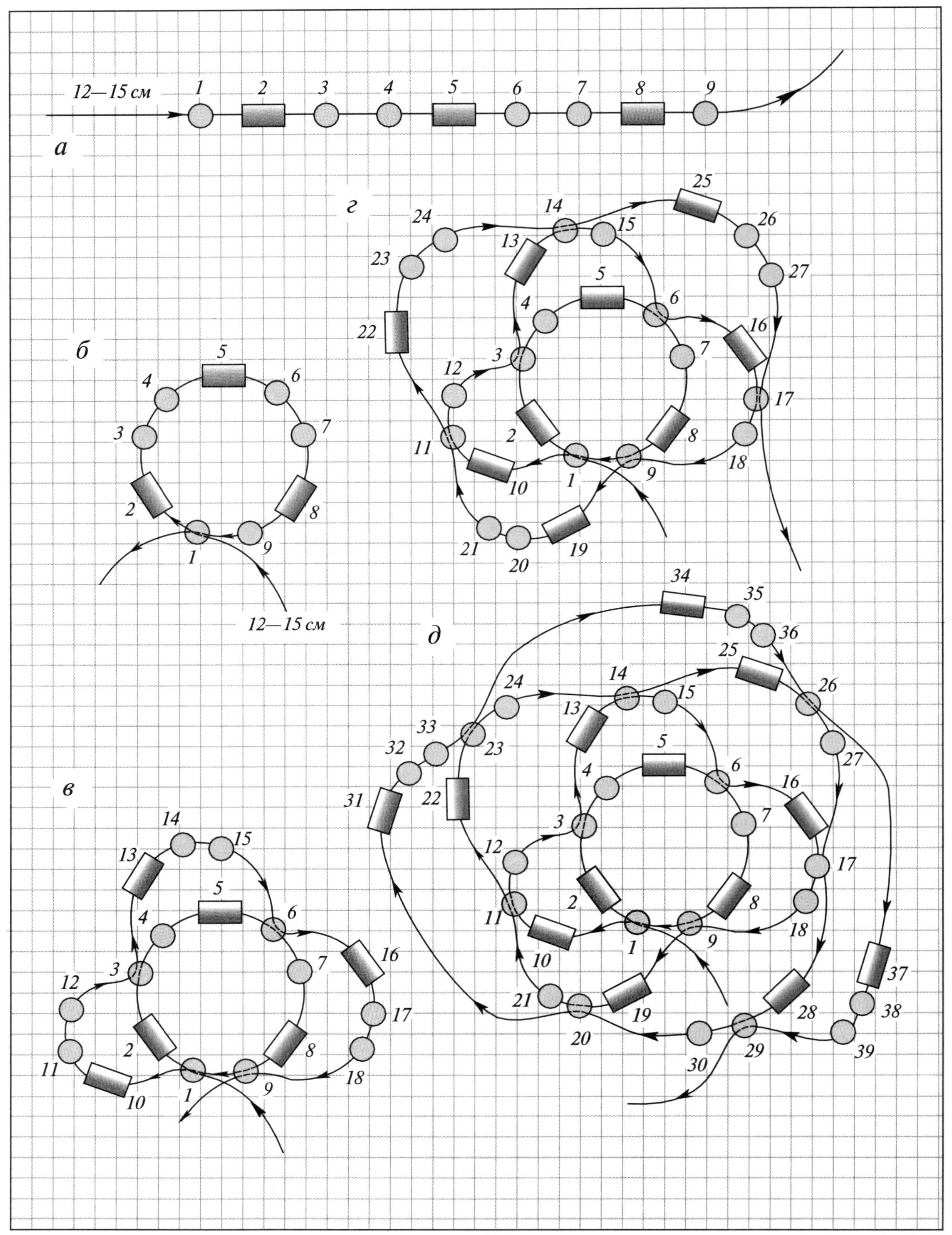

12—15 см
а
б
в
г
д
12—15 см

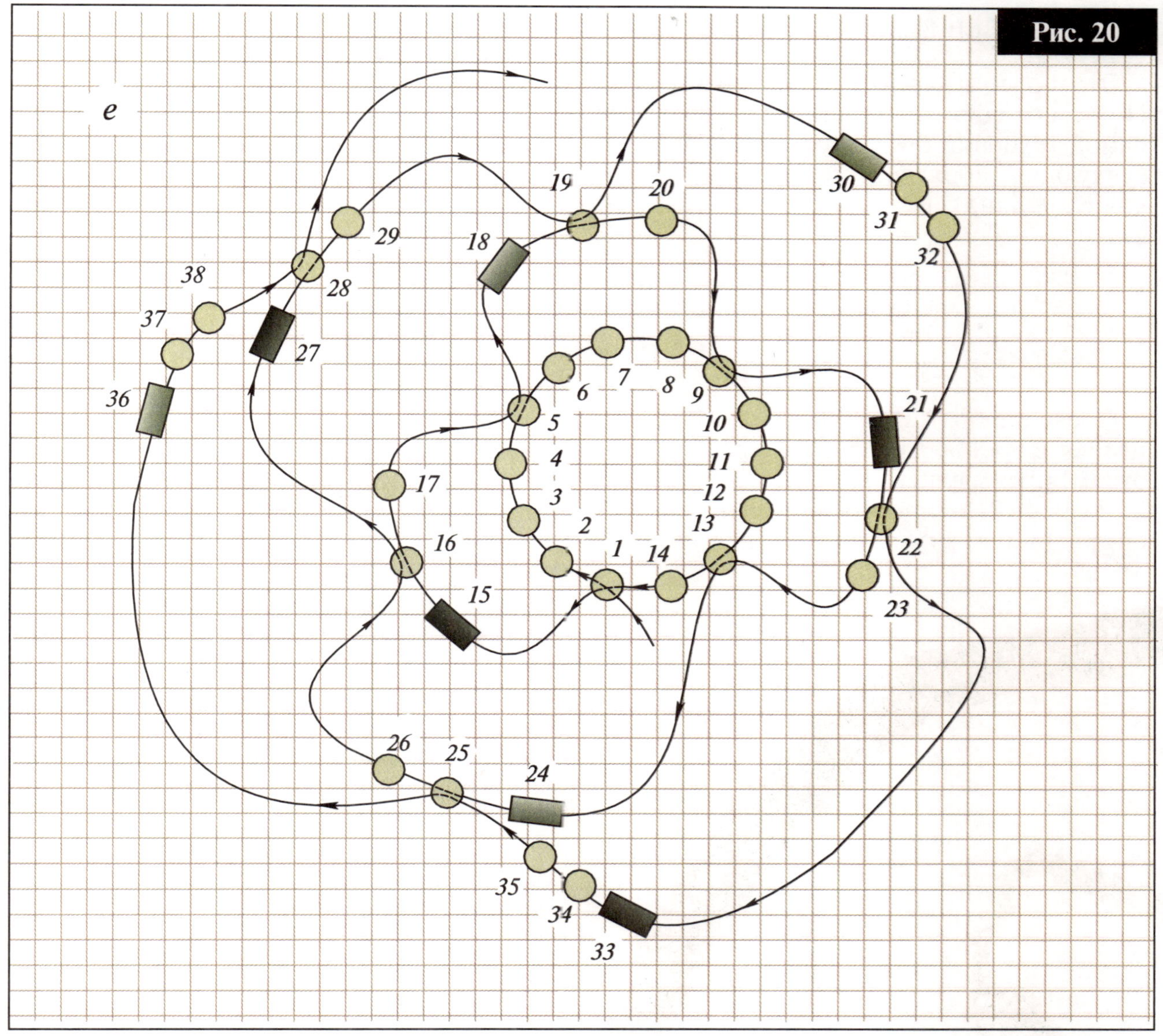

19–20. Пропустить иголку через бисерину 9 кольца. Набрать темно-зеленый стеклярус 21 и две бисерины 22–23. Пропустить иголку через бисерину 13 кольца. Не забывать притягивать нитку после каждой петли. Набрать светло-зеленый стеклярус 24 и две бисерины 25–26 и пропустить иголку через бисерину 16 второго ряда (среднюю в петле). Набрать темно-зеленый стеклярус 27 и две бисерины 28–29 и пропустить иголку через бисерину 19 второго ряда (среднюю в петле). Далее вести плетение таким же образом, чередуя в каждой петле цвета стекляруса.

Для получения различной толщины жгутов этого вида следует набирать в кольцо 10, 14, 18, 22, 26 и более бисерин, как в ажурном жгуте с плетением через 3 бисерины по кольцу.

Стеклярус в петле можно набирать после бисерин (две бисерины + стеклярус, две бисерины + стеклярус, а иголку пропускать в среднюю бисерину петли перед стеклярусом предыдущего ряда. Нужно внимательно следить за порядком цветов стекляруса, если это двухзаходный или многозаходный жгут).

Жгут спиральный (мягкий)

Это более ажурный спиральный жгут. Петля его состоит из четырех бисерин и одной трубочки стекляруса, набранных в следующем порядке: три бисерины + стеклярус + одна бисерина.

Можно поменять их местами: одна бисерина + стеклярус + три бисерины.

После набора каждой петли пропускать иголку в третью бисерину (перед стеклярусом) предыдущего ряда.

На рис. 21а приведена схема мягкого спирального жгута на 14 бисеринах в кольце. Плетение вести аналогично плетению спирального жгута через три бисерины по кольцу.

Полищук Е.Г.
Жгут «Зеленый»
(спиральный, мягкий)

Жгут такого вида нельзя соединять «встык». Рекомендуется его делать из двух частей: передняя – ажурный спиральный жгут, задняя – «мозаичный» жгут.

Длина ажурной части может быть любой, но такой, чтобы спереди жгут доходил только до косточек на плечах.

После заделки ниток на каждом конце отрезка этого жгута выступают середины петель (бисерины перед стеклярусом). Их столько, сколько полных петель в ряду. Нитку с двумя иголками на концах продеть в эту выступающую бисерину и сплести на ней цепочку «квадратик» (если три петли – 3 цепочки, четыре – 4 цепочки и т.д.) длиной 15–20 мм каждая (они должны быть одинаковой длины). Заделать в них нитки. Концы этих цепочек соединить между собой, добавляя по одной или две бисерины между цепочками. Это проделать на каждом конце отрезка жгута отдельно. Заделать нитки.

Сплести отрезок «мозаичного» жгута и соединить его концы с концами соединенных цепочек (рис. 21б).

Можно вместо «мозаичного» жгута сделать двухрядную цепочку «квадратик» и присоединить ее так же, как и мозаичный» жгут.

Чтобы такой жгут был более жестким, следует по бисерным спиралям ажурного отрезка пропустить нитку (можно новую) второй раз, сделать по длине три-четыре узелка (только через бисерные спирали, а не через стеклярус).

Образец
плетения
жгута
с цепочками

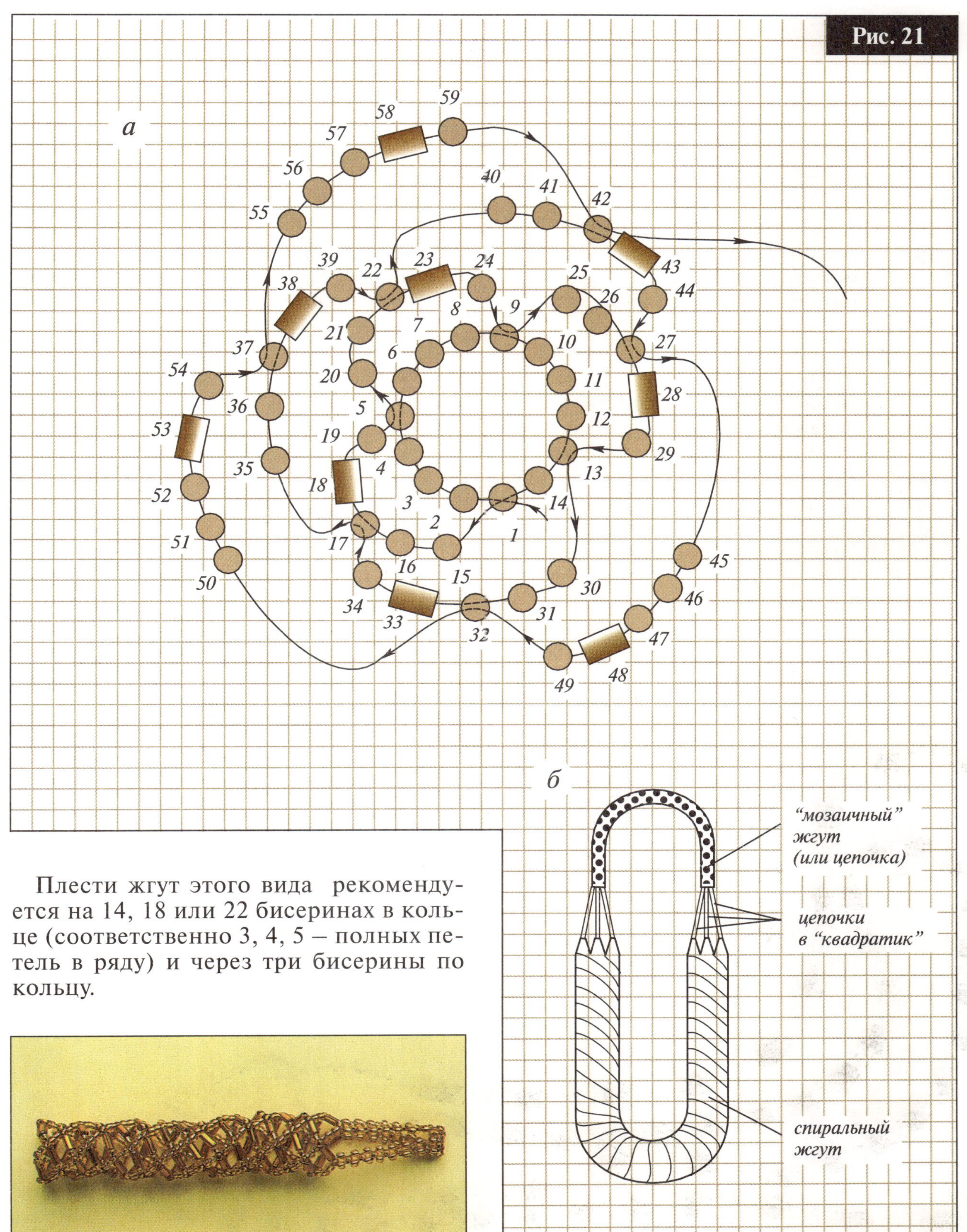

Плести жгут этого вида рекомендуется на 14, 18 или 22 бисеринах в кольце (соответственно 3, 4, 5 – полных петель в ряду) и через три бисерины по кольцу.

Жгуты квадратные

На нитку с иголкой нанизать четыре бисерины 1–4 и пропустить иголку через бисерину 1, оставив начальный конец нити длиной 12–15 см (рис. 22а). Притянуть нитку. Получился квадрат из четырех бисерин (рис. 22б). На иголку с ниткой нанизать три бисерины 5–6–7 и пропустить иголку через бисерину 3 (рис. 22в). Притянуть нитку. Нанизать на иголку три бисерины 8–9–10 и пропустить иголку через бисерины 1 и 5 (рис. 22г). Притянуть нитку. Нанизать на иголку с ниткой бисерину 11 и пропустить иголку через бисерину 9 (рис. 22д). Нанизать бисерину 12 и пропустить иголку через бисерину 6. Притянуть нитку. Получился квадрат из четырех бисерин 6–11–9–12 (рис. 22е). Нанизать на иголку с ниткой три бисерины 13–14–15 и пропустить иголку через бисерину 9 (рис. 22ж). Притянуть нитку. Нанизать на иголку три бисерины 16–17–18 и пропустить ее через бисерину 6 и бисерину 13. Притянуть нитку. Нанизать бисерину 19 и пропустить иголку через бисерину 17 (рис. 22з). Притянуть нитку. Нанизать бисерину 20 и пропустить иголку через бисерину 14. Притянуть нитку. Снова получился квадрат из четырех бисерин 14–19–17–20 (рис. 22и). Нанизать на иголку с ниткой три бисерины 21–22–23 и пропустить иголку через бисерину 17 (рис. 22к). Притянуть нитку. Нанизать на иголку три бисерины 24–25–26 и пропустить иголку через бисерины 14 и 21. Притянуть нитку. Нанизать одну бисерину 27 и пропустить иголку через бисерину 25 (рис. 22л). Притянуть нитку. Снова нанизать одну бисерину 28 и пропустить иголку через бисерину 22. Притянуть нитку. Далее плести таким же образом. Не забывать после каждой петли равномерно притягивать нитку. Когда жгут достигнет необходимой длины, произвести заделку ниток и соединить его концы «встык» по рисунку жгута или цепочкой «квадратик». Меняя цвета бисерин, можно изменять орнамент.

Из жгутов этого вида можно сделать различные украшения. Если сплести косичку из трех жгутов, сделать к ней замочек – получится красивое ожерелье.

Шарай Е.Г. Ожерелье «Березка» из двух квадратных жгутов, цепочка «квадратик»

Образцы техники плетения

Рис. 22

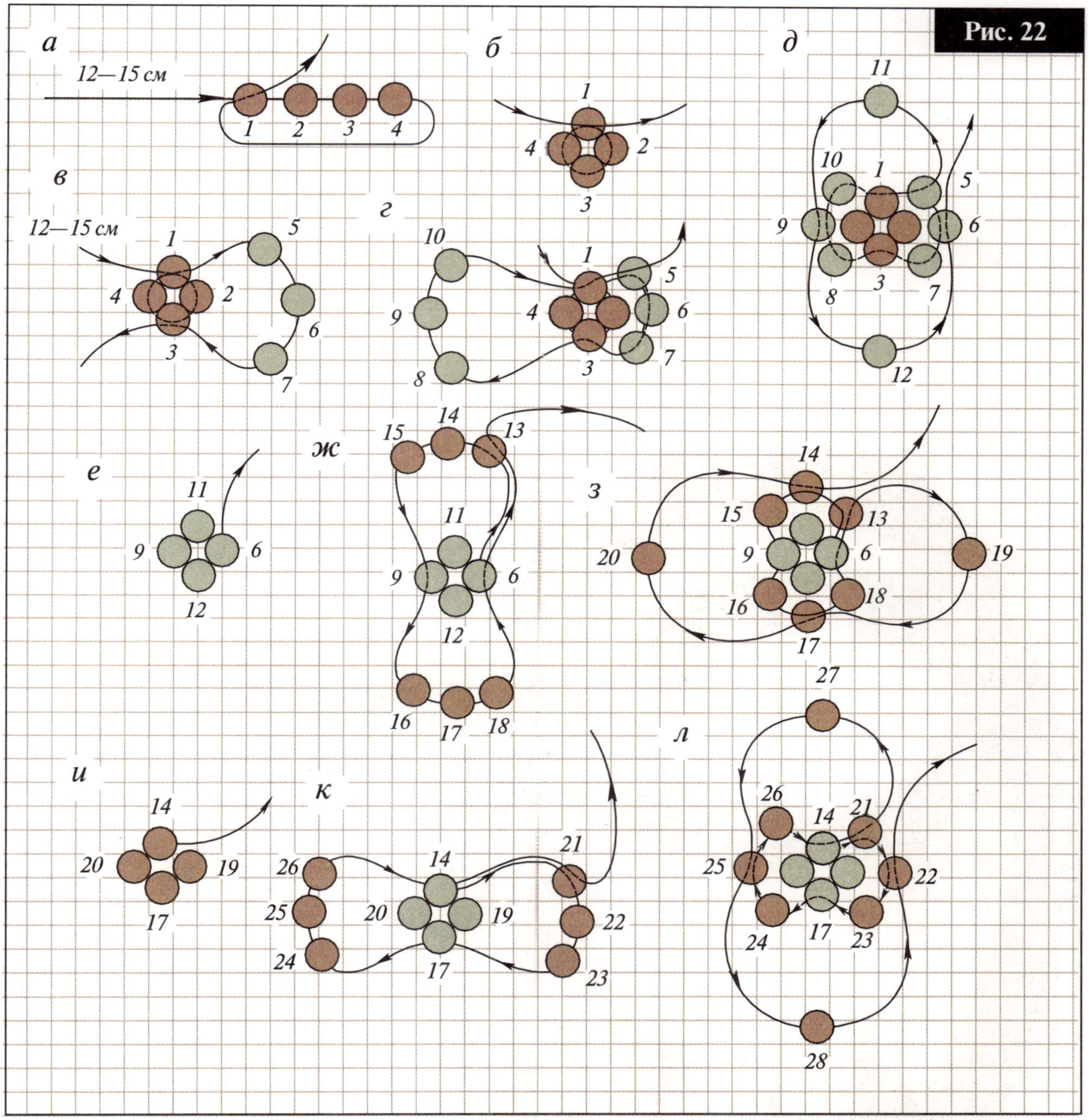

Жгуты усложненные

Жгут переменного плавного сечения

Жгут этого вида следует делать длинным, чтобы его можно было надевать через голову. Рекомендуется использовать круглый и рубленный бисер. По выбранной длине жгута определить, где должно начинаться его расширение, то есть изменение сечения (рис. 23а).

На нитку с иголкой нанизать 14 бисерин в кольцо. Плетение вести через три бисерины по кольцу, набирая петлю из двух круглых бисерин + одна рублен-

Маркина Н.Н.
Жгут переменного плавного сечения «Изумрудный»

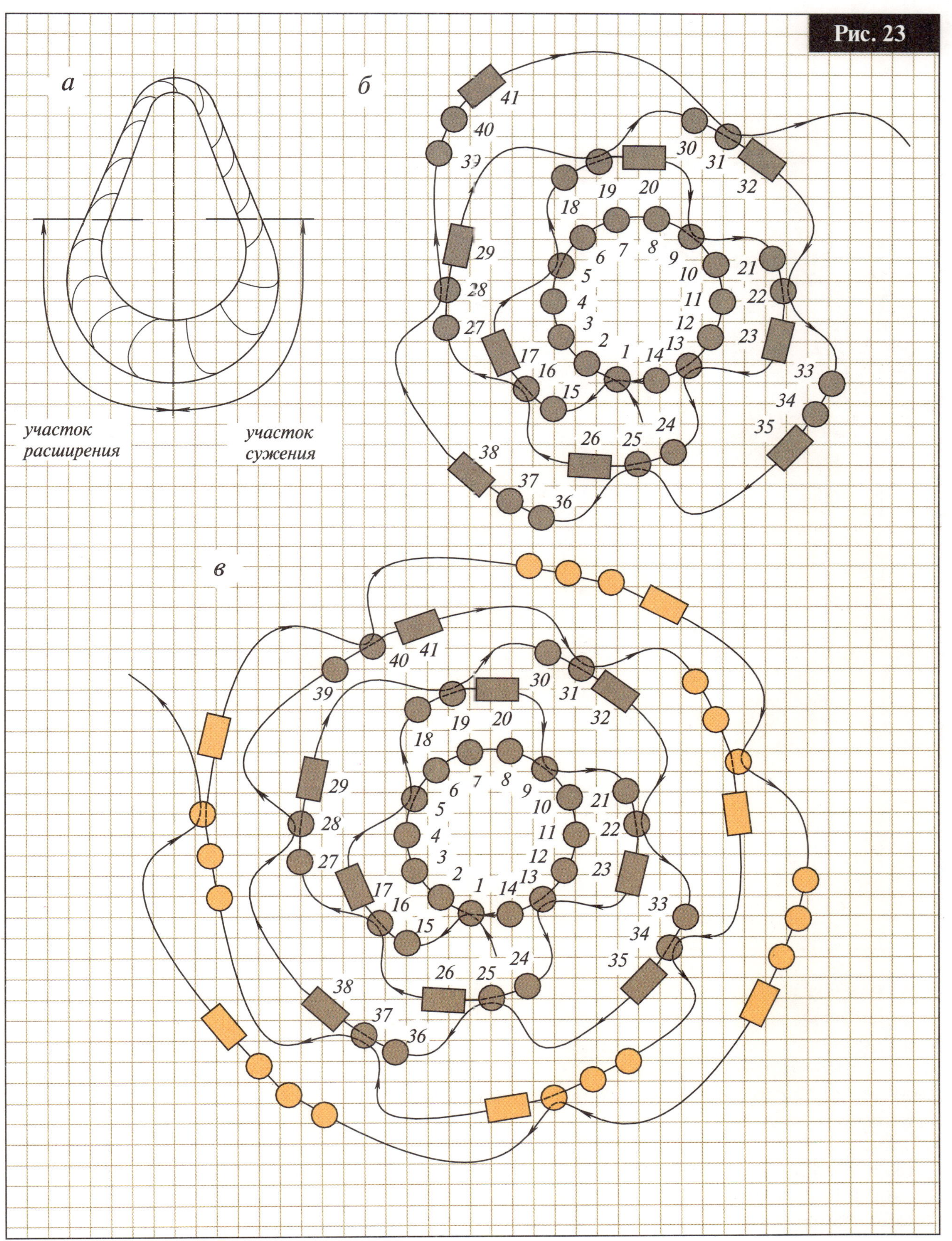
Рис. 23
а
участок расширения
участок сужения
б
в

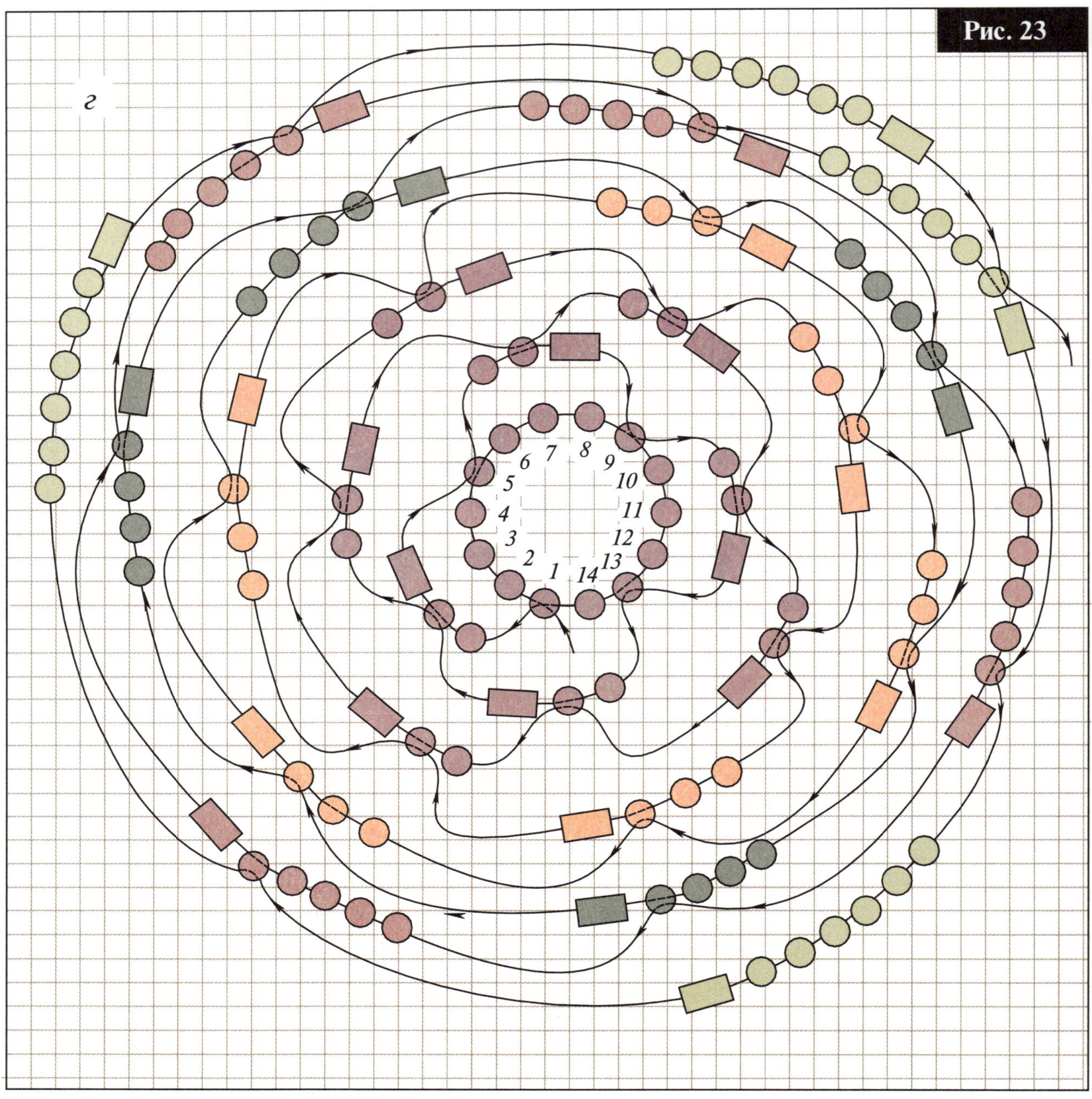

ная. В этом случае ряд состоит из трех полных петель (рис. 23б). После набора каждой петли иголку пропускать соответственно через бисерины 5, 9, 13 в кольце. Далее иголку пропускать через среднюю бисерину в петле предыдущего ряда.

Таким образом плетение жгута вести до начала расширения (этот участок схемы выполнен сиреневым цветом). Не забывать притягивать нитку после каждой петли.

Для начала расширения набирать в петлю три круглые бисерины + рубленную и пропускать иглу через последнюю (третью) бисерину перед рубленным бисером в петле предыдущего ряда (рис. 23в). Сплести пять–семь таких рядов (этот участок схемы выполнен оранжевым цветом).

Затем набирать в петлю четыре бисерины + рубленный бисер и также пропускать иголку через последнюю (четвертую) бисерину в петле предыдущего ряда (рис. 23г). Сплести пять-шесть таких рядов (этот участок схемы выполнен зеленым цветом).

Далее в петлю набирать по пять бисерин + рубленный и плести таким же образом четыре-пять рядов (этот участок схемы выполнен розовым цветом). После этого в петлю набирать по шесть бисерин + рубленный. Плести аналогично пять-семь рядов (этот участок схемы выполнен светло-зеленым цветом).

Далее жгут будет сужаться. В петлю набирать пять бисерин + рубленный. Этот участок должен быть равным предыдущему участку из пяти бисерин + рубленный. В дальнейшем каждый участок сужения, уменьшенный на одну бисерину в петле, должен быть такой же длины, как и участок расширения. После этого плести участок жгута из двух бисерин + рубленный в петле.

Когда жгут закончен, нужно заделать нитки и соединить его концы «встык» или цепочками.

Рекомендуемое число бисерин в кольце в этом виде жгутов 14–18–22. Количество бисерин в петле в участках расширения и сужения и количество рядов в этих участках может изменяться по желанию исполнителя.

Образец техники плетения

Жгут переменного ступенчатого сечения

Жгут такого плетения должен надеваться через голову. Изготавливать его можно из бисера круглого или из круглого и рубленного. Он жесткий. Так же, как и в предыдущей технике плетения, следует определить начало участка расширения.

На нитку с иголкой нанизать 12 бисерин в кольцо. Плести через две бисерины по кольцу. Набирать в петлю рубленный бисер + круглая бисерина + рубленный (в этом случае ряд состоит из трех полных петель). После каждой петли иголку пропускать через бисерины 4, 7, 10 по кольцу (рис. 24а). Не забывать притягивать нитку после каждой петли. Далее иголку пропускать через среднюю бисерину в петле предыдущего ряда (этот участок на схеме выполнен коричневым цветом).

Для начала участка расширения набирать в петлю рубленный бисер+две круглые бисерины+рубленный бисер и пропускать иголку через две круглые бисерины в середине петли предыдущего ряда (рис. 24б). Таким образом плести до

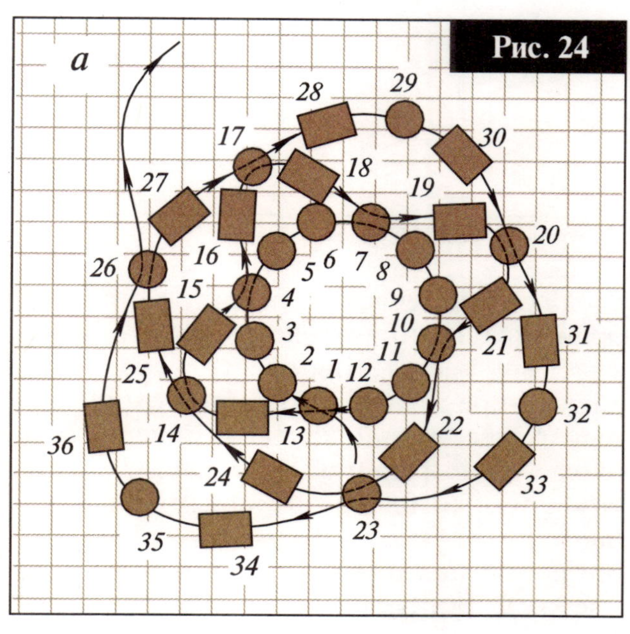

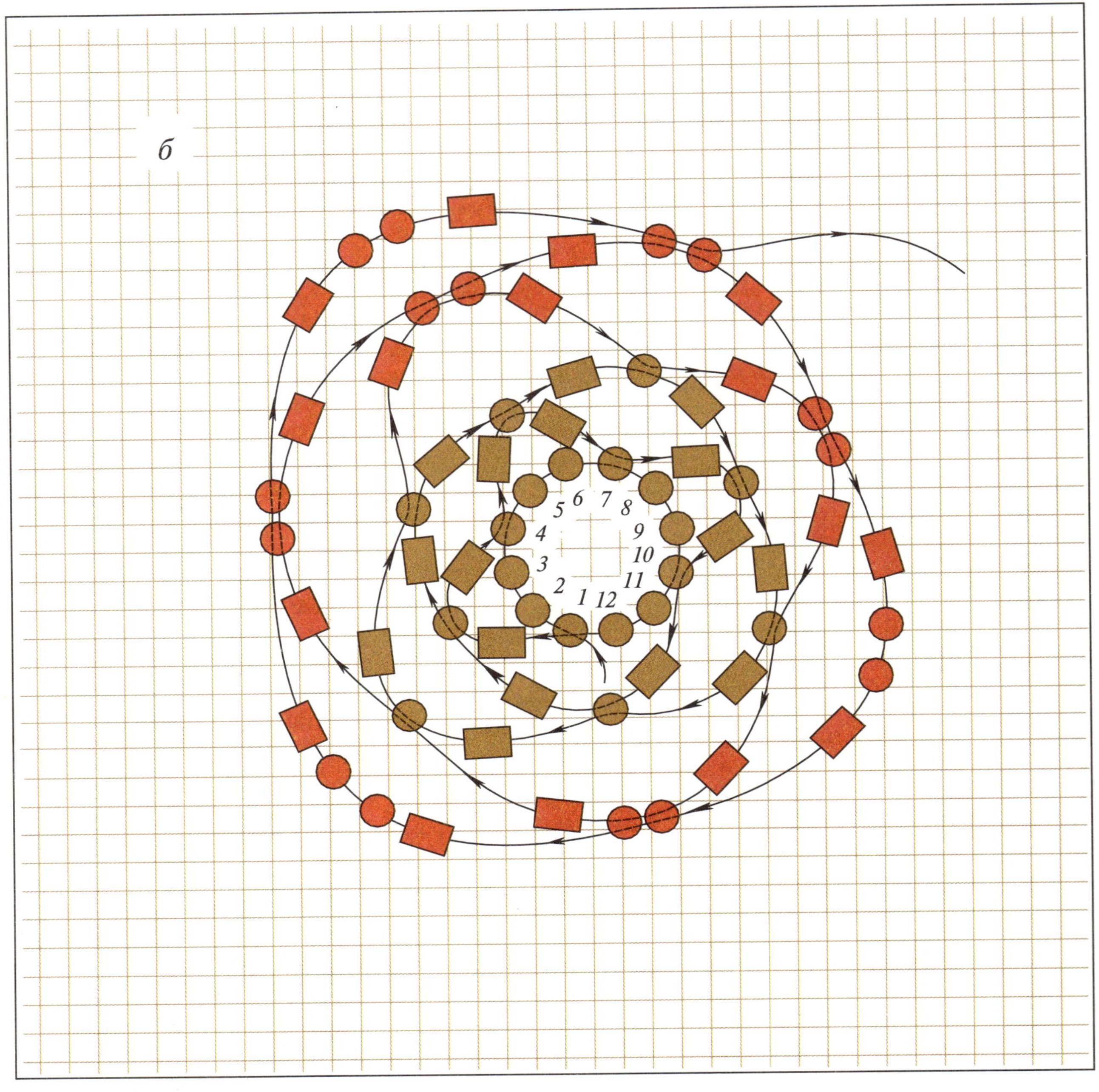

следующего участка расширения, выбранного исполнителем (на схеме он красного цвета). Для следующего участка расширения в петлю набирать рубленный бисер + три круглых бисерины + рубленный и пропускать иголку через три круглых бисерины петли предыдущего ряда. Это последний участок расширения (на схеме он выполнен желтым цветом). Длину его определяет исполнитель. Участок сужения плести в обратном порядке, аналогично. После того, как достигнута требуемая длина жгута, заделать нити и соединить его концы.

3–5 рядов от начала плетения жгута следует распускать, как и во всех видах жгутов. Плетение вести на стержне.

Рис. 24

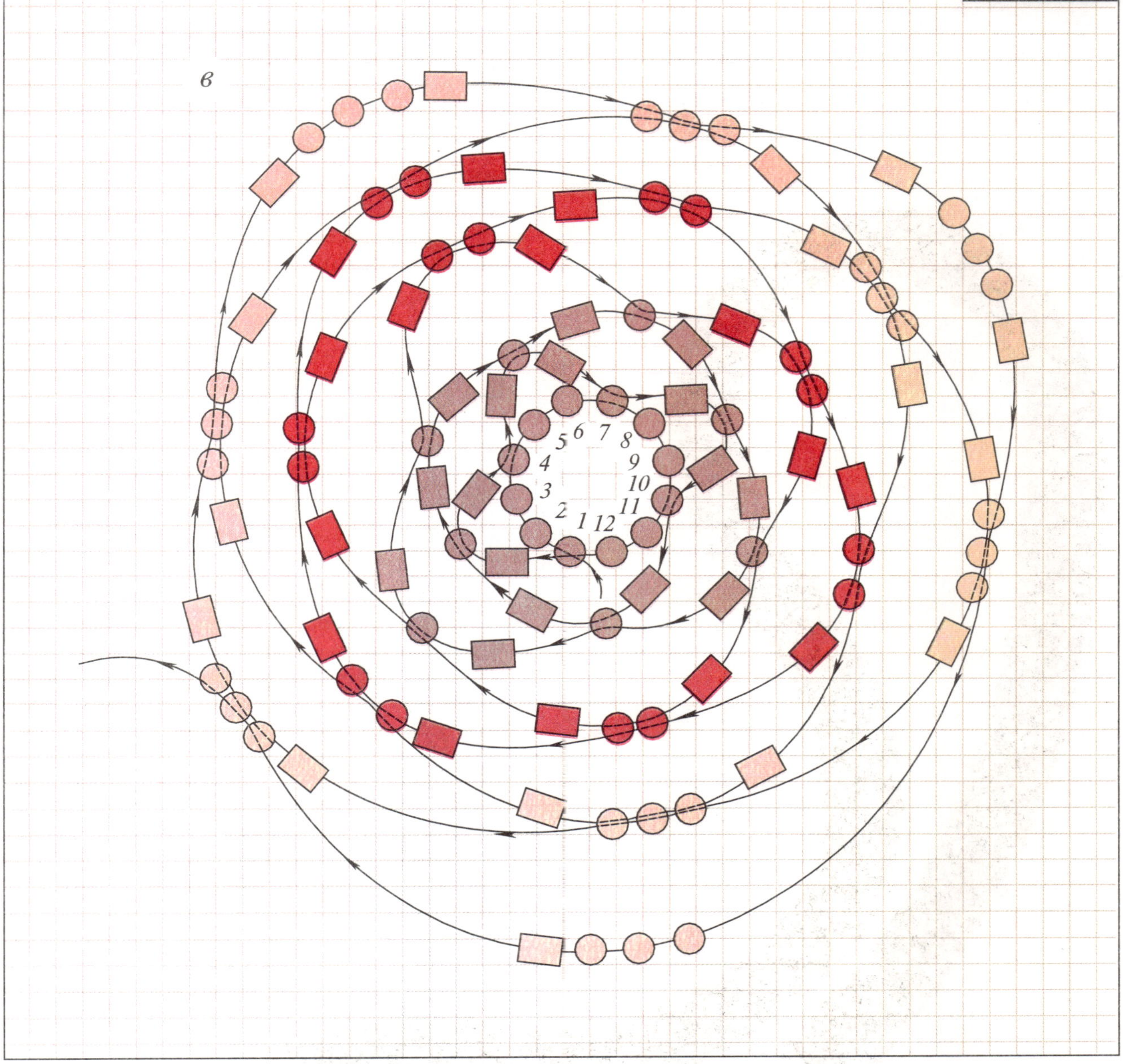

в

1 2 3 4 5 6 7 8 9 10 11 12

Рекомендуемое количество бисерин в кольце для этого вида жгутов – 12, 15, 18.

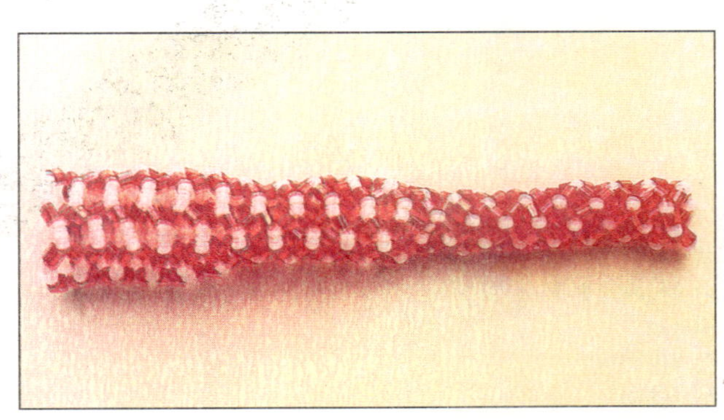

Образец техники плетения

Жгут в «квадратик»

Этот жгут выполняется из бисера. Он может быть, как длинным (надеваться через голову), так и коротким,с замочком (на цепочках).

Андреева Е.В.
Жгут
в «квадратик»
«Корица»

На нитку с иголкой нанизать семь бисерин: 1 – красная, 2–3 – коричневые, 4–5–6–7 – оранжевые. Иголку с ниткой пропустить через бисерину 4 *слева направо* (рис. 25а). Притянуть нитку. (Начальный отрезок нити длиной 12–15 см оставить для заделки.)

Нанизать на иголку шесть бисерин: 8–9 – коричневые; 10–11–12–13 – красные и пропустить иголку с ниткой через красную бисерину 10 *слева направо*. Притянуть нитку. Нанизать на иголку шесть бисерин: 14–15 – коричневые; 16–17–18–19 – оранжевые. Пропустить иголку через бисерину 16 *слева направо*. Притянуть нитку. Нанизать на иголку шесть бисерин: 20–21 – коричневые; 22–23–24–25 – красные. Пропустить иголку через красную бисерину 22 *слева направо*. Притянуть нитку. Снова нанизать на иголку с ниткой шесть бисерин: 26–27 коричневые; 28–29–30–31 – оранжевые и пропустить иголку через бисерину 28 *слева направо*. Притянуть нитку. Нанизать две коричневые бисерины 32–33 и пропустить иголку через красную бисерину 1. Притянуть нитку (рис. 25б). Получилось начальное кольцо на 18 бисеринах с выступающими квадратиками из четырех бисерин (это первый ряд плетения).

Для удобства изложения техники плетения все выступающие квадратики обозначены римскими цифрами. В первом ряду пять таких квадратиков – I,II,III,IV,V.

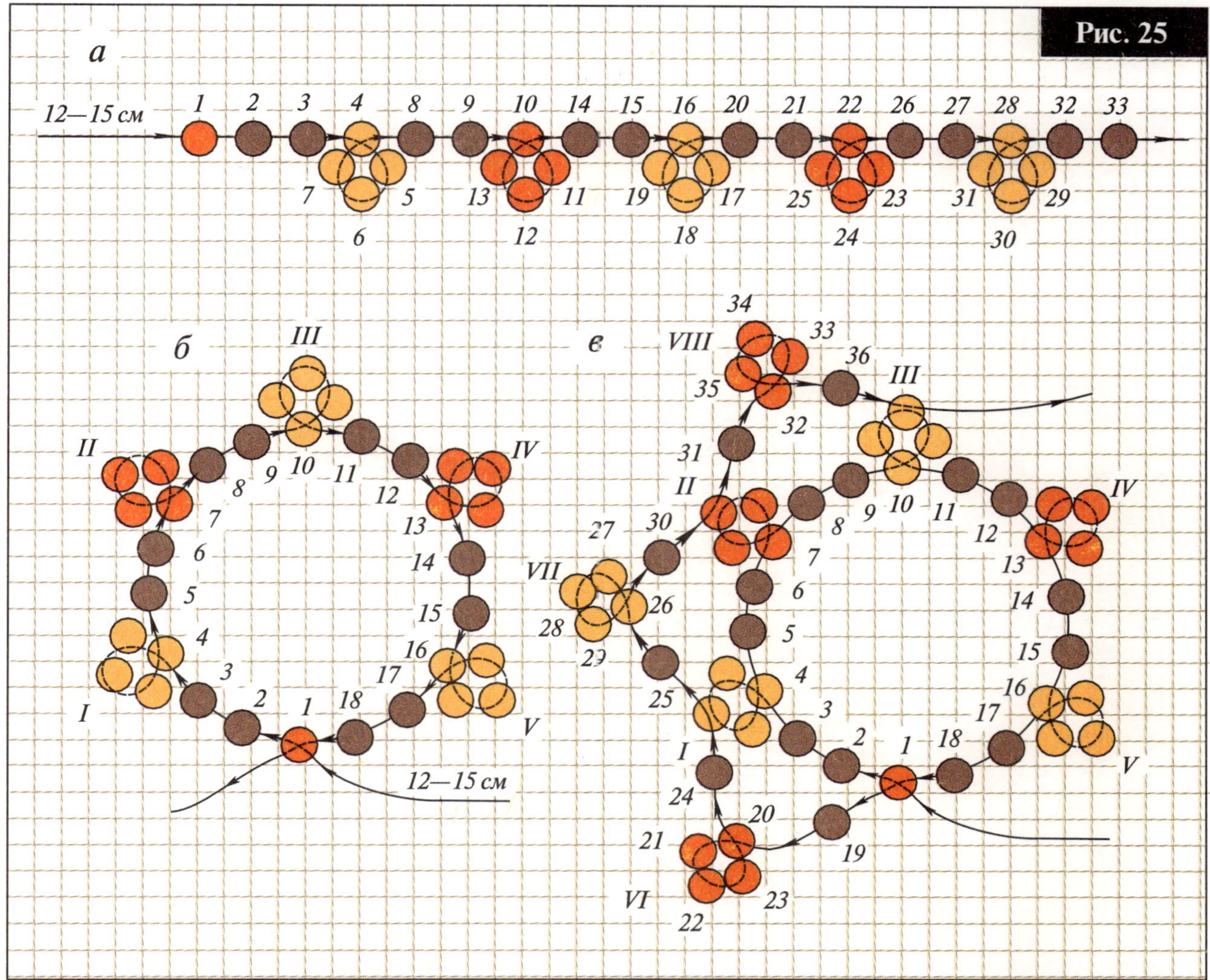

Нанизать на иголку с ниткой пять бисерин: 19 – коричневая и 20–21–22–23 – красные. Иголку с ниткой пропустить через красную бисерину 20 (рис. 25в). Получился квадратик VI. Передвинуть полученный квадратик к предыдущим бисеринам. Притянуть нитку. Нанизать на иголку коричневую бисерину 24 и пропустить иголку через верхнюю бисерину квадратика I (оранжевого). Притянуть нитку. Нанизать на иголку коричневую бисерину 25 и четыре оранжевых бисерины 26–27–28–29. Пропустить иголку через оранжевую бисерину 26 для получения квадратика VII. Передвинуть квадратик к предыдущим бисеринам. Притянуть нитку и нанизать на иголку коричневую бисерину 30. Пропустить иголку через верхнюю бисерину квадратика II. Притянуть нитку. Нанизать на иголку коричневую бисерину 31 и четыре красные бисерины 32–33–34–35. Пропустить иголку через красную бисерину 32, чтобы получить красный квадратик VIII. Передвинуть этот квадратик к предыдущим бисеринам. Притянуть нитку. Нанизать на иголку коричневую бисерину 36 и пропустить иголку через верхнюю бисерину оранжевого квадратика III. Притянуть нитку. Это второй ряд плетения. В этом ряду также пять квадратиков – VI, VII, VIII, IX, X.

Далее плести таким же образом (рис. 25г). Когда иголка будет пропущена че-

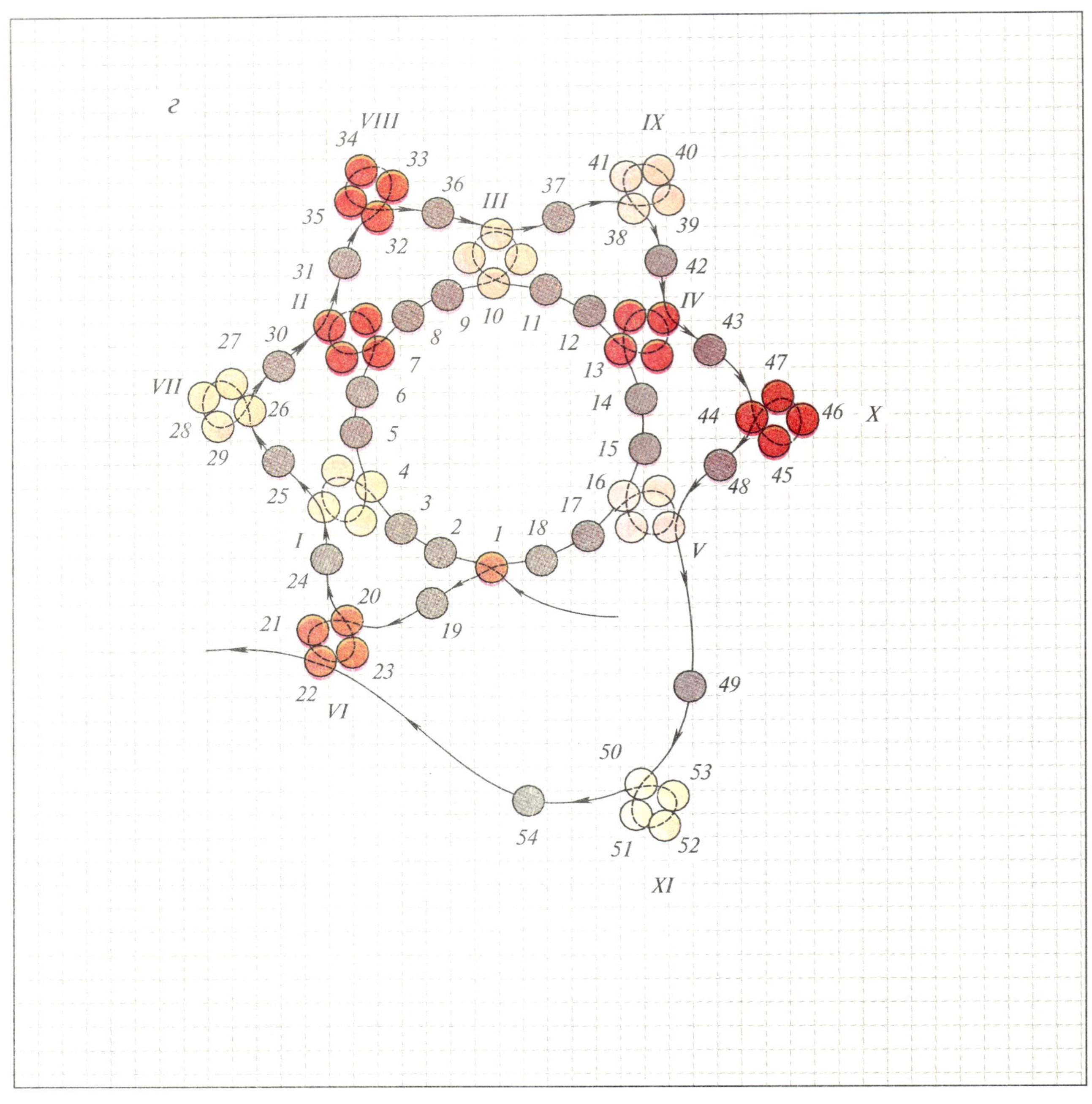

рез верхнюю бисерину квадратика V (оранжевого), начинается третий ряд плетения. На иголку с ниткой нанизать одну коричневую бисерину 49 и четыре оранжевых 50–51–52–53. Иголку пропустить через оранжевую бисерину 50. Передвинуть квадратик к предыдущим бисеринам. Притянуть нитку. Нанизать на иголку коричневую бисерину 54 и пропустить иголку через верхнюю бисерину красного квадратика VI второго ряда. Далее плетение вести таким же образом (рис. 25д). Не забывать притягивать нитку и квадратики.

После третьего ряда плетение следует вести на стержне.

Закончив работу, заделать нити. Концы жгута можно соединить «встык» (по рисунку жгута) или цепочками, как уже приводилось ранее.

Рис. 25

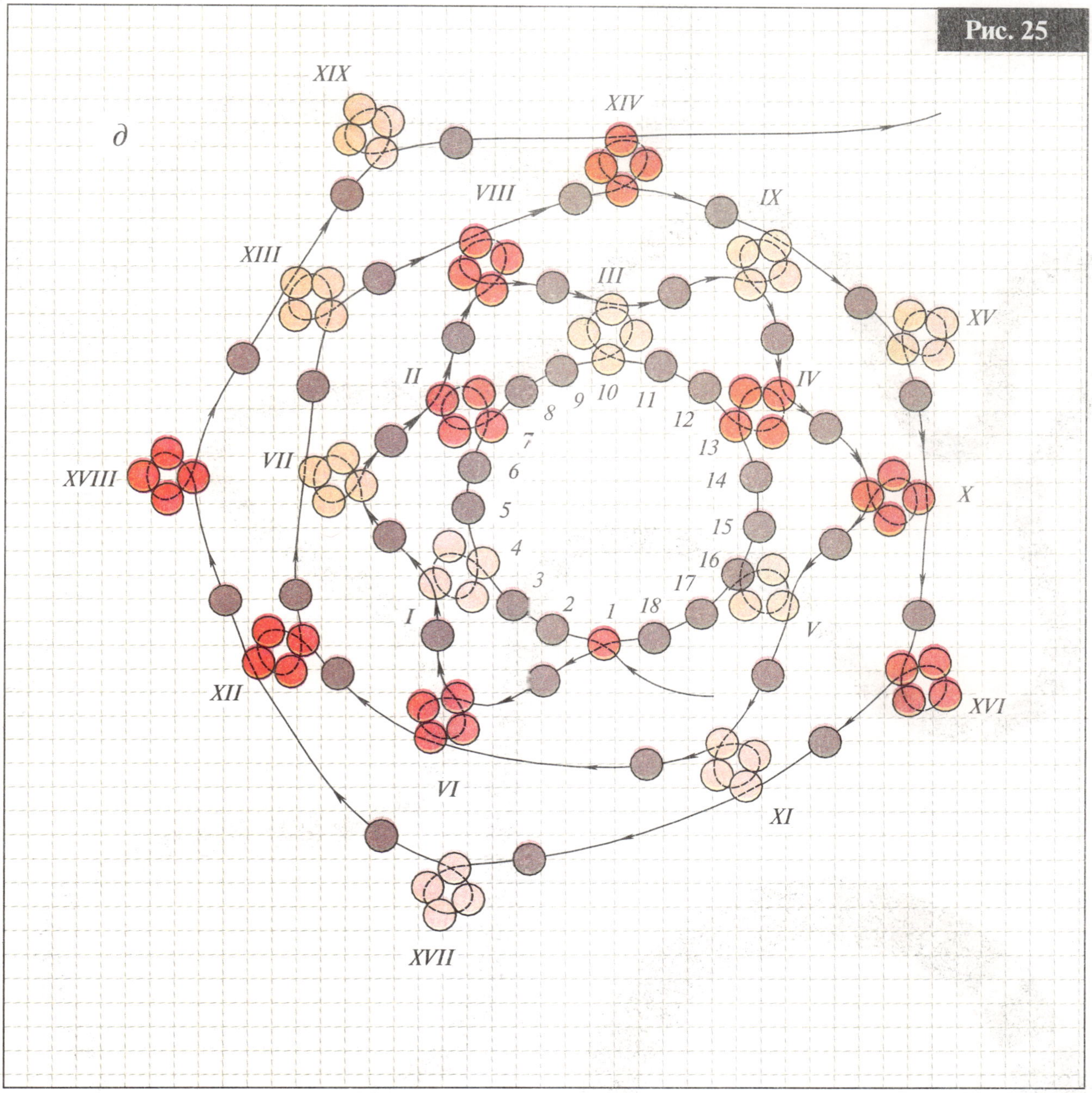

Рекомендуемое количество бисерин в кольце для этого вида жгутов – 12, 15, 18, 21, соответственно 3, 4, 5, 6 полных петель в ряду.

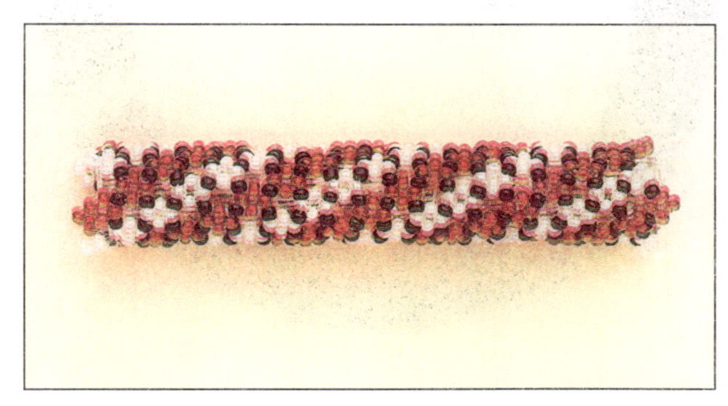

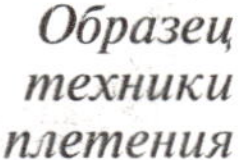

Образец техники плетения

Оськина В.Я.
Гарнитур «Антрацит»
(ожерелье и браслет).
Ожерелье — жгут квадратный,
браслет — жгут мозаичный

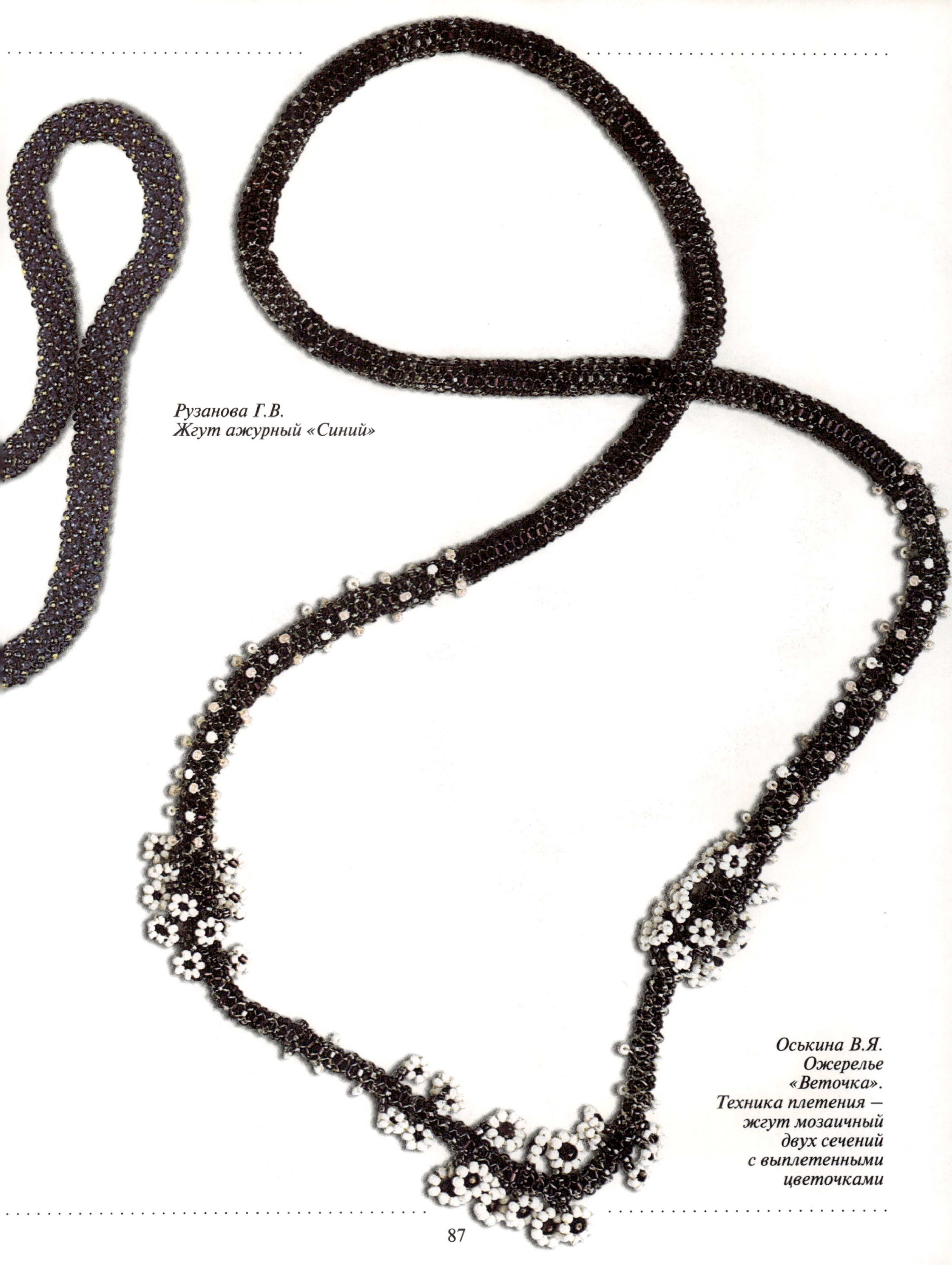

Рузанова Г.В.
Жгут ажурный «Синий»

Оськина В.Я.
Ожерелье
«Веточка».
Техника плетения —
жгут мозаичный
двух сечений
с выплетенными
цветочками

Волкова К.Н.
Пояс «Сирень».
Техника – жгут мозаичный, шарики, низание

Корчагина Т.Ф.
Жгут «Ольга».
Техника плетения – спиральный мягкий жгут.

Церевитинова Т.С.
Ожерелье «Пастельное».
Техника плетения —
усложненный жгут
в «квадратик»

Андреева Е.В.
Ожерелье «Дерево жизни».
Техника плетения —
мозаичный жгут

Объемные розы составлены из лепестков ажурного плетения

Новикова Н.Н. Ожерелье «Белая роза». Техника – ажурный жгут

Ожерелье «Чайные розы». Техника плетения — мозаичные жгуты на семи бисеринах Бантик — сетчатое плетение «соты»

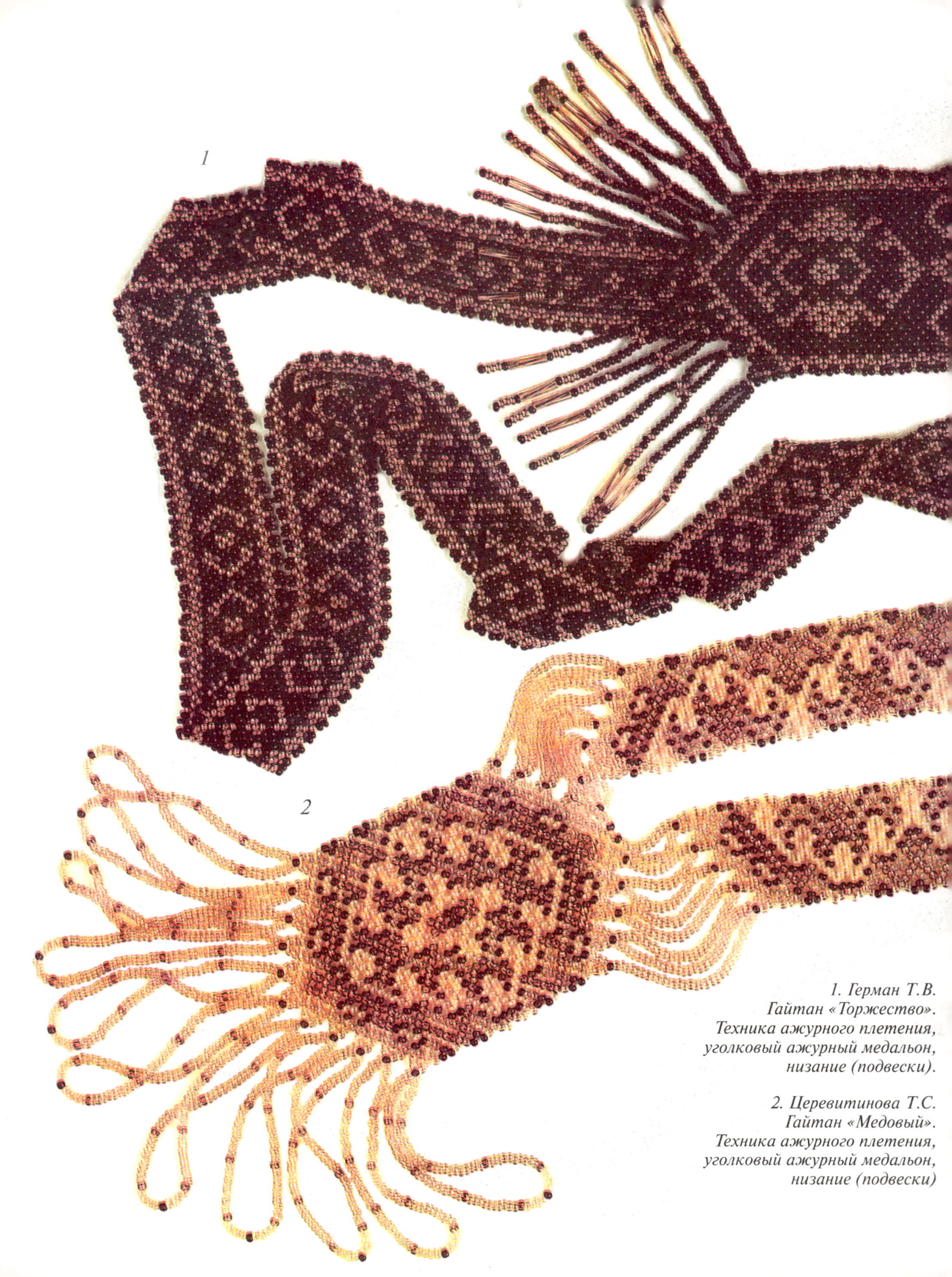

1. Герман Т.В.
Гайтан «Торжество».
Техника ажурного плетения,
уголковый ажурный медальон,
низание (подвески).

2. Церевитинова Т.С.
Гайтан «Медовый».
Техника ажурного плетения,
уголковый ажурный медальон,
низание (подвески)

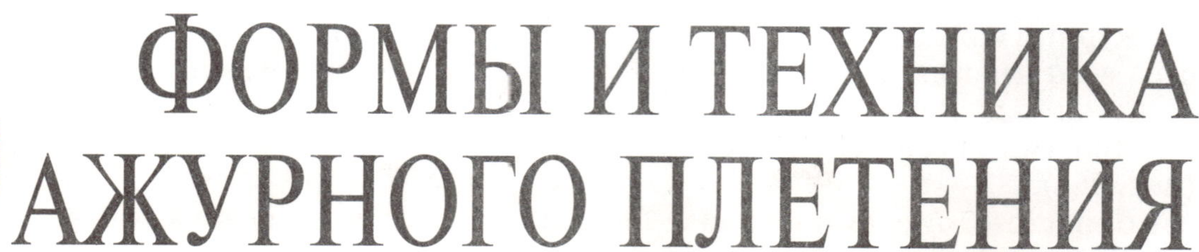

ФОРМЫ И ТЕХНИКА АЖУРНОГО ПЛЕТЕНИЯ

В этой технике, используя разные формы ячеек (при плетении одной или двумя иголками), можно изготовить украшения одежды и интерьера: шейные ленты, гайтаны, кулоны, подвески, колье, гривны, воротники, шапочки, сумочки, салфетки, чехлы. Можно оплетать шкатулки, абажуры, всевозможные сосуды.

3

3. Золотова М.Б. Кулон «Бабочка красная». Техника – ажурное плетение, цепочка «квадратик»

Ажурные изделия из бисера (или из бисера и стекляруса) изготавливаются в виде сетки с ячейками-просветами между бисеринами: квадрат, ромб, «фонарик» (рис. 26а).

Количество бисерин в ячейке (ее размер) может быть различным и зависит от желаемой плотности сетки. Чем мельче применяемый бисер и соответственно больше бисерин в ячейке, тем сетка будет менее плотной (более ажурной).

Изделие с ячейками в форме «фонарик» может иметь сетку и в форме «соты» – это зависит от соединения этих ячеек между собой (рис. 26б).

По ширине изделия могут быть выполнены в пол-ячейки, одну, полторы, две, две с половиной и более ячеек (рис. 26в).

В зависимости от размера ячейки мы условно разделили технику ажурного плетения на два вида: ажурное и сетчатое. Сетчатое плетение с большим количеством бисерин в ячейке. До десяти бисерин включительно – ажурное плетение, более десяти – сетчатое.

Схема логического построения ажурных сеток из отдельных типовых элементов встречается в книге Э.Н.Литвинец «Украшения из бисера и стекляруса» – МВНМЦ НТ и КПР, 1984 г.

Способ плетения может быть горизонтальным или вертикальным по отношению к положению изделия.

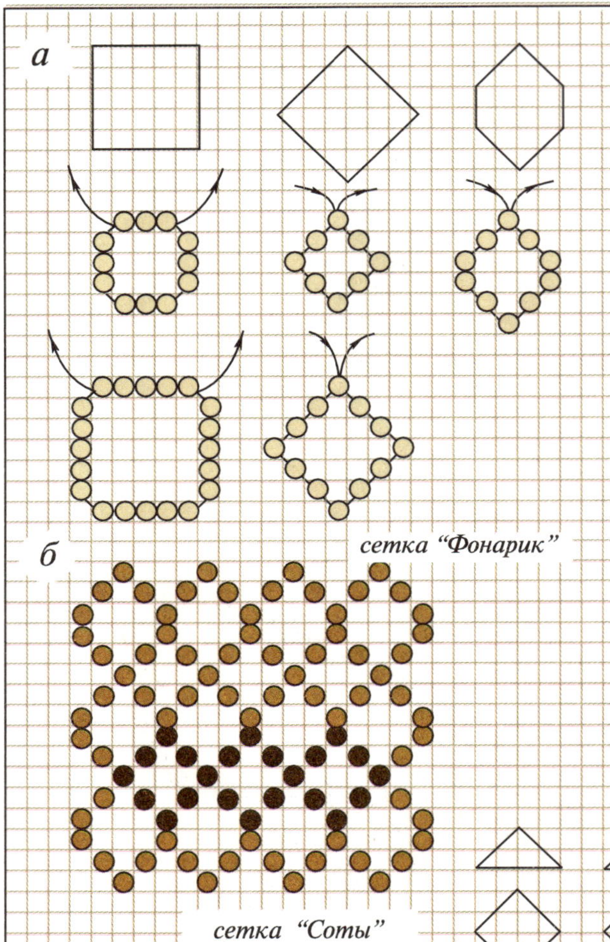

Рис. 26

Герман Т.В.
Воротник «Салют».
Техника ажурного скругленного плетения (одной иголкой), низание

Кадобнова Г.А.
Очечник.
Техника ажурного плетения

Ленты ажурные

Лента с выступами

В старину эту технику применяли для изготовления шейных лент, которые были неотъемлемой частью крестьянского костюма во многих районах России.

Часто эти ленты украшали различными подвесками в виде цепочек или бахромы. В этой же технике изготавливали пояса, браслеты, налобные ленты и другие изделия.

Для изготовления ленты с выступами шириной, например, в 2,5 ячейки (ромба) прежде всего необходимо нарисовать схему плетения. Затем на сетку схемы (рис. 27а) нанести орнамент (закрасить соответствующие кружочки) и подготовить необходимые цвета бисера. Плетение вести одной иголкой.

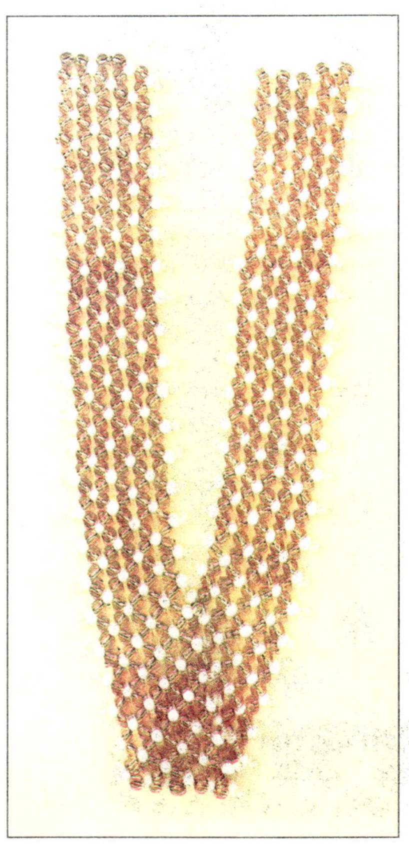

Образец техники плетения

Для первого ряда на иголку с ниткой нанизать восемь бисерин 1–8 и пропустить иголку с ниткой через бисерину 7 *снизу вверх* (рис. 27б). Притянуть нитку. Получился первый выступ. Как всегда, противоположный конец нити длиной 10–12 см оставить для заделки.

Для второго ряда набрать на иголку с ниткой три бисерины 9–10–11 и пропустить иголку через бисерину 4 первого ряда *снизу вверх*. Притянуть нитку. Снова набрать на иголку три бисерины 12–13–14 и пропустить иголку через бисерину 1 *снизу вверх*. Для окончания второго ряда набрать на иголку с ниткой три бисерины 15–16–17 и пропустить иголку через бисерину 16 сверху вниз (рис. 27в). Притянуть нитку. Получился выступ. Для третьего ряда набрать на иголку три бисерины 18–19–20 и пропустить иголку через бисерину 13 второго ряда *сверху вниз* (рис. 27г). Затем нанизать еще три бисерины 21–22–23 и иголку с ниткой пропустить через бисерину 10 *сверху вниз*. Снова нанизать на иголку три бисерины 24–25–26. Иголку пропустить через бисерину 25 *снизу вверх* (рис. 27д). Притянуть нитку. Получился еще один выступ.

Далее плести таким же образом (рис. 27е). Набирать в петлю три бисерины, пропускать иголку через среднюю бисерину петли предыдущего ряда. Плетение вести попеременно снизу вверх и сверху вниз. В каждом ряду две петли и один выступ. Не забывать притягивать нитку. Натяжение нитки должно быть равномерным, иначе изделие будет неровным (тугим или рыхлым). По окончании работы начальный и конечный

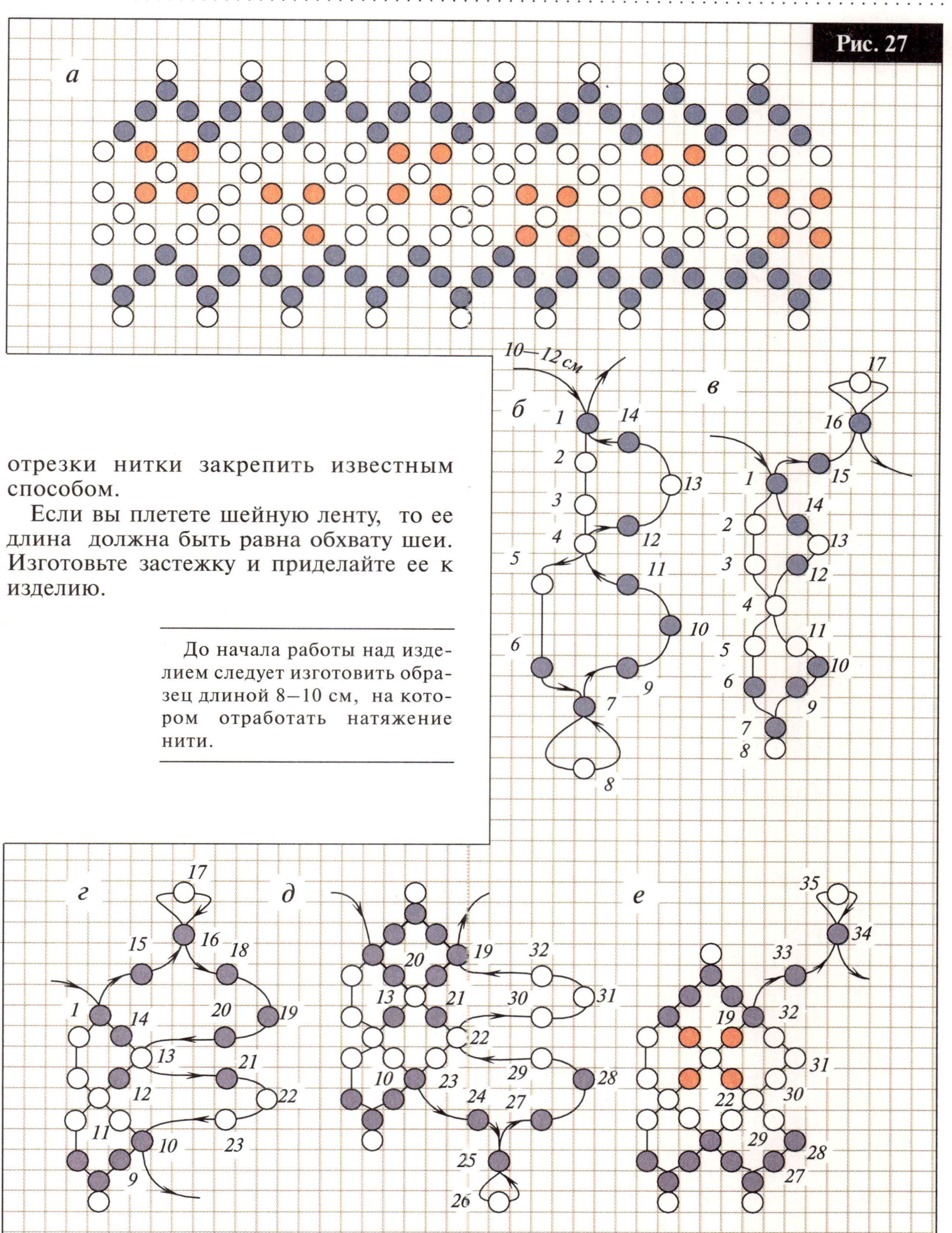

отрезки нитки закрепить известным способом.

Если вы плетете шейную ленту, то ее длина должна быть равна обхвату шеи. Изготовьте застежку и приделайте ее к изделию.

До начала работы над изделием следует изготовить образец длиной 8–10 см, на котором отработать натяжение нити.

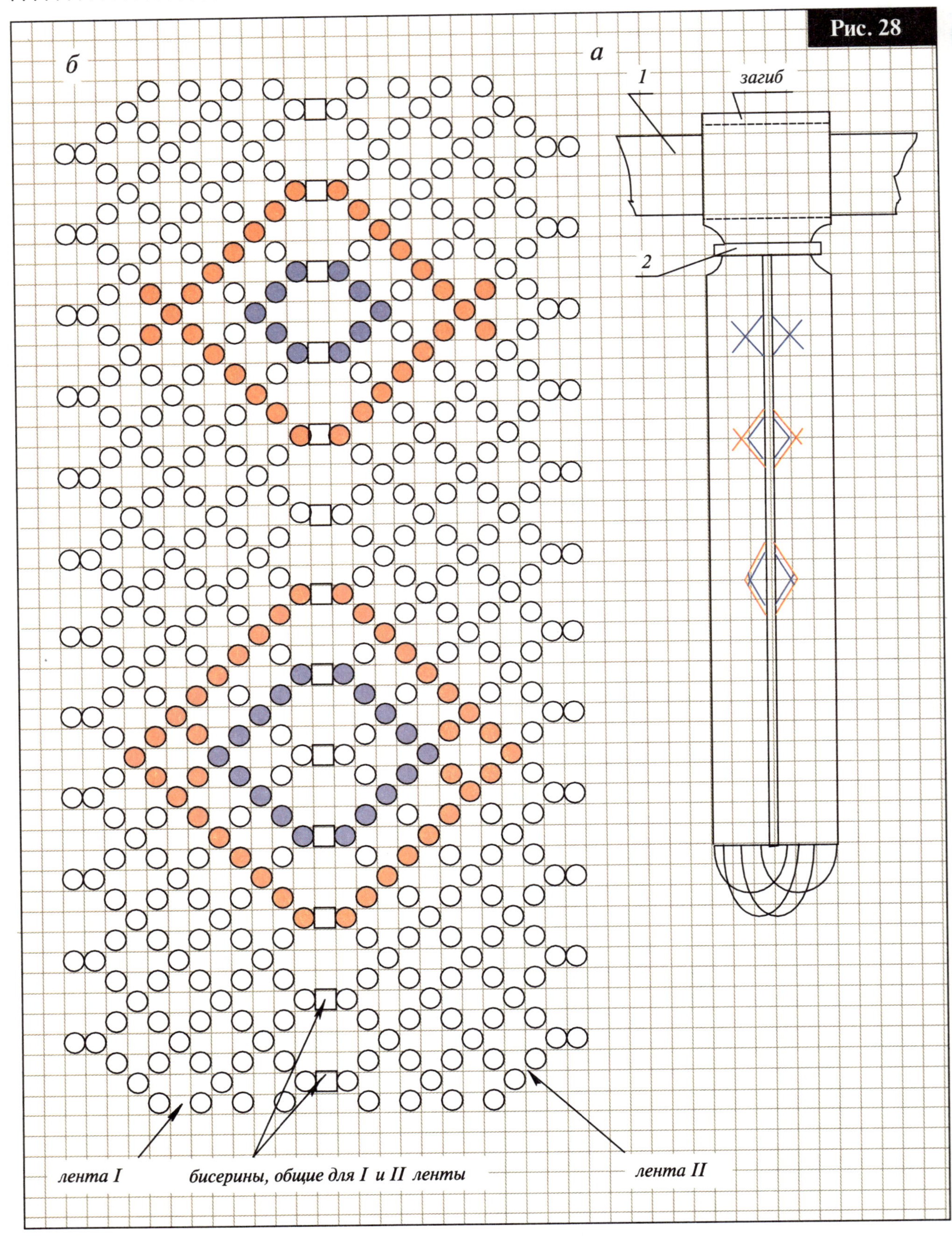
Рис. 28
б
а
1
загиб
2
лента I
бисерины, общие для I и II ленты
лента II

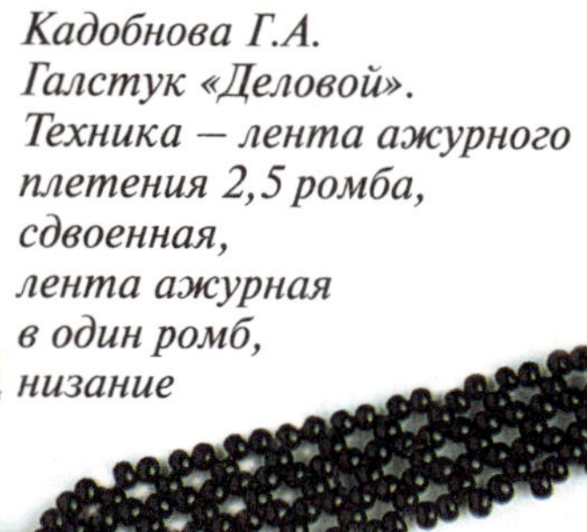

Кадобнова Г.А.
Галстук «Деловой».
Техника – лента ажурного плетения 2,5 ромба, сдвоенная, лента ажурная в один ромб, низание

Предлагаем вам изготовить галстук из двух таких лент. Форма галстука приведена на рис. 28а. Следует составить схему, нанеся на сетку из двух лент желаемый орнамент. Пример такой схемы приведен на рис. 28б. Ленту I плести полностью по рисунку до необходимой длины галстука. Внутренние бисерины, изображенные на схеме квадратами, — это выступы ленты I (для них лучше использовать рубленный бисер). При плетении ленты II эти бисерины становятся выступами и для нее. Таким образом лента II сразу приплетается к ленте I. Получается сдвоенная лента. На рис. 28а приведена схема сборки галстука. При определении нужной длины галстука необходимо учитывать отрезок для подгиба. С тыльной стороны подгиб должен быть аккуратно закреплен. Его длина должна быть такой, чтобы можно было в образованную им петлю вставить цепочку 1. Цепочку можно плести любым способом — сдвоенным «квадратиком», ажурную или иную (см. раздел «Цепочки и ленты»). Перемычка 2 (цепочка «квадратик» в один ряд) закреплена кольцом вокруг ленты галстука, чтобы создать вид узла.

Бисер для такого вида работы должен быть хорошо откалиброван.

Лента шириной в одну ячейку (ромб)

Для изготовления такой ленты следует нарисовать схему и нанести на нее орнамент. Пример такой схемы приведен на рис. 29а.Работа ведется двумя иголками. На иголку с ниткой длиной 120–150 см набрать восемь бисерин 1–8 (рис. 29б) (обозначим иголки римскими цифрами I и II). Пропустить иголку I через бисерину 1 *справа налево* (рис. 29в). Притянуть нитку. Пропустить иголку I через бисерины 2 и 3, а иголку II через бисерины 8 и 7 (рис. 29г). Притянуть нитку. Набрать на иголку II четыре бисерины 9–10–11–12 и пропустить ее через бисерину 5 *справа налево* (рис. 29д). Притянуть нитку. Набрать на эту же иголку одну бисерину 13, а на иголку I три бисерины 14–15–16 и пропустить иголку II через бисерину 16 *справа налево* (навстречу иголке I) (рис. 29е). Притянуть нитку. Набрать на иголку с ниткой I три бисерины 17–18–19 и пропустить ее через бисерину 11 *слева направо* (рис. 29ж). Притянуть нитку. Набрать на иголку I четыре бисерины 20–21–22–23 и пропустить иголку через бисерину 18 *справа налево* (рис. 29з). Притянуть нитку. На эту же иголку набрать одну бисерину 24, а на иголку II набрать три бисерины 25–26–27. Иголку I пропустить через бисерину 27 *справа налево* (навстречу иголке II). Притянуть нитку. Набрать на иголку II три бисерины 28–29–30 и пропустить ее через бисерину 22 *слева направо* (рис. 29и). Притянуть нитку. Далее плести таким же образом, не забывая после каждой петли притягивать нитку.

Если эта лента должна надеваться через голову, то следует соединить ее концы «квадратиком» (добавив две бисерины), как показано на рис. 29к или на рис. 29л.

В такой ленте можно использовать рубленный бисер или стеклярус (рис. 29м). Необходимо следить, чтобы нитка не была видна, для чего подбирать рубленный бисер или стеклярус соответствующего размера.

Эта лента может служить как самостоятельным украшением, так и быть частью других украшений.

Образец техники плетения

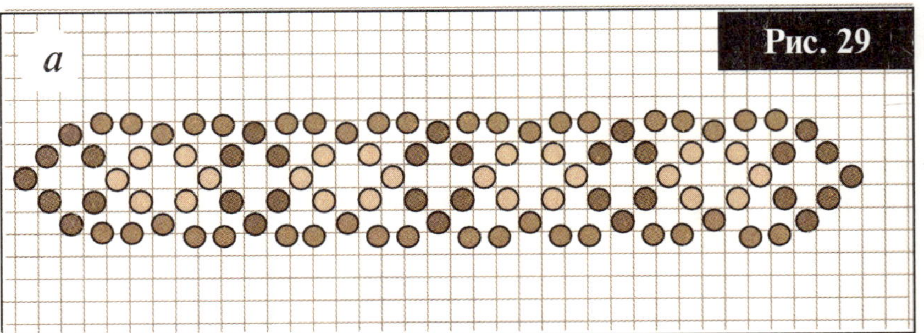

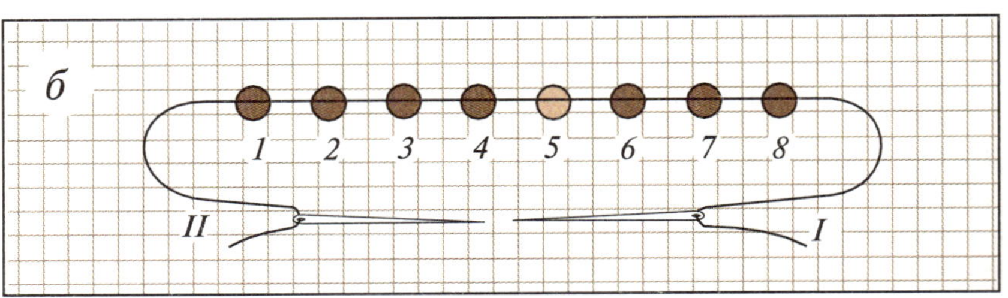

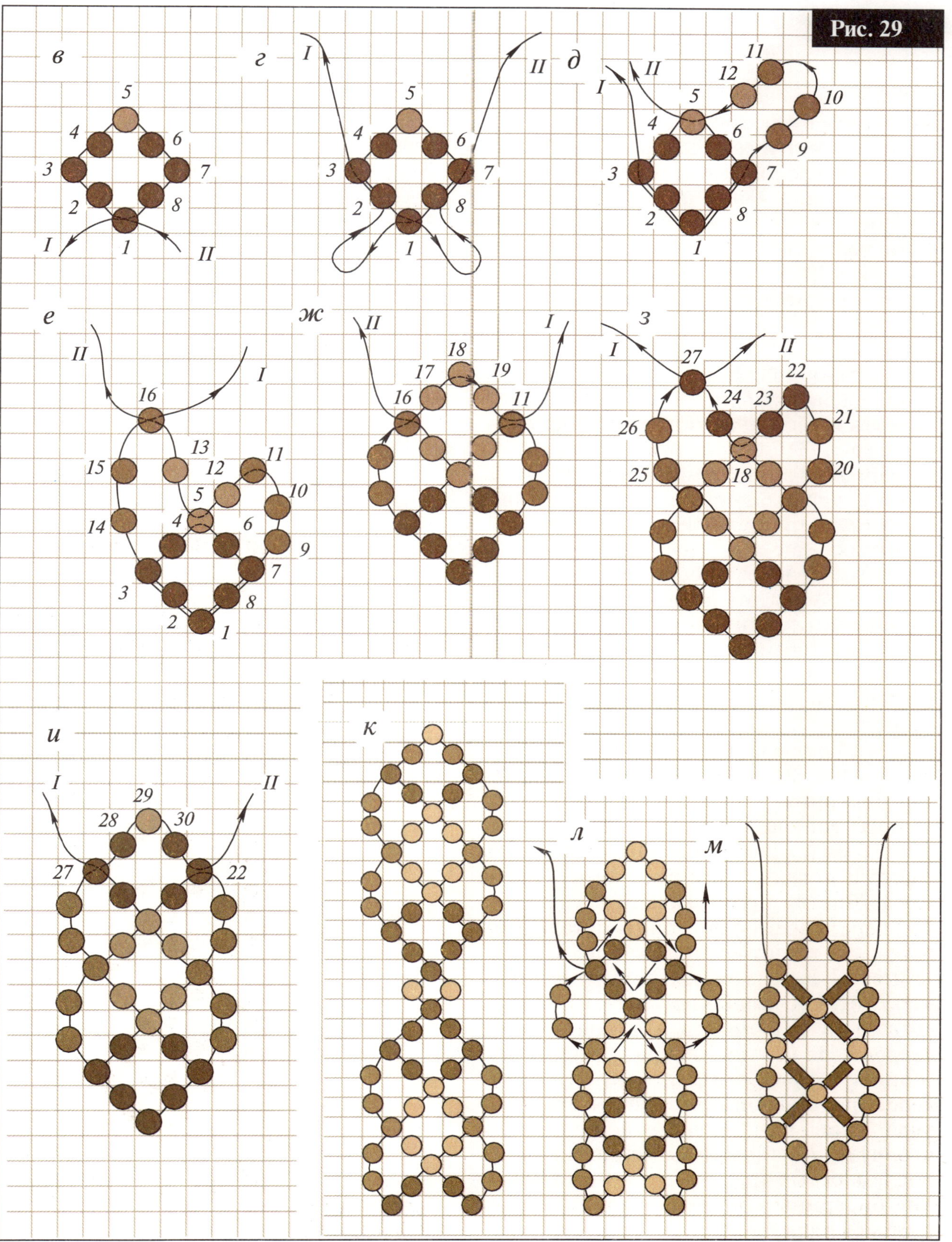
Рис. 29
в
г
д
е
ж
з
и
к
л
м

Лента шириной в четыре ячейки (ромба)

Необходимо составить схему и нанести на нее желаемый орнамент. Пример такой схемы приведен на рис. 30. В соответствии с этой схемой разберем технику ажурного плетения ленты шириной в четыре ячейки.

На середину подготовленной нитки длиной 120–150 см с двумя иголками на концах, набрать 18 бисерин и иголку I пропустить через бисерину 13 *справа налево* (рис. 31а). Этой петлей начинается второй ряд плетения. На эту же иголку I набрать три бисерины и пропустить иголку с ниткой через бисерину 10 (рис. 31б). Притянуть нитку. Снова набрать три бисерины и пропустить иголку через бисерину 7 (рис. 31в). Притянуть нитку. Затем набрать на эту же иголку еще три бисерины и пропустить иголку через бисерину 4. Заканчивая второй ряд, на иголку I набрать одну бисерину, на иголку II тоже набрать одну бисерину, через которую *справа налево* пропустить иголку I (рис. 31в). Притянуть нитку. Иголка I остается слева.

Третий ряд плести иголкой II *слева направо* (рис. 31г). Набрать на иголку II три бисерины и пропустить эту иголку через среднюю бисерину петли предыдущего ряда. Таким же образом набрать еще три петли по три бисерины. После каждой петли пропускать иголку с ниткой через средние бисерины петель второго ряда в соответствии с рис. 31д. Не забывать после каждой петли притягивать нитку. Окончание третьего ряда и четвертый ряд низать иголкой I *слева направо*. На иголку I набрать четыре бисерины и пропустить иголку с ниткой через среднюю бисерину петли третьего ряда (рис. 31е), а затем набирать на иголку по три бисерины и пропускать ее после каждых трех бисерин через средние бисерины соответствующих петель третьего ряда.

Для окончания четвертого ряда набрать на иголку II две бисерины и на иголку I две бисерины. Иголку II пропустить через вторую бисерину, нанизанную на нитку с иголкой I *справа налево* навстречу иголке I (рис. 31ж). Притянуть нитку.

Пятый ряд низать иголкой II *справа налево*. Набирать петли из трех бисерин и после каждой петли иголку II пропускать через среднюю бисерину соответствующей петли предыдущего ряда (рис. 31з). Далее плести таким же образом по схемам приведенным на рис. 31и,к, рис. 30.

Схема на рис. 32а, б поможет вам изготовить нагрудное украшение с медальоном – гайтан. Рекомендуем орнамент этой схемы заменить на орнамент своей разработки. В этом случае изготавливать изделие будет значительно интереснее.

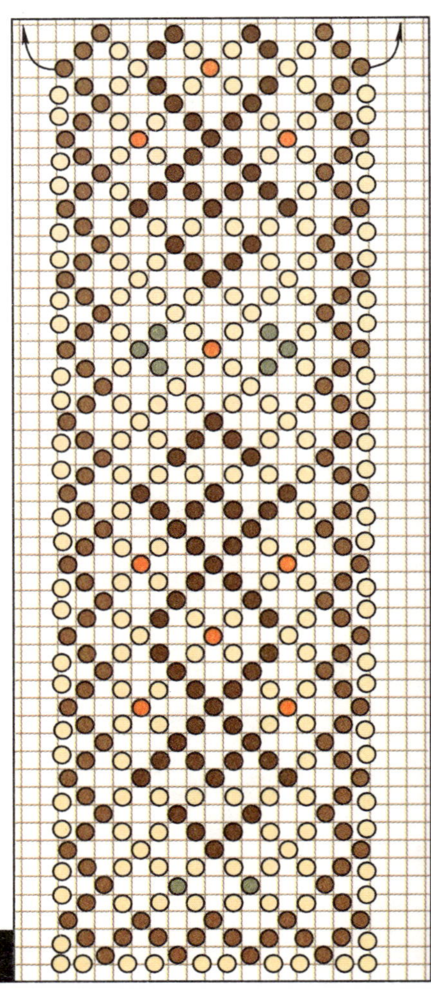

Рис. 30

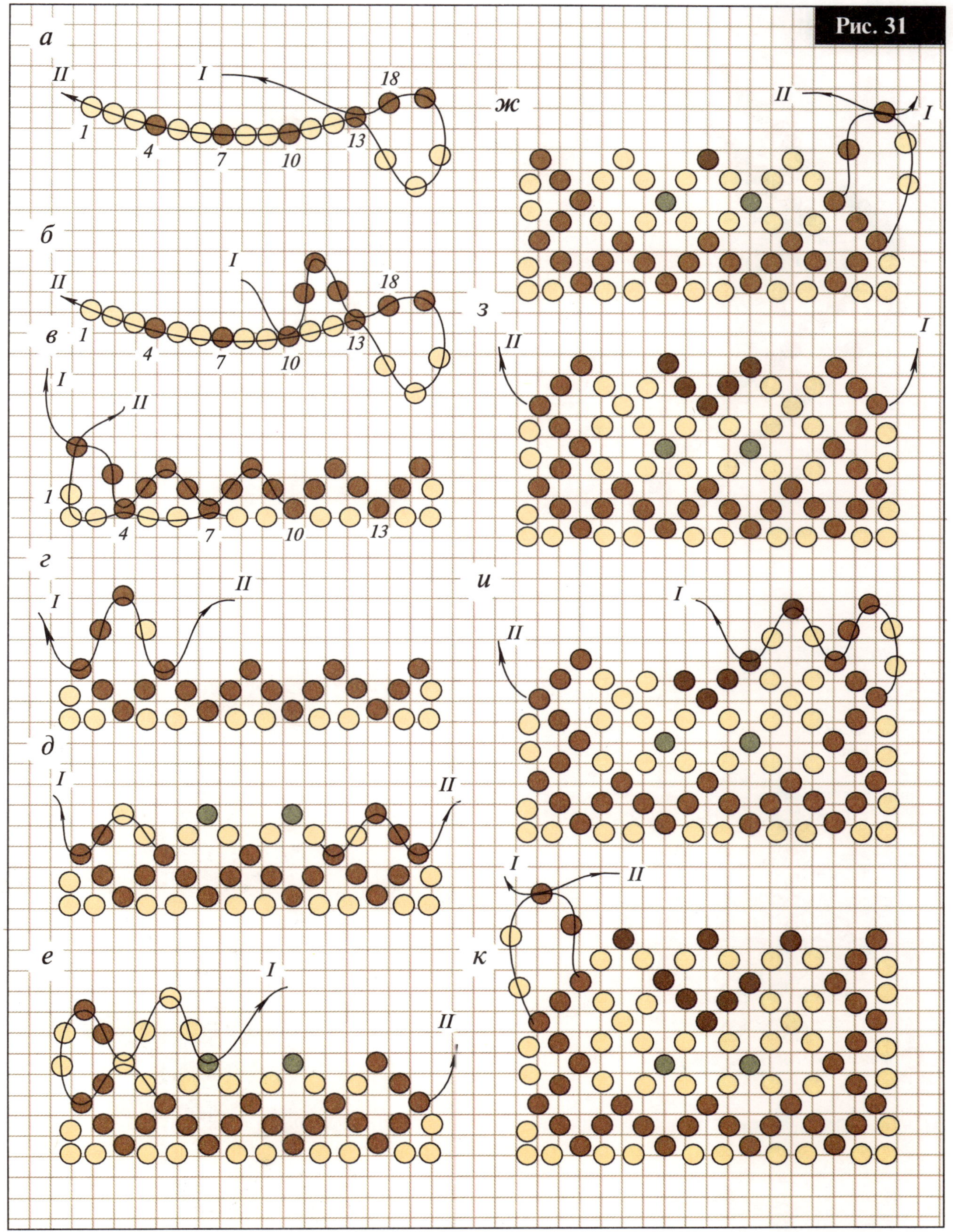
Рис. 31
а
II
I
18
1
4
7
10
13
б
ж
II
I
з
в
и
к
г
д
е

Рис. 32

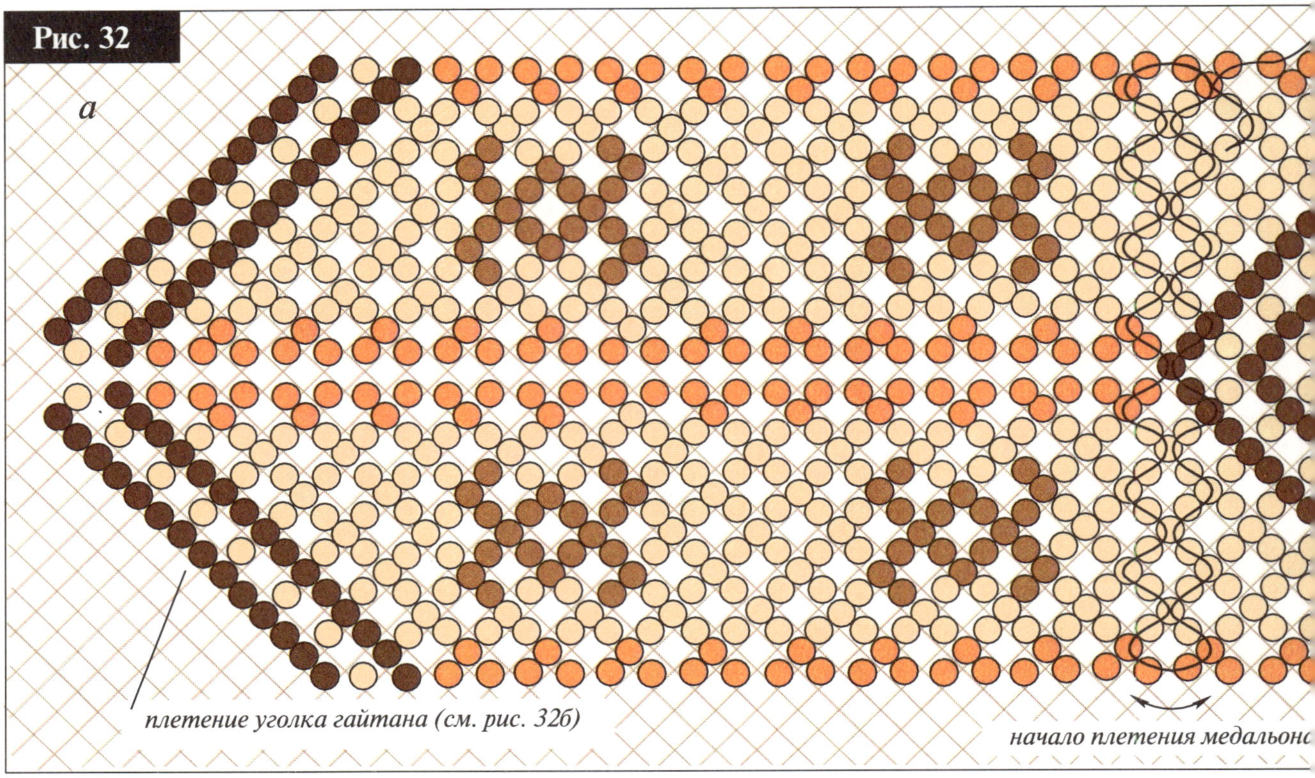

а

плетение уголка гайтана (см. рис. 32б)

начало плетения медальона

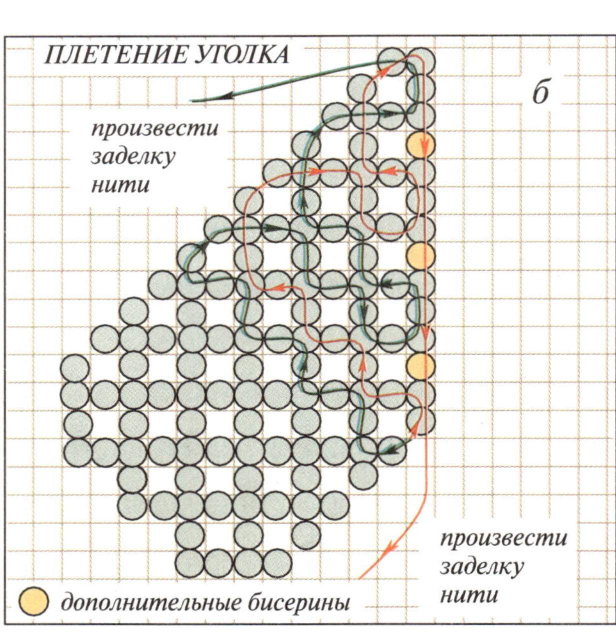

Рузанова Г.В.
Гайтан «Бессмертник».
Ажурное плетение

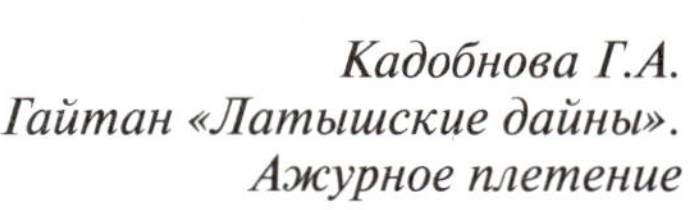

Кадобнова Г.А.
Гайтан «Латышские дайны».
Ажурное плетение

начало плетения первой ленты

продолжение плетения

начало плетения второй ленты

Шейченко Е.Н.
Гарнитур «Ящерка»
(колье и серьги).
Петельная техника.
Плотные цепочки
на восьми бисеринах

Нушель В.Г.
Шейная лента
«Анфиса».
Техника плетения —
лента ажурная
2,5 ячейки (ромб) с выступами,
цепочки разные 6 шт

Гайтан «Прошва».
Ажурное плетение
с уголками на лентах

Корчагина Т.Ф.
Гайтан «Первые радости».
Ажурное плетение,
уголковый ажурный медальон,
низание (подвески)

Ажурные, сетчатые воротники и другие круглые изделия

К группе шейных украшений относятся шейные ленты, гривны* и изделия в виде воротников (круглой, прямоугольной и уголковой формы), различные по ширине, которые в старину изготавливали из речного жемчуга, сеченого перламутра, а позднее из бисера и стекляруса.

* В Древней Руси так называли серебряное или золотое украшение, надевавшееся на шею. В дальнейшем гривной стали называть шейное украшение в виде спадающего «языка». Оно изготавливалось из различных материалов, в том числе из жемчуга и сеченого перламутра. В конце XIX столетия их заменил бисер.

В старое время такие изделия, как воротники, плели узкими – в 1–2 ячейки или широкими – от десяти ячеек и более. Верхняя, прилегающая к шее, сторона делалась слегка закругленной, нижняя же, как правило, была расширена и украшена бахромой, различными подвесками из бисера, стекляруса, бус.

В каждой местности бытовали свои названия украшений: «борода» – ошейник с длинным кружевом из бисера, «жерелок», «подшейник», «подгорлок», «оплечье», «сетка» и другие в зависимости от места ношения (шея, горло, плечи). Наиболее употребительное – «ожерелье».

В наше время шейные украшения из бисера стали называть «воротником», «воротником-стойкой», «шейной лентой», «колье», «оплечьем». Используются и некоторые старые названия.

Ширина ажурных и сетчатых изделий этой группы также зависит от количества «ячеек».

Рассмотрим технику плетения узкого скругленного ажурного изделия (воротника, отдельного элемента колье, эле-

Агеева Л.М.
Воротник «Сутки».
Ажурное скругленное плетение,
сетчатое плетение
и петельная техника

мента салфетки) в одну ячейку («ромб») с петлями – подвесками. Плетение ведется одной иголкой.

На подготовленную нитку, длиной 120–150 см с иголкой на конце набрать пять бисерин (1–5) и выбранное количество бисерин на подвеску (нечетное, от девяти и более). В нашем случае это будет тринадцать бисерин (с 6-й по 18-ю).

Пропустить иголку с ниткой через бисерину 5 *снизу вверх* (рис. 33а). Притянуть нитку. Набрать на иголку три бисерины 19–20–21 для второго ряда. Пропустить иголку с ниткой через бисерину 1 (рис. 33б). Притянуть нитку.

Для третьего ряда набрать на иголку три бисерины 22–23–24 и пропустить иголку через бисерину 20 (среднюю, петли второго ряда) *сверху вниз* (рис. 33в). Притянуть нитку. Закончить третий ряд двумя бисеринами 25–26 (рис. 33г) и набрать еще тринадцать бисерин (27–39) для подвески. Пропустить иголку через бисерину 26 *снизу вверх*. Притянуть нитку.

Четвертый ряд низать, как второй – снизу вверх, из трех бисерин 40–41–42 и пропустить иголку через бисерину 23 третьего ряда (рис. 33д). После каждой петли не забывать притягивать нитку.

Пятый ряд низать, как третий, и так низать все нечетные ряды.

Работу продолжать до получения изделия необходимой длины в соответствии со схемой на рис. 33е.После ее окончания произвести заделку концов нитки. Если это воротник, то изготовить застежку и приделать ее к изделию.

Следует заметить, что если при плетении воротника скругление его окажется для вас слишком резким (воротник будет мал для вашей шеи), то рекомендуется в верхней его части вместо одной бисерины низать две или три бисерины для более плавного скругления (рис. 33ж).

Несколько вариантов подвесок для воротников приведены на рис. 33з, но их можно придумать множество.

Некоторые изделия (колье, салфетки и др.) могут быть собраны из отдельных скругленных элементов.

Чтобы изготовить колье или другое изделие из полукруглых или круглых элементов, нужно сначала разработать эскиз формы изделия, из которого станет ясно, сколько понадобится полукруглых (или круглых) элементов, какого размера и в какой последовательности их нужно соединять. Пример такого эскиза приведен на рис. 34.

Для выполнения изделия следует сплести цепочку или ленту (см. раздел «Цепочки и ленты»), по размеру вашей шеи. Затем выплетать отдельные элементы. Когда все элементы будут готовы, их следует соединить с цепочкой согласно разработанному эскизу по тому же принципу, что и введение новой нитки.

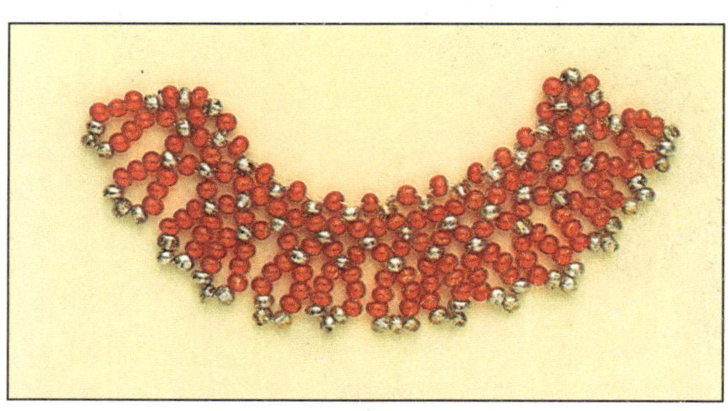

Образцы техники плетения

12—15 см
а
1 2 3 4 5 6 7 8 9 10 11 12 13 14 15 16 17 18
б
1 2 3 4 5 7 8 9 10 11 12 13 14 15 16 17 18 19 20 21
в
1 2 3 4 5 6 7 8 9 10 11 12 13 14 15 16 17 18 19 20 21 22 23 24
г
20 22 23 24 25 26 27 28 29 30 31 32 33 34 35 36 37 38 39
д
22 23 24 25 26 27 28 29 30 31 32 33 34 35 36 37 38 39 40 41 42
е

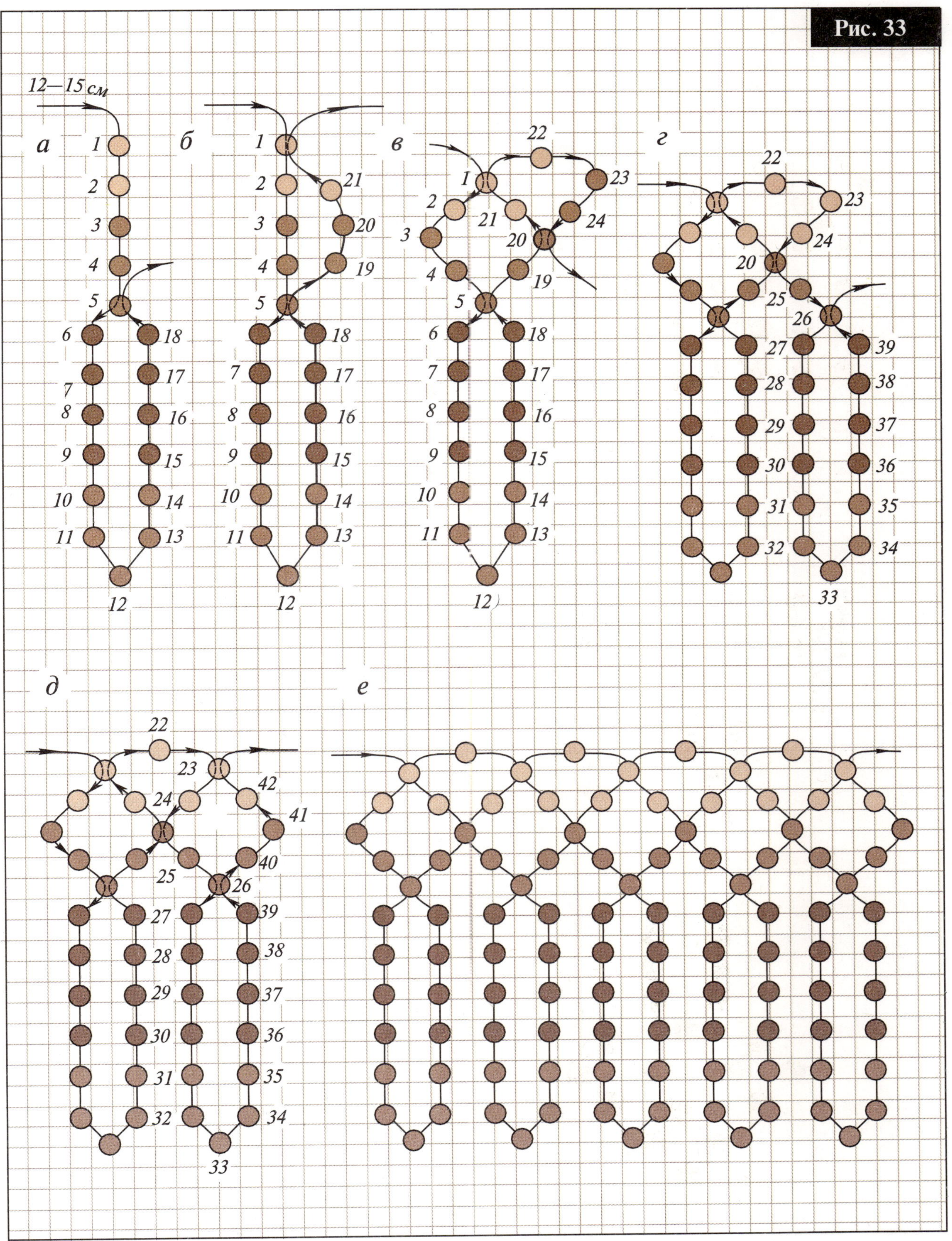

Рис. 33

Рис. 33

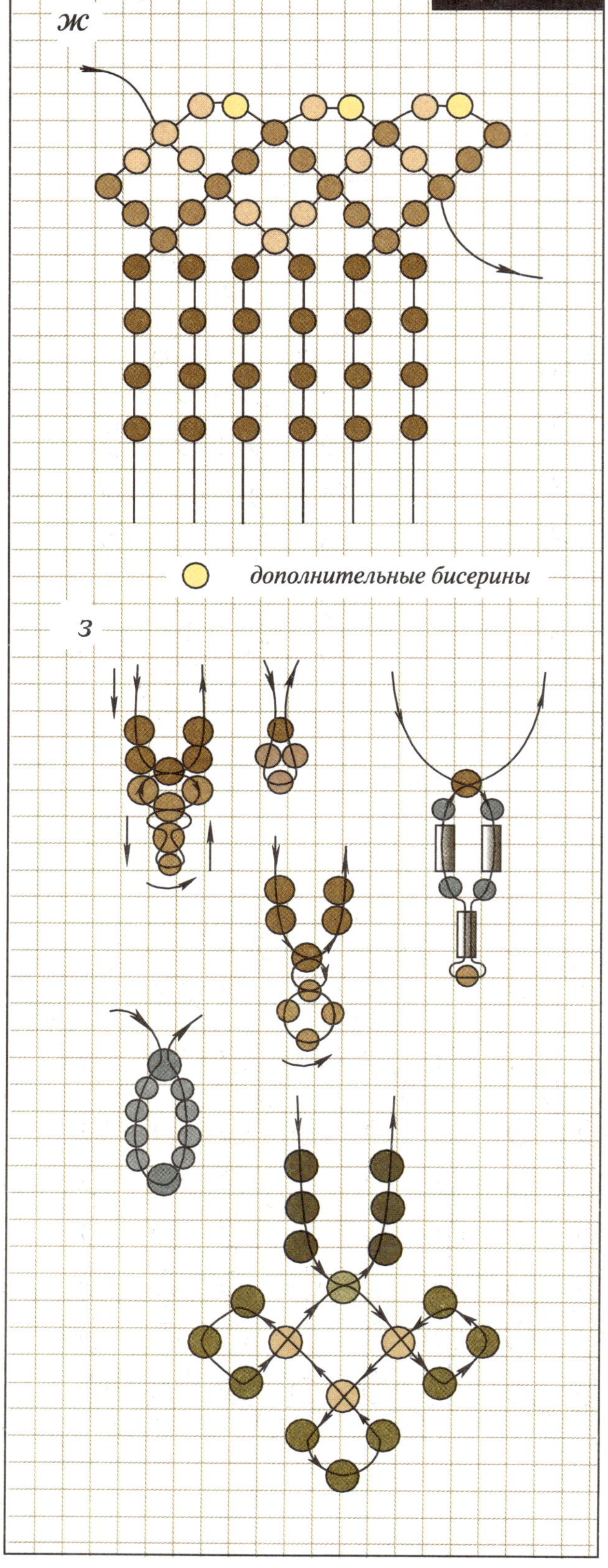

ж

дополнительные бисерины

з

Можно также соединять дополнительным «квадратиком», но так, чтобы не нарушался рисунок плетения. Элементы можно крепить и в два слоя (например, внизу элементы черного цвета, а второй слой элементов, сдвинутый относительно элементов первого слоя — белого цвета).

Можно применять стеклярус или рубленный бисер, но следует помнить, что между трубочками обязательно должны быть вставлены бисерины, иначе стеклярус (или рубленный бисер) может перерезать нитку.

Для изготовления салфетки из круглых элементов каждый элемент следует плести до того момента, пока его концы не сомкнутся в круг, после чего соединить их по рисунку уже известным способом.

Элементы салфетки можно соединять цепочками «квадратик» (или другими) и различными петельками с нанизанным бисером. Для этого нужно изготовить несколько круглых элементов, разложить их на бумаге как мозаику и тогда уже придумать способ их соединения.

Соединение элементов и заделка нитки во всех изделиях из бисера и стекляруса должна производиться особенно тщательно, чтобы соединение было прочным, иначе затраченный труд будет напрасным. Бисер должен быть хорошо откалиброванным.

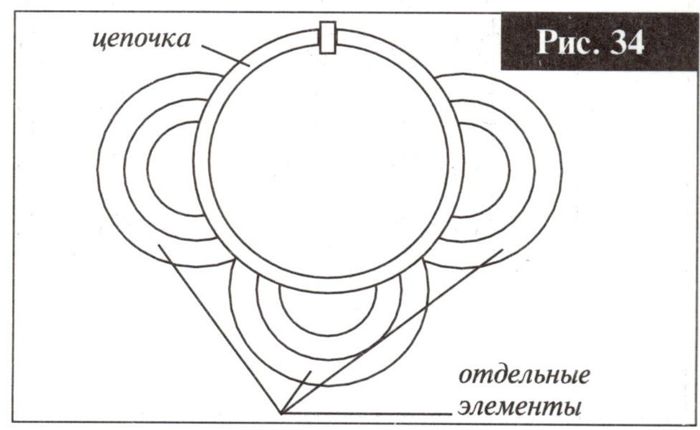

Рис. 34

Харитонова Н.Н.
Колье «Северное сияние».
Ажурное круглое плетение
в один ромб, состоящее
из отдельных секторов,
сдвоенная цепочка «квадратик»

Принцип плетения ажурных воротников «одной иголкой», независимо от формы ячеек и их количества, сохраняется одинаковым (рис. 35). Разница состоит в следующем:

– узкий воротник (от одной до трех ячеек) скругляется быстрее и если размер его верхней части, прилегающей к шее, не соответствует необходимому вам размеру (это выясняется при изготовлении образца длиной 8–10 см), то в этом случае в его верхней части следует ставить не одну бисерину, а две (рис. 33ж);

– когда изготавливается широкий воротник (более трех ячеек шириной), то он скругляется меньше, особенно по нижнему краю. В этом случае следует варьировать размер бисерин, то есть в верхних ячейках использовать мелкий бисер, а к низу (после двух-трех ячеек) постепенно увеличивать размер применяемого бисера.

Разберем пример изготовления воротника шириной в три ячейки («ромб») с зубчатым краем (схема на рис. 35г).

На подготовленную нитку с иголкой длиной 120–150 см набрать шестнадцать бисерин 1–16, оставив начальный отрезок нити длиной 12–15 см, и пропустить иголку через бисерину 9 *снизу вверх* (рис. 35а).

Притянуть нитку. Набрать на иголку три бисерины 17–18–19 и пропустить

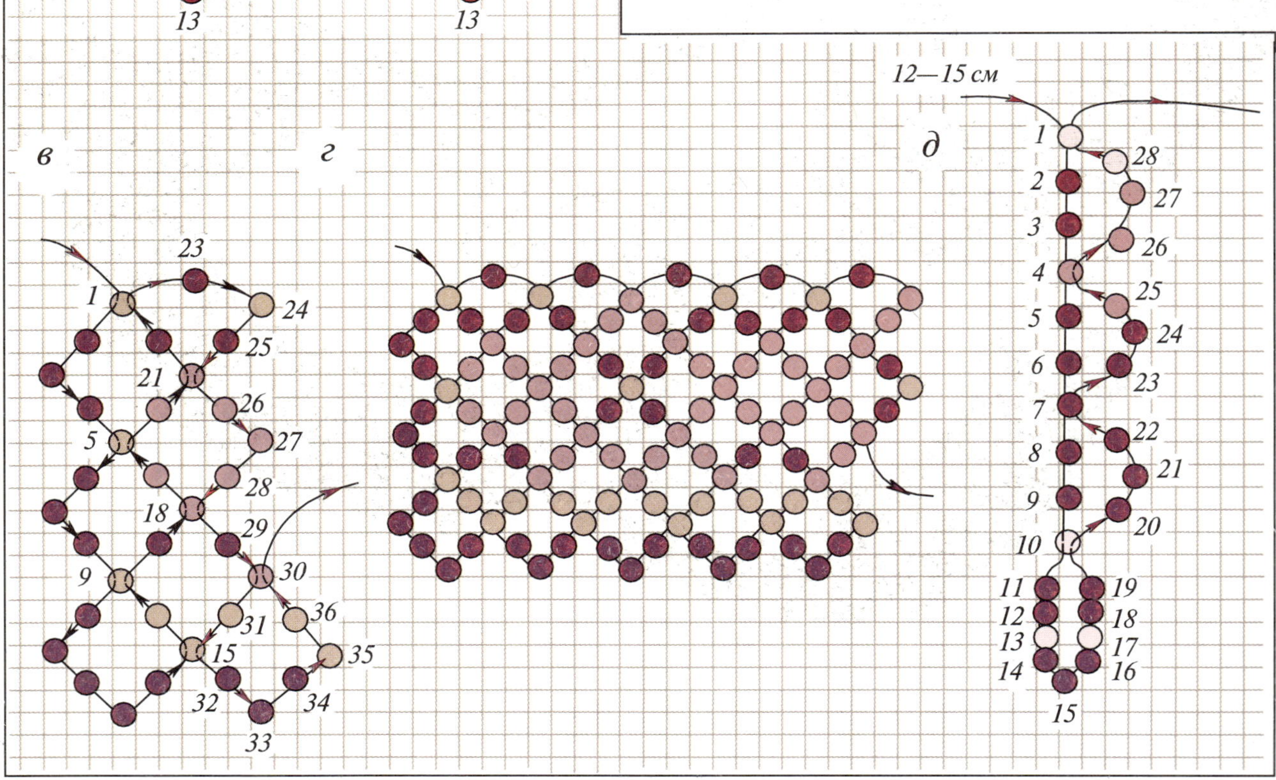

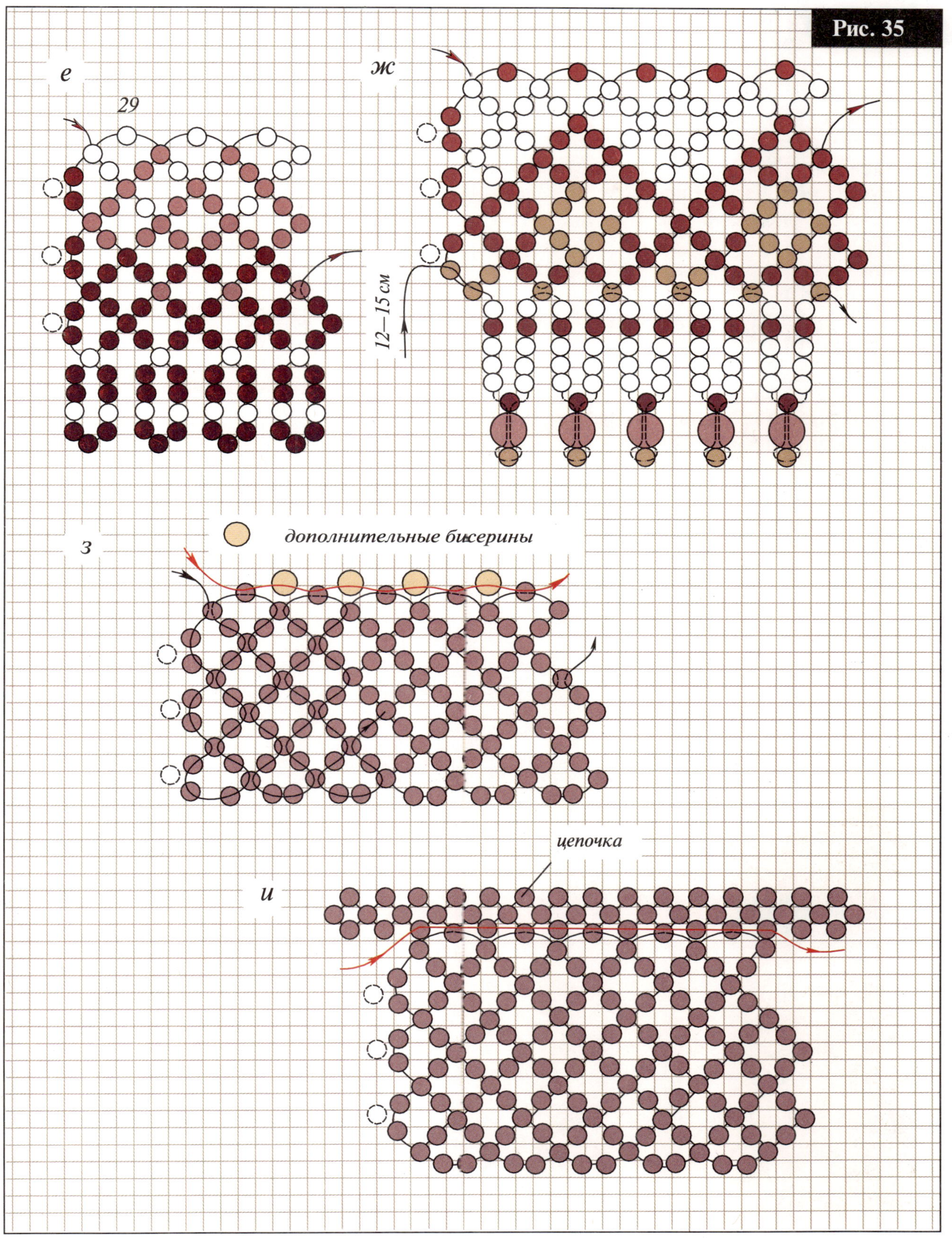
Рис. 35
е
29
ж
12—15 см
з
дополнительные бисерины
и
цепочка

иголку через бисерину 5 *снизу вверх* (рис. 35б). Притянуть нитку. Снова набрать петлю из трех бисерин 20–21–22 и пропустить иголку через бисерину 1 *снизу вверх*. Притянуть нитку.

Для третьего ряда набрать на иголку три бисерины 23–24–25 (рис. 35в) и пропустить иголку через бисерину 21 *сверху вниз*. Затем набирать две петли по три бисерины 26–27–28 и 29–30–31. После каждой петли пропускать иголку через бисерины 18 и 15 соответственно *сверху вниз*. Не забывать притягивать нитку. Набрать на иголку с ниткой пять бисерин 32–33–34–35–36 и пропустить иголку через бисерину 30 *снизу вверх*. Далее плетение продолжать таким же образом согласно рис. 35г.

Нечетные ряды плести *сверху вниз*, а четные *снизу вверх*. После окончания работы заделать нити, изготовить и приделать «замочек».

Образцы техники плетения воротника шириной в три ячейки и широкого воротника

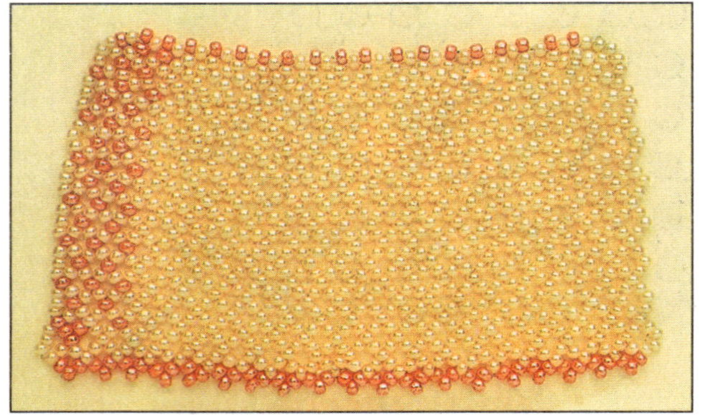

На рис. 35д и 35е приведен пример изготовления воротника в три ячейки («ромб») с одним из вариантов подвесок, выполненных в процессе плетения воротника.

На рис. 35ж показан пример плетения воротника в три ячейки («ромб»), без подвесок: подвески подплетаются отдельно.

На рис. 35з приведена схема плетения воротника в 2,5 ячейки («ромб») без подвесок с ровным краем.

Во всех видах воротников рекомендуется отделывать верхнюю (прилегающую к шее) кромку либо дополнительными, более крупными бисеринами (рис. 35з), либо цепочкой, выбранных вами вида и ширины (рис. 35и). Нижний край воротника можно делать волнистым или другой формы путем изменения длины вертикальных рядов ячеек.

Во всех рассматриваемых примерах, кроме приведенных на рис. 35а, б, в, г, ячейки с торцевого края воротника неполные: в них две бисерины вместо трех. Это делается для того, чтобы торец был ровный, когда бисер более круглый. Если же бисер приплюснутый, то следует ставить три бисерины (эти бисерины на всех схемах показаны пунктиром).

Предлагаем сплести воротник ажурного плетения с разрезами типа «Ярославна». Изготовить образец. Плетение вести одной иголкой согласно схеме на рис. 36.

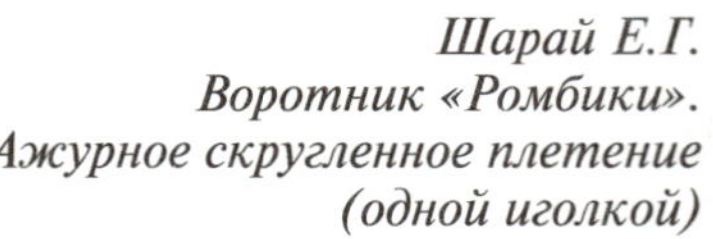

Шарай Е.Г. Воротник «Ромбики». Ажурное скругленное плетение (одной иголкой)

*Воротник «Начало».
Ажурное плетение
скругленных изделий
(одной иголкой)*

На подготовленную нитку с иголкой длиной 120–150 см, набрать двадцать две бисерины 1–22. Начальный отрезок нити длиной 12–15 см оставить для последующей заделки. Пропустить иголку через бисерину 16 *снизу вверх*. Притянуть нитку. Набрать на иголку три бисерины и пропустить ее через бисерину 13 *снизу вверх*. Притянуть нитку. Набрать на иголку три бисерины и пропустить иголку через бисерину 7 *снизу вверх*. Притянуть нитку. Снова набрать три бисерины и пропустить иголку через бисерину 4 *снизу вверх*. Набрать три бисерины и пропустить иголку через бисерину 1 *снизу вверх*. Притянуть нитку.

Таким образом закончен первый *вертикальный* ряд ячеек, состоящий из шести ячеек.

На иголку с ниткой набрать три бисерины и пропустить иголку *сверху вниз* через среднюю из трех бисерин петли, завершающих предыдущий ряд. Далее набирать по три бисерины и пропускать иголку через каждую среднюю бисерину петли предыдущего ряда *сверху вниз*, не забывая притягивать нитку.

В схеме на рис. 36а секция от начала плетения до разреза состоит из пяти *вертикальных* рядов ячеек, обозначенных римскими цифрами с I по V.

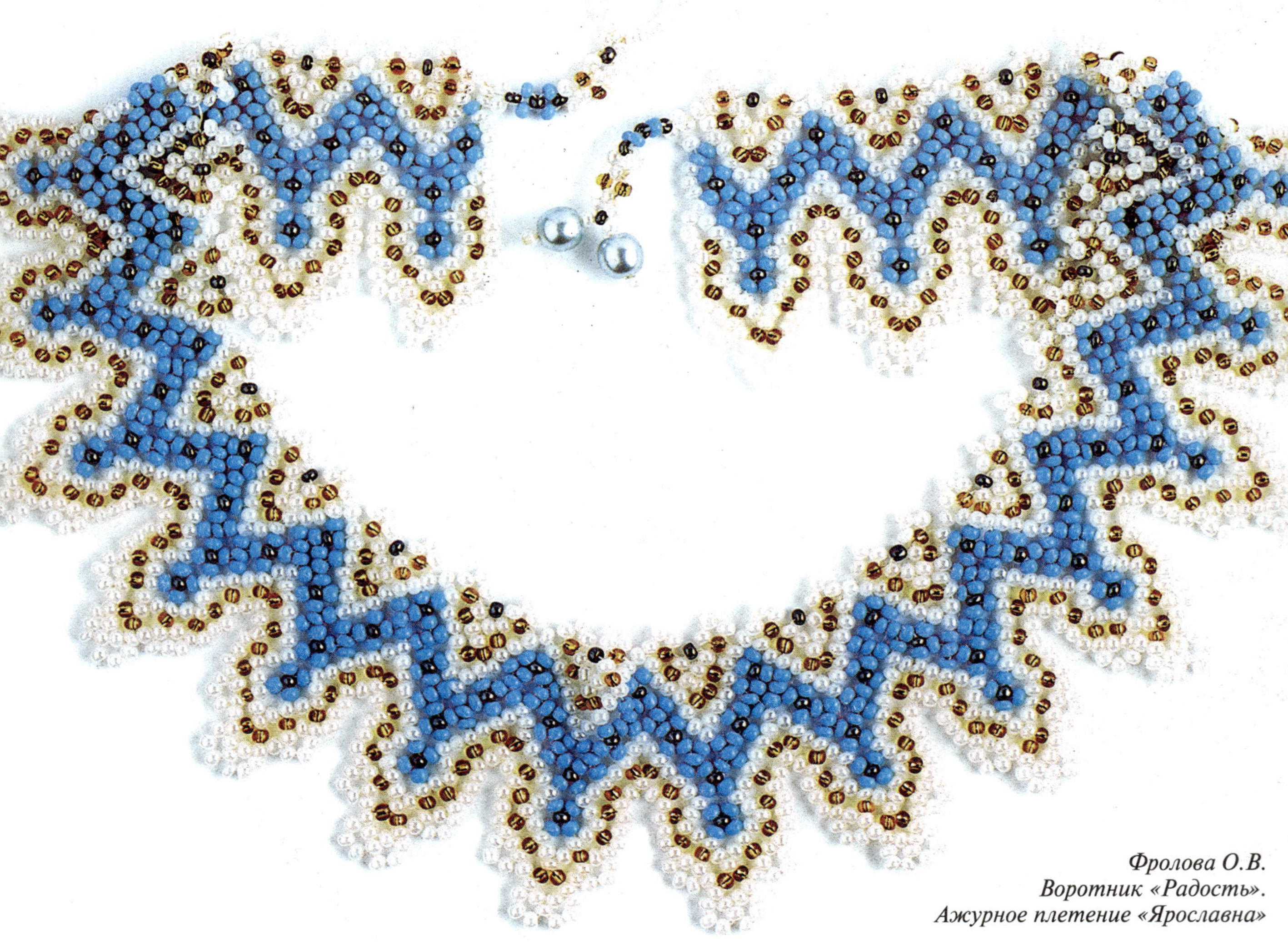

Фролова О.В.
Воротник «Радость».
Ажурное плетение «Ярославна»

Рис. 36

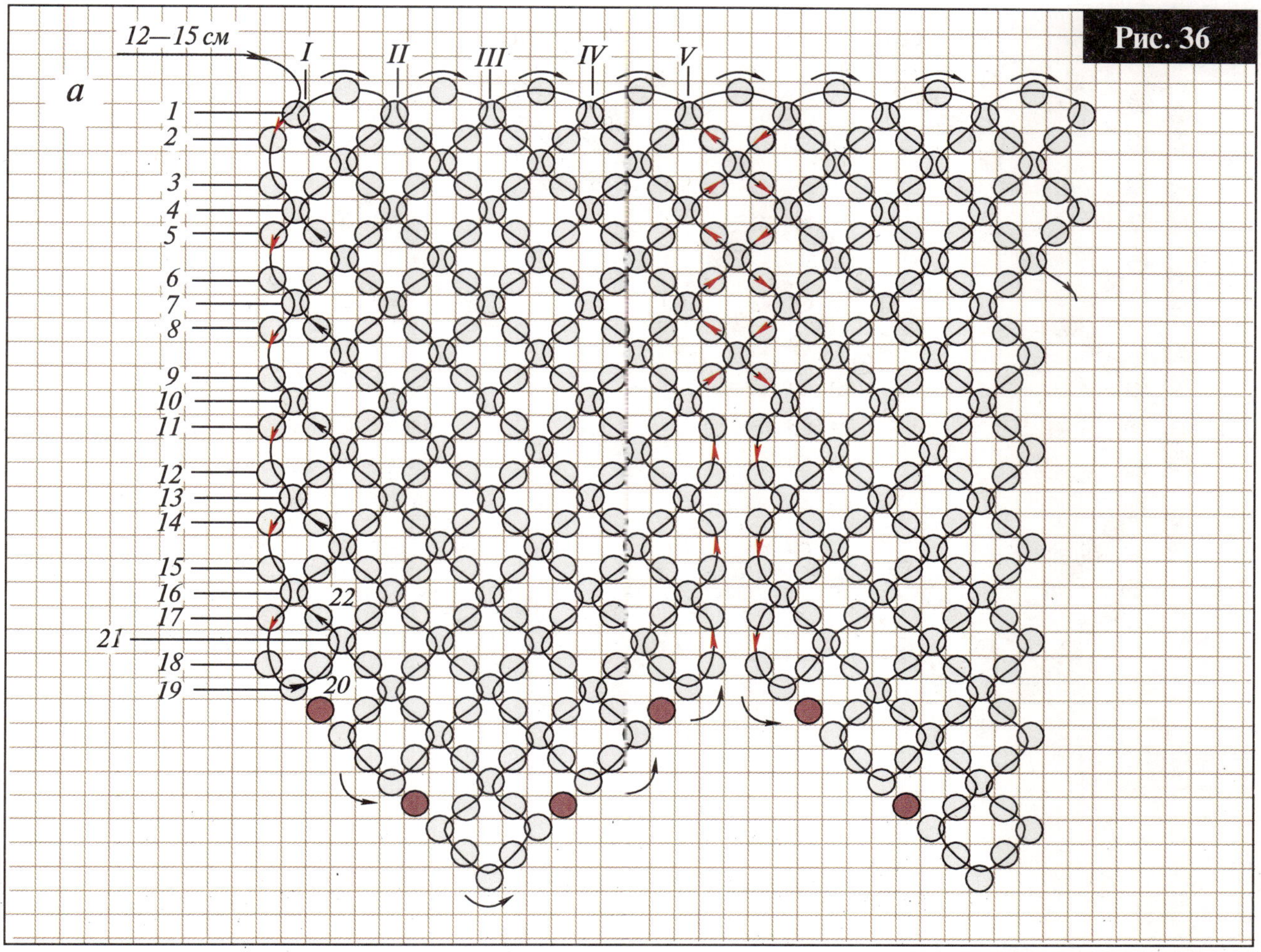

Вертикальные ряды II и IV длиннее на одну ячейку вертикальных рядов I и V, а *вертикальный* ряд III длиннее на одну ячейку II и IV рядов, что необходимо для получения «уголка».

В *вертикальном* ряду V для образования разреза в трех нижних ячейках набирать не по три бисерины (неполная ячейка), а по две.

Начиная с четвертой ячейки снова набирать по три бисерины. В следующей же секции, где образуется вторая сторона разреза (когда иголка пропускается через бисерину *сверху вниз*), в трех нижних ячейках также набирать по две бисерины. Таким образом выплетать все разрезы.

Изготовив образец из двух-трех секций, заделать начальный и конечный отрезки нити.

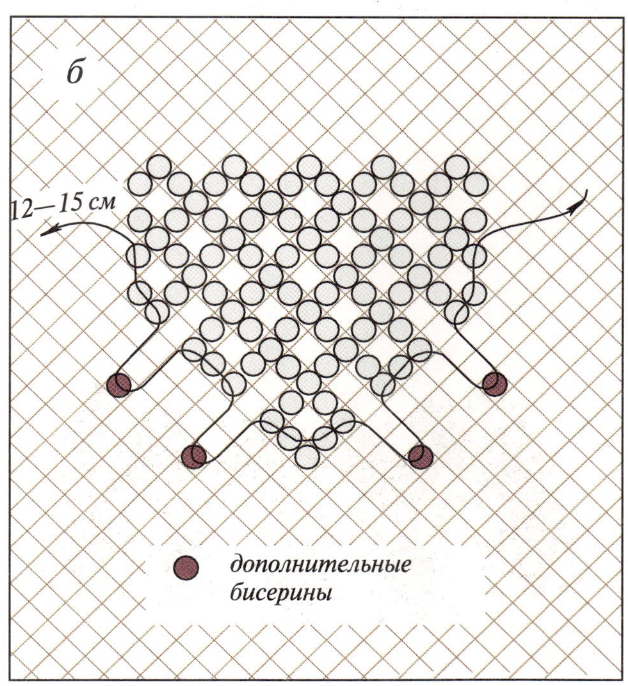

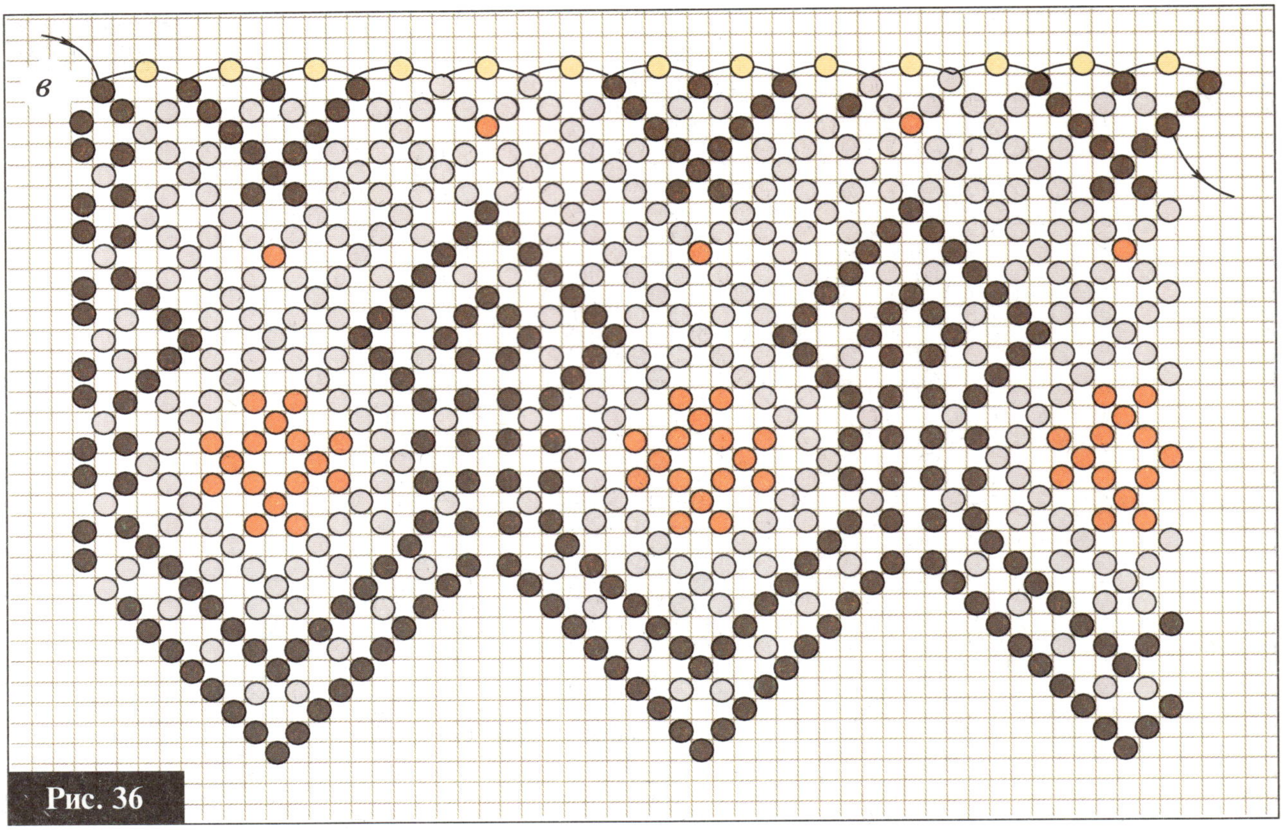

в

Рис. 36

Затем надо оформить «уголок». Для этого иголку с новой ниткой пропустить через бисерины так, как показано на рис. 36б – *сверху вниз*, и набрать на иголку одну дополнительную бисерину.

Далее иголку с ниткой пропустить через бисерины по контуру «уголка», вставляя в промежутки между *вертикальными* рядами дополнительные бисерины, как показано на рис. 36б.

Для того чтобы «уголок» получился острым, следует нитку, которая идет по его контуру, провести мимо бисерины на кончике «уголка». Произвести заделку начального и конечного отрезков нити.

Для лучшей фиксации формы «уголка» нитку по его контуру рекомендуется провести два раза.

Чтобы изготовить такой воротник, следует составить схему изделия. Пример такой схемы с нанесенным орнаментом приведен на рис. 36в.

К воротнику такого типа можно прикрепить несколько цепочек или тонких жгутов в виде ожерелья.

На рисунках приведены варианты схем плетения воротника в три ячейки: «фонарик» – рис. 37а, б, в; «соты» – рис. 37г, д, е.

Любое круглое (или закругленное) изделие, независимо от формы и количест-

Образец техники плетения

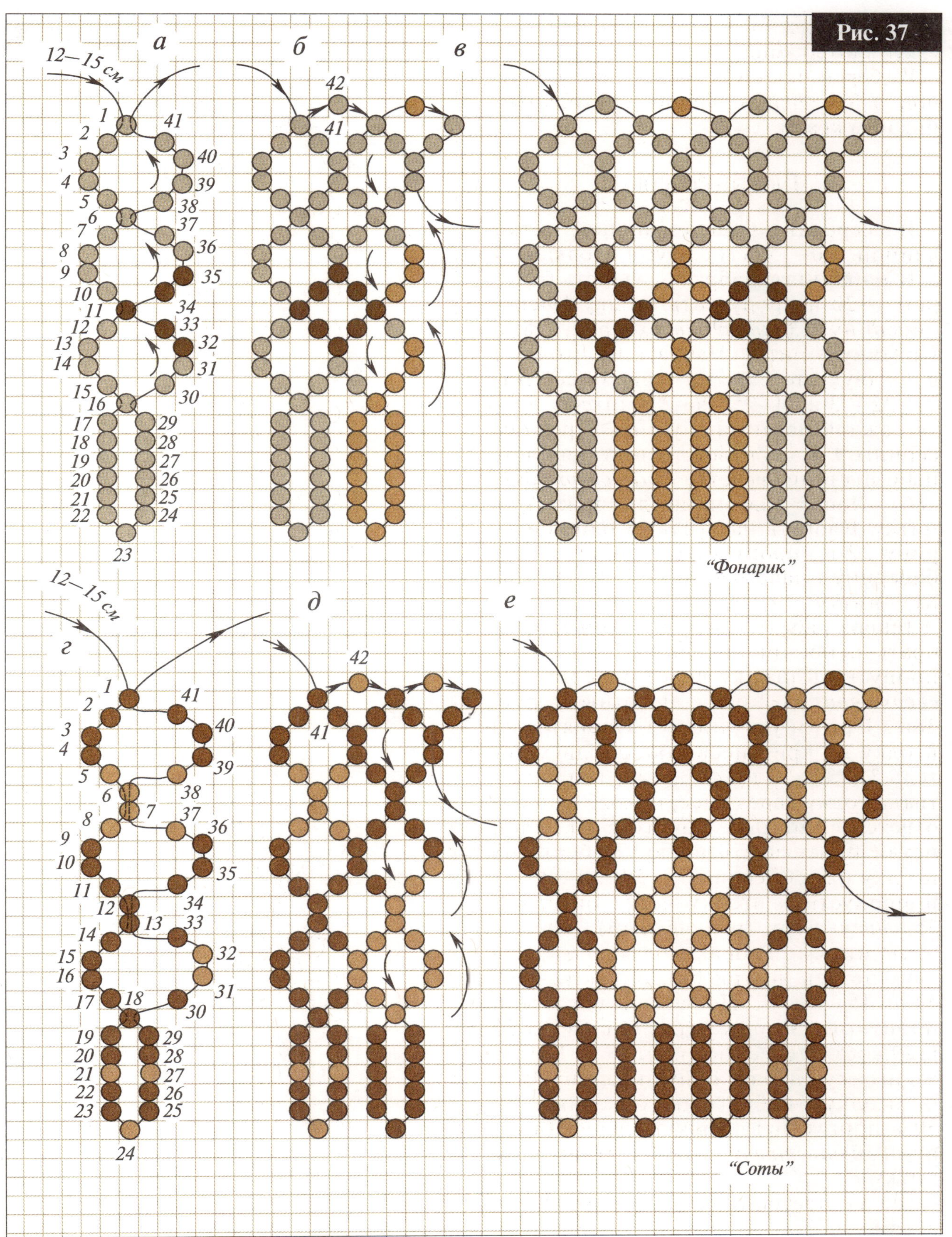
Рис. 37
а
б
в
г
д
е
12—15 см
“Фонарик”
“Соты”

ва ячеек, можно изготовить плетением «двумя иголками».

Разберем плетение воротника шириной в 3,5 ячейки («ромб») с зубчатым нижним краем.

Первый способ

На середину подготовленной нитки длиной 130–150 см с двумя иголками I и II на концах, набрать двадцать бисерин 1–20 и пропустить иголку I через бисерину 13 *снизу вверх* (рис. 38а). Притянуть нитку. Набрать на иголку I для двух петель по три бисерины 21–22–23 и 24–25–26. Эту иголку после каждой петли пропустить через бисерины 9 и 5 соответственно (ряд четный, плетение ведется *снизу вверх* (рис. 38б). После каждой петли притянуть нитку. Набрать на иголку I одну бисерину 27 и пропустить иголку через бисерину 1 навстречу иголке II. Притянуть нитку.

Теперь работу вести иголкой II. Набрать на нее три бисерины 28–29–30 и пропустить иголку через бисерину 25 *сверху вниз* (3-й ряд – нечетный), рис. 38в. Притянуть нитку. Набрать на иголку по три бисерины для двух петель 31–32–33 и 34–35–36, и пропустить иголку через бисерины 22 и 19 соответственно (рис. 38г). После каждой петли притягивать нитку. Набрать на иголку пять бисерин 37–38–39–40–41 и пропустить иголку через бисерину 35 *снизу вверх* (ряд четный). Притянуть нитку. Набрать на иголку для двух петель по три бисерины 42–43–44 и 45–46–47. После каждой петли пропустить иголку через бисерины 32 и 29 соответственно (рис. 38д). На эту же иголку набрать одну бисерину 48, а на иголку I набрать две бисерины 49, 50 и пропустить иголку II через бисерину 50 *навстречу* иголке I. Притянуть нитку.

Далее плетение вести таким же образом.

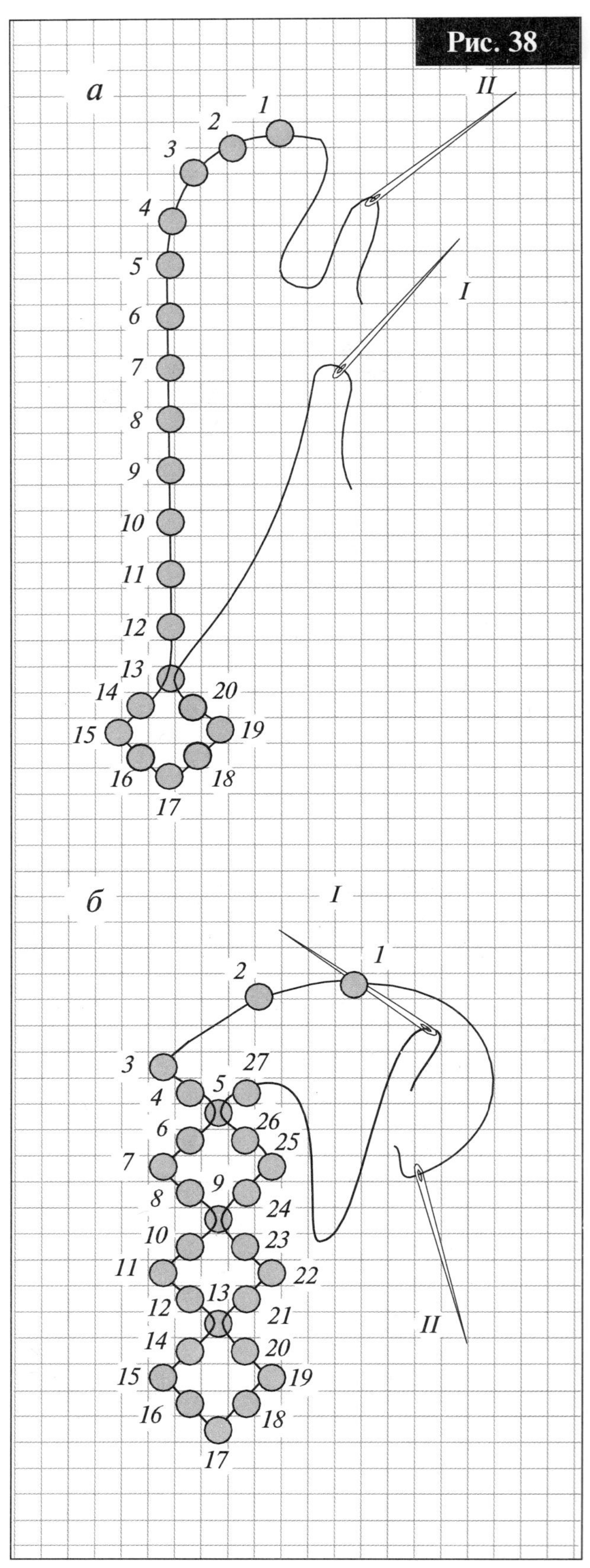

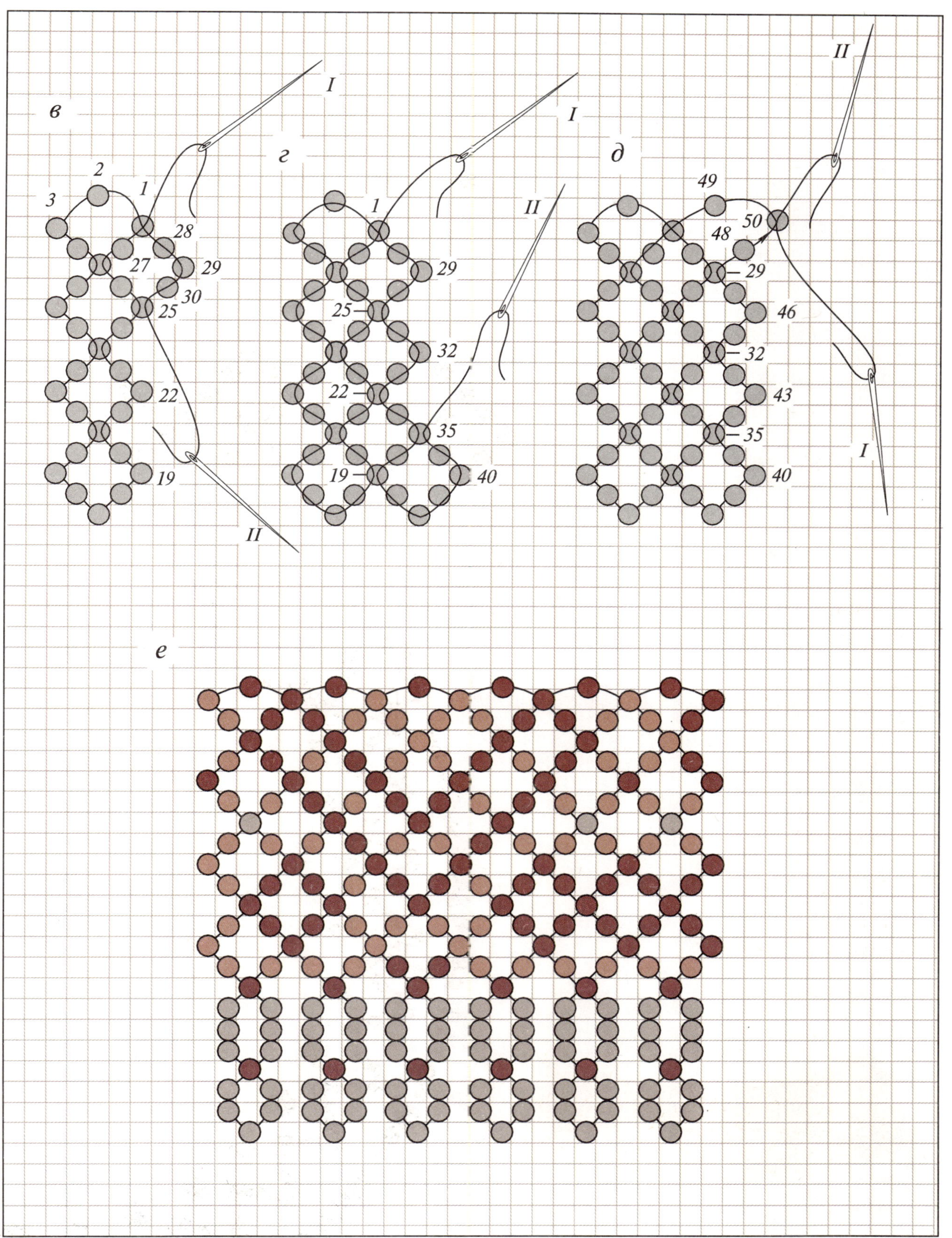
в
I
3
2
1
28
27
29
30
25
22
19
II
г
I
1
29
25
II
32
22
35
19
40
д
II
49
50
48
29
46
32
43
35
I
40
е

Рис. 38

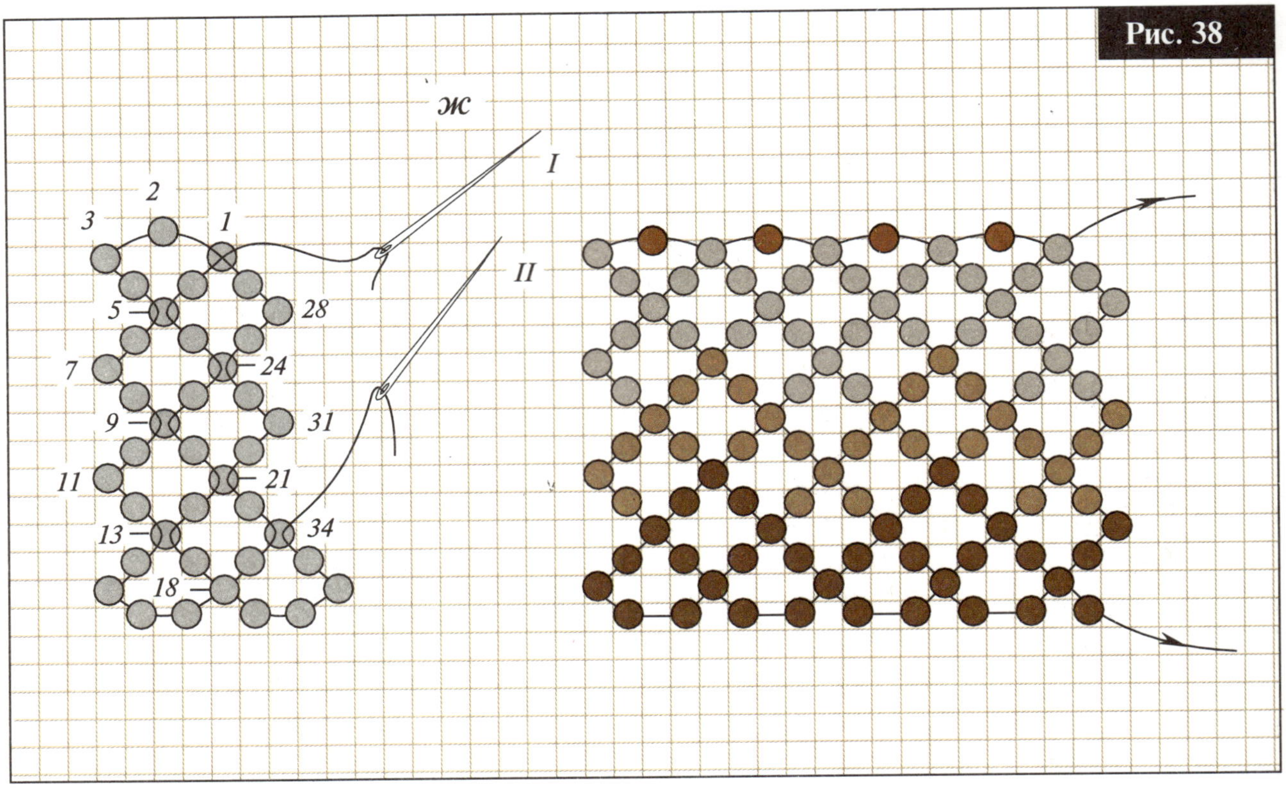

После каждых двух рядов (нечетного и четного) иголки меняются местами: одна откладывается, другой ведется работа.

На рис. 38е приведена схема такого же воротника, только с подвесками. Они выполняются так же, как и при плетении одной иголкой.

На рис. 38ж показано плетение двумя иголками с ровным нижним краем.

Образец техники плетения

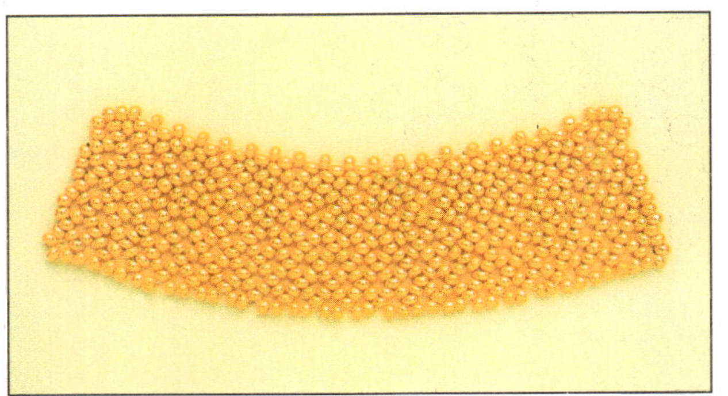

Сошнева И.А.
Воротник «Гусиные лапки».
Ажурное
плетение скругленных изделий
(двумя иголками)

Дубская Е.И.
Воротник «Встреча».
Ажурное плетение
скругленных изделий
(двумя иголками)

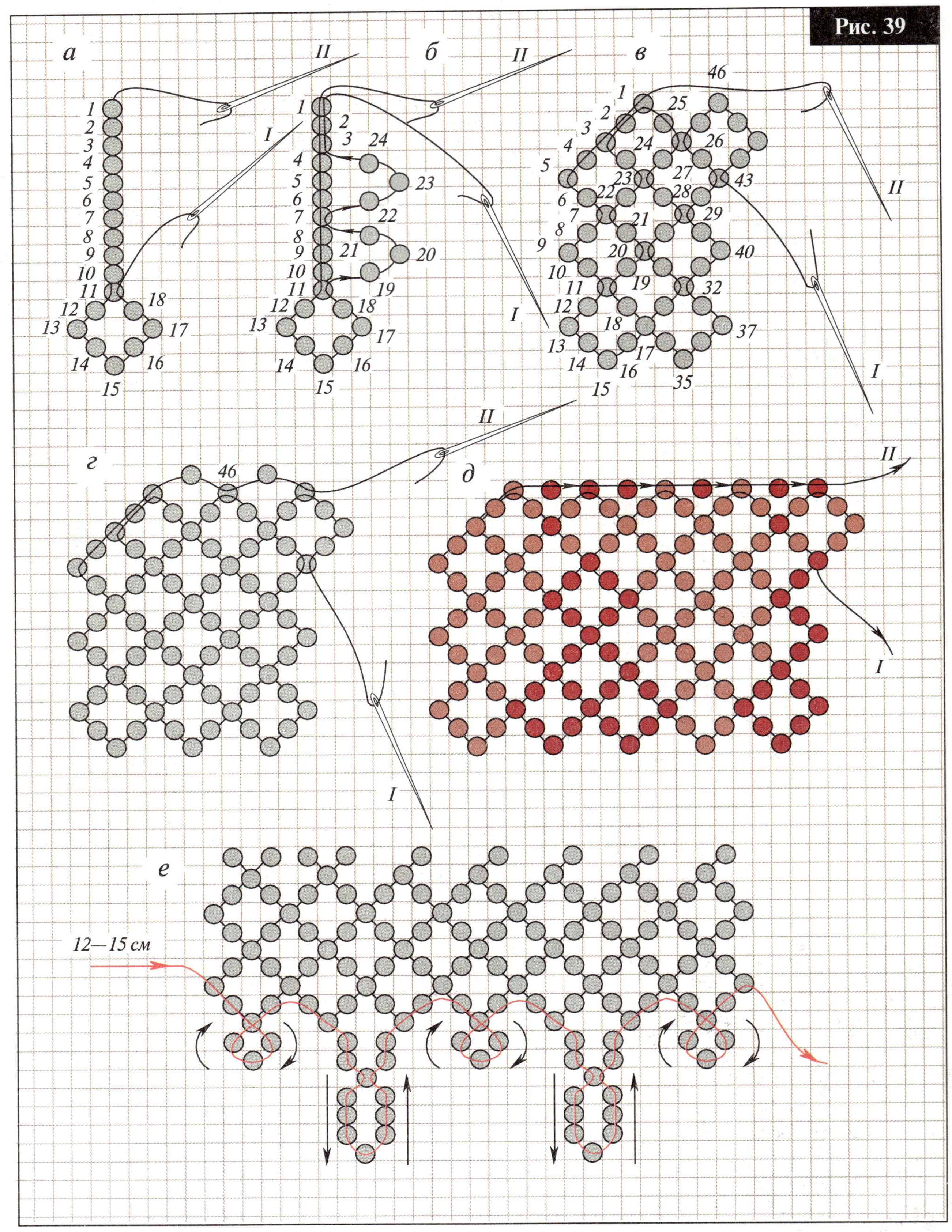
Рис. 39
а
б
в
г
д
е
I
II
46
12—15 см

Второй способ

На середину подготовленной нитки длиной 160–170 см с двумя иголками на концах набрать восемнадцать бисерин 1–18 и пропустить иголку I через бисерину 11 *снизу вверх* (начало четного ряда, рис. 39а). Притянуть нитку.

Набрать три бисерины 19–20–21 и пропустить иголку через бисерину 7 (рис. 39б). Притянуть нитку. Набрать еще три бисерины 22–23–24 и пропустить иголку через три бисерины 3–2–1. Притянуть нитку. Набрать на эту же иголку для трех петель по три бисерины 25–26–27; 28–29–30 и 31–32–33. После каждой петли пропускать иголку через бисерины 23, 20 и 17 соответственно (ряд нечетный), рис. 39в. После каждой петли притягивать нитку. Набрать на иголку пять бисерин 34–35–36–37–38 и пропустить иголку через бисерину 32. Притянуть нитку. Набрать для двух петель по три бисерины 39–40–41 и 42–43–44 и пропустить иголку после каждой петли через бисерины 29 и 26 соответственно. Не забывать притягивать нитку после каждой петли. Набрать на эту же иголку пять бисерин 45–46–47–48–49 и пропустить иголку через бисерину 43 *сверху вниз* (нечетный ряд). Далее плетение вести таким же образом одной иголкой I. Когда изделие достигнет необходимой длины, в работу ввести иголку II. Ее пропустить через все бисерины на вершинах «ромбов», как показано на рис. 39г, д. После этого аккуратно притянуть нитку, чтобы образовалось скругление верхнего контура воротника (нитка между бисеринами не должна быть видна). Закрепить нитку узелками и заделать оба конца нитки.

Перед закреплением нитки следует равномерно расправить воротник, чтобы не было крупных сборок по его верхнему контуру.

Таким образом иголка II вступает в работу только при оформлении верхнего контура воротника. Подвески выполняются так же, как и во всех видах воротников, одновременно с плетением изделия или отдельно, после его окончания. На рис. 39е показан фрагмент оформления подвесками готового изделия. Верхний край воротников рекомендуется оформлять цепочкой или отдельными бисеринами, как было показано на рис. 35з, и.

Ануфриева М.Я.
Воротник «Кобальт»
(фрагмент)

Шарай Е.Г.
Гайтан «Радужный».
Ажурное плетение
с уголками на лентах

Золотова М.Б.
Кулон «Синяя бабочка».
Ажурное плетение,
цепочка «квадратик»

Шарай Е.Г.
Воротник «Надежда».
Ажурное круглое плетение, вплетены бусины, сетчатое горизонтальное плетение, цепочка «квадратик»

Корчагина Т.Ф.
Воротник «Старина».
Сетчатое плетение «соты»,
низание, окантовка произвольная,
цепочка «квадратик»

Плетение уголковых изделий

Уголковые изделия, такие, как колье, воротники, гривны, медальоны для гайтанов (кулонов, подвесок и др.), можно плести одной иголкой или двумя. Существует несколько вариантов их изготовления.

Первый вариант – одной иголкой

Для изготовления уголка с выступами на подготовленную нитку с иголкой на конце набрать десять бисерин 1–10 и пропустить иголку через бисерину 5 *снизу вверх* (рис. 40а). Притянуть нитку. Получился выступ из трех бисерин 8–9–10. Для второго ряда набрать на иголку три бисерины 11–12–13 и пропустить иголку через бисерину 1 *снизу вверх*. Притянуть нитку. Для третьего ряда набрать две петли по три бисерины 14–15–16 и 17–18–19 и после каждой петли пропустить иголку *сверху вниз* (нечетный ряд) через бисерины 12 и 7 соответственно (рис. 40б). Притягивать нитку после каждой петли. Для окончания третьего ряда набрать на иголку семь бисерин 20–26 и пропустить иголку через бисерину 21 *снизу вверх*. Притянуть нитку. Для четвертого ряда набрать две петли по три бисерины 27–28–29 и 30–31–32 (рис. 40в). После набора каждой петли пропустить иголку через бисерины 18 и 15 соответственно. Притянуть нитку после каждой петли.

Для пятого ряда набрать три петли по три бисерины 33–34–35; 36–37–38 и 39–40–41 (рис. 40г). Пропустить иголку через бисерины 31, 28, 23 соответственно. После каждой петли притягивать нитку. Набрать пять бисерин 42–46 и пропустить иголку через бисерину 40.

Далее плетение вести аналогично в соответствии с рис. 40д и 40е.

Если изделие резко скругляется (это выясняется после изготовления образца), то по его верхнему краю следует ставить не одну, а две бисерины, как показано на рис. 40д.

Такое изделие можно выполнять с различными подвесками.

Образец техники плетения

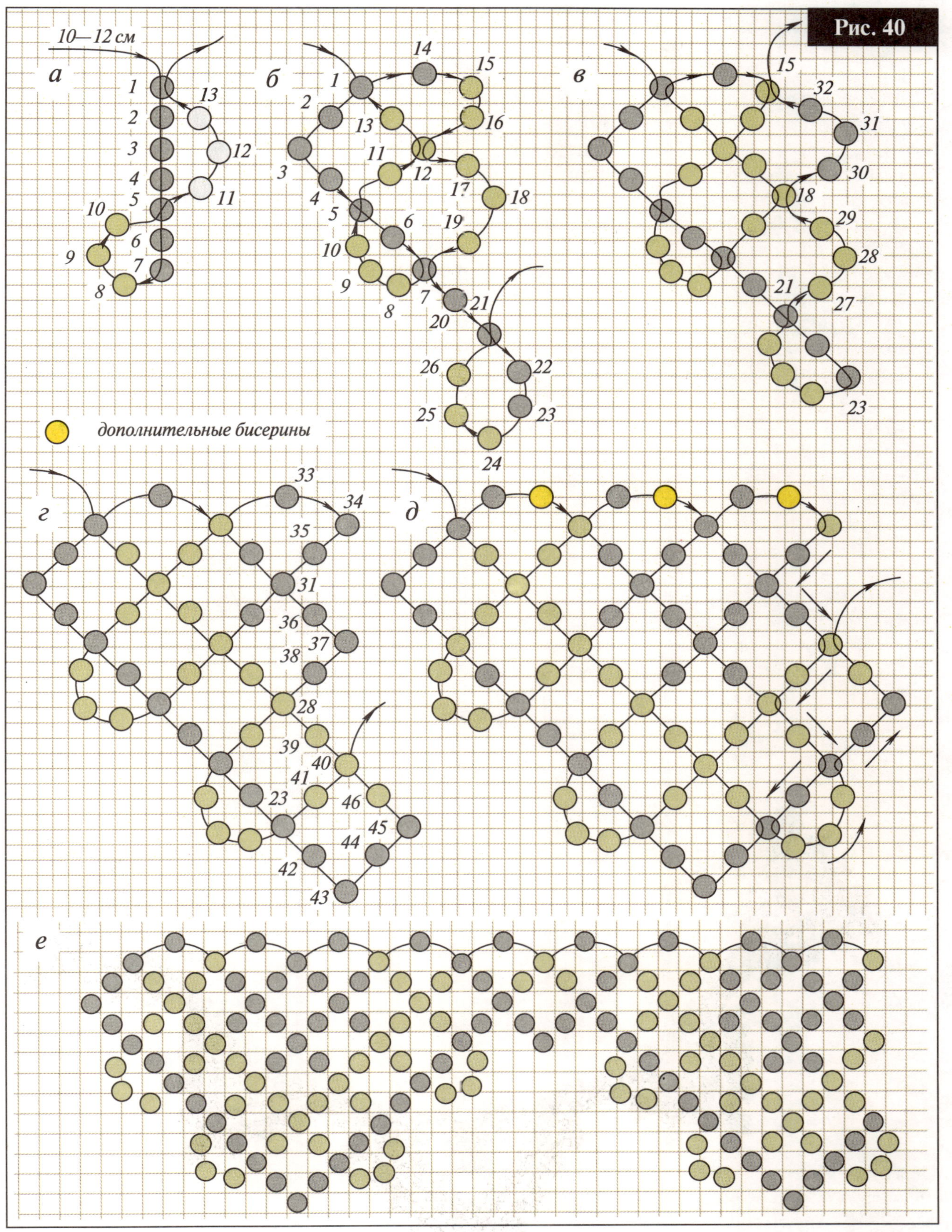
Рис. 40
10—12 см
а
б
в
г
д
е
дополнительные бисерины

Второй вариант – одной иголкой

Для изготовления уголка с бахромой на подготовленную нитку с иголкой на конце набрать восемь бисерин 1–8 и пропустить иголку через бисерину 1 *снизу вверх* (рис.41а). Притянуть нитку. Набрать три бисерины 9–10–11 и пропустить иголку через бисерину 7 *сверху вниз*. Притянуть нитку. Набрать на иголку девять бисерин 12–20 и пропустить иголку через бисерину 13 *снизу вверх*. Притянуть нитку. Набрать три бисерины 21–22–23 и пропустить иголку через бисерину 10 *снизу вверх*. Притянуть нитку. Далее вести работу таким же образом согласно рис. 41б и 41в. После каждой петли не забывать притягивать нитку.

По желанию длину уголка можно увеличивать или уменьшать, соответственно изменяя размер изделия.

Соединение между уголками можно выполнять полной или неполной ячейкой. На рис. 41в показано соединение неполной ячейкой, а на рис. 41а и 41б начало плетения (это одновременно является и ячейкой соединения) состоит из полной ячейки (присутствует бисерина 5).

Верхний край такого изделия, как на рис. 41в, рекомендуется оформлять либо «квадратиками» (рис. 41г), либо одним из вариантов цепочек.

На рис. 41д показано, как можно сделать ровным край «уголка» (без бахромы). После изготовления изделия ввести новую нитку, и после каждой петли бахромы набирать на эту нитку дополнительную бисерину (это делать на каждом «уголке» отдельно), заделать оба конца этой нитки, предварительно расправив работу, чтобы не стянуть «уголок».

Чтобы кончик «уголка» был острый, следует нитку провести мимо крайней бисерины на уголке «ромба», как показано на схеме рис. 41д.

Образец техники плетения

Ануфриева М.Я. Колье «Гамма», фрагмент

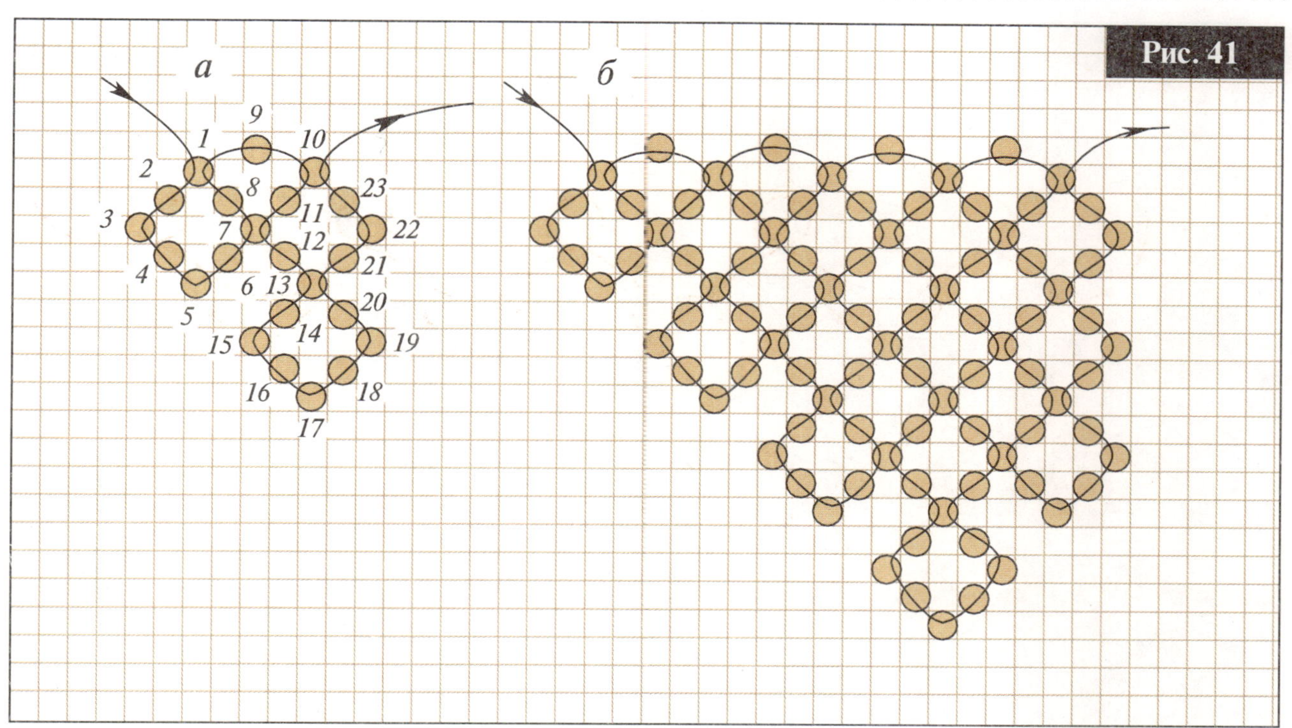

в

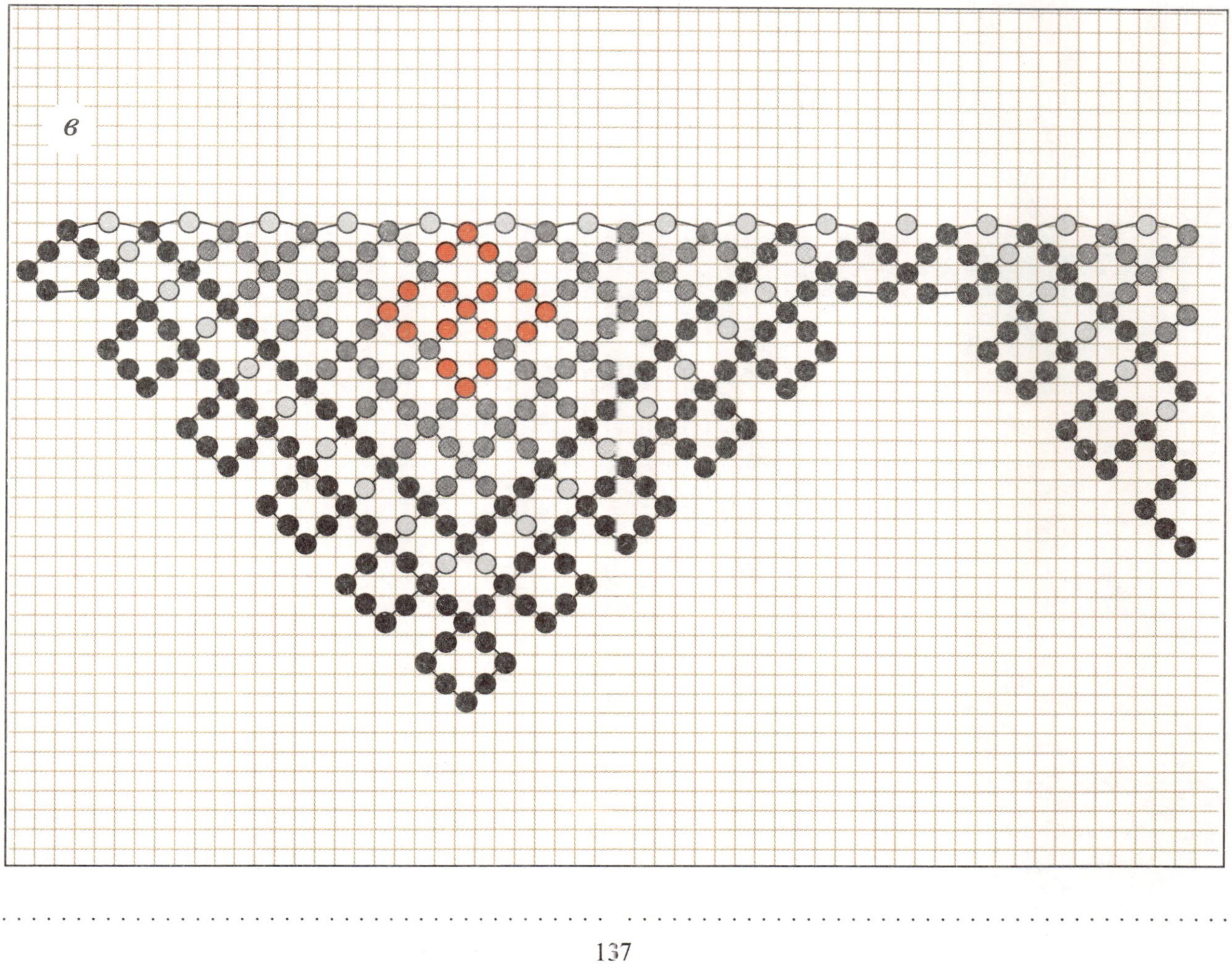

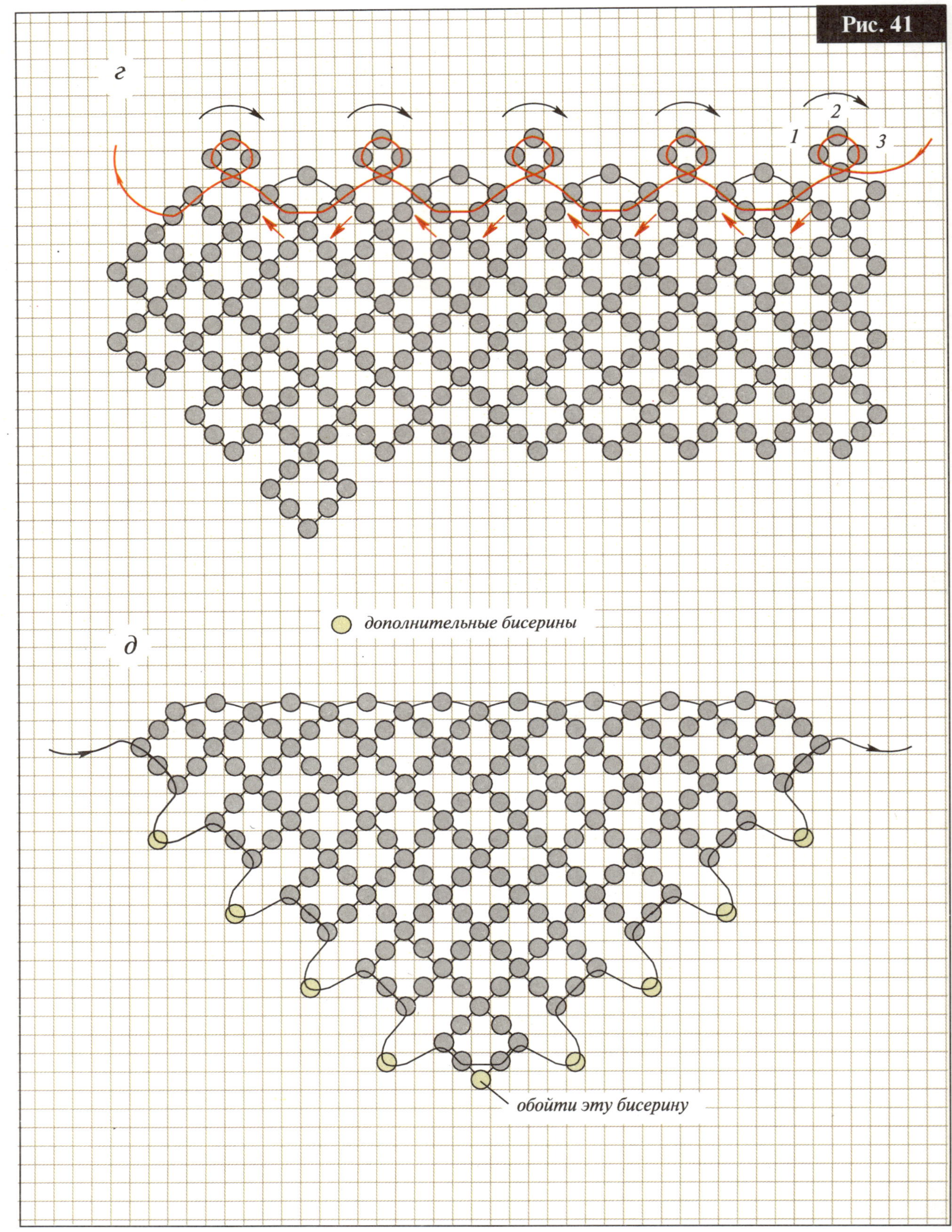
Рис. 41
г
1
2
3
д
дополнительные бисерины
обойти эту бисерину

Шарай Е.Г.
Гарнитур «Романтика»
(колье, серьги).
Колье – уголковая техника,
серьги – петельная техника

Третий вариант – двумя иголками

Его используют при изготовлении медальона для гайтанов и кулонов. На середину подготовленной нитки с двумя иголками на концах набрать восемь бисерин 1–8 и выбранное количество би-

серин для подвески (в нашем случае одиннадцать бисерин на петлю) и пропустить иголку I через бисерину 8 *снизу вверх* (рис. 42а). (Иголки условно обозначены римскими цифрами I и II). Притянуть нитку. Набрать на иголку I две бисерины 9–10 и пропустить эту иголку через бисерину 3 *справа налево* (рис. 42б). Набрать на эту же иголку три бисерины 11–12–13 и одиннадцать бисерин для петли (рис. 42в). Пропустить иголку через бисерину 13 *снизу вверх*. Притянуть нитку. Снова набрать две бисерины 14–15 и пропустить иголку через бисерину 1 *слева направо*. Притянуть нитку. Это начало уголка медальона.

Иголка I продолжает работу. Набрать три бисерины 16–17–18 и пропустить иголку через бисерину 5 *слева направо* (рис. 42г). Притянуть нитку. На эту же иголку набрать семь бисерин 19–25 и одиннадцать бисерин для петли. Пропустить иголку через бисерину 25 *снизу вверх* (рис. 42д). Притянуть нитку. Набрать еще две бисерины 26–27 и пропустить иголку через бисерину 20 *справа налево*. Притянуть нитку. Набрать на иголку три бисерины 28–29–30 и про-

Сюбаева Т.Б.
Гайтан «Стрелка».
Ажурное плетение,
уголковый ажурный медальон,
низание

Помазанова А.М.
Гайтан «Кроссворд».
Техника
ажурного плетения,
уголковый ажурный
медальон, низание

пустить ее через бисерину 17 (рис. 42е). Притянуть нитку. Набрать на иголку I три бисерины 31–32–33, а на иголку II две бисерины 34 и 35. Пропустить иголку I через бисерину 35 *справа налево*. Притянуть нитку.

Образец техники плетения уголкового ажурного медальона

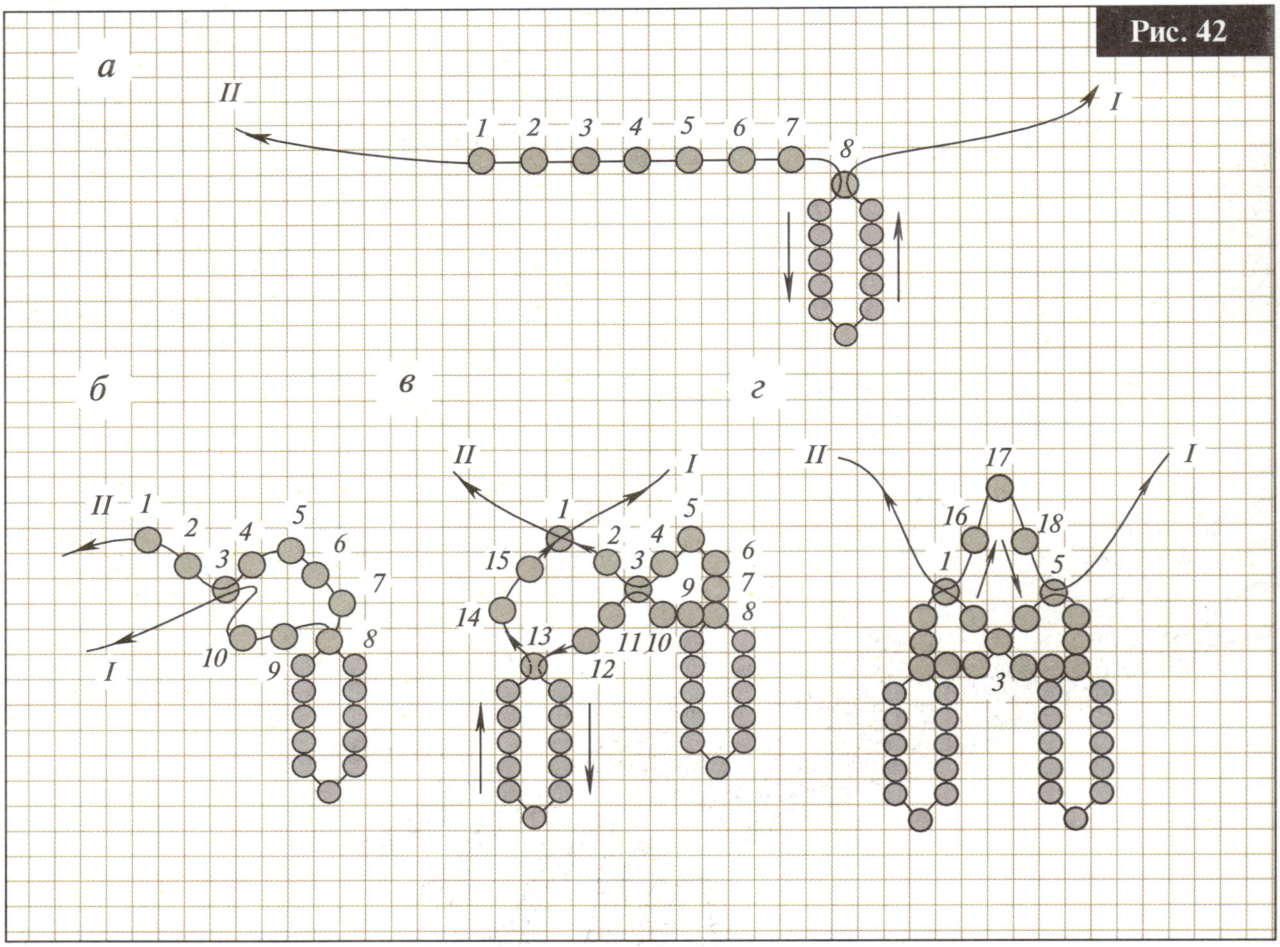

Теперь вступает в работу иголка II. На нее набрать три бисерины 36–37–38 и одиннадцать бисерин на петлю. Пропустить эту иголку через бисерину 38 *снизу вверх* (рис. 42ж). Притянуть нитку. Набрать две бисерины 39–40, а на иголку I набрать две бисерины 41–42. Пропустить иголку II через бисерину 42 *слева направо*. Притянуть нитку.

Далее работу продолжать таким же образом попеременно работая то иголкой I, то иголкой II (рис. 42з и 42и). После каждой петли притягивать нитку.

На рис. 42и приведен один из возможных видов медальона. Плетение прямого участка медальона ведется, как показано на рис. 31.

Рис. 42

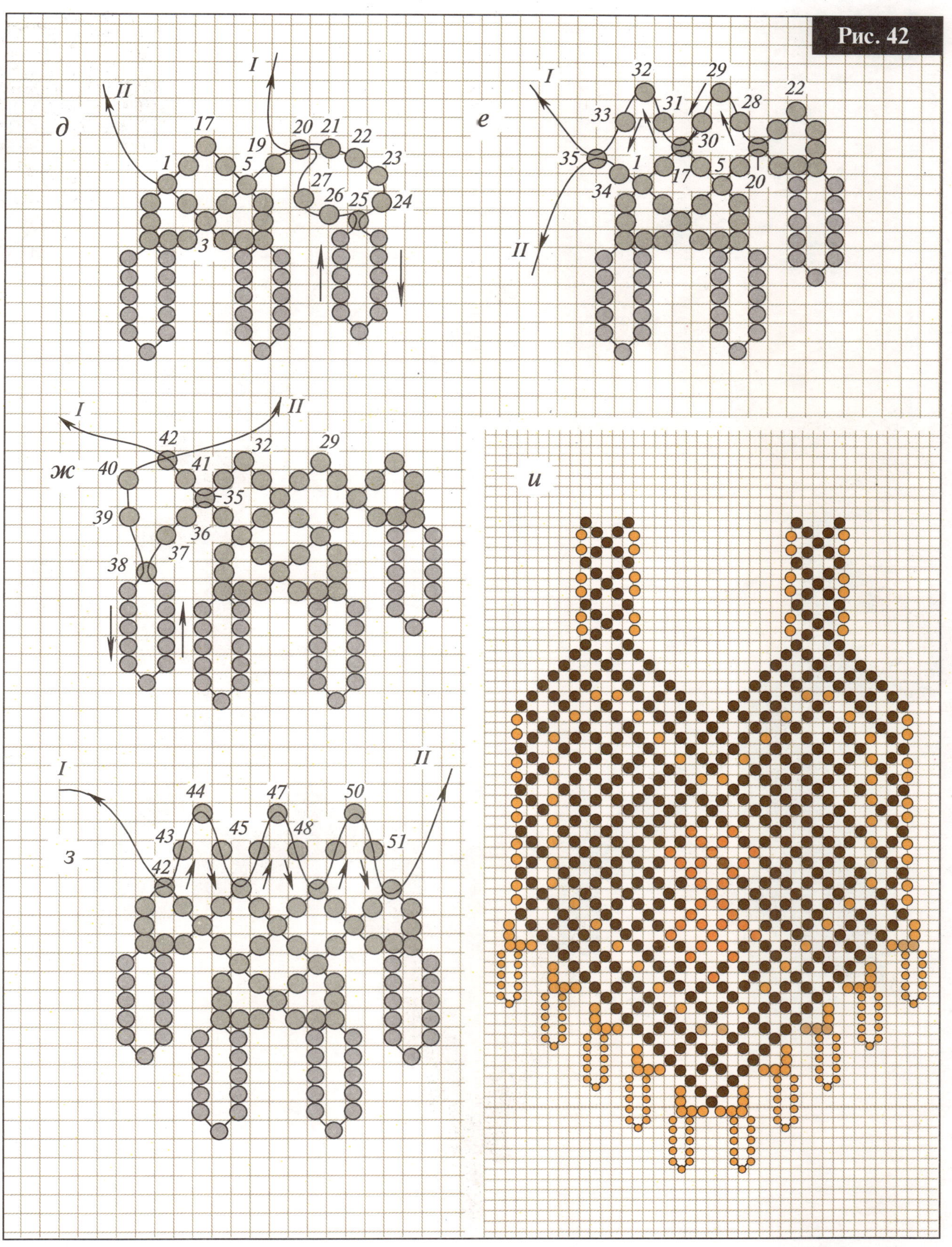
Рис. 42
д
I
II
1
3
5
17
19
20
21
22
23
24
25
26
27
е
I
II
1
5
17
20
22
28
29
30
31
32
33
34
35
ж
I
II
29
32
35
36
37
38
39
40
41
42
з
I
II
42
43
44
45
47
48
50
51
и

Полукарова И.Г.
Колье «Сумерки».
Техника ажурного уголкового плетения, цепочка «квадратик»

Церевитинова Т.С.
Гайтан «Медовый».
Техника ажурного плетения,
уголковый ажурный медальон,
низание (подвески)

Церевитинова Т.С.
Воротник «Торжественный».
Техника ажурного
уголкового плетения
(сдвоенный уголок)

Шарай Е.Г.
Гарнитур «Квадрат»
(колье и серьги),
монастырское плетение,
квадраты (двухслойные)
объемные, вплетенные бусины,
низание (подвески)

Колье «Зубцы».
Ажурная уголковая техника
(совмещены по два уголка
с выступами), цепочка
сдвоенный «квадратик»

Ажурное плетение типа «поднизей»

Эта техника использовалась еще в XVIII веке для плетения поднизей – налобных сеток под головные уборы, которые изготавливали из жемчуга или сколов ракушек, а вместо нити применяли конский волос. Позднее в этой технике стали делать кошельки, сумочки, кисеты, украшать шкатулки и другие предметы уже с применением бисера.

Плетение ведется одной или двумя иголками. Для освоения техники плетения следует изготовить образец.

Рассмотрим плетение двумя иголками. На середину подготовленной нитки длиной 120–150 см с двумя иголками на концах набрать двадцать бисеринок 1–20 и для начала второго ряда пропустить иголку I с ниткой через бисерину 13 (рис. 43а). Притянуть нитку. Второй ряд низать *справа налево* этой же иголкой. Набрать на иголку пять бисерин 21–25 и пропустить эту иголку через бисерину 9 (рис. 43б). Снова на эту иголку набрать пять бисерин 26–30 и пропустить ее через бисерину 5 (рис. 43в). Во время работы не забывать притягивать нитку после каждой петли.

Для завершения второго ряда на эту же иголку I нанизать две бисерины 31–32, а на иголку II нанизать одну бисерину 33 и через нее пропустить иголку I навстречу иголке II. Притянуть нитку.

Работа ведется иголкой II (рис. 43г). Нанизать семь бисерин 34–40 и пропустить иголку через бисерину 28 *справа налево*, затем на нее нанизать бисерину 41 и пропустить эту иголку через бисерину 39 *слева направо*. Притянуть нитку с полученным квадратиком. Далее на эту же иголку II нанизать семь бисерин 42–48 (рис. 48д). Пропустить иголку через бисерину 23 *справа налево*. Притянуть нитку. На эту же иголку нанизать бисерину 49 и пропустить иголку через бисерину 47 *слева направо*. Притянуть квадратик. Нанизать пять бисерин 50–54 и пропустить иголку через бисерину 18 *слева направо* (рис. 43е). Ряд закончен. Иголка I – слева, иголка II – справа.

Продолжать работу иголкой I. Нанизать на иголку семь бисерин 55–61 (рис. 43ж). Пропустить иголку через бисерину 36 *справа налево* и нанизать на эту же иголку бисерину 62. Затем пропустить иголку через бисерину 60 *слева направо*. Таким же образом выполнить следующие два квадратика на бисеринах 44 и 52 (рис. 43з). Далее на нитку с иголкой II нанизать три бисерины, а на нитку с иголкой I – две и пропустить иголку II через вторую бисерину на нитке с иголкой I навстречу иголке I *справа налево*. Притянуть нитку. Продолжать работу таким же образом по схеме на рис. 43и.

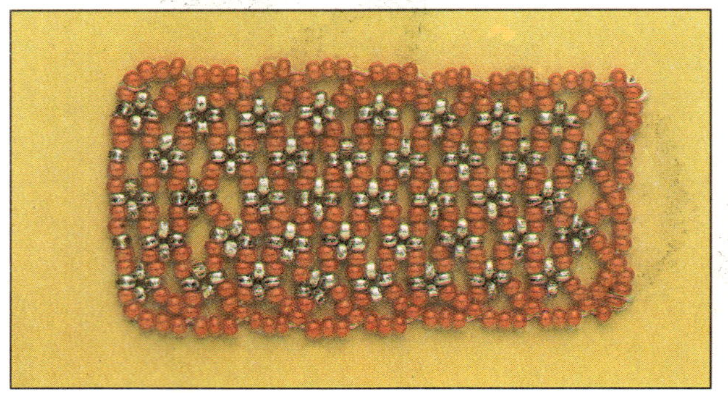

Образец техники плетения ленты

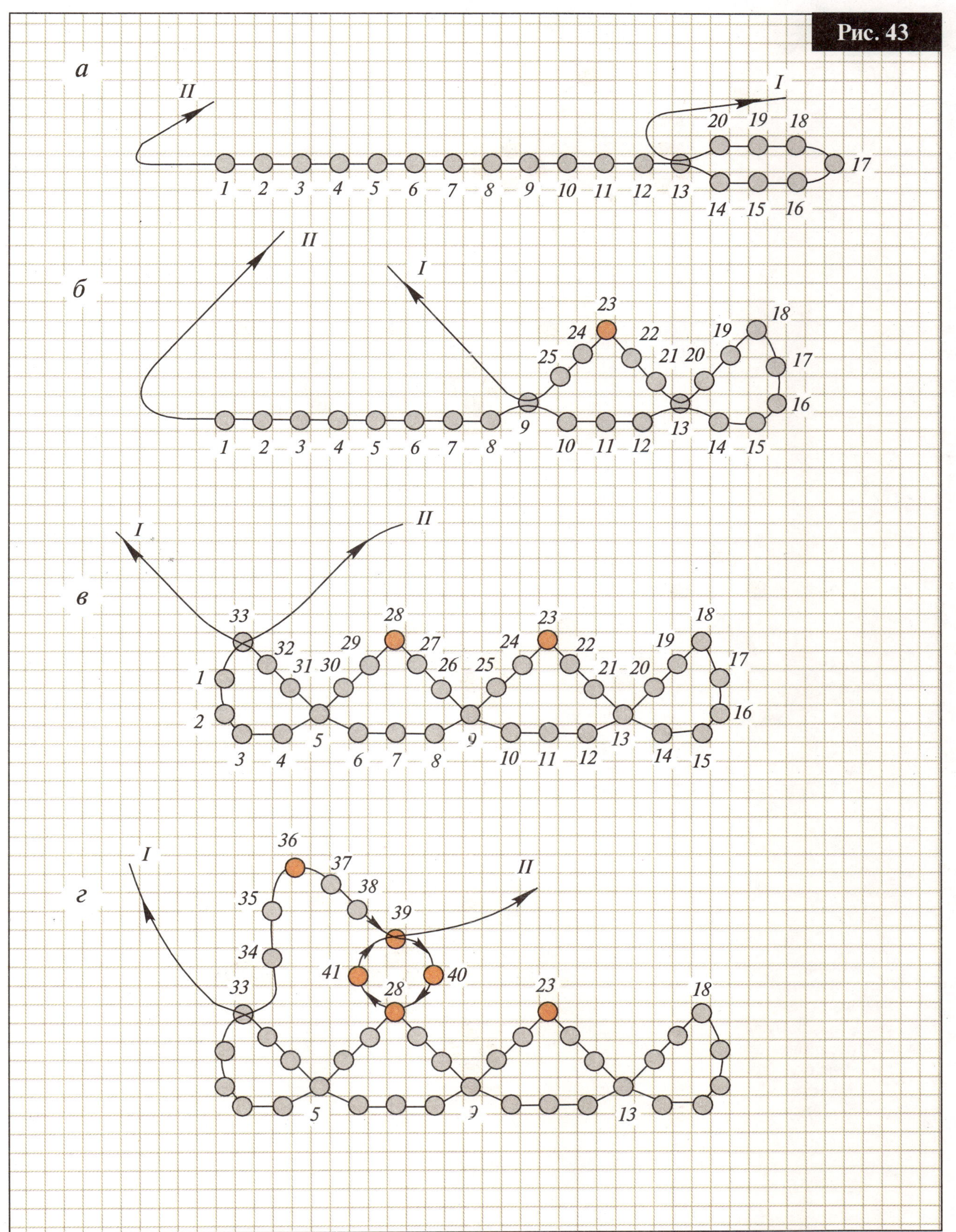
Рис. 43
а
I
II
1 2 3 4 5 6 7 8 9 10 11 12 13
14 15 16 17 18 19 20
б
I
II
1 2 3 4 5 6 7 8 9 10 11 12 13 14 15 16 17 18 19 20 21 22 23 24 25
в
I
II
1 2 3 4 5 6 7 8 9 10 11 12 13 14 15 16 17 18 19 20 21 22 23 24 25 26 27 28 29 30 31 32 33
г
I
II
5 9 13 18 23 28 33 34 35 36 37 38 39 40 41

Рис. 43

д
I
II
36
44
43
45
46
47
39
42
49
48
18
28
23
е
I
36
44
52
51
53
39
47
50
54
II
49
48
18
ж
59
60
58
I
62
61
36
57
44
52
56
II
55
II
I
з
если лента
стянута,
то следует
в каждом ряду
добавлять
дополни-
тельную
бисерину —

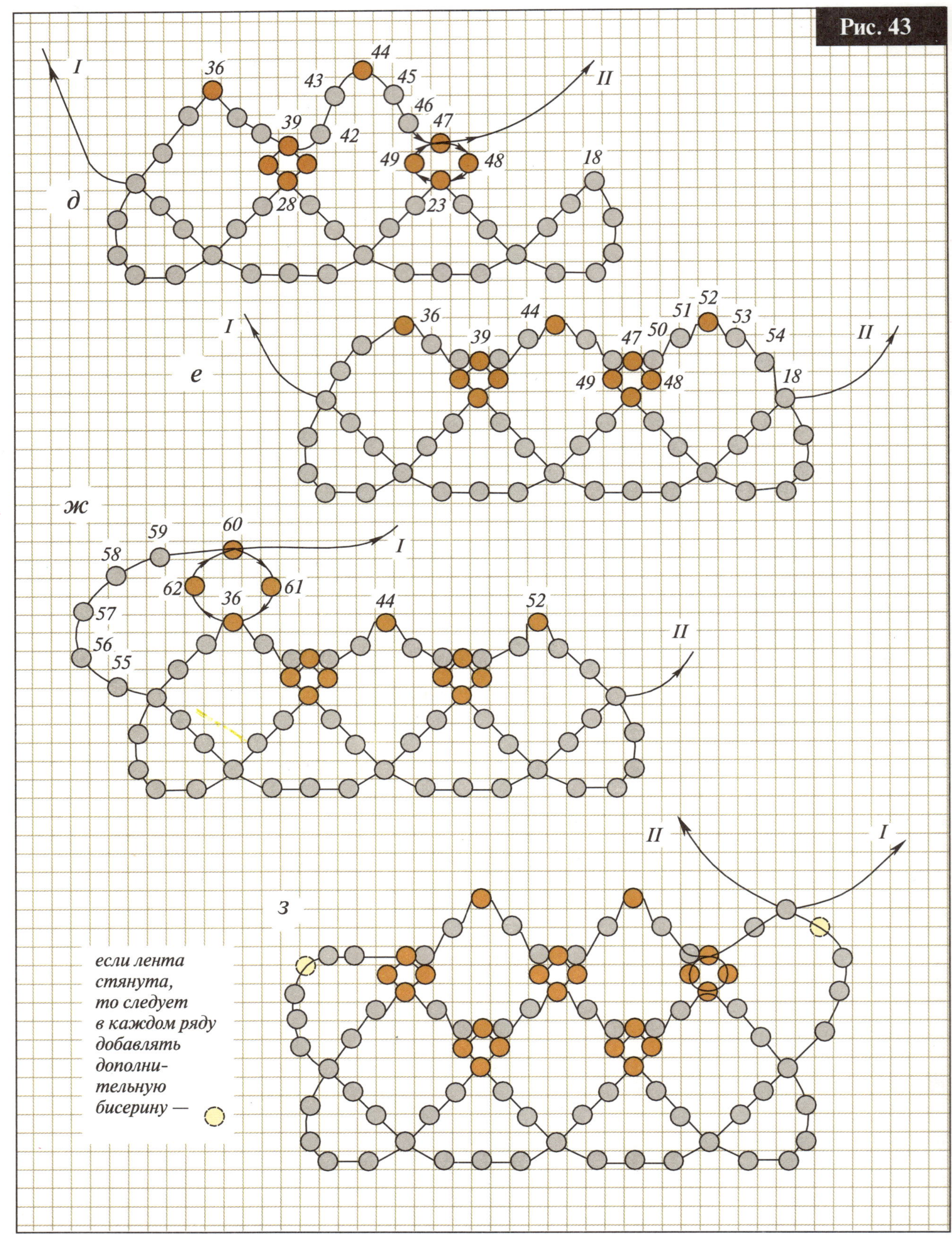

и
II
I

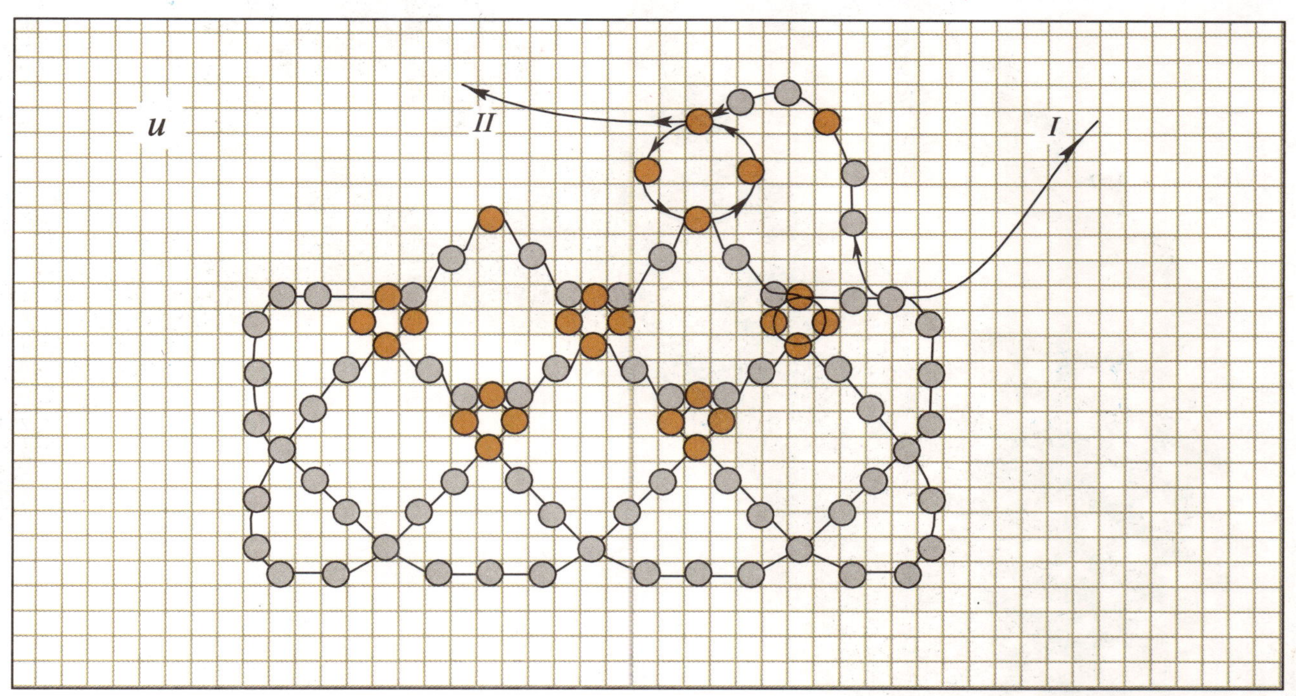

Рис. 44

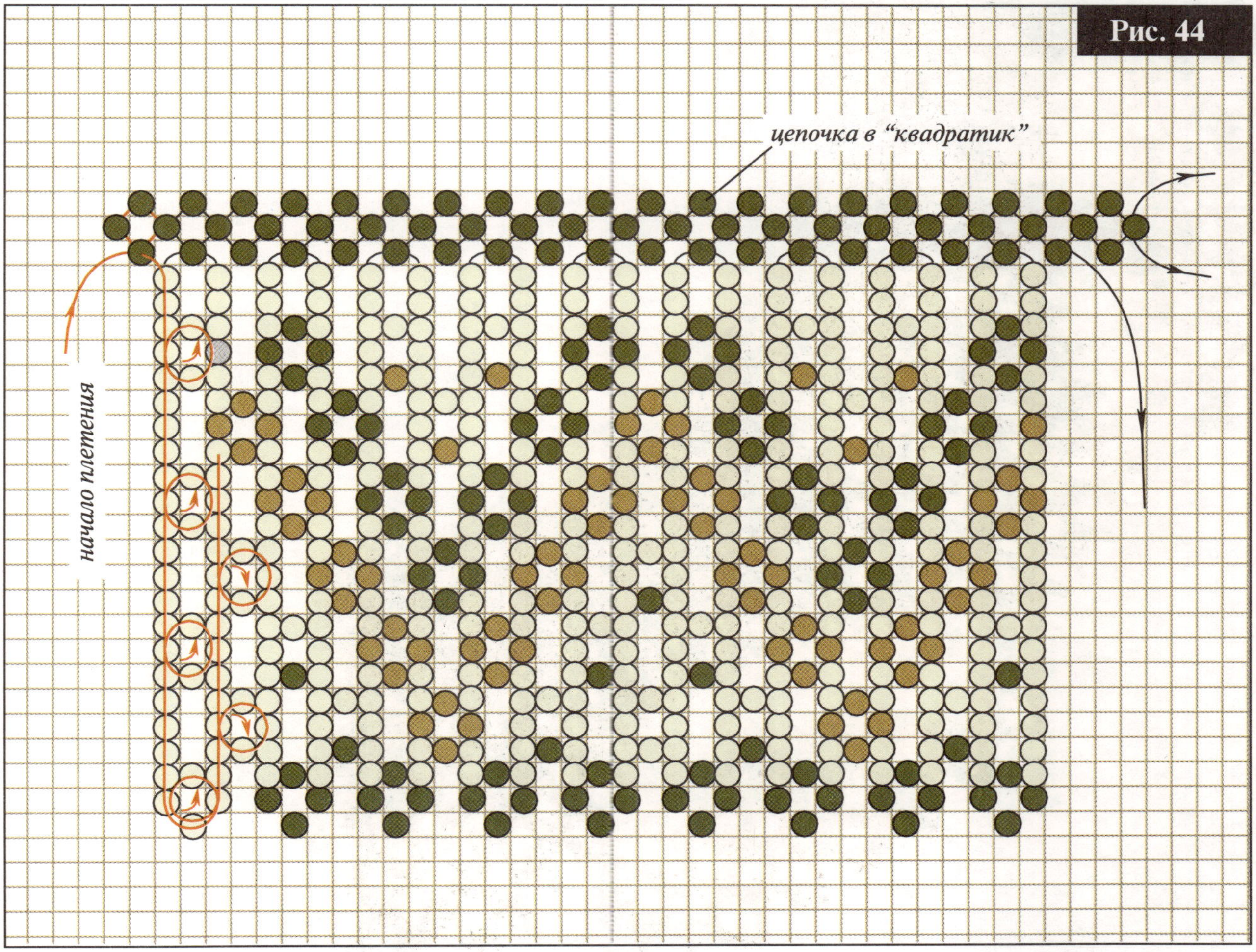

цепочка в "квадратик"
начало плетения

Агафонова Л.А.
Воротник
«Праздничный».
Техника плетения
«поднизей»

Следует заметить, что края этой ленты могут быть немного стянуты. В таком виде ее можно использовать, прикрепив на ободок для волос или заколку.

Если же нужна нестянутая лента — отделка для платья (кармана, манжета), налобная лента, воротник-стойка, то с краев в каждом ряду нужно добавлять еще по одной бисерине (рис. 43з).

Образец техники плетения

Для изготовления скругленного воротника, гривны и другого подобного изделия необходимо составить схему с нанесенным орнаментом. Пример схемы воротника приведен на рис. 44. Составлять схему и начинать плетение следует с цепочки в «квадратик», «двойной квадратик» или с любой другой, длина которой будет равна объему вашей шеи, а затем к цепочке приплетать выбранный вид изделия. В этом случае плетение ведется одной иголкой. Бисер для такого плетения должен быть особенно тщательно откалиброван. Нитку необходимо притягивать равномерно, не сильно затягивая.

Сетчатое плетение

Это ажурное плетение с более крупными ячейками, образующими ярко выраженную сетку.

Известно несколько вариантов такого плетения: сетка «соты», сетка вертикального плетения с увеличивающимися ячейками, сетка горизонтальная, сетка с цветочками, с применением стекляруса и другие.

Сетчатое плетение известно давно. В России оно использовалось в XVIII–XIX веках в большинстве своем в крестьянской одежде. В этой технике изготавливали воротники, оплечья, пелерины, гривны, которые теперь принято называть старорусскими. В ней же плели салфетки, абажуры, оплетали различные предметы интерьера: флаконы, вазы, делали даже скатерти и занавески.

Нушель В.Г.
Бутылка «Золотистая» и салфетка.
Сетчатое плетение «соты», горлышко оплетено лентой многорядного «квадратика».
Пробка – мозаичное плетение.
Салфетка – горизонтальное сетчатое плетение, петельные кисти

Маркина Н.Н.
Гарнитур «Синий»
(воротник и серьги).
Сетчатое плетение «соты»,
цепочки «квадратик»

Сетка «Соты»

Рассмотрим этот вариант плетения. Для лучшего освоения техники следует изготовить образец.

Плетение вести одной иголкой. Для удобства можно использовать и две иголки: одна рабочая I, другая вспомогательная II для набора бисерин по объему шеи (рис. 45а).

На середину подготовленной нити длиной 140–160 см, с рабочей I и вспомогательной II иголками на концах, набрать восемь бисерин 1–8. Рабочую иголку I пропустить через бисерину 7 *слева направо*, как показано на рис. 45а. Затем на эту иголку набрать двадцать восемь бисерин 9–36 и пропустить иголку с ниткой через бисерину 33 *слева направо*. Притянуть нитку (рис. 45б). Полу-

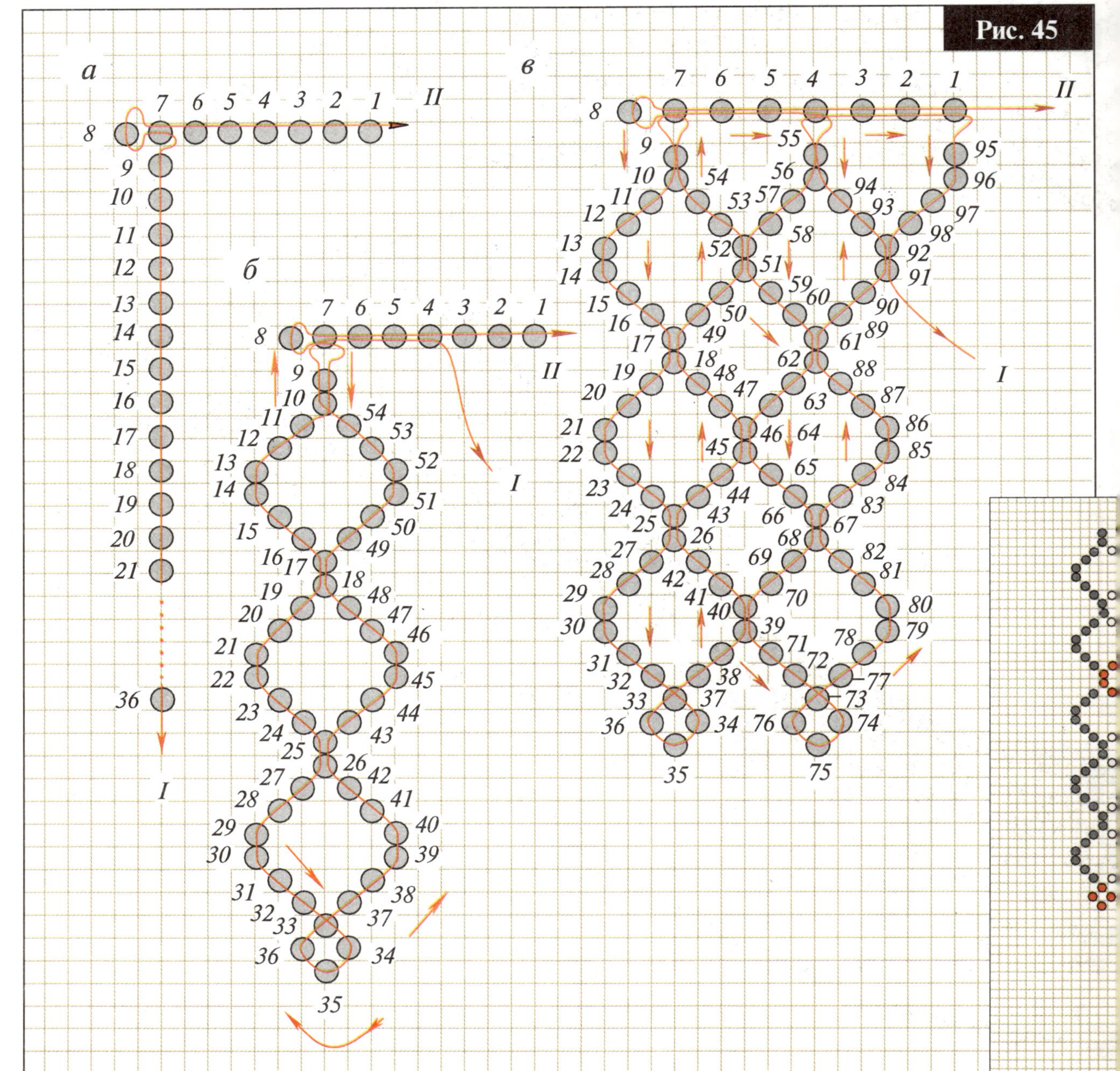

чился квадратик из бисерин 33–34–35–36. Набрать на эту же иголку шесть бисерин 37–42 и пропустить иголку с ниткой через бисерины 26, 25 *снизу вверх*. Притянуть нитку.

Снова набрать шесть бисерин 43–48 и пропустить иголку через бисерины 18, 17 *снизу вверх*. Притянуть нитку. Набрать на иголку с ниткой шесть бисерин 49–54 и пропустить иголку через бисерины 10, 9 *снизу вверх*. Притянуть нитку. Расправить работу на столе, чтобы получились ровные ячейки. Потом иголку с ниткой пропустить через бисерины 7–6–5–4.

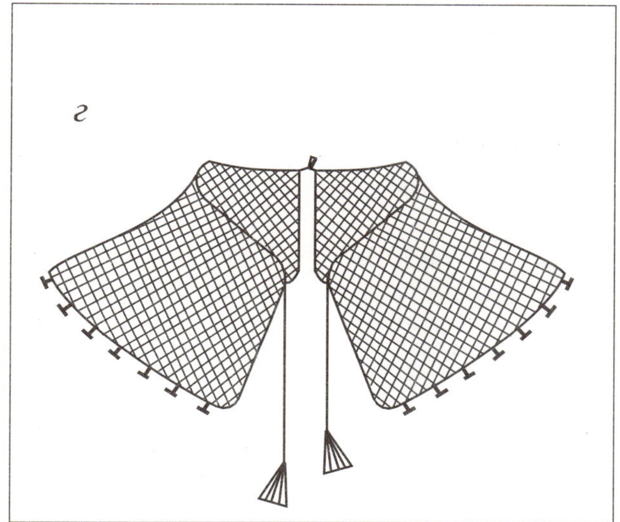

Набрать на иголку четыре бисерины 55–58 и пропустить иголку с ниткой через бисерины 52, 51 предыдущего ряда *сверху вниз* (рис. 45в). Набрать шесть бисерин 59–64 и пропустить иголку через бисерины 46, 45 предыдущего ряда *сверху вниз*. На иголку с ниткой набрать шесть бисерин 65–70 и пропустить иголку через бисерины 40, 39 *сверху вниз*. Снова на иголку с ниткой набрать шесть бисерин 71–76 и пропустить иголку через бисерину 73 *слева направо*. Притянуть нитку. Затем набирать три петли (поочередно) из шести бисерин, пропуская иголку соответственно через две бисерины петель предыдущего ряда *снизу вверх* (рис. 45в). Притянуть нитку и пропустить иголку с ниткой через бисерины 4–3–2–1.

Далее плетение вести таким же образом. Не забывать притягивать нитку.

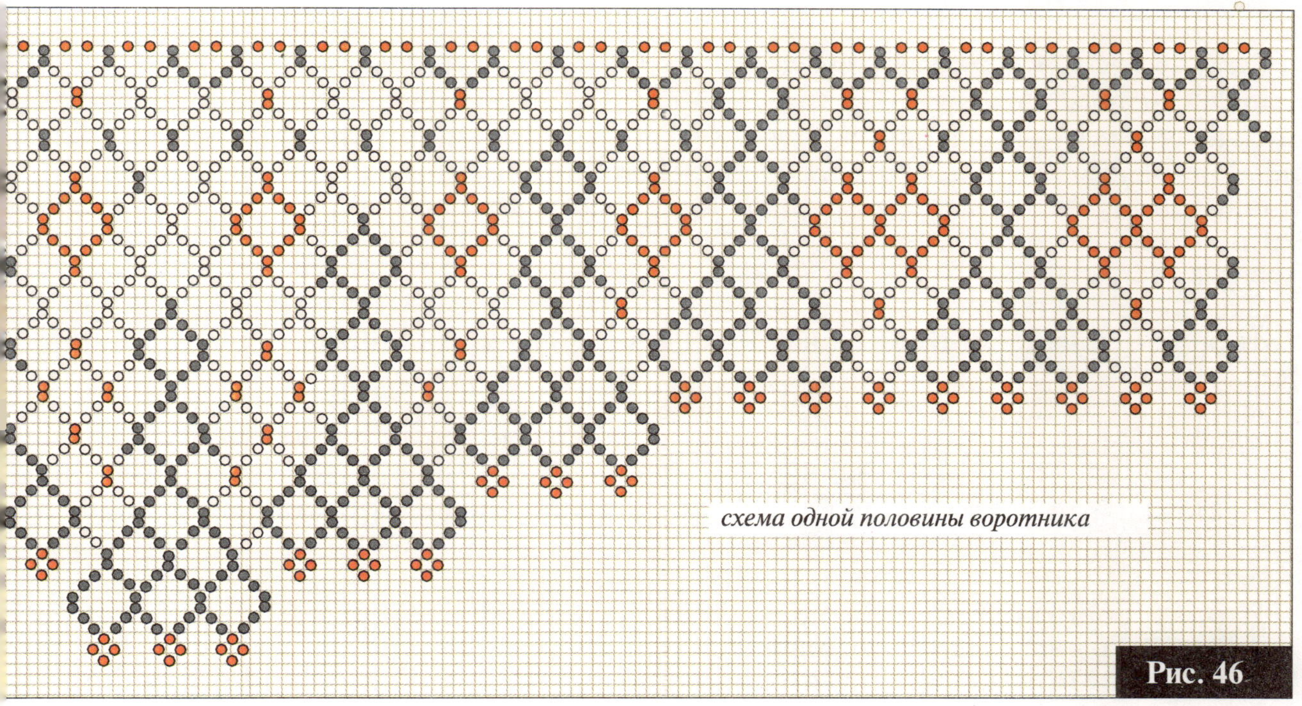

Рис. 46

На вспомогательную иголку II набрать столько бисерин, сколько необходимо для получения размера объема шеи (если изготавливаете воротник). Для удобства плетения бисерины добавлять по три штуки, чтобы они не мешали работать (не спадали с нитки). После окончания работы и заделки ниток горловину воротника оформить с помощью цепочки. Иногда используется и другой прием плетения, когда та же сетка подплетается к ранее изготовленной цепочке. В этом случае цепочка плетется любым известным способом по объему шеи.

Воротник можно сделать круглый (цельновый) или из двух половинок, как показано на рис. 45г.

Чтобы изготовить любой воротник, необходимо нарисовать схему, которая определит форму изделия, и нанести на нее орнамент.

На рис. 46 приведен пример схемы воротника из двух половин.

Сетка вертикального плетения

Это сетка вертикального плетения с увеличивающимися ячейками. Здесь возможно применение стеклярyса или рубленного бисера. Ячейки постепенно увеличивать за счет использования более крупного бисера или большего числа бисерин в ячейке.

Для освоения техники следует изготовить образец. Плетение вести одной иголкой.

На иголку с подготовленной ниткой длиной 140–160 см набрать 58 бисерин, из них 2–3, 27–28, 32–33 и 56–57 – стеклярус. Начальный отрезок нити длиной 12–15 см оставить для последующей заделки.

Иголку с ниткой пропустить через бисерину 30 *снизу вверх* и притянуть нитку (рис. 47а). Набрать на иголку с ниткой девять бусинок 59–67, из них 60–61 – стеклярус, и пропустить иголку с ниткой через бисерину 20 *снизу вверх* (рис. 47б). Притянуть нитку. Набрать на иголку десять бисерин 68–77 и пропустить иголку через бисерину 9 *снизу вверх*. Притянуть нитку. Снова набрать на иголку с ниткой семь бусинок 78–84, из них 83–84 – стеклярус, и пропустить иголку через бисерину 1 *снизу вверх*. Притянуть нитку. Затем набрать на иголку с ниткой семь бусинок 85–91, из них 90–91 – стеклярус, и пропустить иголку через бисерину 82 *сверху вниз* (рис. 47в). Далее плетение вести таким же образом, не забывая после каждой ячейки притягивать нитку.

Для изготовления изделия в такой технике надо сначала определить его ширину (количество ячеек по ширине изделия) и выбрать цветовую гамму. Затем изготовить образец шириной пять – семь вертикальных рядов. И только после этого приступать к плетению самого изделия. Это может быть деталь женской одежды: воротник, пелерина, гривна, колье, шапочка, сумочка либо предмет украшения интерьера: салфетка, абажур, оплетенная ваза, флакон, шкатулка и многое другое.

При изготовлении круглого воротника или пелерины их размер по объему шеи регулировать увеличением или уменьшением числа бисерин по внутреннему контуру изделия (в рис. 47 бисерины, обозначенные «А»).

После окончания плетения изделия и заделки ниток рекомендуется по его внутреннему контуру приплести цепочку в «квадратик» или любую другую, а затем оформить застежку известным способом. Тогда изделие будет иметь законченный вид, а также большую прочность. Бисер и стеклярус должны использоваться только калиброванные, то есть отобранные по размеру.

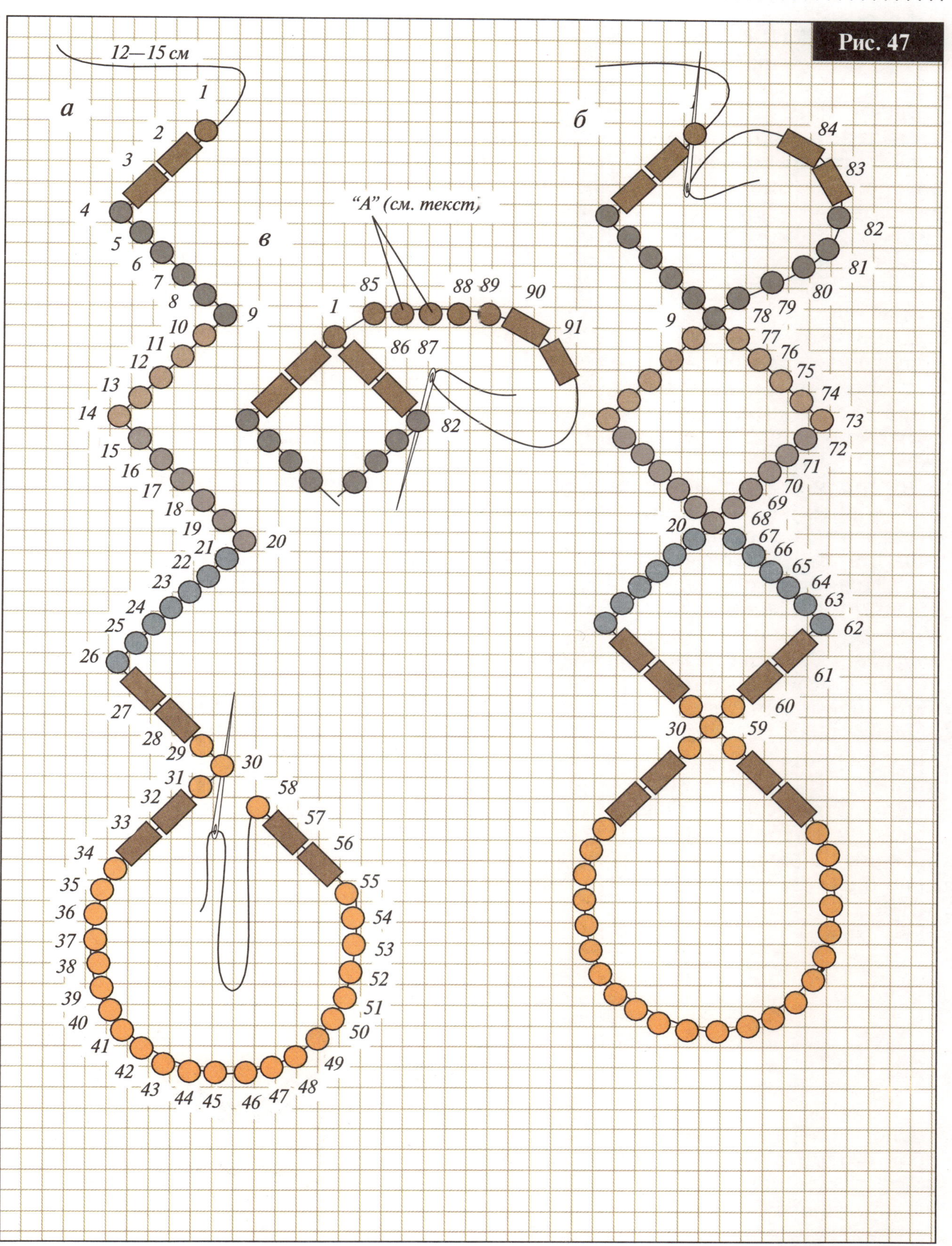
Рис. 47
12—15 см
а
б
в
"А" (см. текст)
1
2
3
4
5
6
7
8
9
10
11
12
13
14
15
16
17
18
19
20
21
22
23
24
25
26
27
28
29
30
31
32
33
34
35
36
37
38
39
40
41
42
43
44
45
46
47
48
49
50
51
52
53
54
55
56
57
58
59
60
61
62
63
64
65
66
67
68
69
70
71
72
73
74
75
76
77
78
79
80
81
82
83
84
85
86
87
88
89
90
91

Сетка горизонтального плетения

Рассмотрим плетение воротника в этой технике. Для его изготовления сначала следует сплести цепочку, длина которой соответствует объему вашей шеи. Цепочка плетется одной иголкой согласно схеме на рис. 8г. К готовой цепочке нужно приделать застежку, один из вариантов которой приведен на рис. 48.

Для изготовления воротника или пелерины нужно выбрать цветовую гамму и сделать образец. Изделия, сплетенные в этой технике, могут быть с орнаментом, который прежде наносят на схему.

Теперь можно приступать к плетению воротника. Плетение вести двумя иголками. Подготовить нитку длиной 160–180 см с иголками на обоих концах. Правую иголку пропустить через бисерину 1 (среднюю из трех в ячейке) изготовленной цепочки (рис. 49а) *слева направо*. Середина нитки должна находиться в этой бисерине. Правая половина нити предназначена для плетения первого ряда петель, левая половина нити с другой иголкой – для плетения второго. На правую иголку набрать тринадцать бисерин (в нашем случае – красных) и пропустить эту иголку через бисерину 2 (среднюю из трех в ячейке цепочки) *слева направо*. Притянуть нитку.

Притягивать нить в этой технике нужно особенно аккуратно, чтобы не перекосить изделие. Стараться, чтобы натяг везде был равномерным.

Снова набрать тринадцать бисерин и пропустить иголку через бисерину 3 в цепочке. Далее плести таким же образом, не забывая после каждой петли притягивать нитку. Дойдя до конца цепочки, произвести заделку этого конца нити известным способом.

На второй (левый) конец нити набрать девятнадцать бисерин (желтых) и продеть иголку через среднюю (седьмую) бисерину первой петли первого ряда. Притянуть нитку. Набрать на эту же иголку с ниткой тринадцать бисерин и пропустить иголку через среднюю бисерину второй петли первого ряда. Притянуть нитку и продолжать плетение этой иголкой, набирая по тринадцать бисерин для очередной петли и продевая иголку в среднюю бисерину соответствующей петли первого ряда. После окончания плетения второго ряда заделать эту нить таким же образом в цепочке. Далее плетение вести аналогично: два ряда петель плести двумя частями одной нити, как показано стрелками на рис. 49а, и после окончания каждого ряда заделывать нить, сделав 2 – 3 узелка в петлях и проведя нить через петли в цепочку, и там ее окончательно заделать. В последних двух рядах количество бисерин в петле следует увеличить на две – четыре бисерины, а последний ряд закончить «квадратиком» (как его выплетать, показано на рис. 49б).

Наращивание ниток производить ранее изложенным способом.

Образец техники плетения

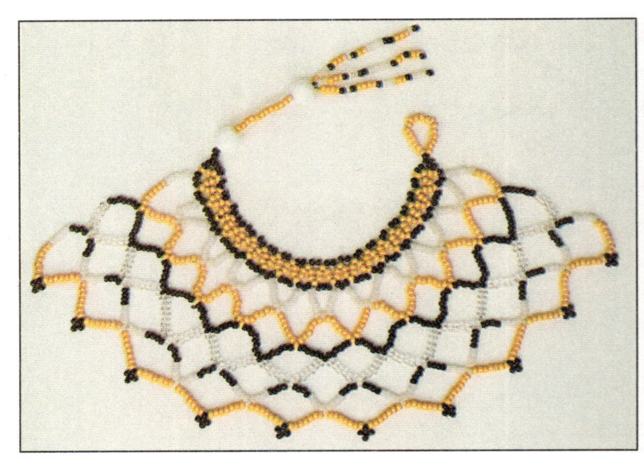

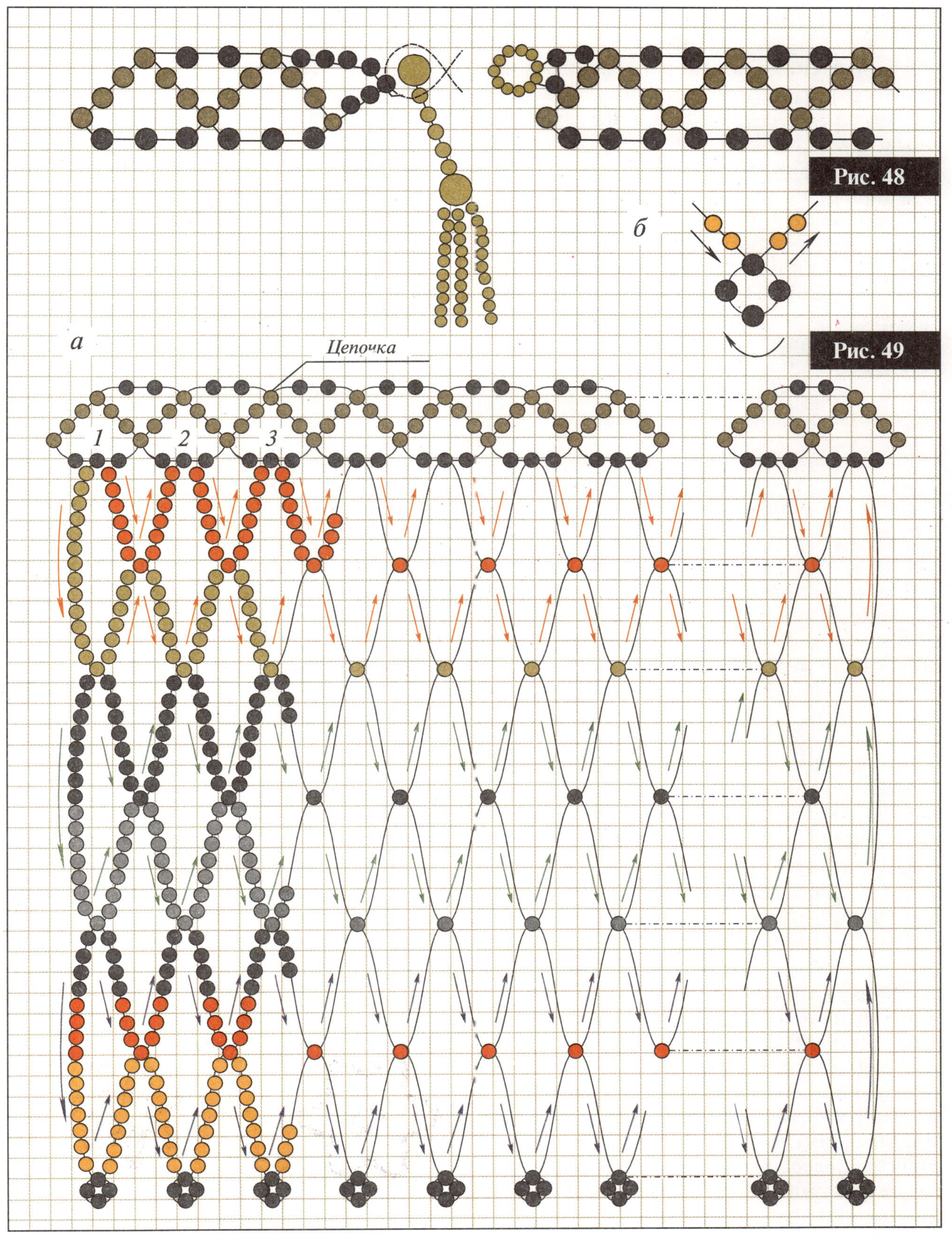

Рис. 48
б
Рис. 49
а
Цепочка
1
2
3

Сетка с цветочками

В этой технике можно изготавливать не только воротники, но и гривны, пелерины, отделку к одежде (карманы, манжеты), а также салфетки, абажуры и другие изделия для украшения быта.

Отличительной чертой этого вида изделий является использование цельносплетенной ленты из цветочков или отдельно выполненных цветочков, сплетаемых с сеткой. Применяется сетка вертикального плетения с увеличивающимися ячейками* или техника плетения «поднизей» с небольшим увеличением числа бисерин в ячейке (на одну – три бисерины) в двух нижних рядах ячеек.

* См. сетку вертикального плетения (с. 158).

В зависимости от применяемой техники плетения сетки работа ведется либо двумя иголками (рабочей и вспомогательной), либо одной иголкой.

Изготовление цветочка

На подготовленную нитку длиной 110–130 см с иголкой на конце набрать четырнадцать бисерин 1–14 и пропустить иголку через бисерину 1 *слева направо* (рис. 50а). Притянуть нитку. Набрать на иголку с ниткой девятнадцать бисерин 15–33 (не одинаковых по размеру, как показано на рисунке). Пропустить иголку через бисерину 13 *слева направо*. Притянуть нитку. Набрать на иголку три бисерины 34–35–36 и пропустить иголку через бисерину 30. Притянуть нитку. Набрать на иголку с ниткой пятнадцать бисерин 37–51 и пропустить иголку через бисерину 11 *слева направо*. Притянуть нитку. Набрать на иголку три бисерины и пропустить ее через бисерину 48. Далее плетение вести таким же образом (рис. 50б), а после окончания плетения цветочка заделать концы ниток.

Лепестки цветочка можно сделать не скругленными, а с острым кончиком, для этого нитку следует пропустить второй раз мимо средней бисерины лепестка, притянуть ее, а затем закрепить (рис. 50в, г).

Цветочки можно делать большего или меньшего размера (увеличивая или уменьшая число бисерин в лепестке), изменять форму лепестка, делать цветочки объемными и т.п.

В ленту цветочки соединять перед окончанием плетения каждого следующего цветочка (рис. 50д). При плетении последнего лепестка цветочка (в рассматриваемом варианте) набрать на иголку четыре мелкие бисерины и одну крупнее. Пропустить иголку через среднюю бисерину лепестка предыдущего цветочка. Снова набрать на иголку одну бисерину крупнее и четыре мелких, закончить плетение лепестка и заделать нити, как на всех предыдущих цветочках.

До начала плетения изделия следует составить схему для определения его формы и ширины (количество ячеек по вертикали). Пример схемы воротника приведен на рис. 50е. Сетка здесь шириной в пять ячеек. Плетение сетки начинать с цветочка 2.

Подготовленную нитку длиной 150–160 см с двумя иголками на концах (I и II) пропустить через сред-

Образец техники плетения

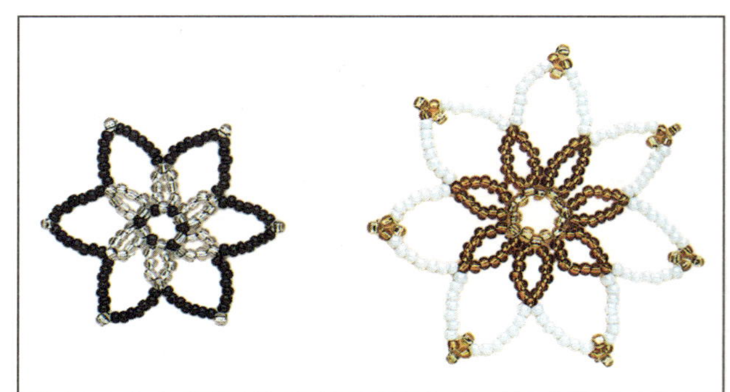

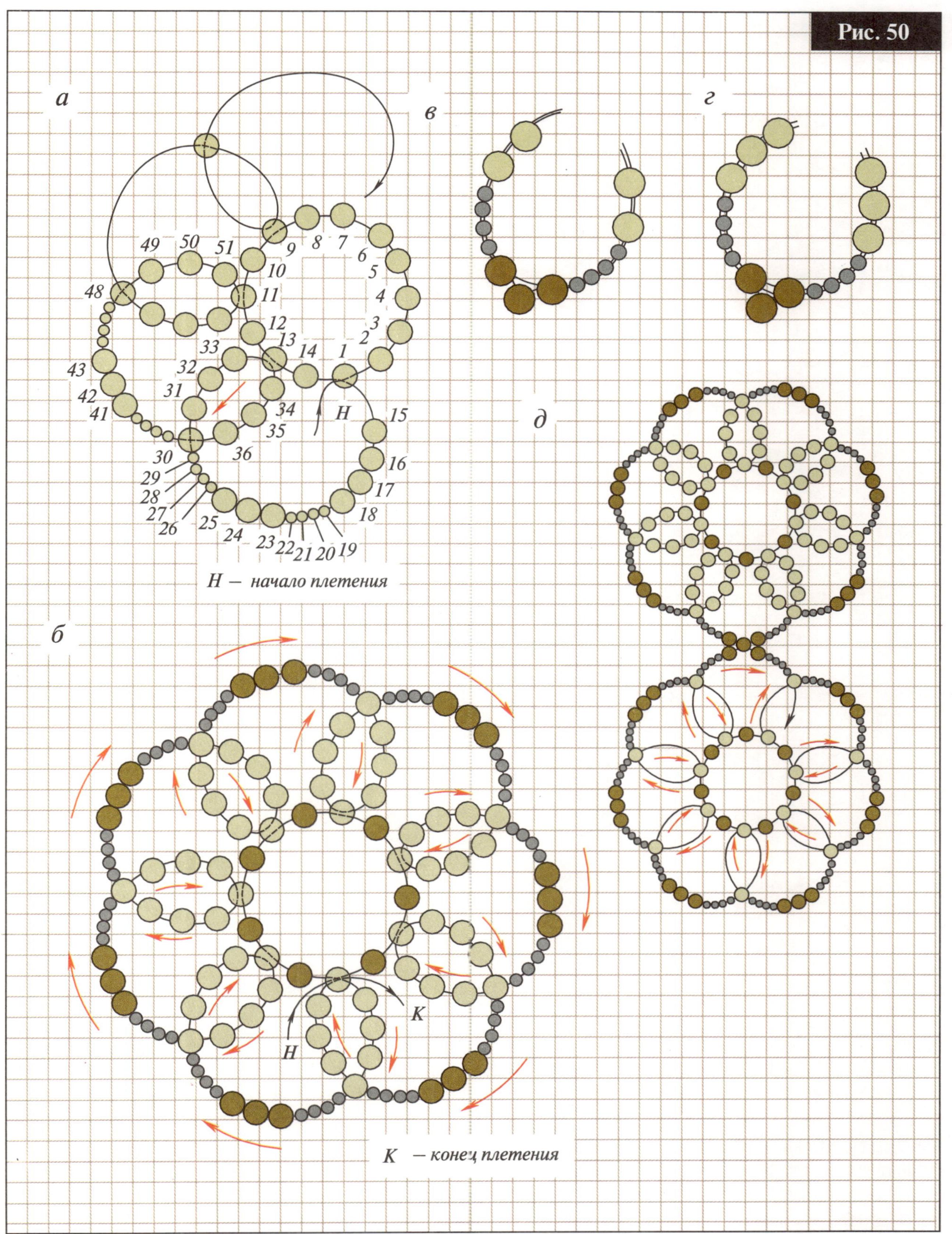
Рис. 50
а
в
г
49
50
51
48
9
8
7
6
5
4
3
2
1
10
11
12
13
14
33
32
43
42
41
31
34
35
36
30
29
28
27
26
25
24
23
22
21
20
19
18
17
16
15
Н
Н – начало плетения
д
б
Н
К
К – конец плетения

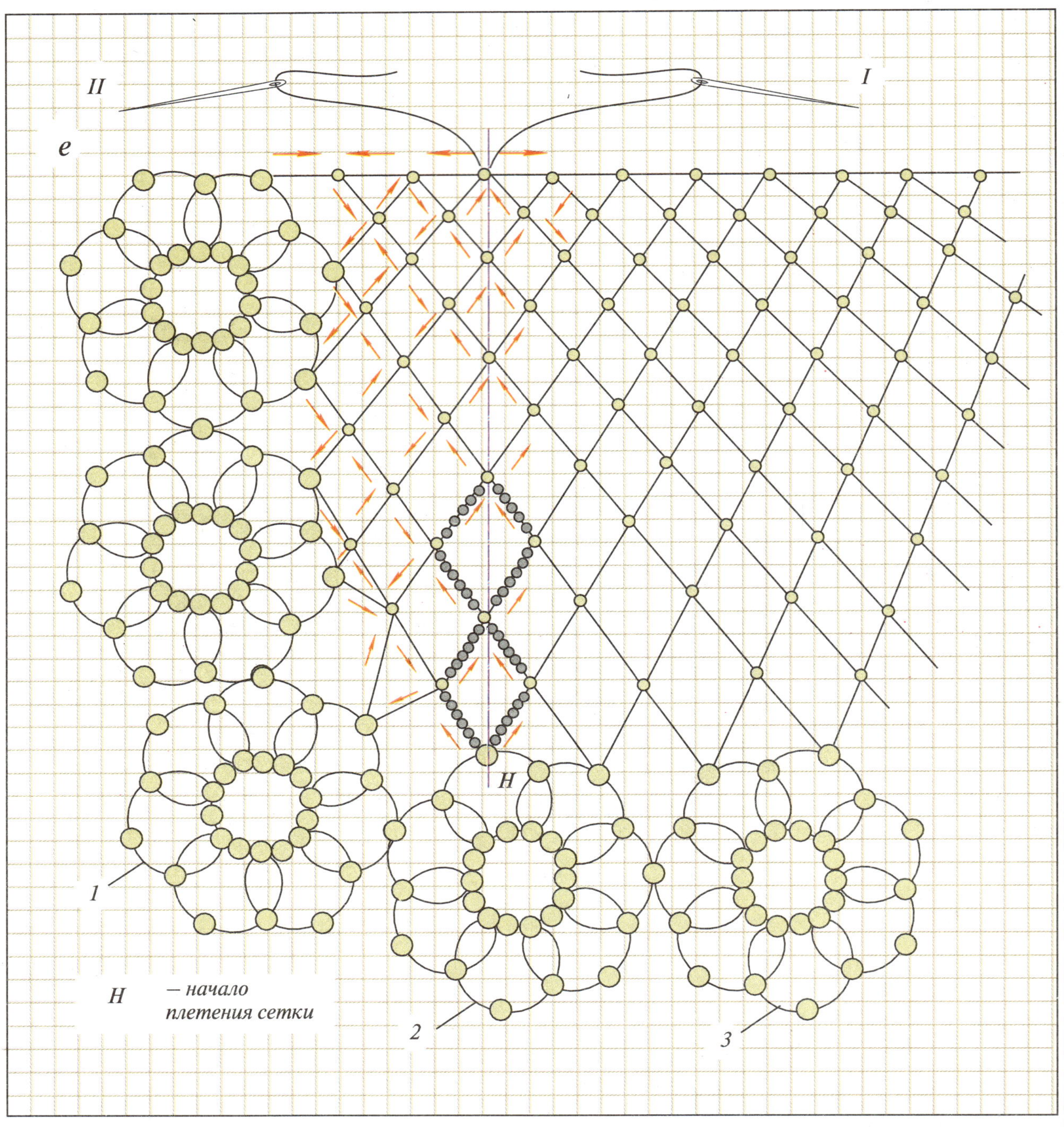

нюю бисерину лепестка цветочка 2. Справа иголка I (основная рабочая), слева иголка II (вспомогательная). В рассматриваемом примере используется вертикальное плетение сетки. Отрезок нити с иголкой II до бисерины лепестка должен быть длиннее и равен примерно $^2/_3$ нити.

На иголку II набрать четырнадцать бисерин, а на иголку I – тринадцать. Иголку I пропустить *снизу вверх* через последнюю бисерину на нитке с иголкой II (рис. 50е). Притянуть нитку. На иголку II набрать тринадцать бисерин, а на иголку I – двенадцать. Пропустить иголку I *снизу вверх* через по-

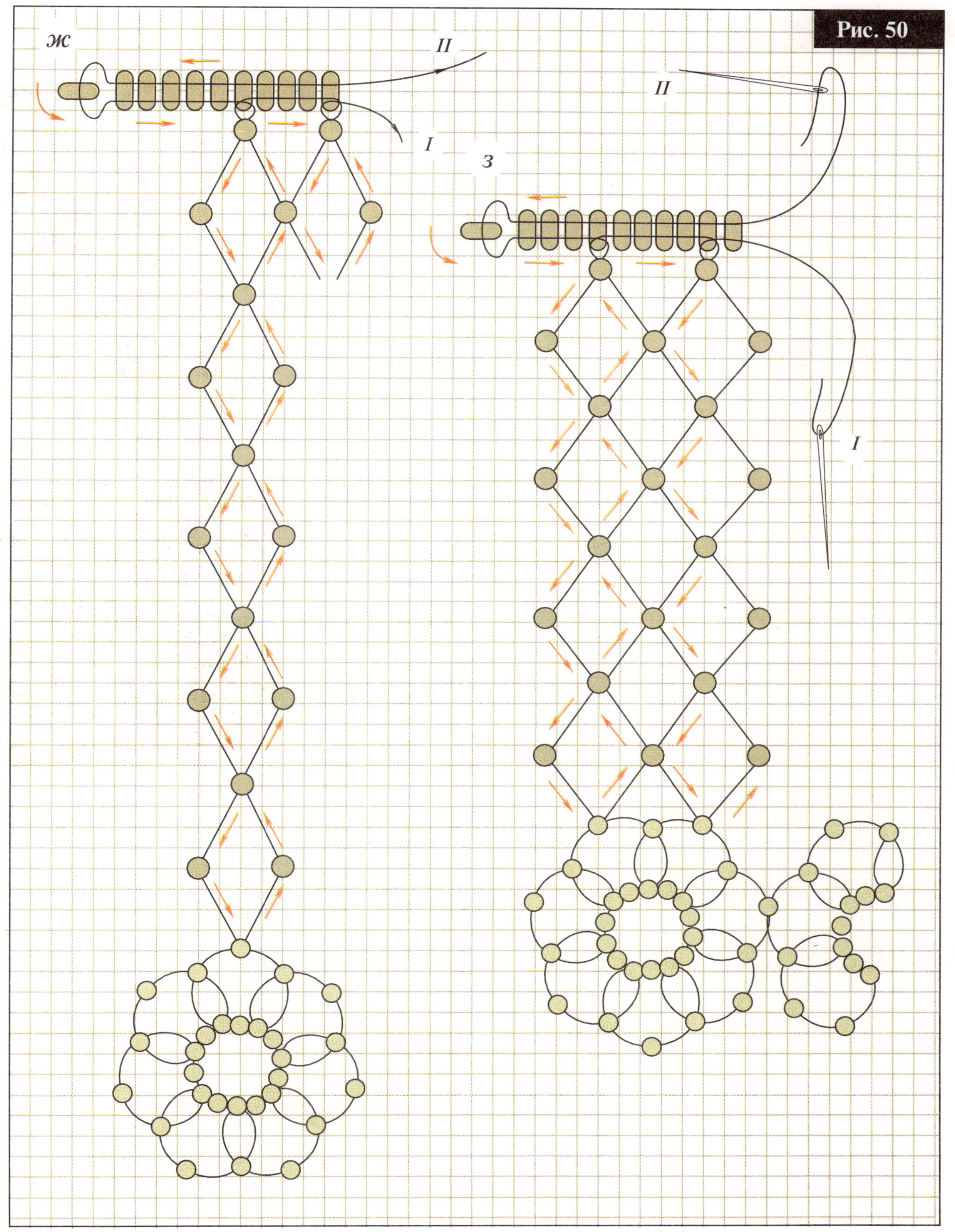
Рис. 50
ж
II
I
з
II
I

следнюю бисерину на нитке с иголкой II. Притянуть нитку. Для следующей, третьей ячейки на иголку II набрать двенадцать бисерин, а на иголку I – одиннадцать бисерин. Пропустить иголку I через последнюю бисерину на нитке с иголкой II *снизу вверх*. Притянуть нитку. Оставшиеся две ячейки плести таким же образом. Бисерины, через которые проходят обе иголки (в вершинах ячеек), должны быть более крупными или другого цвета.

После окончания этого вертикального ряда ячеек иголка II остается слева, а иголка I продолжает работу.

На иголку I набрать одиннадцать бисерин (шестая из них – крупнее) и пропустить иголку через среднюю бисерину предыдущей ячейки *сверху вниз*. Притянуть нитку. Снова набрать на эту иголку одиннадцать бисерин (средняя – крупнее) и пропустить иголку через среднюю бисерину ячейки предыдущего ряда *сверху вниз*. Притянуть нитку. Далее плетение сетки продолжать иголкой I таким же образом. В двух нижних ячейках количество бисерин увеличивается. Однако во всех ячейках (по горизонтали) количество бисерин должно быть одинаковым.

При плетении нижних ячеек не забывать пропускать иголку через среднюю бисерину лепестка цветочка.

Каждый цветочек (со второго и до последнего в ленте) связан с сеткой двумя лепестками, а цветочек 1 (рис. 50е) и последний в ленте с сеткой связан одним лепестком.

Далее к цветочку 1 необходимо доплести еще два цветочка, как показано на схеме. Затем иголкой II сплести такую же сетку и соединить ее с цветочками. Таким же образом закончить правую часть воротника, только иголкой I. Произвести заделку ниток.

Горловину рекомендуется оформить цепочкой любого варианта с изготовленным замочком.

На рис. 50ж приведен пример плетения изделия с отдельными цветочками, а на рис. 50з пример плетения круглой салфетки. Чем меньше бисерин в верхнем крае сетки, тем изделие резче скругляется, то есть скругление можно регулировать изменением количества этих бисерин.

Волосатова В.К.
Воротник «Валентина».
Сетчатое вертикальное плетение с цветочками (старорусский воротник)

Образец техники плетения

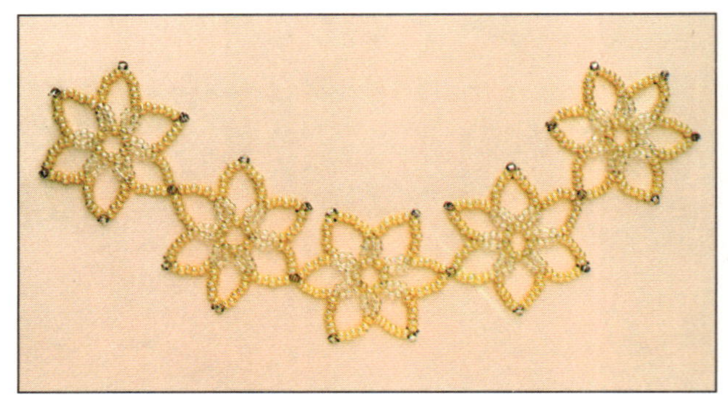

Фролова О.В.
Воротник «Брусничка».
Сетчатое вертикальное плетение с цветочками (старорусский воротник)

Моторина Т.А.
Воротник «Цветы».
Сетчатое вертикальное плетение с цветочками (старорусский воротник)

Корнеева С.М.
Колье «Радужное».
Петельная техника,
цепочка сдвоенный «квадратик»

Кадобнова Г.А.
Колье «Бронза».
Уголковое ажурное плетение, цепочка «зигзаг«, низание

Ступакова А.Ю.
Воротник «Египетский».
Сетчатое вертикальное плетение со стеклярусом (старорусский воротник)

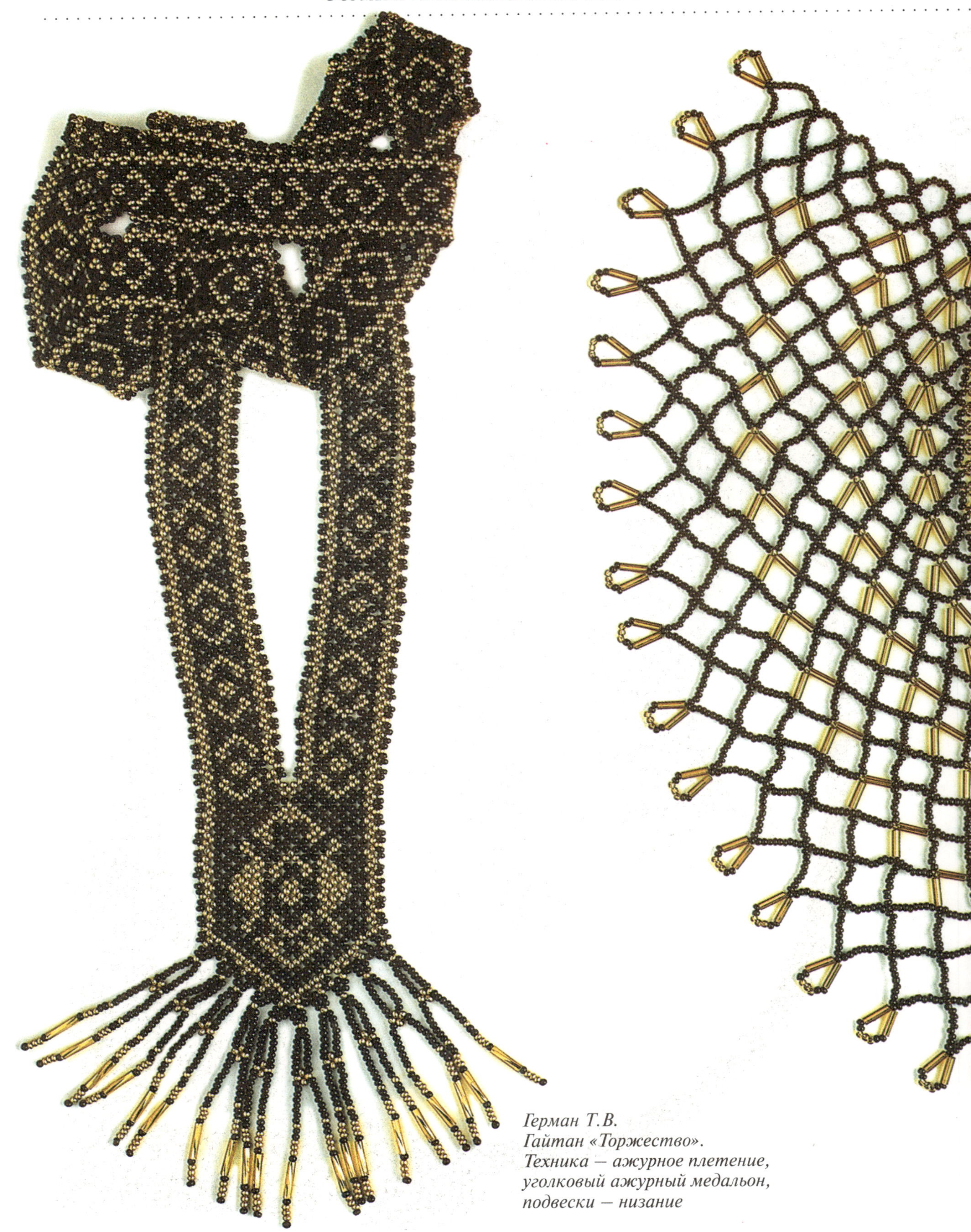

Герман Т.В.
Гайтан «Торжество».
Техника – ажурное плетение, уголковый ажурный медальон, подвески – низание

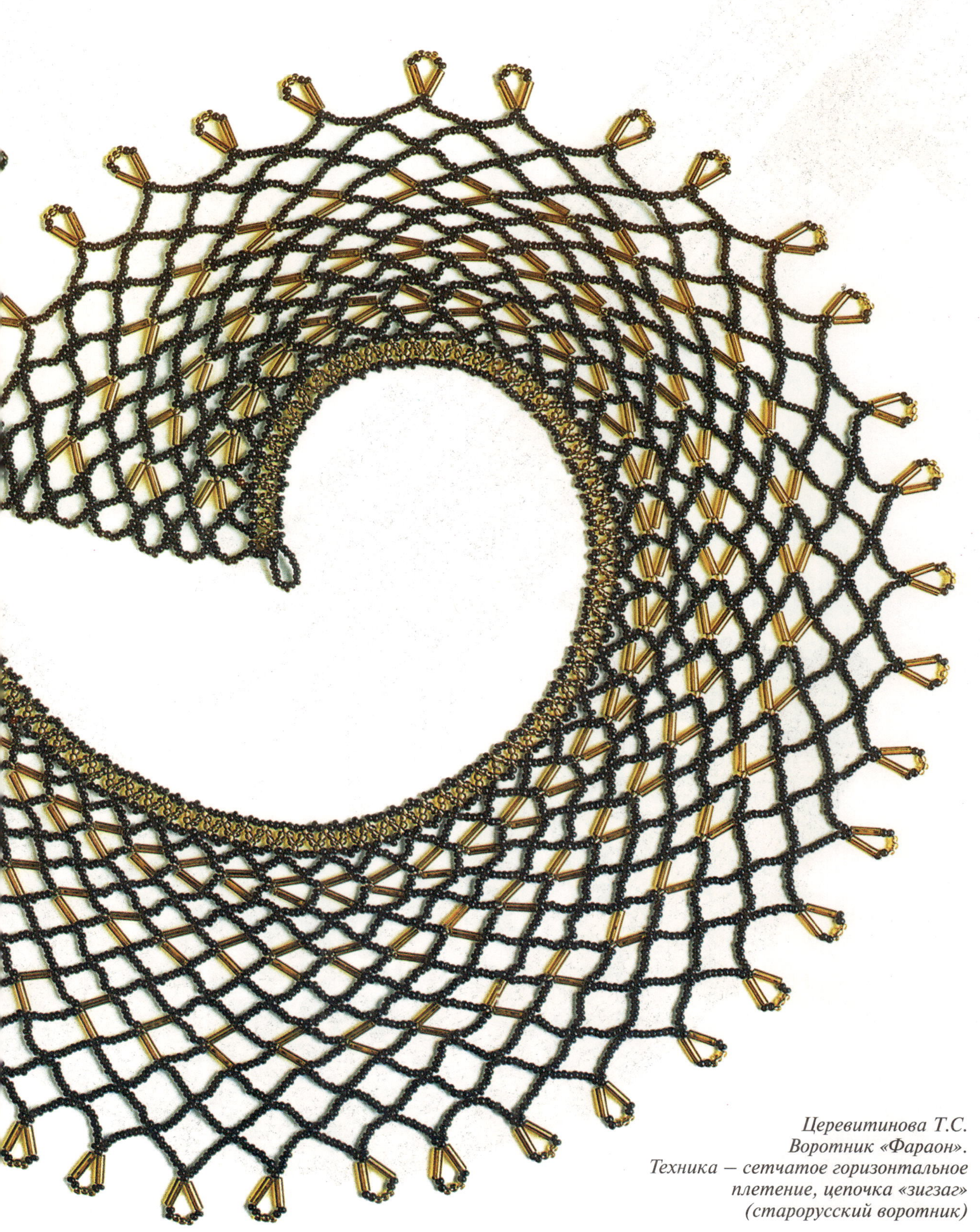

Церевитинова Т.С.
Воротник «Фараон».
Техника – сетчатое горизонтальное плетение, цепочка «зигзаг» (старорусский воротник)

1. Золотова М.Б.
Воротник «Хохлома».

2. Золотова М.Б.
Фрагмент гайтана
«Златоглавая».

3. Полищук Е.Г.
Фрагмент гайтана
«Цветы полевые».

4. Шарай Е.Г.
Миниатюра
«Инкрустация».
Ткачество

Техника плотного плетения

4

К этой технике относятся несколько видов плетения: монастырское плетение, мозаика (одной и двумя иголками), прямое гобеленовое и ткачество (с использованием специального станочка). Все они более трудоемки, чем ажурное и сетчатое плетение.

Технику монастырского плетения (ранее – низание) применяли еще в конце XVIII века в монастырях для украшения церковной утвари. В народном бисерном искусстве она сохраняется в XIX веке и начале XX. Эта техника наиболее распространена и в настоящее время.

Мозаика как вид плетения возникла позднее, уже в середине XX века.

Прямое гобеленовое плетение разработано автором книги.

Ткачество известно с начала XIX века. Эта техника применялась, к примеру, для изготовления экранов к подсвечникам или масляным лампам.

Для перечисленных видов плетения бисер должен быть особенно тщательно откалиброван.

Монастырское плетение

Плетение ведется двумя иголками. Для изготовления образца следует составить схему (пример ее приведен на рис. 51). Плести можно и по ширине, и по длине изделия, так как ячейка имеет форму квадрата.

Плетение начинать, как цепочку в «квадратик» (рис. 52а) – вертикально, а наращивать ширину – горизонтально. Цвета бисерин подбирать согласно рисунку 51.

Когда цепочка, равная ширине (или длине) образца, сплетена, следует расположить ее горизонтально и пропустить иголки с нитками через бисерины последнего квадратика (ячейки) второй раз: правую иголку – *слева направо* через все четыре бисерины, а левую – *справа налево* через одну бисерину (рис. 52б). Притянуть нитки. Теперь иголки находятся по обе стороны бисерины последнего квадратика. Набрать на правый конец нитки с иголкой две бисерины, а на левый конец – одну. Пропустить через эту бисерину правую иголку с ниткой *навстречу* левой и затем эту же иголку пропустить через верхнюю бисерину предпоследнего квадратика цепочки *справа налево* (рис. 52в). Притянуть нитки. На правую иголку с ниткой набрать одну бисерину, на левую тоже одну и пропустить правую иголку через эту бисерину *навстречу* левой иголке (рис. 52г). Притянуть нитки. Эту же, правую, иголку с ниткой пропустить через верхнюю бисерину третьего квадратика (рис. 52д). Притянуть нитки.

Далее плетение продолжать таким же образом, то есть набирать по одной бисерине на каждый конец нити, пропускать правую иголку с ниткой через бисерину на левой нити и далее ее же,

Образцы техники плетения

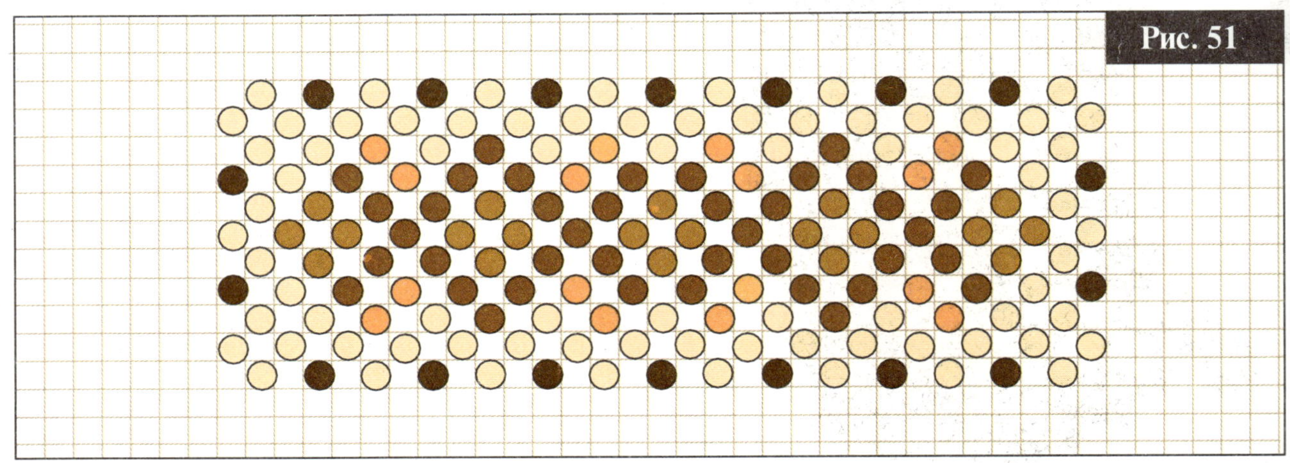

Рис. 51

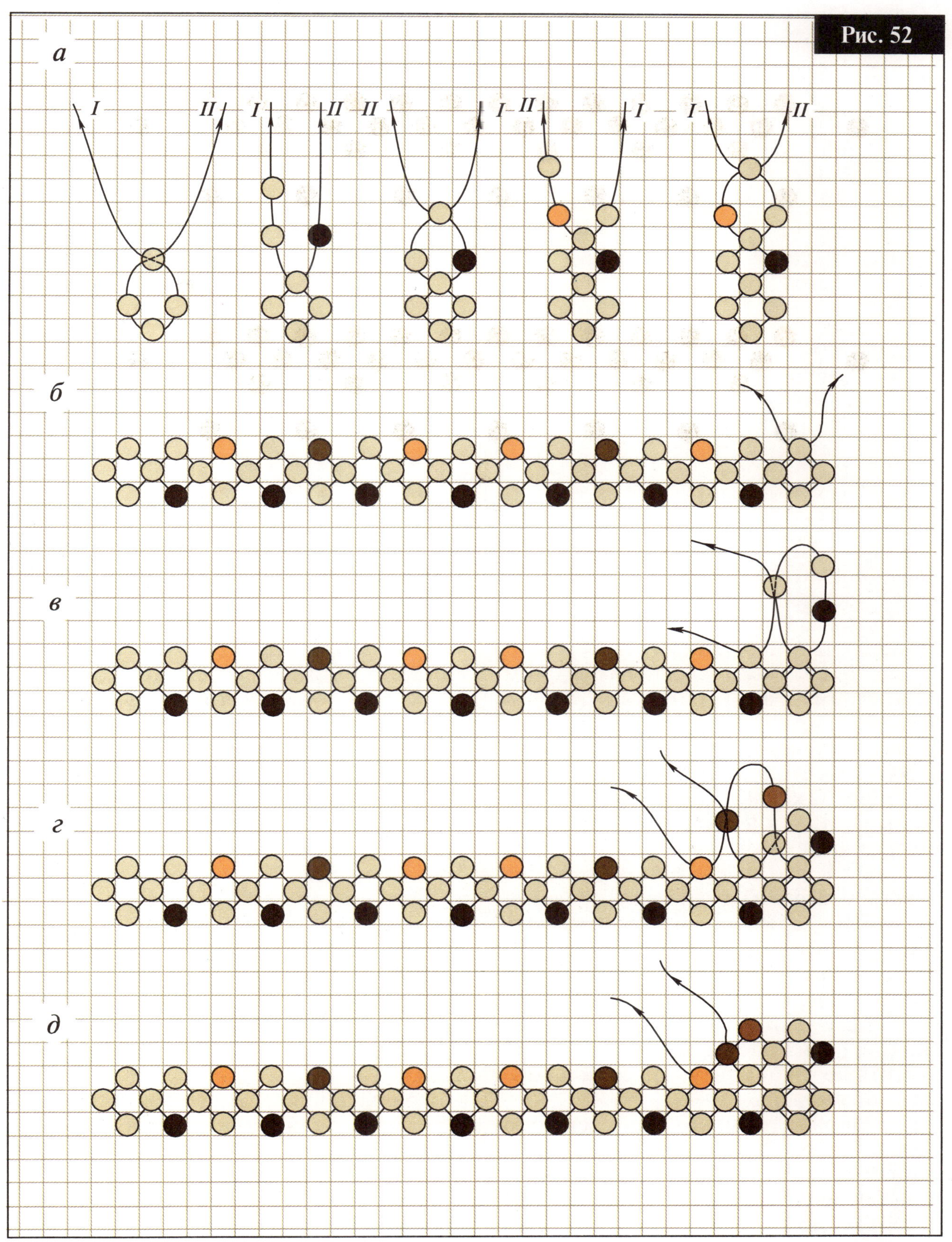
Рис. 52
а
I
II
I
II
II
I
II
I
I
II
б
в
г
д

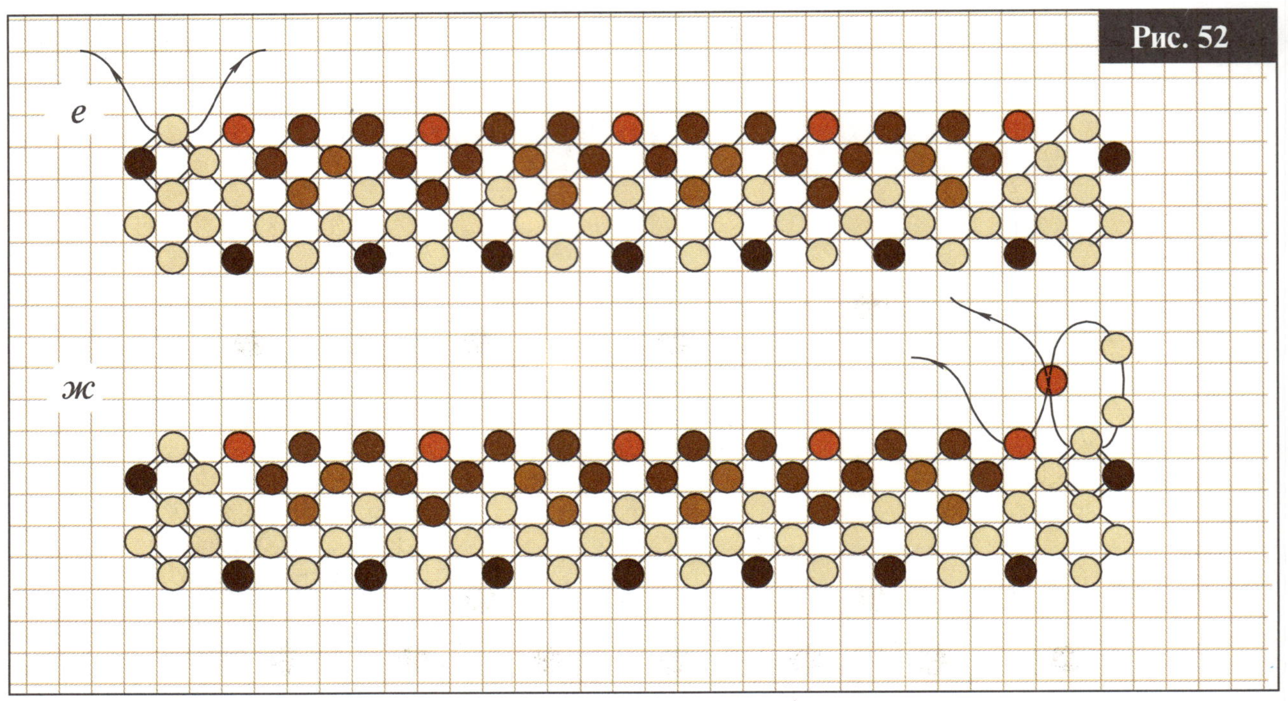

после притягивания нитей, пропускать через вершину следующего левого квадратика. Когда ряд закончен, правый конец нити пропустить через все четыре бисерины последнего квадратика второй раз и притянуть нитки (рис. 52е).

Для плетения третьего ряда изделие нужно перевернуть и продолжать плетение (рис. 52ж) так же, как было изложено выше. В конце каждого ряда правую нитку с иголкой пропускать через последний квадратик два раза и переворачивать работу. Плетение вести *справа налево*. Не забывать притягивать нити. Натяг должен быть равномерным. Заделка ниток выполняется обычным способом – узелками, оплавление нити во всех видах плотной техники не делается; конец нити после трех узелков пропустить по «лабиринту» бисерин и обрезать «под корень».

В этом виде техники можно использовать и леску. Рыболовная леска лучше держит форму изделий, сплетенных в этой технике. Диаметр лески для мелкого бисера – 0,15 мм, для среднего – 0,17 мм, для подвесок – 0,1–0,12 мм. При использовании лески заделку концов производить не петельными узелками, а просто пропускать концы лески по «лабиринту» бисерин (назад и вперед по изделию) и выводить их наружу по краям изделия, но не в середине, иначе она будет портить одежду, на которой носится изделие, и затем обрезать «под корень». Оплавление лески не производится. (Как ранее говорилось, обрезать леску следует не ножницами, а маникюрными щипчиками или бокорезами).

Этот вид техники позволяет выплетать изделия различной формы и назначения: воротники, колье, кулоны, налобные ленты, гайтаны, галстуки, гривны, сумочки, а также предметы для украшения интерьера: рамки для фотографий, обложки для книг, салфетки, шкатулки, вазы.

При плетении изделий сложной формы каждый элемент можно выполнять отдельно, а затем их соединять по заранее разработанной схеме.

Монастырское плетение хорошо сочетается с другими видами техники: ажурным плетением, различными лентами, цепочками и др.

Напоминаем, что украшения, выполненные на леске, следует хранить между двумя пластинами из картона, оргстекла или других подобных материалов, стянутыми резинками, иначе они могут потерять форму.

Золотова М.Б. Гайтан «Святки». Монастырское плетение, цепочки «квадратик»

Ануфриева М.Я.
Оплечье «Искристое».
Монастырское плетение,
цепочки «квадратик»

Герман Т.В.
Воротник «Жемчуг».
Сетчатое плетение
«соты»

Техника мозаичного плетения

Известно несколько вариантов этой техники, применяемых для получения изделий различной формы и назначения, которые выполняются одной или двумя иголками.

Для изготовления любого изделия необходимо разработать схему с учетом его формы и размеров и нанести на нее орнамент (в условных цветах). Только после этого можно приступать к плетению изделия. Как уже отмечалось, бисер для любого плотного плетения должен быть особенно тщательно откалиброван.

Рис. 53

Первый и второй варианты

На рис. 53 изображен кулон. В соответствии с этим рисунком и объясняется техника. Плетение ведется двумя иголками.

На середину обработанной пчелиным воском нитки, длиной 120–150 см с двумя иголками на концах, набрать семь бисеринок 1–7 (рис. 54а). Условно обозначим иголки римскими цифрами I и II. Иголку I пропустить через бисерину 5 *справа налево*, а иголку II через бисерину 3 *слева направо*. На иголку II нанизать бисерину 8 и через эту бисерину пропустить иголку I *навстречу* иголке II. Притянуть нитки. В мозаичных изделиях нужно очень аккуратно притягивать нитки, постоянно следя за тем, чтобы не было перекоса изделия. После двух-трех рядов изделие распрямлять на столе. На иголку II нанизать бисерину 9 и пропустить эту иголку через бисерину 7. На иголку I нанизать бисерину 10 и пропустить эту иголку через бисерину 1. Притянуть нитки. Для закрепления плетения иголку II пропустить через бисерины 6, 5, 8, 10, 1,

Образец техники плетения

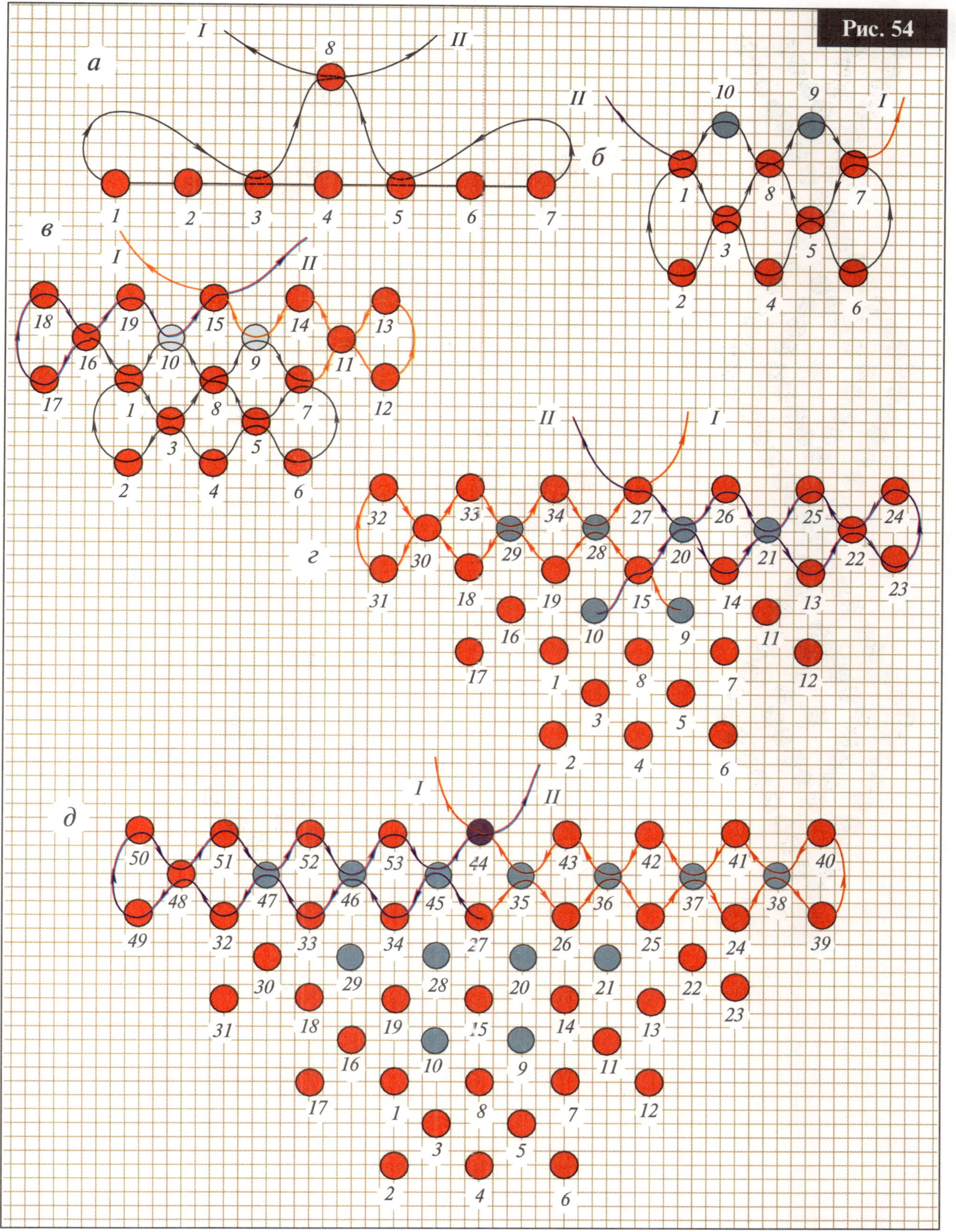
Рис. 54
а
б
в
г
д
I
II

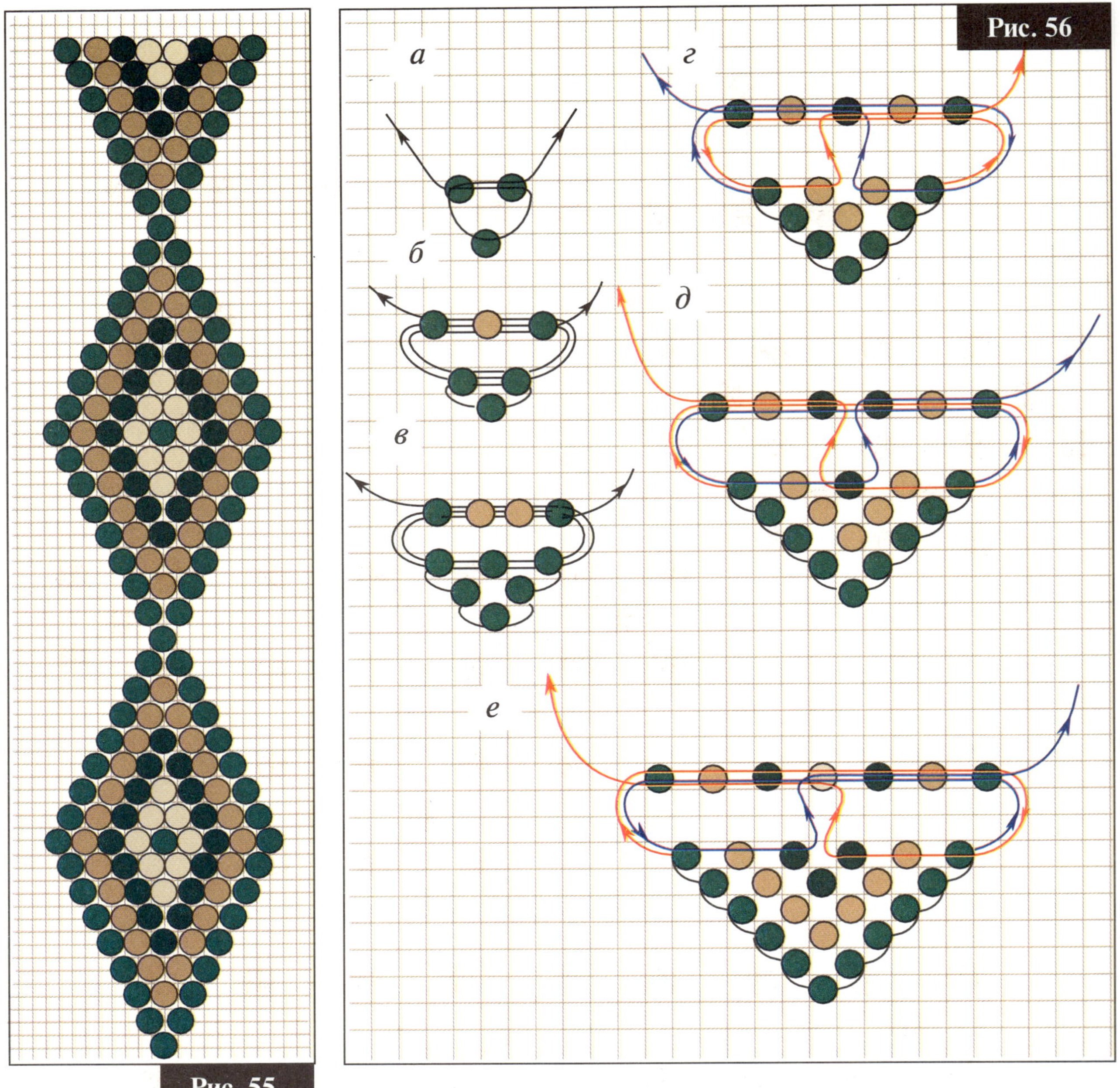

Рис. 56

Рис. 55

а иголку I – через бисерины 2, 3, 8, 9, 7 (рис. 54б). Притянуть нитки и расправить на столе плетение. Теперь иголки поменялись местами.

На иголку I набрать три бисерины – 11–12–13 и пропустить ее через бисерину 11 в обратном направлении (рис. 54в). Нанизать на эту же иголку бисерину 14 и пропустить ее через бисерину 9, далее на эту же иголку нанизать бисерину 15. Притянуть бисерины к остальному плетению.

Теперь работаем иголкой II. Набрать три бисерины – 16–17–18 и пропустить иголку через бисерину 16 в обратном направлении (рис. 54в). Нанизать бисерину 19 и пропустить иголку через бисерину 10, затем пропустить иголку через бисерину 15 *навстречу* иголке I. Притянуть бисерины к остальному плетению, после чего равномерно притянуть обе нитки и снова расправить работу, чтобы не было перекоса.

Продолжаем работать иголкой II. Нанизать бисерину 20 (рис. 54г). Затем пропустить иголку через бисерину 14. Нанизать бисерину 21 и пропустить иголку через бисерину 13. Набрать на иголку три бисерины 22– 23–24 и пропустить иголку через бисерину 22 в обратном направлении. Нанизать бисерину 25 и пропустить иголку через бисерину 21. Нанизать бисерину 26 и пропустить иголку через бисерину 20. Нанизать бисерину 27.

Притянуть все бисерины, набранные этой иголкой, к остальному плетению и отложить иголку.

Работаем иголкой I. Нанизать бисерину 28 и пропустить иголку через бисерину 19. Нанизать бисерину 29 и пропустить иголку через бисерину 18. Набрать три бисерины 30–31–32 и пропустить иголку через бисерину 30 в обратном направлении. Нанизать бисерину 33, пропустить иголку через бисерину 29, нанизать бисерину 34 и пропустить иголку через бисерину 28, затем пропустить иголку через бисерину 27 *навстречу* иголке II. Притянуть все бисерины к остальному плетению. Равномерно притянуть оба конца нити. Расправить работу.

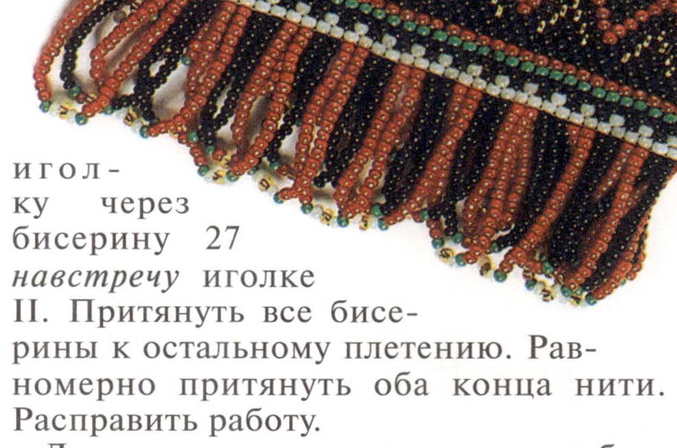

Нушель В.Г.
Шейная лента «Горлянка».
Мозаичное плетение, низание

Далее вести плетение таким же образом, работая иголками I и II попеременно в соответствии со схемами на рис. 53 и 54д.

Не забывайте, что в плотном плетении нить при заделке и введении новой не оплавляется, а после закрепления петельным узелком ее необходимо пропустить через несколько бисерин и аккуратно обрезать «под корень».

На рис. 53 показан кулон с лентами, сплетенными вместе с медальоном. Так же можно сплести один медальон, а ленты приделать другие. Например, из ромбиков (рис. 55). Это *второй вариант* мозаичного плетения. Схема такого плетения приведена на рис. 56. Она довольно простая, но чтобы цепочка была ровная, необходимо каждую нитку в ряду пропускать два раза, как показано на схеме.

Образец техники плетения

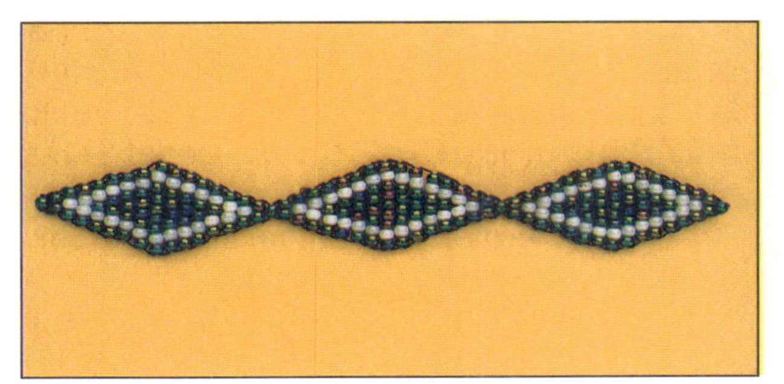

Третий вариант

Этот вариант удобен для плетения миниатюр (гобеленов), прямоугольных кулонов (в этом случае к ним подплетаются подвески), оплетения рамок, изготовления сумочек и других изделий.

Плетение ведется двумя иголками. Сначала нужно, как всегда, составить схему с нанесением орнамента. Образец схемы прямоугольного элемента приведен на рис. 57.

На середину подготовленной нитки длиной 120–150 см с двумя иголками на концах набрать девятнадцать бисерин 1–19 иголкой I (рис. 58а, на рисунке условно показаны красным цветом). Иголкой II (на рисунке – синим цветом) набрать бисерину 20 и пропустить эту иголку через бисерину 2 *снизу вверх*. Набрать на эту же иголку бисерину 21 и пропустить эту иголку с ниткой через бисерину 4.

Далее набирать на иголку II бисерины 22–23–24–25–26–27–28 и после каждой указанной бисерины пропускать эту иголку с ниткой соответственно через бисерины 6, 8, 10, 12, 14, 16, 18. На эту же иголку набрать бисерину 29, а иголку I пропустить через эту же бисерину 29

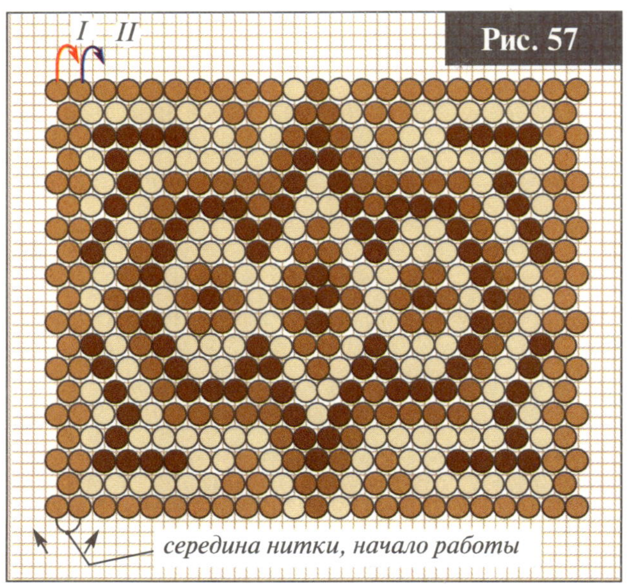

Рис. 57

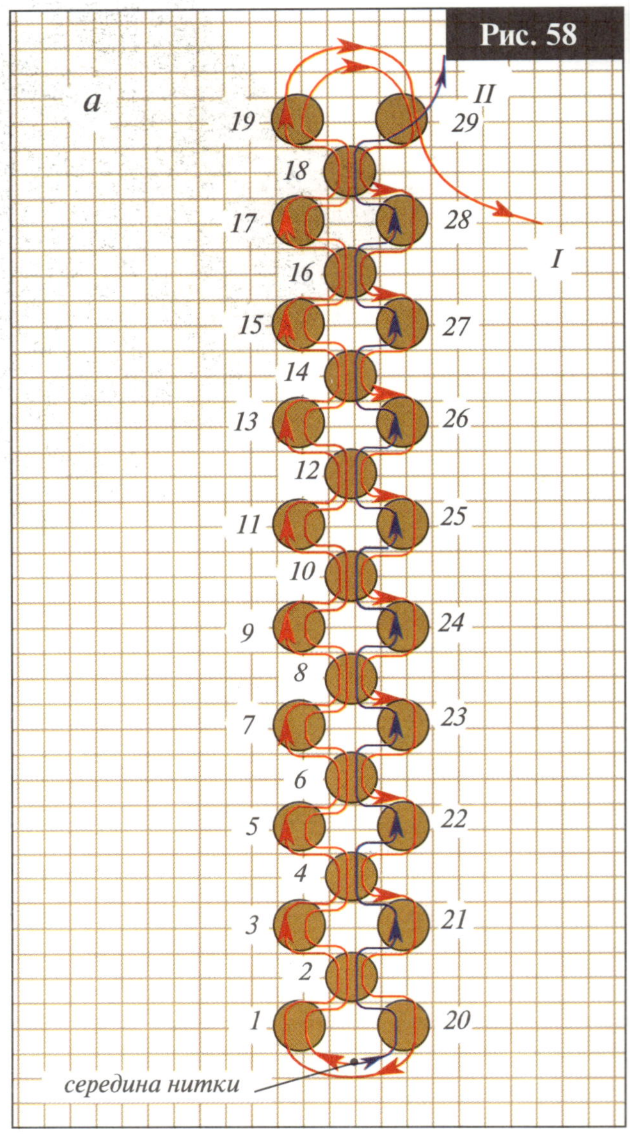

Рис. 58

сверху вниз навстречу иголке II. Притянуть нитки.

Выровнять плетение на столе, чтобы не было перекоса, и иголку I с ниткой пропустить второй раз по всем бисеринам 18, 28, 16, 27, 14, 26, 12, 25, 10, 24, 8, 23, 6, 22, 4, 21, 2, 20 и далее через бисерины 1–2–3–4, включая бисерину 19. Затем эту иголку пропустить через бисерину 29 и притянуть нитки. Расправить плетение.

Работаем иголкой I (на рис. 58б показано красным цветом).

Набрать на иголку бисерину 30 и пропустить эту иголку через бисерину 28

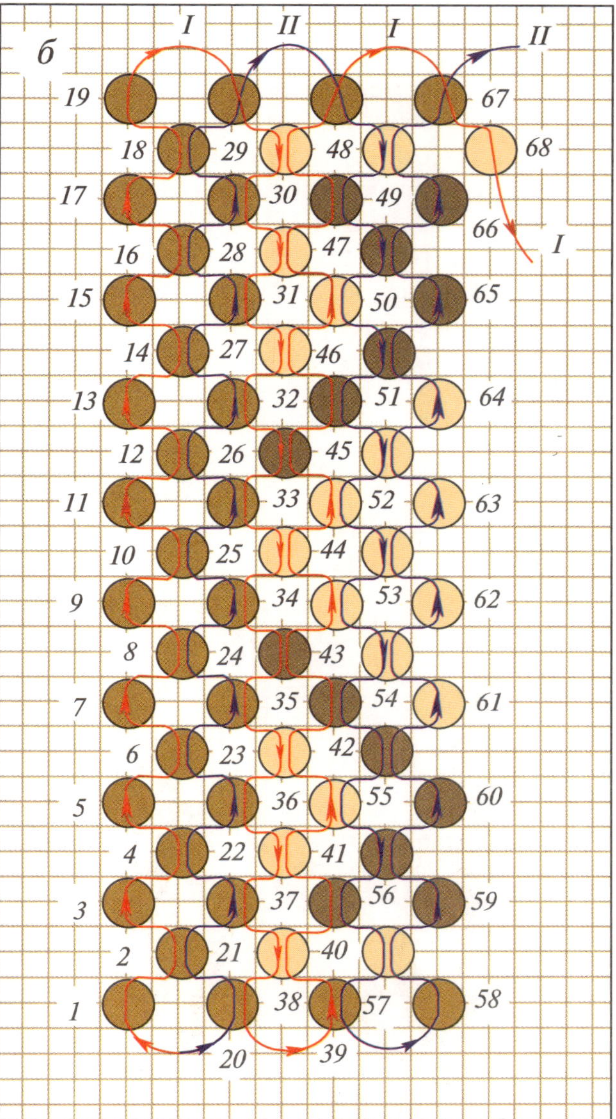

сверху вниз. На эту иголку с ниткой набирать бисерины 31–32–33–34–35–36–37–38, а в промежутках между этими бисеринами пропускать иголку через бисерины 27, 26, 25, 24, 23, 22, 21, 20. Притянуть нитку. На эту же иголку набрать бисерину 39 и пропустить иголку *снизу вверх* через бисерину 38. На эту иголку таким же образом набирать бисерины 40–41–42–43–44–45–46–47 и после каждой указанной бисерины иголку пропускать соответственно через бисерины 37, 36, 35, 34, 33, 32, 31 и 30. Набрать на иголку бисерину 48. Иголку II с ниткой пропустить через бисерину

Образец техники плетения

48 *сверху вниз навстречу* иголке I. Притянуть нитки. Отложить иголку I.

Работаем иголкой II (синий цвет на рисунке). Далее вести работу таким же образом по схеме на рисунке 58б, а цвета бисерин брать согласно рис. 57. Время от времени расправлять изделие, чтобы не было перекосов. Нитку закреплять как обычно, петельным узелком, после чего, пропустив ее через несколько бисерин, аккуратно обрезать «под корень».

Четвертый вариант

Этот вариант чаще используется при работе с рубленным бисером с незначительным добавлением круглого. Плетение возможно и из круглого бисера, но тогда надо будет удлинять уголковый элемент, чтобы его форма была красивой.

На рис. 59 приведен эскиз гарнитура (колье и серьги) из уголковых элементов (или «листиков»), а на рис. 60а, б – схемы уголкового элемента колье и элемента серьги. В соответствии с этими рисунками ведется объяснение техники.

Плетение проводится двумя иголками, но в этом случае они не меняются местами. Сначала плетется одна половина элемента, затем изделие переворачивают

Рис. 59

и плетут вторую половину второй иголкой. Можно использовать одну и ту же иголку, вдев в нее после поворота изделия другой конец нитки.

Для изготовления элемента серьги (рис. 60б) нужно на середину подготовленной нити длиной 120–150 см правой иголкой набрать шестнадцать бисерин 1–16 (рис. 61а). Иголку с ниткой пропустить через бисерину 13 *снизу вверх*. На эту же иголку набирать бисерины 17–18–19–20–21–22, пропуская игол-

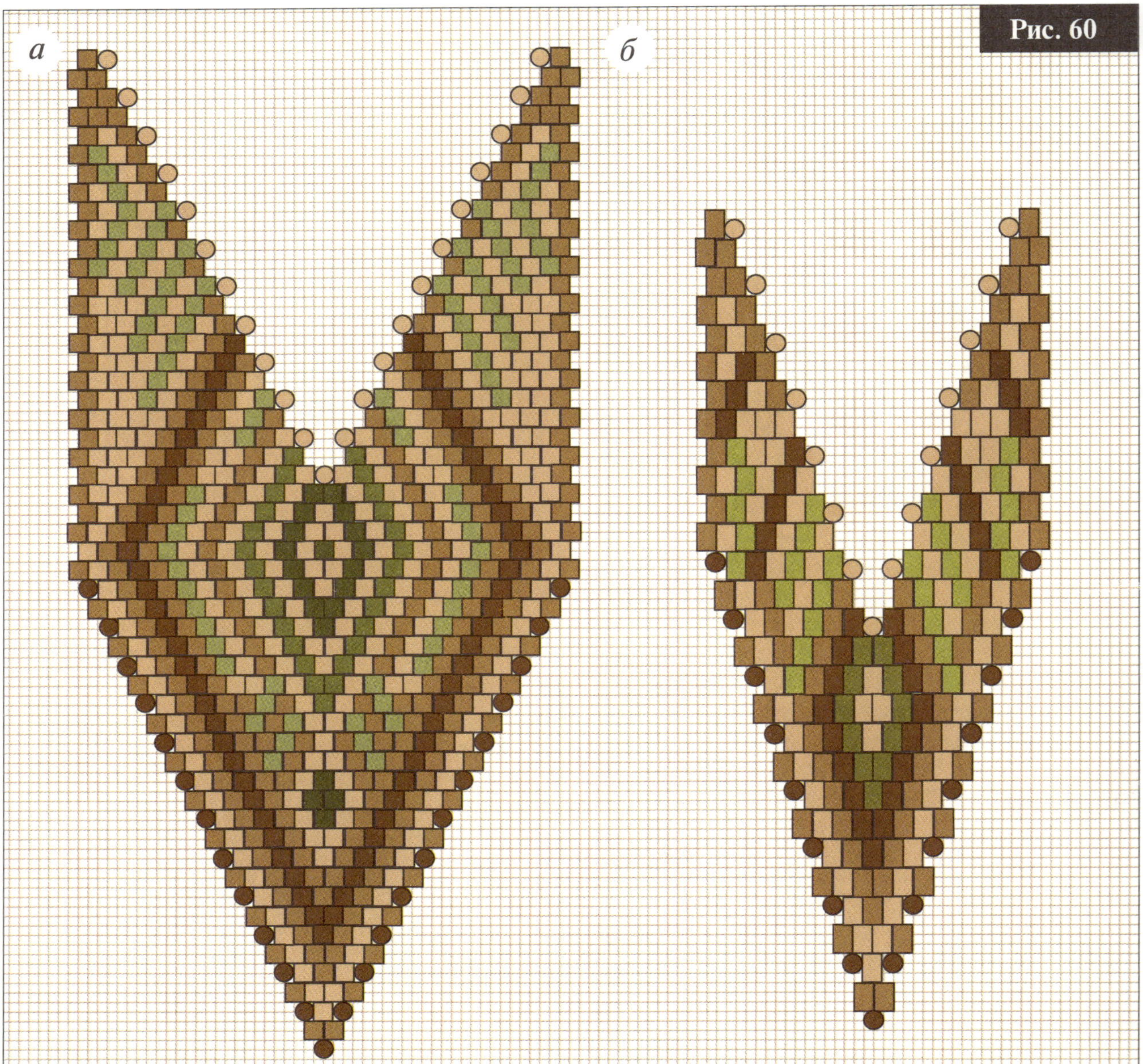

Рис. 60

а *б*

На схеме квадратами (или прямоугольниками) обозначен рубленный бисер, а кружочками — круглый. Нумерация их общая.

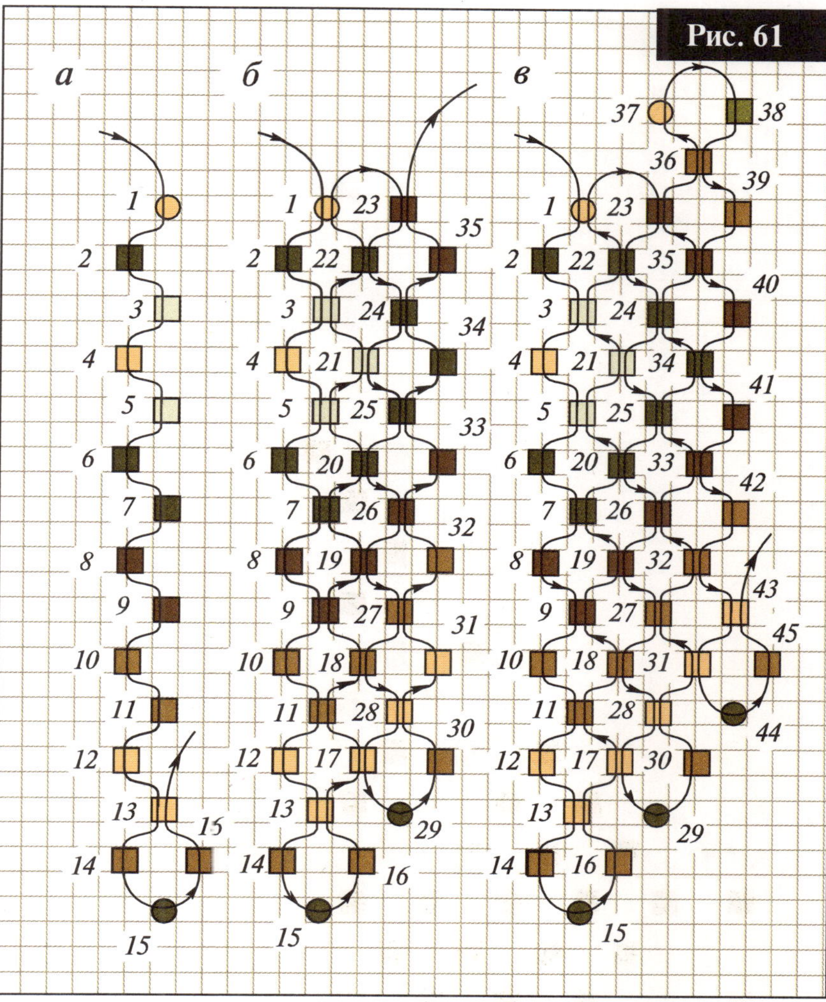

ку с ниткой после каждой из них через бисерины 11, 9, 7, 5, 3 соответственно рис. 61б. Притянуть нитку.

Для того, чтобы изделие было ровным, пропустить эту иголку второй раз через все бисерины, то есть в этом случае через бисерины 2–3–4–5–6–7–8–9–10–11–12–13–14–15 *сверху вниз* и через бисерины 16, 13, 17, 11, 18, 9, 19, 7, 20, 5, 21, 3, 22 и 1 *снизу вверх*. Притянуть нитку. Расправить плетение. Набрать на эту иголку бисерину 23 и пропустить иголку с ниткой через бисерину 22 *сверху вниз*. Притянуть нитку. На иголку с ниткой набирать бисерины 24–25–26–27–28, пропуская иголку с ниткой после каждой набранной бисерины через бисерины 21, 20, 19, 18, 17 соответственно. Затем набрать на иголку бисерины 29–30 и пропустить иголку через бисерину 28 *снизу вверх*.

Набирать на иголку с ниткой бисерины 31–32–33–34–35, пропуская иголку после каждой из них через бисерины 27, 26, 25, 24, 23 соответственно. Притянуть нитку. Набрать на иголку с ниткой бисерины 36–37–38 (рис. 61в) и пропустить иголку через бисерину 36 *сверху вниз*. Притянуть нитку. Далее плетение вести таким же образом, согласно рис. 61в,г. Цвета бисера указаны на рис. 60б.

Когда эта половина элемента будет закончена, следует закрепить нитку. Перевернуть изделие, чтобы работа велась опять слева направо, и плести вторую половину элемента таким же образом в соответствии с указанными схемами.

Для получения формы «листика» (см. рис. 59, 60) следует на верхние края элемента серьги набрать по одной рубленой и по одной круглой бисерине, после чего края соединить. «Листик» получится немного выпуклым. Элемент колье (рис. 60а) плести так же, только больше размером.

Рис. 61

Пятый вариант

Этот вариант мозаики в большинстве случаев используется для плетения шейных лент, лент для кулонов и гайтанов, а также для отделки других изделий. Плетение ведется одной иголкой. Лента может быть ровной или с выступами в виде цветочков, уголков и др.

Схема образца с выступающими цветочками приведена на рис. 62. Последовательность плетения разъясняется схемами на рис. 63.

После каждого ряда не забывать притягивать нитку. Натяг должен быть равно-

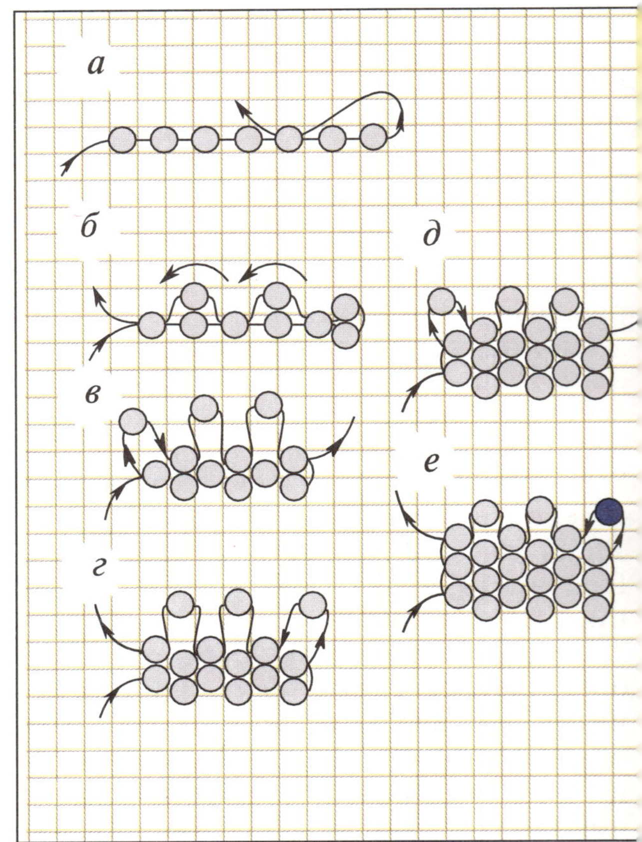

мерным. Периодически нужно расправлять изделие на столе, иначе оно может быть перекошено. Наращивание и заделку ниток делать известным способом без оплавления нитки.

Образец техники плетения

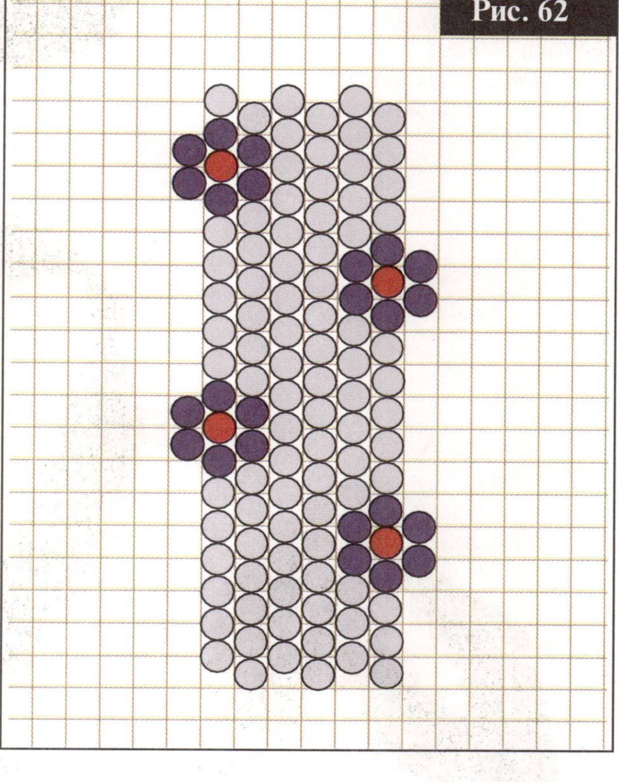

Рис. 62

Рис. 63

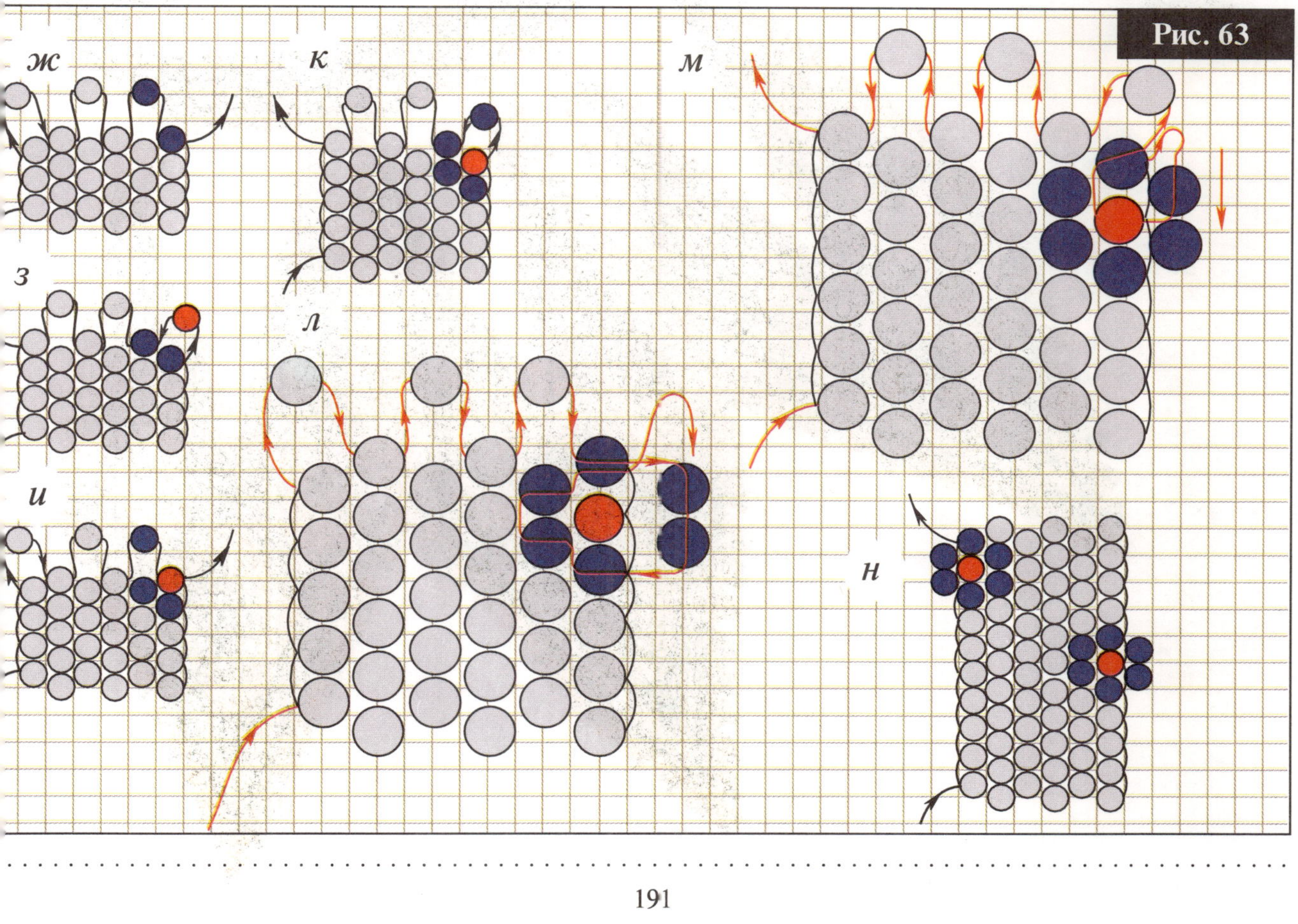

ж к м з л и н

Маркина Н.Н.
Гарнитур «Кармен»
(колье и серьги).
Мозаичное уголковое плетение,
цепочка – мозаичное плетение

Ануфриева М.Я.
Гарнитур «Венок»
(колье и клипсы).
Мозаичная уголковая техника,
мозаичные цепочки.
Замочек – жгут мозаичный,
низание (частично воспроизведено изделие, помещенное в журнале Ленинградского дома моделей, № 4, 1989 г.)

Меньшакова Л.В.
Гривна «Павлово-Посад».
Мозаичное плетение,
цепочки «квадратик»

Каштанова Л.А.
Колье «Черное кружево».
Ажурное плетение,
окантовка произвольная,
цепочки «квадратик»
и «сдвоенный квадратик»

Помазанова А.М.
Гарнитур «Гематит»
(колье, серьги).
Техника – мозаика «ромбики»,
цепочка «зигзаг»

Прямое гобеленовое плетение

Внешне гобеленовое плетение больше всего похоже на ткачество, но для него не требуются дополнительные приспособления (станок или рамка). В ткачестве меньше возможностей для создания изделий сложных форм и довольно трудоемкие процессы натягивания ниток основы и их заделки после окончания плетения. В мозаичной технике некоторые рисунки и орнаменты просто не воспроизводимы. В технике же прямого гобеленового плетения этих трудностей и ограничений почти нет. Можно выполнить практически любой рисунок или орнамент, используя видовые картинки, орнаменты для вышивки крестом или другие источники, которые служат основой для схемы изделия. Эта техника хорошо согласуется со всеми другими видами плетения. Бисерины и ряды из них плотно прилегают друг к другу, как стежки гобеленового шва в вышивке. По аналогии и дано название – прямое гобеленовое плетение.

Как и для других видов техники, перед началом гобеленового плетения необходимо составить схему изделия с нанесением на нее рисунка или орнамента, а также формы окантовки.

Особое внимание при этом следует обращать на форму изделия, так как приемы плетения прямых участков, скосов (наружных и внутренних), скруглений, переходов от одной ширины к другой отличаются друг от друга.

Составляя схему изделия плотного плетения (мозаики, гобеленового плетения или ткачества), нужно учитывать, что бисер не круглый, а рисунок (орнамент) и форма изделия, изображенные на схеме, в готовом изделии будут несколько искажены (вытянуты по длине). Для нанесения рисунка рекомендуется сетку изготовить самим. Стороны клеточек должны иметь соотношение 2:3. В этом случае искажение будет незначительным. На рисунке 64 предлагается схема образца несложной формы. На ней, для удобства объяснения, обозначены ряды плетения.

Плетение ведется одной иголкой из тщательно откалиброванного бисера.

Образец техники плетения

Рис. 64

X ряд
IX ряд
VIII ряд
VII ряд
VI ряд
V ряд
IV ряд
III ряд
II ряд
I ряд
Верхний участок сужения
Нижний участок сужения
XI ряд
XII ряд
XIII ряд

Ануфриева М.Я.
Гарнитур «Магический»
(кулон, браслет, клипсы).
Техника — прямое
гобеленовое плетение

На подготовленную нитку длиной 100–120 см*, с одной иголкой на конце набрать две бисерины для плетения I и II рядов одновременно. Иголку с ниткой пропустить через эти две бисерины два раза, как показано стрелками на рис. 65а, оставив второй конец нитки длиной 12–15 см для последующей заделки. Притянуть нитку. Снова набрать на иголку с ниткой две бисерины, как показано на этом рисунке, и вывести иголку с ниткой через нижнюю бисерину. Плотно притянуть эти две бисерины к двум предыдущим. Опять набрать две бисерины и продолжать плетение таким образом до окончания обоих рядов по схеме на рис. 65а.

Нанизанные бисерины должны быть плотно притянуты друг к другу, после чего иголку с ниткой пропустить через все бисерины II ряда *справа налево*, как показано на схеме (рис. 65б).

* Нитка берется такой длины, чтобы удобно было работать.

Для плетения III ряда набрать на иголку с ниткой одну бисерину (цвета бисерин берутся согласно составленной схеме). Плетение ведется *слева направо*. Иголку с ниткой пропустить два раза через нанизанную бисерину и первую бисерину II ряда (рис. 65в). Притянуть нитку. Снова на иголку набрать одну бисерину и пропустить иголку через вторую бисерину II ряда. Притянуть бисерину к предыдущей.

Далее III ряд плести таким же образом, каждый раз плотно притягивая новые бисерины к сплетенной работе. Закончив этот ряд, перевернуть работу (так как иголка находится с правой стороны) и продолжать плетение IV ряда *слева направо*, таким же образом, как и III ряд (рис. 65г). После окончания IV ряда работу перевернуть. Следующий V

Две бисерины в начале и две в конце каждого ряда выбирать с большими отверстиями, т.к. через них нитка проходит 3–4 раза.

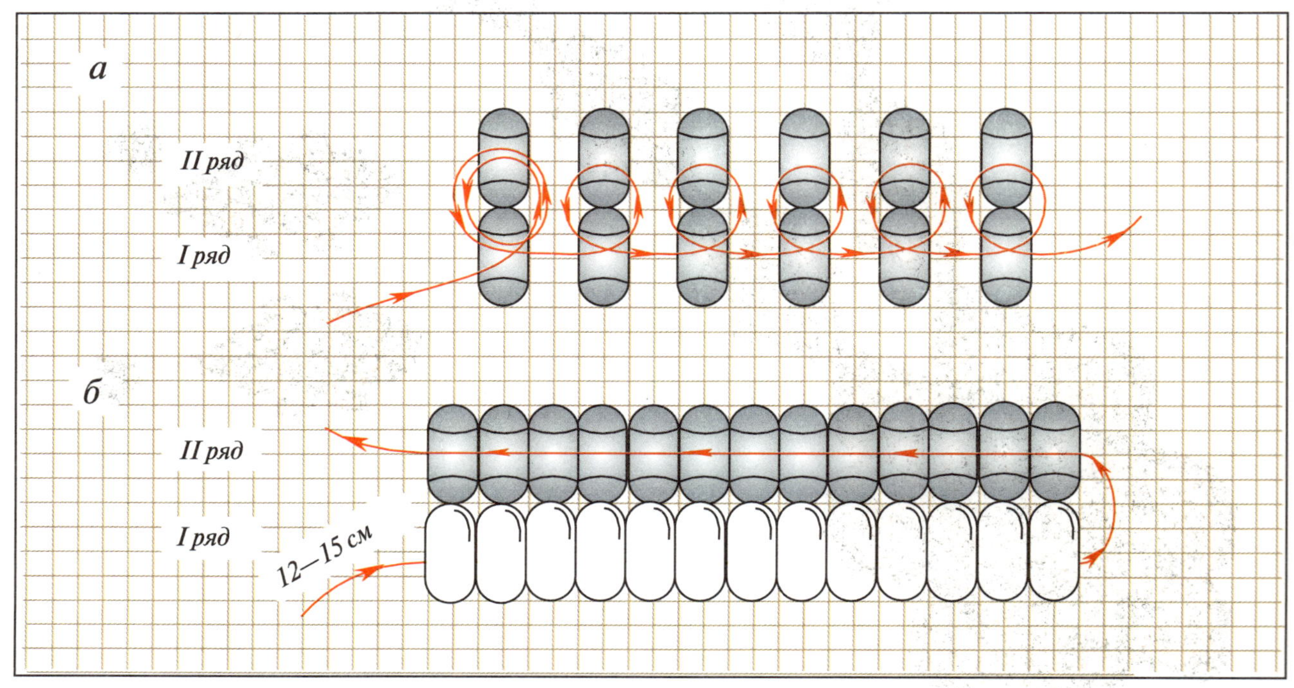

ряд плести также *слева направо*. После окончания V ряда иголку с ниткой пропустить *справа налево* через все бисерины предыдущего IV ряда, кроме первой бисерины этого ряда (рис. 65д). Затем иголку с ниткой пропустить через первую бисерину V ряда и первую бисерину VI ряда. Далее продолжать плетение VI ряда *слева направо*. VII ряд выполнять аналогично, перевернув изделие.

Таким образом, через каждые три ряда нужно повторять этот прием, то есть пропускать иголку с ниткой через все бисерины предыдущего ряда, кроме первой от начала ряда, и выводить иголку через первую бисерину вновь сплетенного последнего ряда. (Это необходимо, чтобы изделие было плотным, ровным и не тянулось, как трикотаж.) Если изделие широкое, то данный прием рекомендуется повторять через два ряда.

Все сказанное относится к плетению прямого участка, когда количество бисерин во всех рядах одинаково. На рис. 64 это участок с I по VII ряд. Далее на

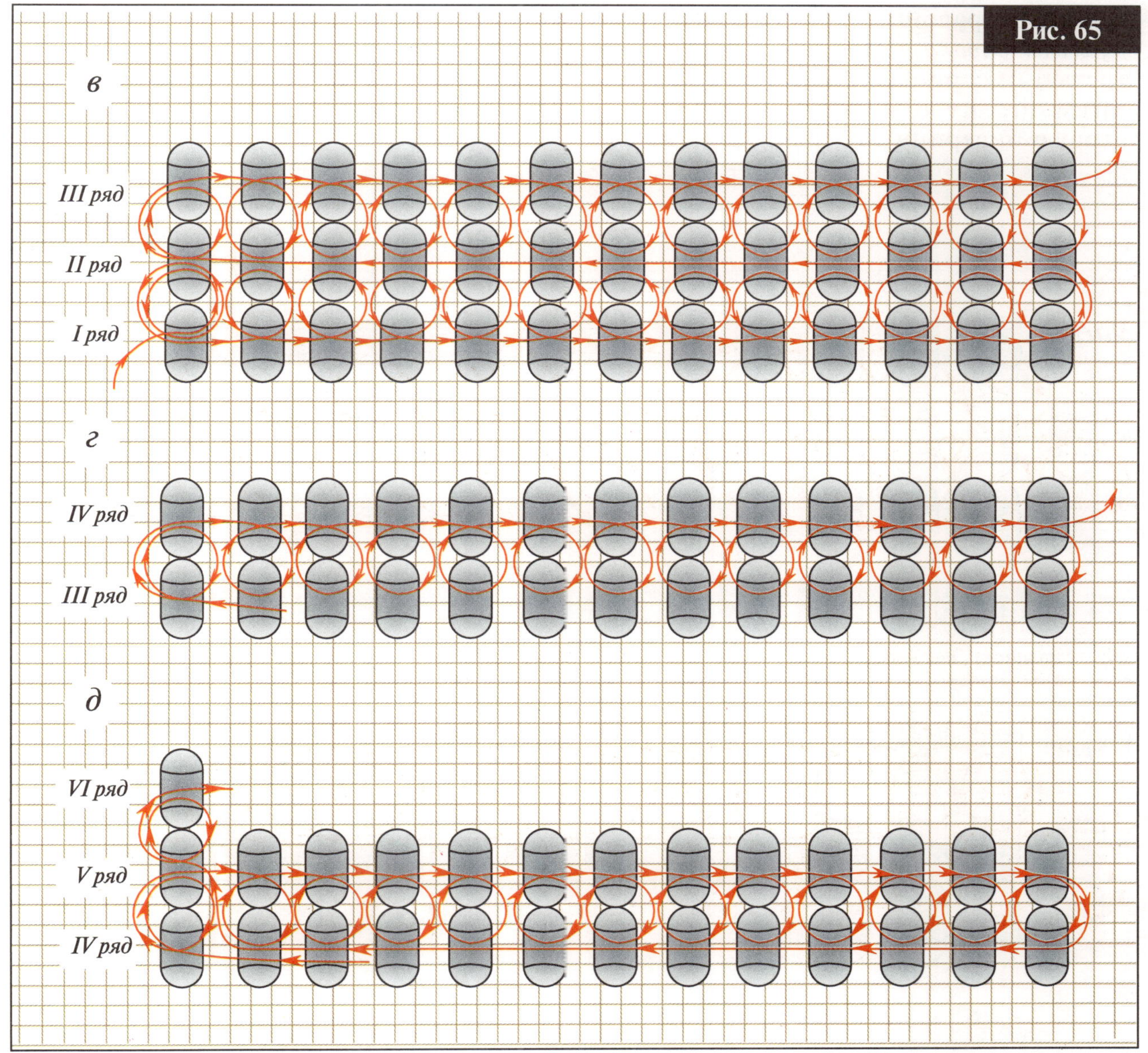

этой схеме ряды VIII, IX и X образуют верхний участок сужения с двумя скосами.

Закончив плести VII ряд, иголку с ниткой, находящуюся с правой стороны, пропустить *справа налево* через все бисерины VI ряда, кроме двух первых (рис. 65е). Вывести иголку с ниткой через вторую бисерину VII ряда, нанизать на иголку одну бисерину для начала VIII ряда и продолжать плетение этого ряда согласно рис. 65е. После окончания VIII ряда (он будет короче на одну бисерину, чем VII) иголку с ниткой, находящуюся с правой стороны работы, пропустить *справа налево* через вторую и третью бисерины от конца VII ряда, а затем иголку с ниткой вывести через вторую бисерину VIII ряда *слева направо*, перевернуть изделие и таким же образом продолжать плетение IX и X рядов согласно рис. 65ж. После окончания плетения X ряда иголку с ниткой пропустить через IX ряд *справа налево*, сделав два-три петельных узелка. Далее нитку пропустить до конца IX ряда и аккуратно обрезать «под корень». (Во всех видах плотного плетения нитку не оплавлять!) Второй конец нитки заделать таким же образом. После заделки нитки перевернуть изделие так, чтобы I ряд был наверху для плетения нижнего участка сужения. Для начала плетения этого участка новую нитку с иголкой пропустить через I ряд *справа налево*, сделав для ее закрепления 2–3 петельных узелка, а свободный конец обрезать «под корень».

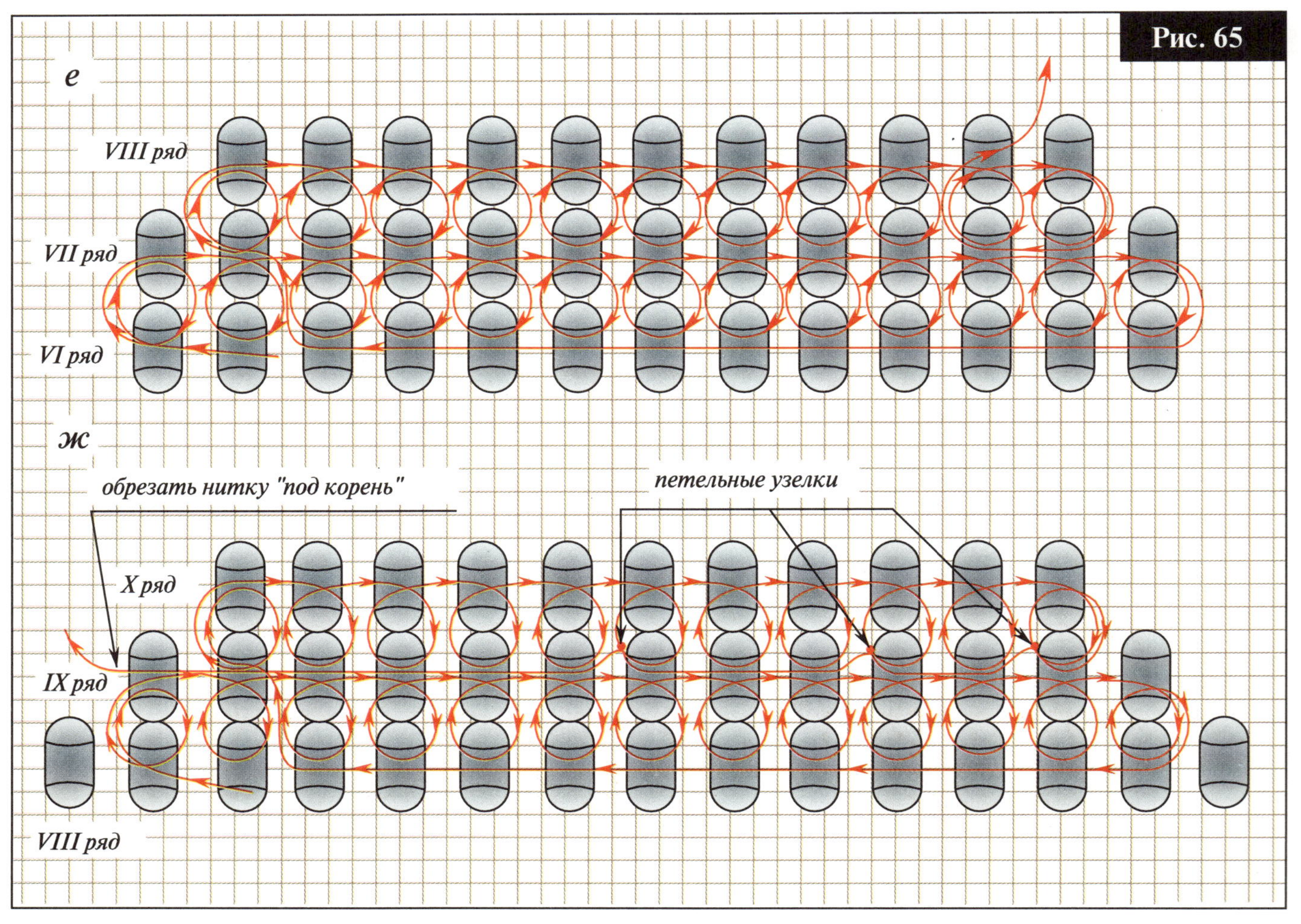

Вести плетение аналогично верхнему участку сужения.

Если форма образца или изделия усложнена, то целесообразно разделить работу на две части (рис. 66). Сначала изготовить каждую часть отдельно в соответствии с изложенной техникой, а затем соединить их вместе. В одной из частей (любой) рабочую нитку можно не заделывать, а соединить ею обе части образца или изделия (рис. 67).

Работа с бисером, особенно в плотном плетении, требует терпения. Следите за чистотой и качеством. Прямые участки должны быть ровными, что достигается хорошей калибровкой бисера, правильным подбором цвета ниток, равномерным натяжением нити и аккуратностью ее заделки.

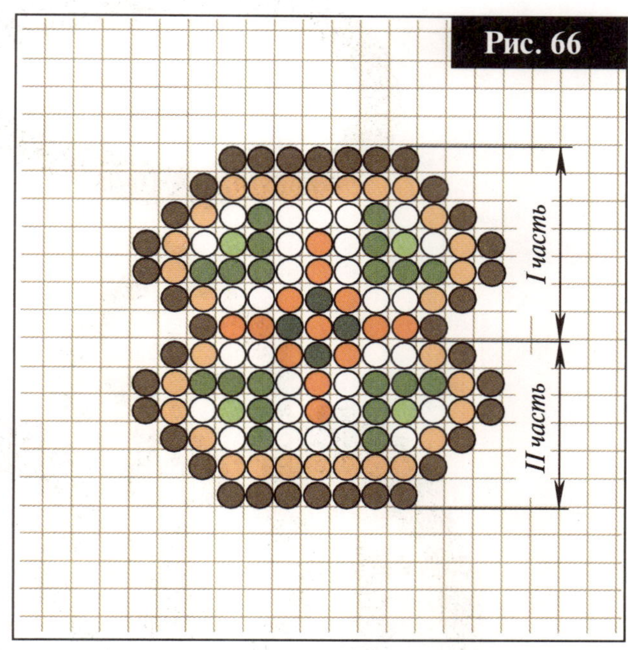

Рис. 66

Рис. 67

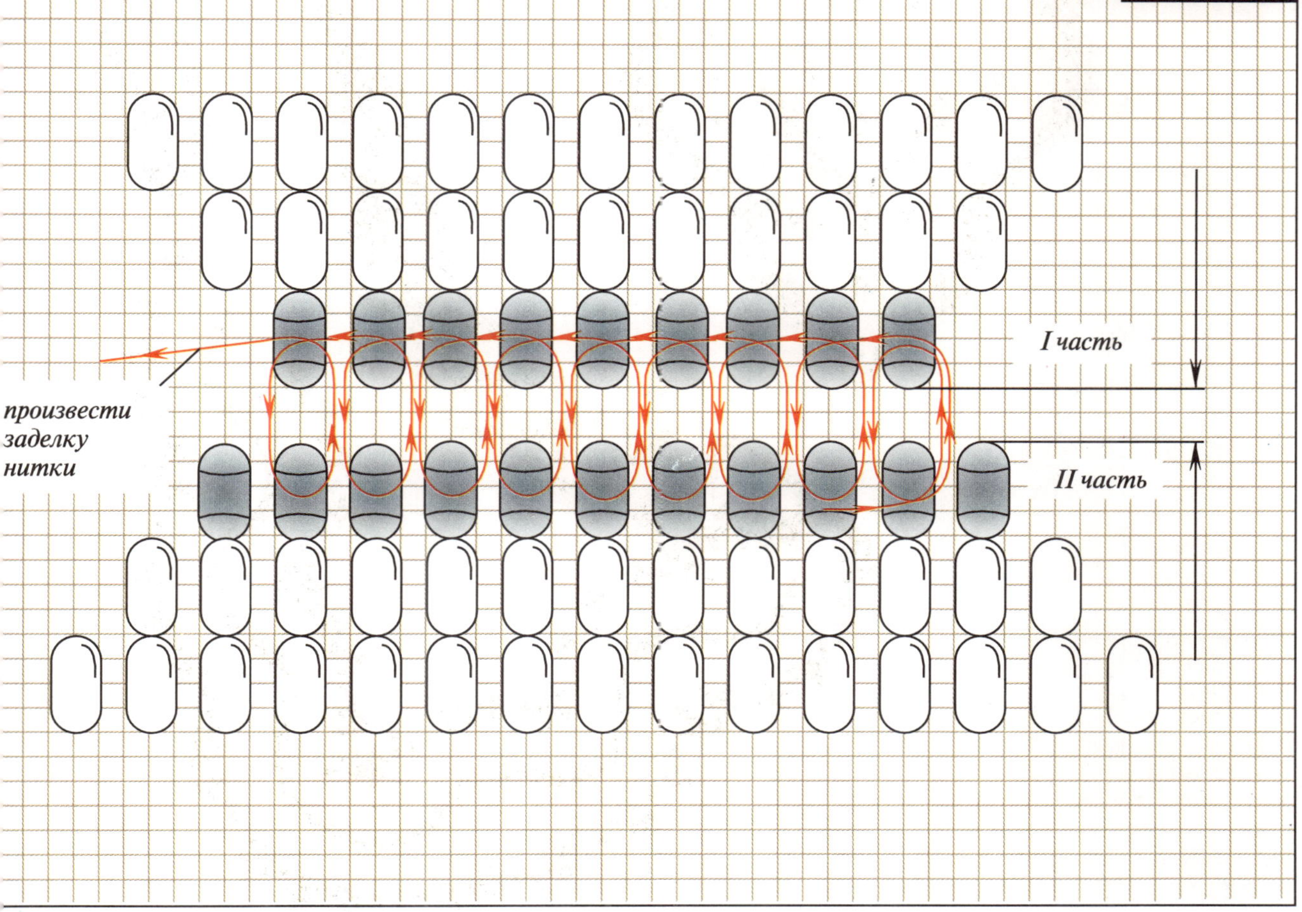

I часть

II часть

произвести заделку нитки

Новикова Н.Н.
Миниатюра «Колокольчик».
Техника – прямое гобеленовое плетение.

Ступакова А.Ю.
Колье «Волна».
Техника – «жабо» с использованием прозрачного стекляруса, спиральные жгуты с прозрачным стеклярусом, переходящие через цепочки «квадратик» в мозаичный жгут

Новикова Н.Н.
Кулон «Камея».
Медальон кулона с камеей на сером фоне выполнен в технике прямого гобеленового плетения. Для более четкого отделения фона от рамки медальона, выполненной в синем тоне с жемчужными просветами, между рамкой и фоном проложен бесцветный хрустальный бисер. Цепочка выполнена в технике плетения цветочков на шести бисеринах, одноцветная

Брусова Е.Г.
Лента «Морская».
Техника ажурного плетения в одну ячейку (ромб)

Ткачество

В технике ткачества можно изготовить много разных изделий: гайтаны, кулоны, колье, галстуки, налобные ленты, пояса, браслеты, различные футляры, очечники, обложки для книг, рамки для фотографий и многие другие украшения одежды и быта, но самое главное, что эта техника позволяет изготавливать миниатюры и небольшие гобелены.

Для этого вида техники необходим специальный настольный станок. Его разборный вариант приведен на фотографии.

Станок включает в себя:

1 – ролики деревянные со стальными кнопками (типа канцелярских, но со скругленными головками, слегка выступающими) – 2 шт.;

2 – оси роликов (стальные) с нарезкой с обеих сторон (для гаек) – 2 шт.;

3 – шпильки (стальные) с нарезкой (шаг 1 мм или 1, 5 мм) для натяжения нитей основы и на концах с резьбой для гаек – 2 шт.;

4 – щечки станины (металлические или из других материалов), на которой крепятся оси с роликами и шпильки – 2 шт.;

Станок

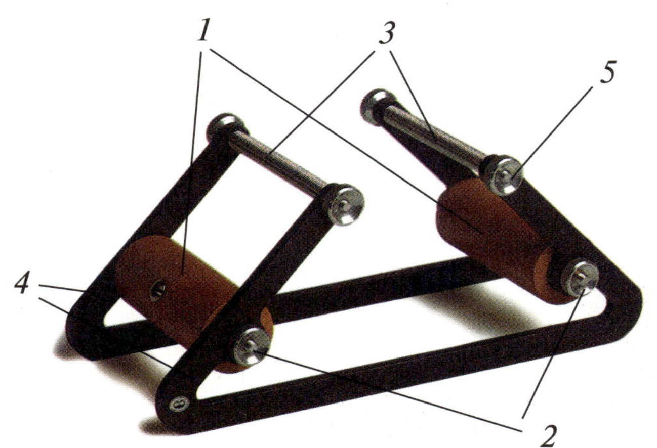

5 – гайки (с накаткой или барашки) для крепления осей и шпилек – 8 шт.; шайбы – 8 шт. (при необходимости).

Такая конструкция станка с роликами позволяет плести изделие практически любой длины. Если сменные ролики и соответственно оси и шпильки сделать большей длины, то это позволит изготавливать более широкие изделия.

Все образцы и изделия выполняются по рисункам или схемам. Рисунки можно использовать как предназначенные для вышивки крестом, так и любые другие, но выполненные по клеточкам сетки.

Подготовка станка к работе

- Собрать станок.
- Затянуть 4 верхние гайки (в процессе работы они не используются).
- Не сильно затянуть 4 нижние гайки. При работе, как правило, используются (ослабляются) две нижние правые гайки (чтобы можно было проворачивать ролики). После поворота роликов эти гайки снова должны быть затянуты.

Приемы плетения различных форм изделий несколько отличаются друг от друга.

Для овладения приемами плетения в технике ткачества следует подготовить станок к плетению учебной ленты шириной, например, в 11 бисерин с выбранным орнаментом (рис. 68). Для образца следует подготовить 2–3 рисунка с орнаментом, сохраняя принятую ширину ленты (11 бисерин) неизменной. Это нужно для отработки использова-

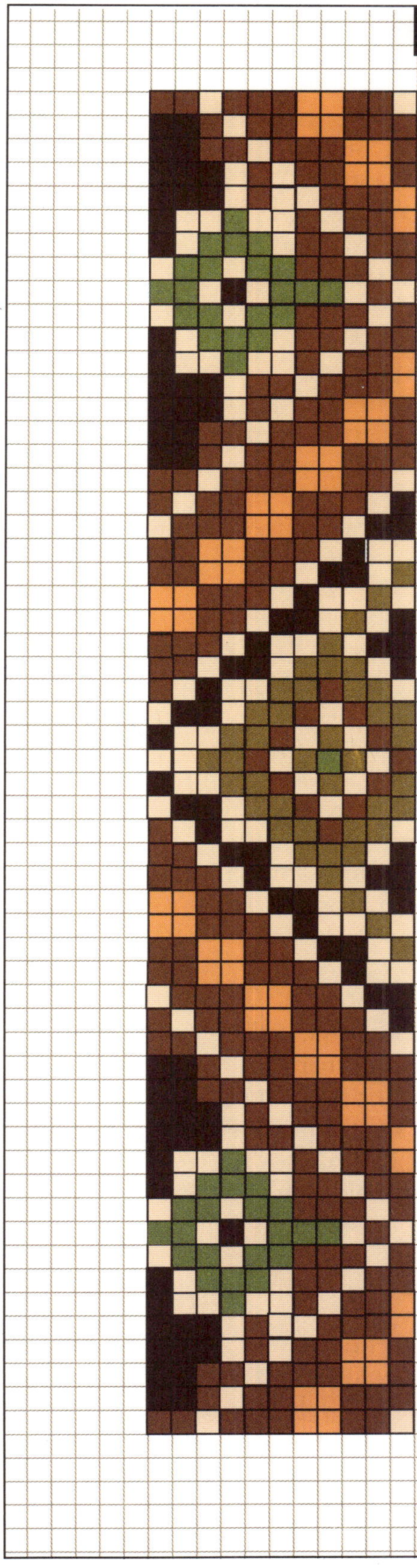

Рис. 68

ния бисера разных цветов, так как размер бисера в этом случае подбирать труднее.

Для определения длины нитей основы нужно к длине изделия прибавить 50 см (для любого вида изделий).

В нашем случае выбрана длина нити основы – 100 см. Такую длину должна иметь каждая нить основы. Количество этих нитей должно быть равно числу бисерин в ряду плюс одна дополнительная. То есть если в рисунке по ширине 11 бисерин, то нужно готовить 12 нитей основы. Длина дополнительной нити такая же.

Каждую нить основы и рабочую нить обработать пчелиным воском. Нитка, обработанная воском, оберегается от влаги, упрочняется (не мохрится) и менее скручивается при натягивании основы.

Натягивание нитей основы

Завязать узлом с одного конца все нити основы.

Разделить все количество ниток на две половины и узлом зацепить за кнопку переднего ролика (рис 69). В случае нечетного количества ниток большее их число (на одну нитку) должно находиться с левой стороны кнопки.

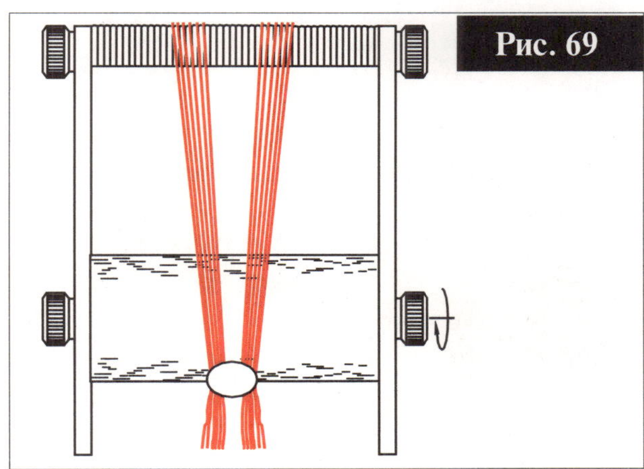

Рис. 69

Положить нитки на резьбу шпилек. Правую гайку переднего ролика немного ослабить, чтобы ролик можно было вращать. Прижать пальцами правой руки все нитки к резьбе передней шпильки, а пальцами левой медленно вращать ролик, наматывая на него нитки.

Когда ролик провернется так, что кнопка окажется на лицевой его стороне, то есть повернутой к исполнителю, проложить между кнопкой и нитками основы отрезок плотной бумаги (типа чертежной)* и продолжать вращать ролик, сохраняя прежний натяг участка ниток основы. Таким образом нужно наматывать нитки на этот ролик до тех пор, пока концы ниток не достигнут кнопки второго ролика.

* Это делается для того, чтобы кнопка не портила изделие при его перемотке. Размер прокладываемой бумаги должен быть таким, чтобы все нитки основы размещались на этом отрезке (длина немного короче длины ролика, а ширина такой, чтобы бумага не полностью огибала ролик).

Завязать узлом второй конец ниток основы и зацепить этот узел за кнопку на втором (противоположном) ролике, разделив пополам количество ниток основы. (Дополнительная нитка должна находиться в той же половине, как и на первом ролике.)

Гайку второго ролика слегка ослабить и провернуть оба ролика двумя руками в разные стороны, чтобы натянуть нитки.

Затянуть (не сильно) гайки закрепления роликов.

Длинной булавкой или иголкой расправить нитки на шпильках.

Каждая нитка должна находиться между зубцами нарезки. Между нитками не должно быть свободных зубцов. Если бисер крупный, то нитки укладывать через два зубца или изготовить для этой цели дополнительные шпильки к станку с более крупным шагом.

Нитки должны лежать параллельно друг другу и так, чтобы их можно было натягивать с помощью одного из роликов.

Прокрутить не заполненный нитками ролик на себя, наматывая на него нитки (на 2 – 2, 5 оборота).

Таким же образом, как и на первом ролике, проложить бумагу между кнопкой ролика и нитями основы.

Затянуть гайку противоположного (первого) ролика.

Расправить нитки на шпильках.

Вторым роликом натянуть нитки и затянуть гайку этого ролика. Натяг ниток время от времени проверять, нажимая на нитки основы ребром кисти руки. Нитки при этом не должны продавливаться.

Станок готов к работе.

Материалы, необходимые для работы на станке

Для работы на станке следует приготовить:

рисунок, по которому осуществлять плетение образца;

салфетку, на которой разложен бисер;

бисер (откалиброванный) необходимых цветов;

воск пчелиный;

ножницы;

нитки капроновые, нужного цвета;

иголки низальные;

булавки с круглыми головками (для дальнейшей калибровки бисера);

рабочую нитку длиной 110–120 см, обработанную пчелиным воском с иголкой на конце;

линейку для «подбивания» рядов (металлическую или пластмассовую).

Работа на станке

Плетение ведется на наклонном участке станка, между передним роликом и шпилькой.

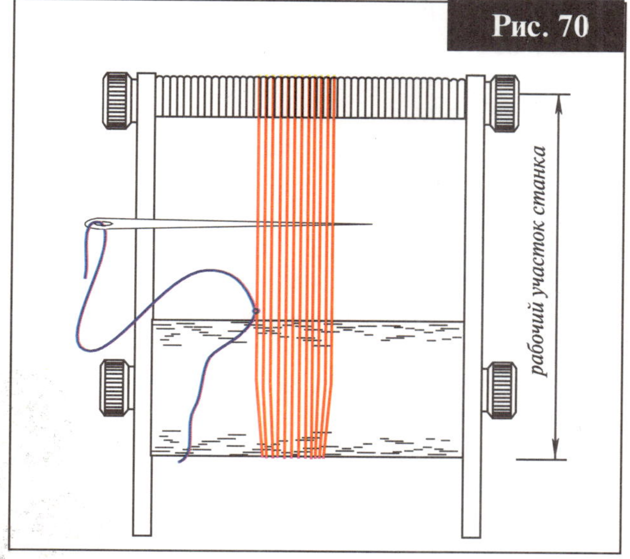

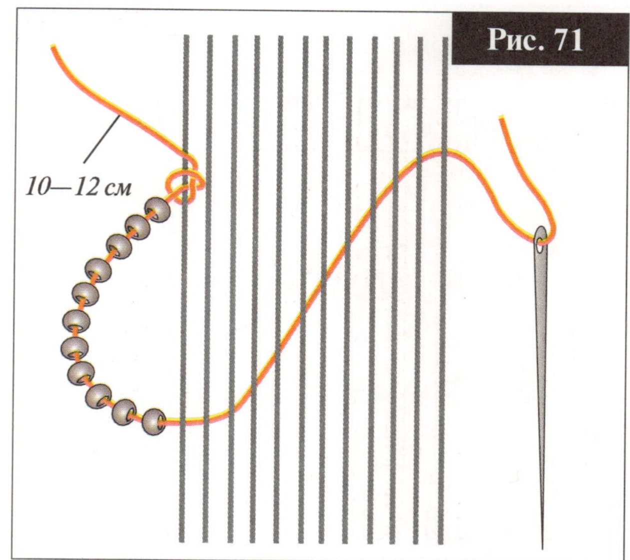

Привязать свободный конец рабочей нити к первой нити основы с левой стороны, оставив свободным конец рабочей нити длиной 12–15 см для последующей заделки. Узелок должен находиться на 1–2 см выше ролика (рис. 70).

Для плетения первого ряда *прямого участка* образца с орнаментом набрать на иголку с рабочей ниткой 11 бисерин и пропустить ее вместе с нанизанными бисеринами *сзади* нитей основы (рис. 71).

Немного потянуть рабочую нитку вправо так, чтобы каждая бисерина оказалась между двумя нитями основы. Прижать бисерины указательным пальцем левой руки сзади нитей основы, что-

На станке начало плетения гайтана «Утренняя роза». (автор Новикова Н.Н.)

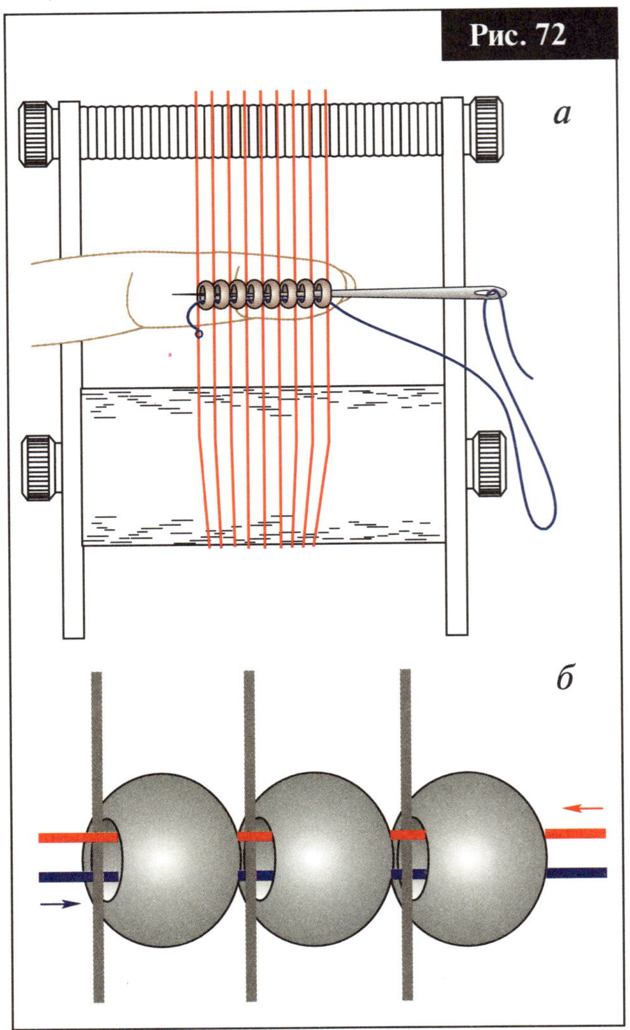

бы они зафиксировались в этом положении (рис. 72а).

Пропустить иголку в обратном направлении через все бисерины ряда *перед* нитями основы (рис. 72б). Иголку следует пропускать по верху отверстия бисерин, чтобы не прокалывать ранее пропущенную через них нитку.

Осторожно притянуть рабочую нитку (чтобы крайние нити основы оставались параллельными всем нитям), и выровнять бисерины этого ряда, аккуратно «подбивая» весь ряд снизу и сверху линейкой. Теперь этот ряд бисера закреплен на основе.

Для плетения второго ряда снова набрать на иголку с ниткой 11 бисерин, пропустить ее вместе с нанизанными бисеринами *сзади* ниток основы. Далее работу нужно вести так, как было указано ранее (после плетения первого ряда). Таким образом продолжать плетение прямого участка. Каждый ряд выравнивать, «подбивая» линейкой.

Когда сплетенная часть изделия приблизится к шпильке, следует немного ослабить гайки роликов (правые) и прокрутить передний ролик для того, чтобы опустить верхний ряд сплетенного участка ближе к ролику. (Изделие наматывается на ролик.)

Натянуть нитки и затянуть гайки роликов.

Борзова А.Д.
Гайтан «Розы».
Выполнен в технике ткачества с использованием нескольких цветов бисера. Мастер свободно расположила рисунки на медальоне и лентах без ограничения фона, что особенно выделило рисунок. Бахрома выполнена цепочками «квадратик»

Заделка и обновление рабочей нити

Если рабочая нить кончается, то надо произвести ее заделку.

После окончания последнего сплетенного ряда пропустить иголку с рабочей ниткой через 2–3 бисерины *предпоследнего ряда слева направо* (рис. 73а).

Притянуть рабочую нить и зацепить за нить основы, сделав «скользящий» узелок (рис. 73б). Слегка потянуть рабочую нить вниз, чтобы сделанный узелок спустился по нити основы и оказался между двумя соседними бисеринами, где он не будет заметен.

Если изделие широкое, то таких узелков нужно сделать три, распределив их по длине ряда, если узкое, то два.

Иголку с ниткой вывести с правой стороны плетения, притянуть нитку и обрезать ее «под корень».

Подготовить новую нить с иголкой.

Пропустить иголку через 2–3 бисерины с правой стороны последнего ряда. Зацепить иголкой нить основы и сделать «скользящий» узелок (рис. 74).

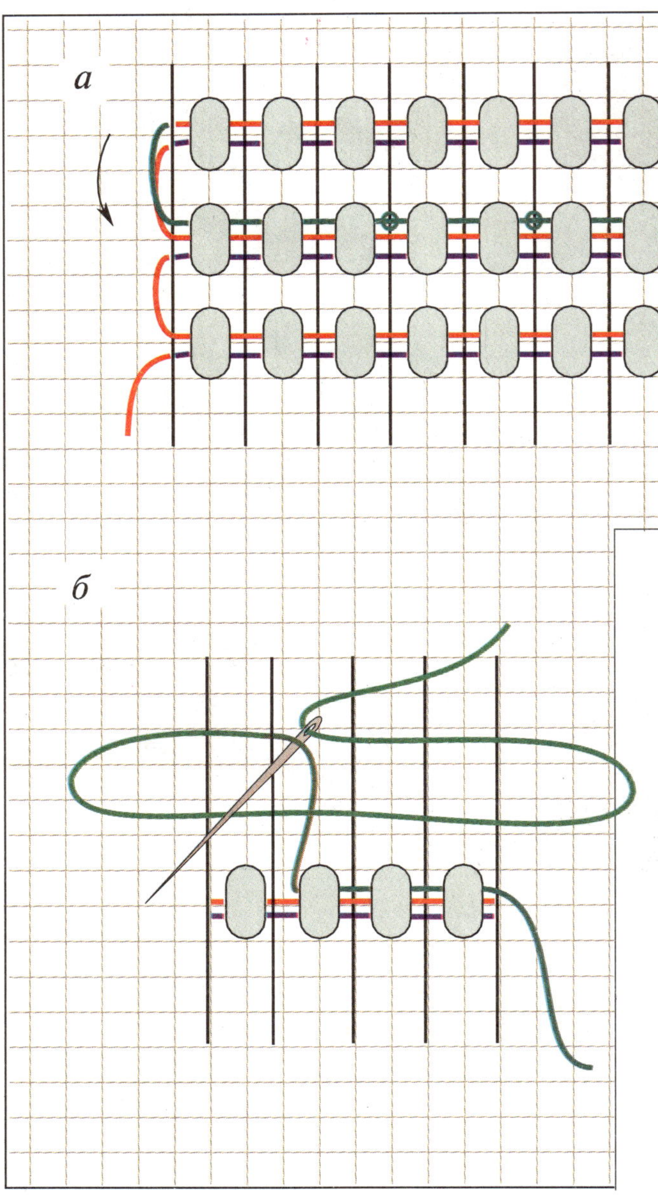

Как было сказано ранее, сделать еще один-два «скользящих» узелка по этому ряду и вывести иголку с ниткой влево.

Свободный конец новой нитки с правой стороны обрезать «под корень».

Теперь можно продолжать плетение.

Если по рисунку изделие сужается (уменьшается число бисерин в ряду), то нужно перестать использовать первую и последнюю нить основы, пока работа не будет закончена, а затем заделать эти нити.

Во время работы необходимо следить, чтобы края ленты были ровными.

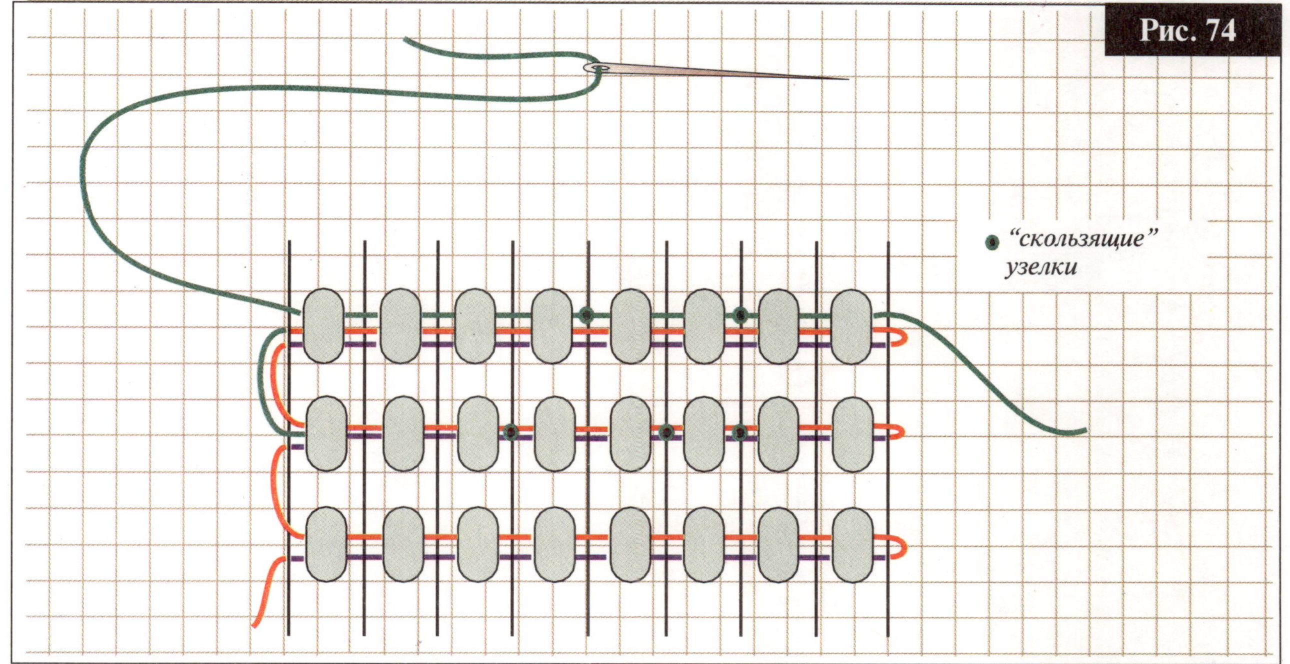

Рис. 74

Если они искривляются даже немного, следует распустить несколько рядов, заменить бисерины, вызывающие искривление, и возобновить работу. Тканые изделия только тогда красивы, когда они выполнены чисто и края их ровные.

Плетение наружных уголков и внутренних скосов

Если необходимо сплести медальон в виде уголка или усложненной уголковой формы, то плетение можно *начать* с вершины уголка или перейти от сплетенного прямого участка к плетению уголка вниз или вверх от него. На рис. 75а показано, как начинать плетение с уголка.

Когда по схеме количество бисерин нечетное, плетение уголка начинать с нечетного количества бисерин (с одной, трех, пяти). Если в ряду четное количество бисерин, то уголок начинают плести с двух или четырех бисерин.

Рабочую нить закрепить на нити основы, оставив ее начальный конец длиной 10–12 см для последующей заделки. После окончания плетения эту нить вдеть в иголку и пропустить в обратном направлении (слева направо) через начальную бисерину уголка, как показано на рис. 75б, и заделать эту нить. В этом случае нитка по контуру уголка будет видна. Такой способ плетения уголка лучше применять тогда, когда на медальоне (уголке) предусмотрено сделать подвески (бахрому), потому что они закроют нитку по контуру уголка. Если подвески не предусмотрены, то нити по контуру уголка рекомендуется проводить так, как показано на рис. 75а. Здесь *красным* цветом обозначена часть рабочей нити, проходящая перед нитями основы, а *синим* – часть, проходящая сзади нитей основы.

Если надо перейти к плетению уголка от сплетенного прямого участка вниз, нужно передвинуть сплетенный участок изделия вверх (проворачивая ролики). Закрепить ролики. Проверить натяжение нитей и плести согласно рис. 76а.

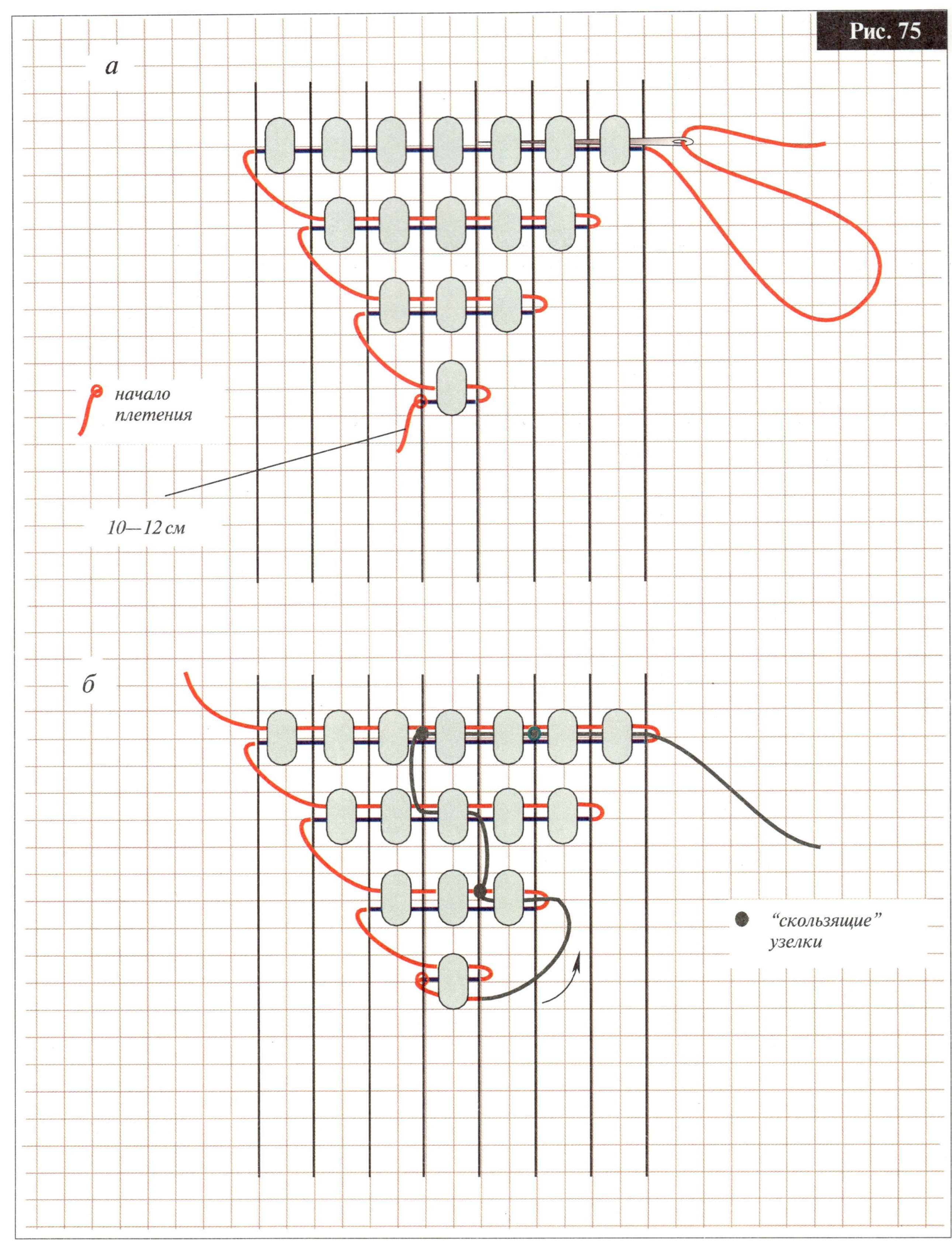
Рис. 75
а
начало плетения
10—12 см
б
"скользящие" узелки

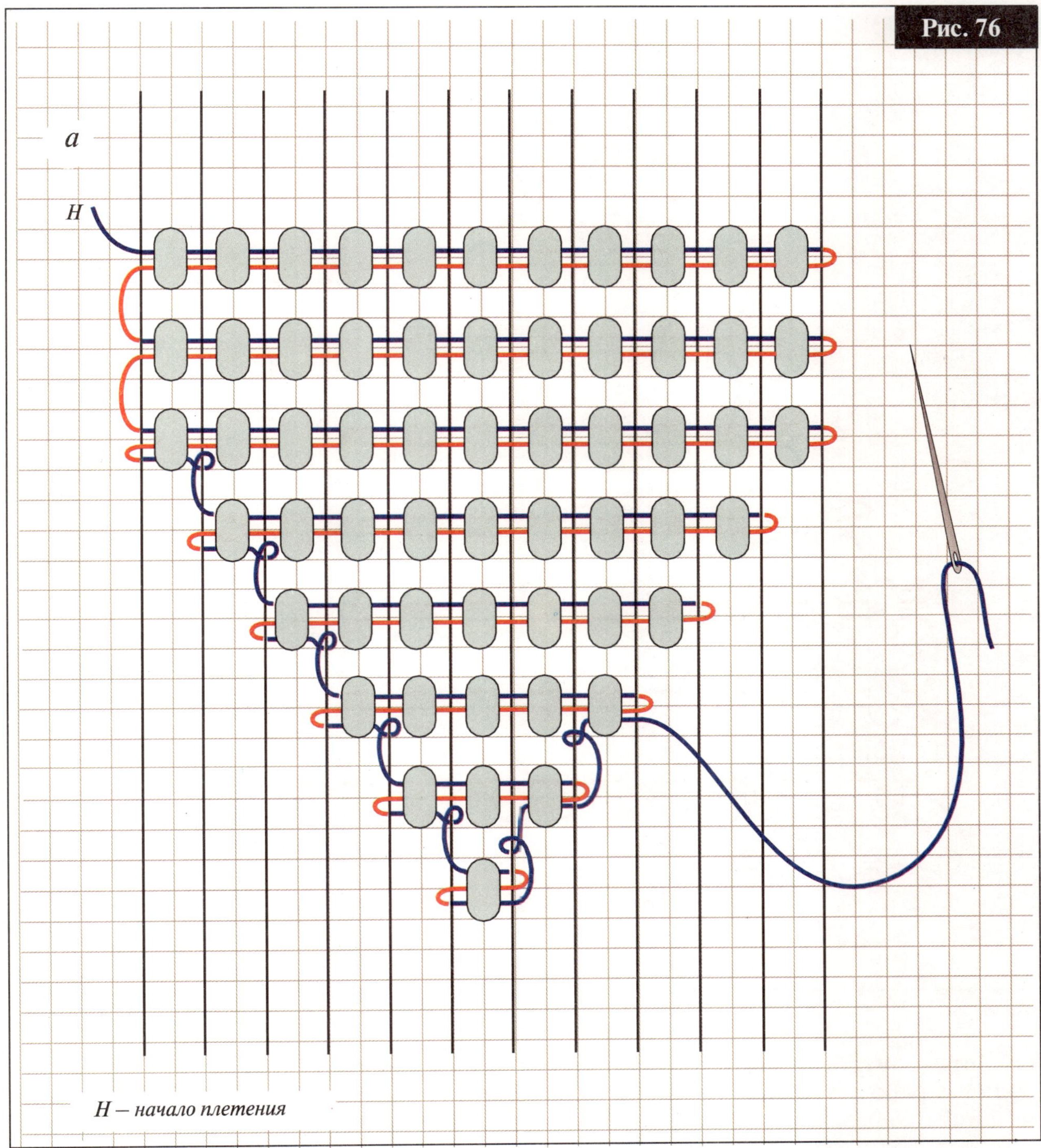

Если же нужно сплести уголок вверх от прямого участка, то его плетение ведется согласно рис. 76б после перемещения сплетенного участка вниз.

Внутренние скосы плести в соответствии с рис. 77.

Раздвоение ленты

Достигнув точки (бисерины) разделения ленты пополам (при плетении гайтана), следует сдвинуть половину нитей основы на два зубца (на шпиль-

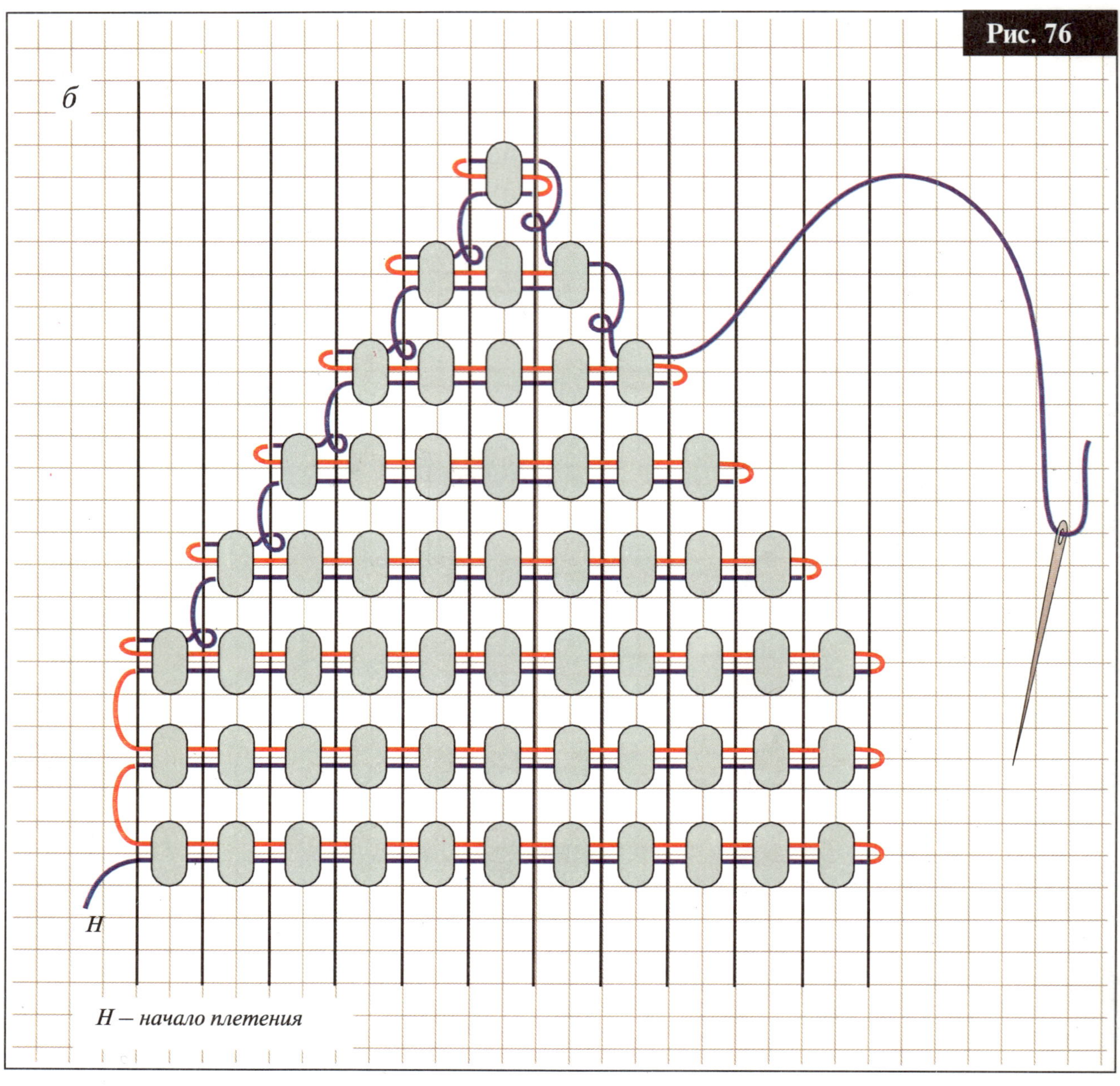

Н – начало плетения

ке) вправо, чтобы было удобнее, и продолжать работу только с левой половиной нитей основы (рис. 78) до достижения необходимой длины этой половины ленты.

Затем перемотать сплетенную работу обратно до начала ряда раздвоения, закрепить ролики, поправить нити основы правой стороны (вернув их на два зубца влево) и проверить их натяжение.

Для работы с правой половиной изделия иголку с новой подготовленной ниткой пропустить через одну – три бисерины (в зависимости от ширины изделия) последнего ряда неразделенного участка плетения *справа налево*. Закрепить рабочую нитку и вывести ее к точке (бисерине) разделения. Притянуть нитку и продолжать плетение правой половины аналогично левой.

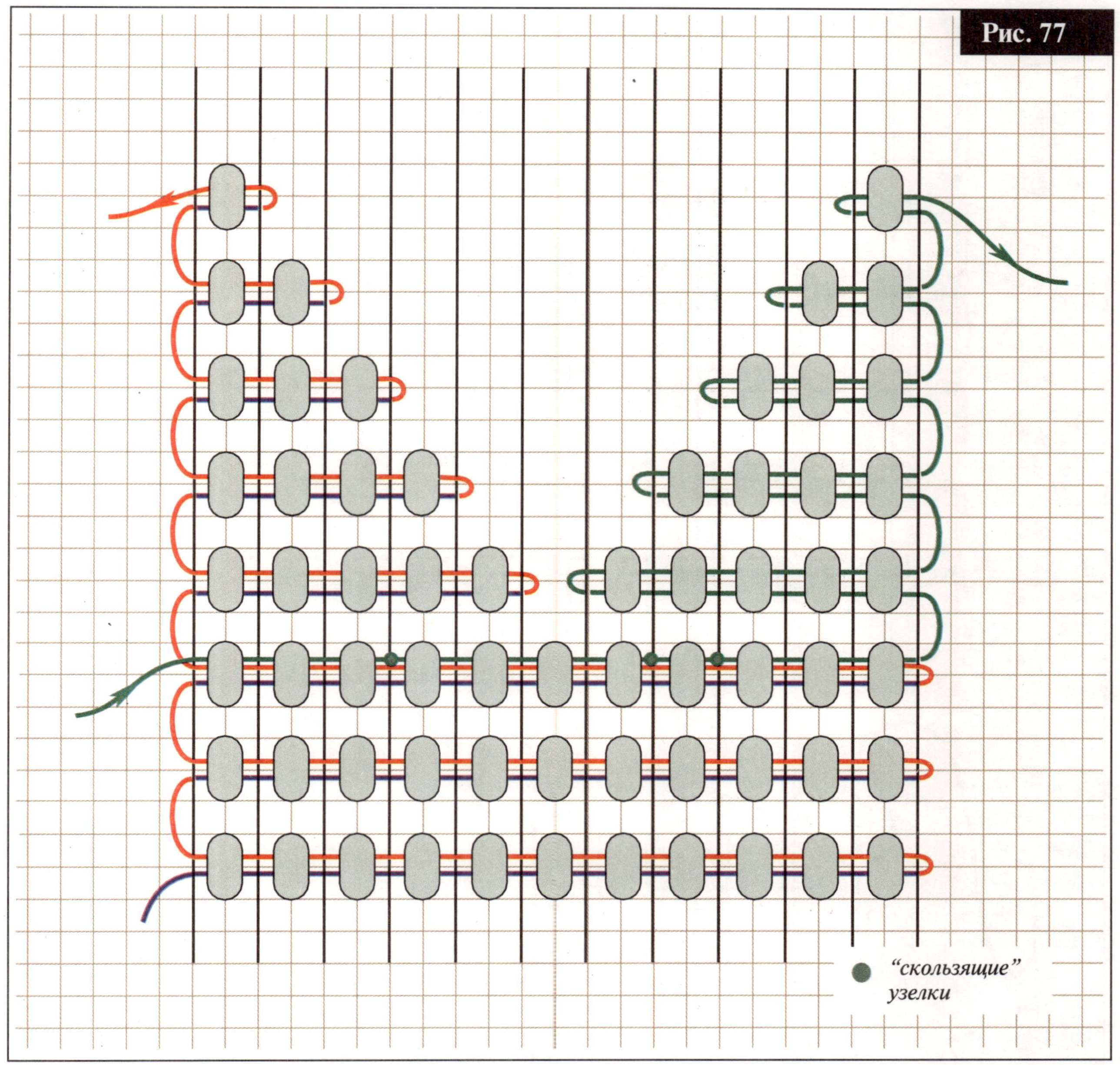

Боковые подвески (бахрома)

При изготовлении шейной ленты иногда нужны подвески (бахрома). Эти подвески можно выполнять просто нанизанным на нитку бисером (отдельно или в виде петель), а также использовать различного вида цепочки. Их плетение и закрепление на ленте показано на рис. 79 а, б, в. Плести их нужно по схеме на рис. 79а до снятия изделия со станка, а по рис. 79б, в – после снятия со станка.

Окантовка изделия

При желании можно окантовать изделие (или его часть) другим цветом бисера. Для этого, а также для исправления незначительных неровностей его краев мож-

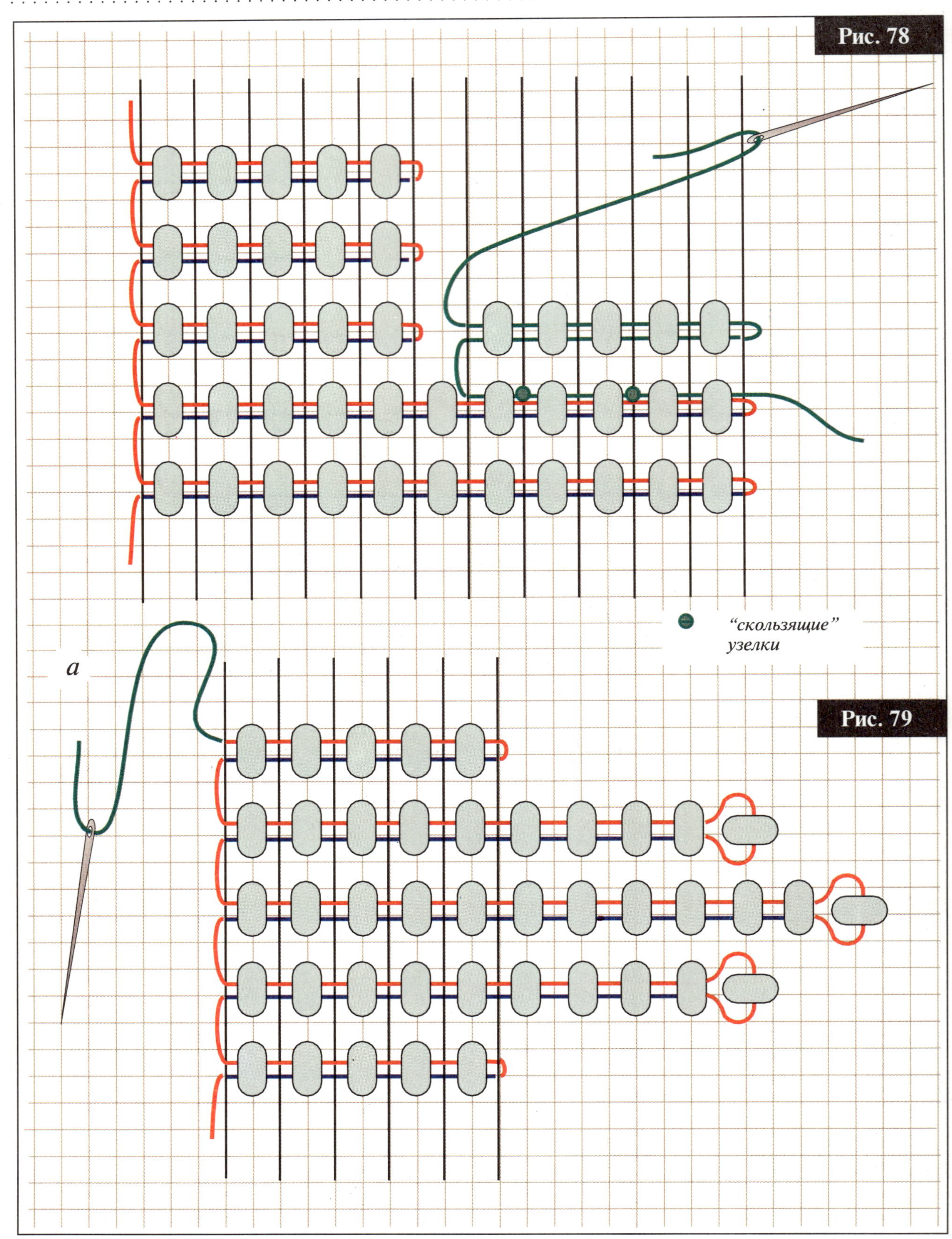
Рис. 78
“скользящие” узелки
а
Рис. 79

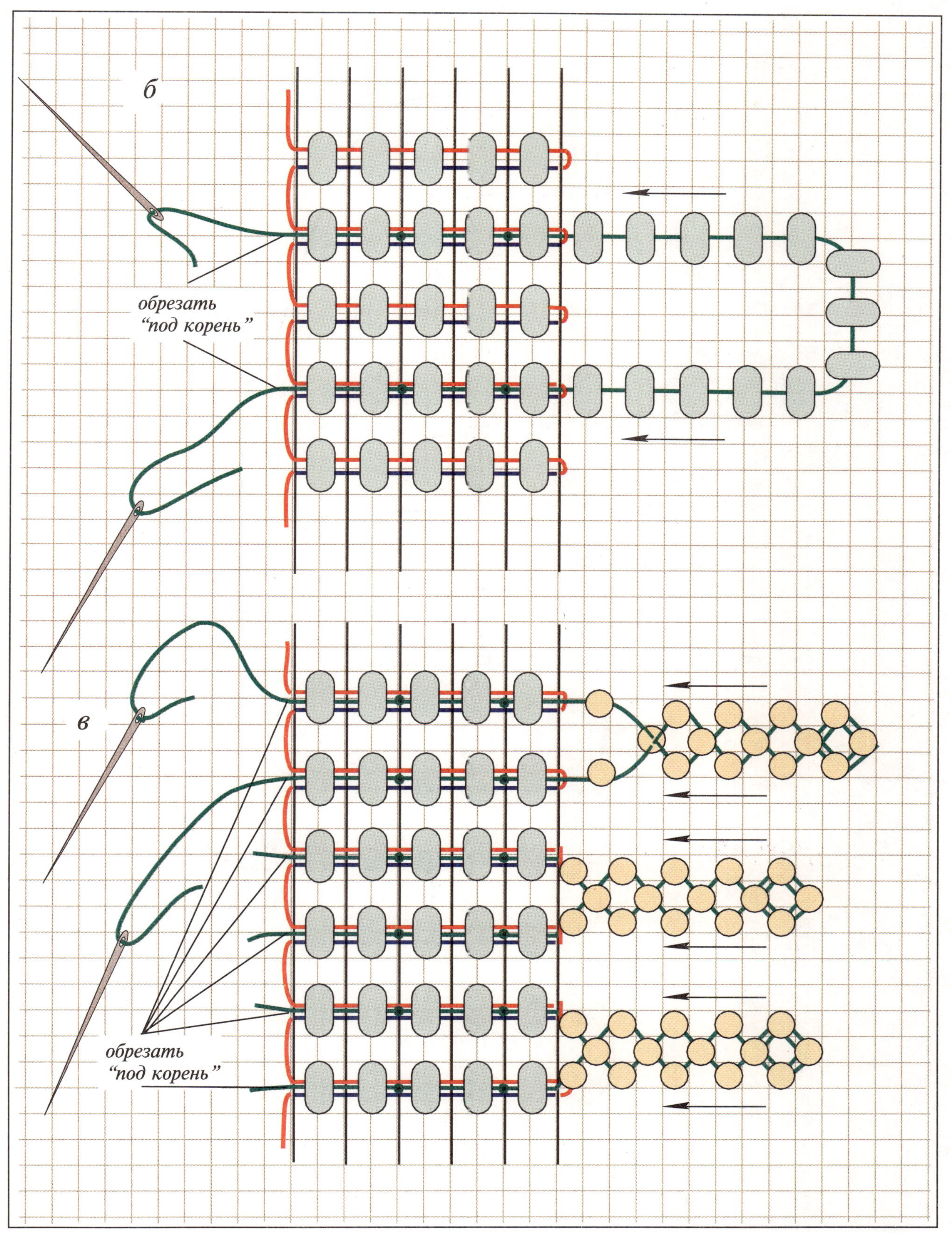
б
обрезать
"под корень"
в
обрезать
"под корень"

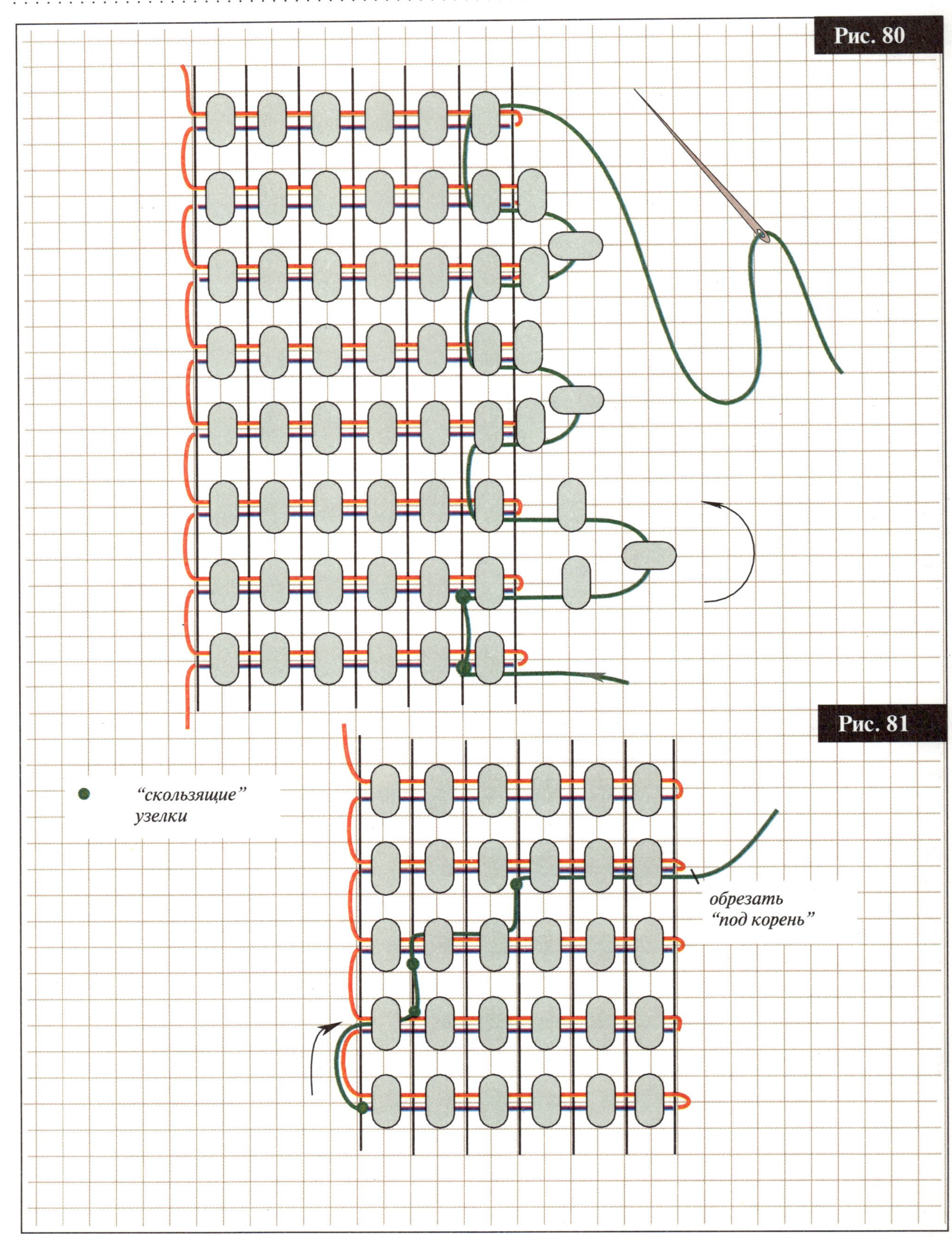
Рис. 80
Рис. 81
"скользящие" узелки
обрезать "под корень"

но доплести кант согласно рис. 80. Это можно делать как до снятия изделия со станка, так и после него.

Заделка начального отрезка рабочей нити

Начальный отрезок рабочей нити, оставленный в начале плетения прямого участка (10–12 см), вставить в иголку, для его заделки пропустить иголку через 2–3 бисерины (рис. 81) второго ряда ленты и сделать «скользящий» узелок. Над этим узелком провести нитку вверх до третьего или четвертого ряда, пропустить иголку через две-три его бисерины. Притянуть нитку. Снова сделать «скользящий» узелок и вывести иголку с ниткой через остальные бисерины этого ряда *вправо*. Притянуть нитку и обрезать ее «под корень».

Снятие изделия со станка

После окончания плетения и заделки рабочей нитки (на медальоне, на ленте, на раздвоенных лентах) изделие необходимо снять со станка. Для этого ослабить гайки роликов, перемотать изделие на один из роликов и аккуратно обрезать нитки основы у кнопки освободившегося ролика. Затем, осторожно прокручивая другой ролик, освободить его кнопку и обрезать нитки основы возле этой кнопки. Разложить изделие на столе.

Подвески (бахрома) на медальоне и заделка нитей основы

Подвески (бахрому) на медальоне, как и боковые, можно выполнять различными способами: низанием бисера на нитку – прямые или петлями, цепочками «квадратик» или мозаичной

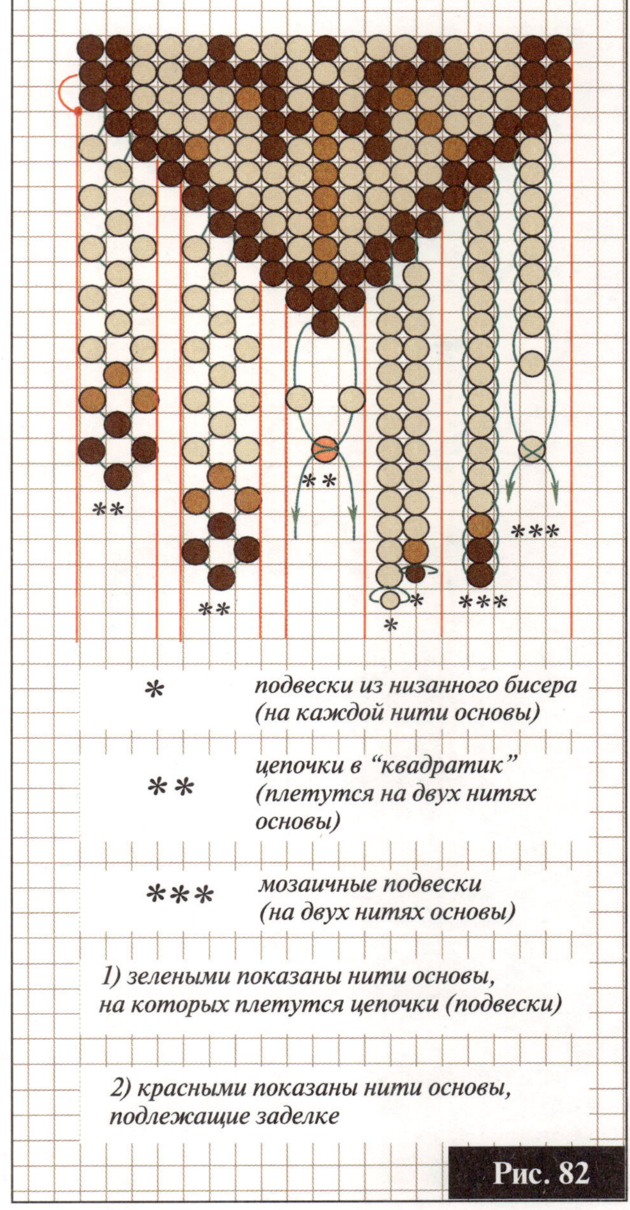

Рис. 82

цепочкой. По желанию их можно располагать плотнее друг к другу по контуру уголка медальона или реже (рис. 82). Длину подвесок выбирает исполнитель. Свободные нитки основы, не использованные для плетения подвесок, заделать, как показано на рис. 83а, б. Если иголка не проходит через какую-нибудь бисерину в ряду, то следует «подниматься» до следующего ряда и там пропускать или проводить иголку, где возможно (огибая бисерину), но

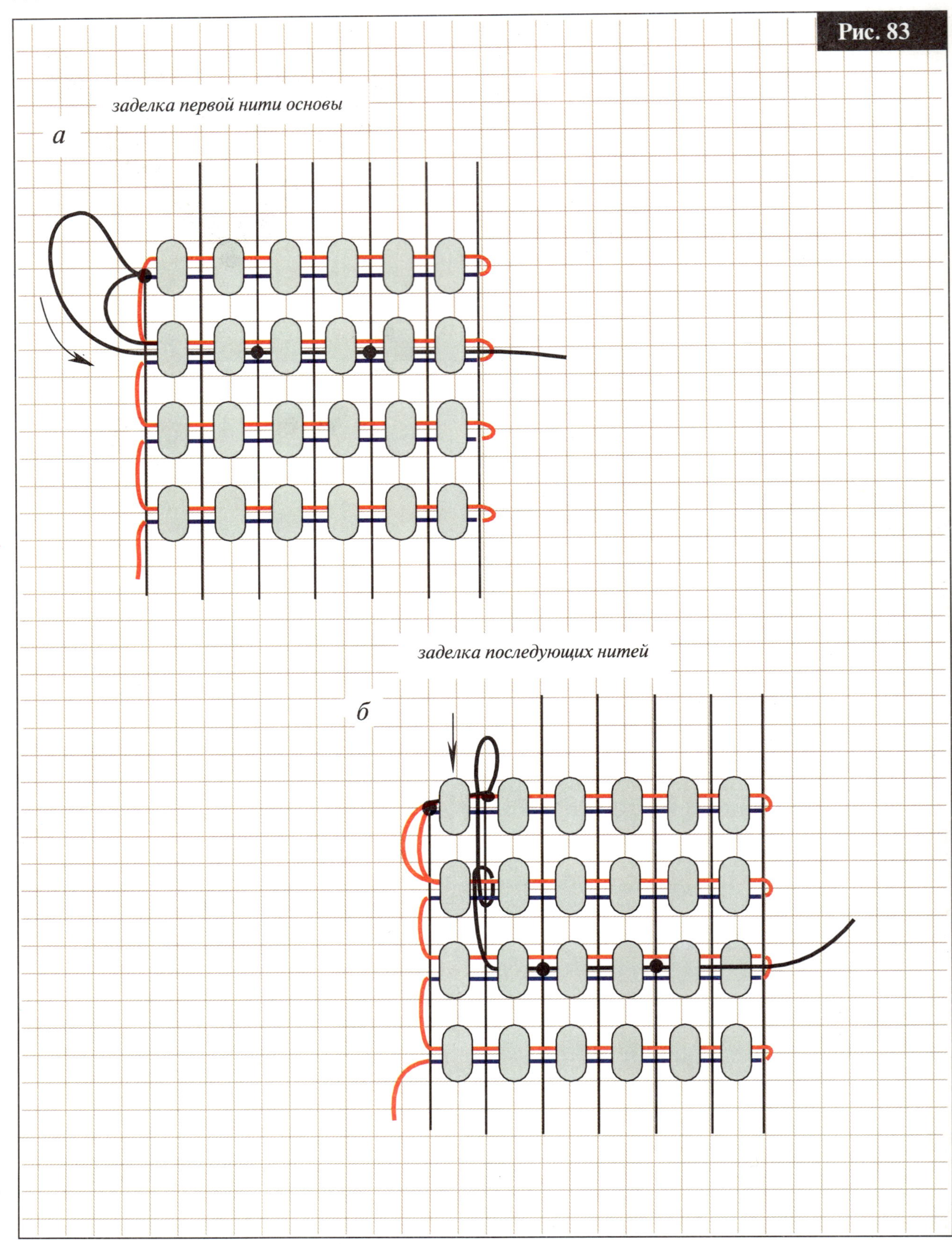
Рис. 83
заделка первой нити основы
а
заделка последующих нитей
б

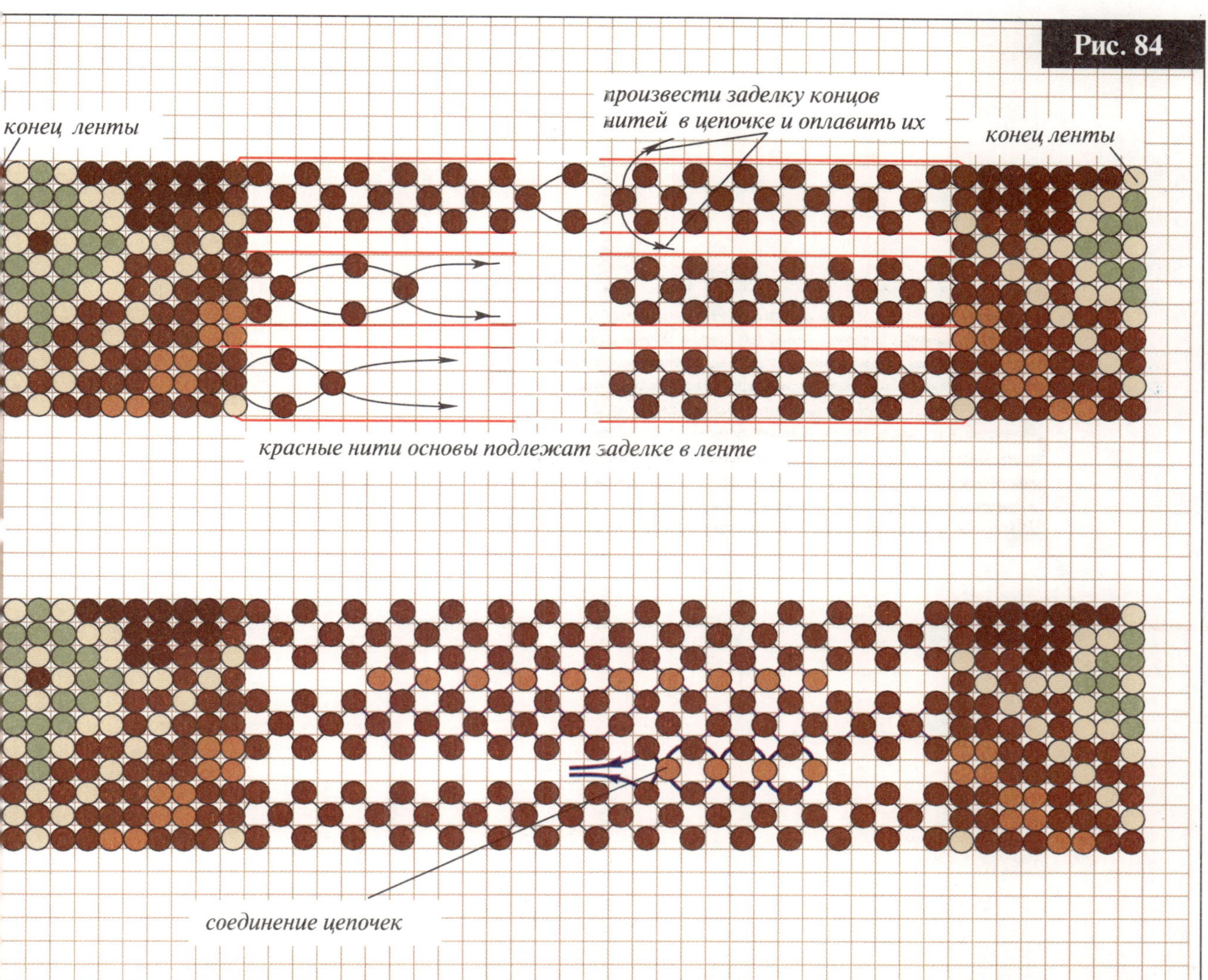

все это выполнять чисто, чтобы нитка не была видна.

Нитки после изготовления подвесок заделывать так же, как при плетении цепочек.

Соединение концов ленты (гайтана или других украшений)

Заделка нитей основы – процесс довольно трудоемкий и достаточно сложный. Рекомендуется соединять концы ленты цепочками «квадратик» (рис. 84а), а затем уже цепочки соединять между собой (получается лента, выполненная, как в технике монастырского плетения, рис. 84б). Каждая пара нитей основы в этом случае заделывается в цепочках, а незанятые в цепочках нити основы – в тканой части изделия, как было указано выше. Между двумя парами нитей основы, используемых для плетения цепочек, следует оставлять, как минимум, одну нить свободной. Ее заделку и производить.

Количество цепочек и их длину определяет исполнитель.

Последовательность соединения должна быть следующей:

1) сплести цепочки на одном из концов ленты и заделать в них нитки, на которых они сплетены (рис. 84а);

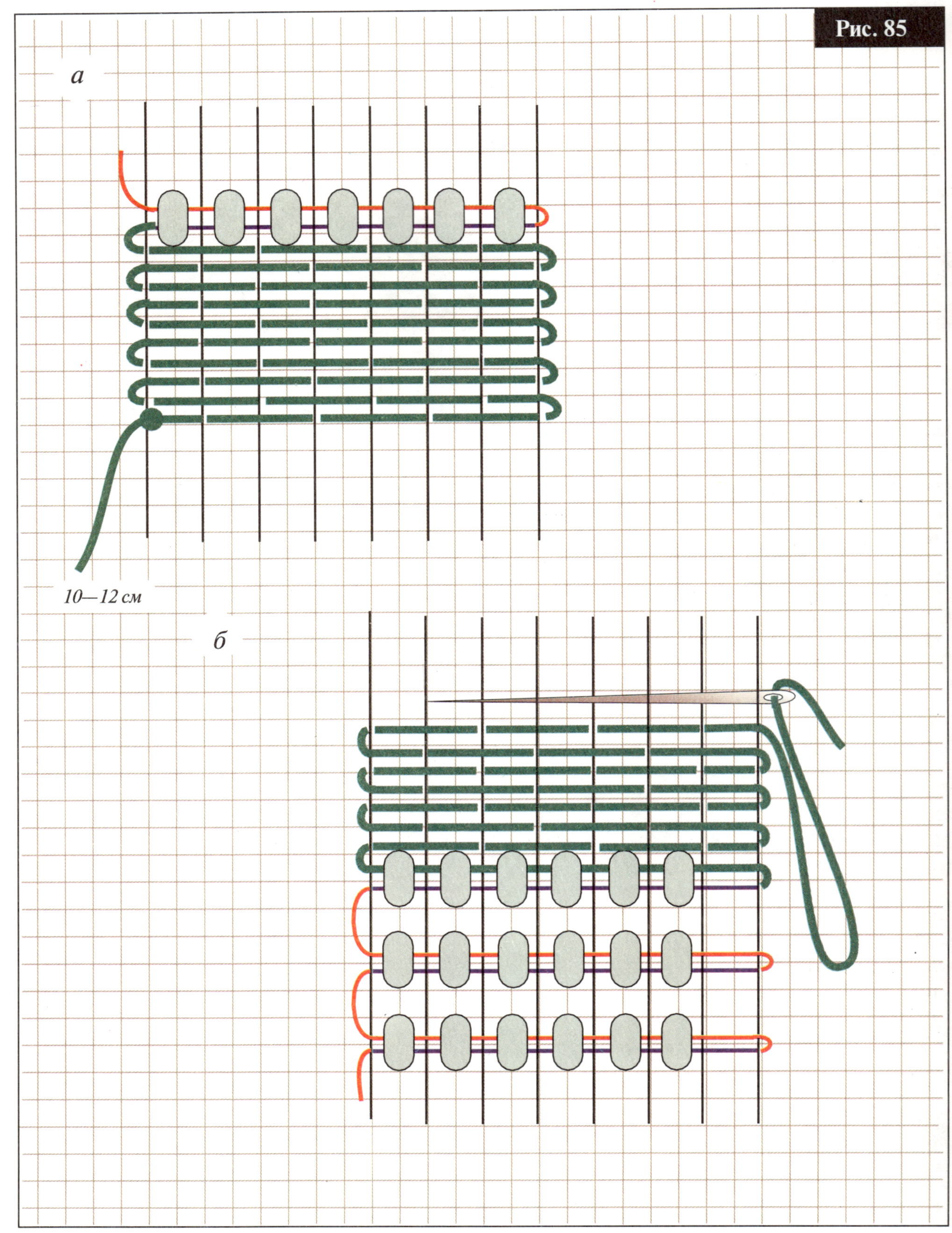
Рис. 85
а
10—12 см
б

2) сплести цепочки на втором конце ленты;

3) соединить цепочки обоих концов лент, разложив изделие на столе (чтобы не ошибиться);

4) заделать нитки в цепочках;

5) заделать нити основы;

6) соединить цепочки между собой в ленту;

7) заделать нитки.

Плетение миниатюр

Начало и окончание плетения миниатюр несколько отличается от плетения украшений.

Начинать и заканчивать миниатюры следует кромками из ниток. Ширина кромок – 8–10 мм. Кромка получается в результате переплетения рабочей нитки и нитей основы, как при штопке (рис. 85а). «Штопка» должна быть плотной.

Для начала «штопки» нитку длиной 140–150 см, обработанную пчелиным воском, с иголкой на конце, привязать к первой нити основы, оставив свободный конец 10–12 см для последующей заделки (так же, как для начала плетения прямого участка). Штопальными стежками сделать первый ряд переплетения ниток – рабочей и нитей основы. На последней нити основы, в конце этого ряда, сделать «скользящий» узелок. Затем плести таким же образом в обратном направлении.

В каждом ряду, который идет *слева направо*, делать один «скользящий» узелок. Его располагать на соседней нити основы каждого такого следующего ряда. В ряду, который идет *справа налево*, «скользящий» узелок делать также на следующей нити основы каждого такого ряда. По окончании «штопки» иголка с ниткой должна быть с левой стороны плетения.

Теперь этой же рабочей ниткой с иголкой начинать плетение с бисером (смотри плетение прямого участка).

В процессе плетения кромки «штопкой» нужно соблюдать следующие требования:

1) ряды «штопки» должны быть ровными и плотно прилегать друг к другу, для чего каждый ряд следует аккуратно «подбивать» линейкой, как и ряды плетения с бисером;

2) следить за тем, чтобы крайние нити основы не были стянуты и оставались параллельными остальным нитям основы;

3) не забывать заделывать начальный отрезок рабочей нитки. Для этого вдеть нитку в другую иголку и пропустить ее штопальными стежками под первым рядом «штопки», делая на каждой нити основы (кроме последней) «скользящий» узелок. На последней нити основы сделать «скользящий» узелок, зацепив при этом иголкой и нитку первого ряда «штопки». Обрезать конец рабочей нити «под корень».

В конце плетения миниатюры выполняется такая же штопальная кромка, как и перед его началом (рис. 85б).

Корчагина Т.Ф. Миниатюра «Розы» выполнена в технике ткачества

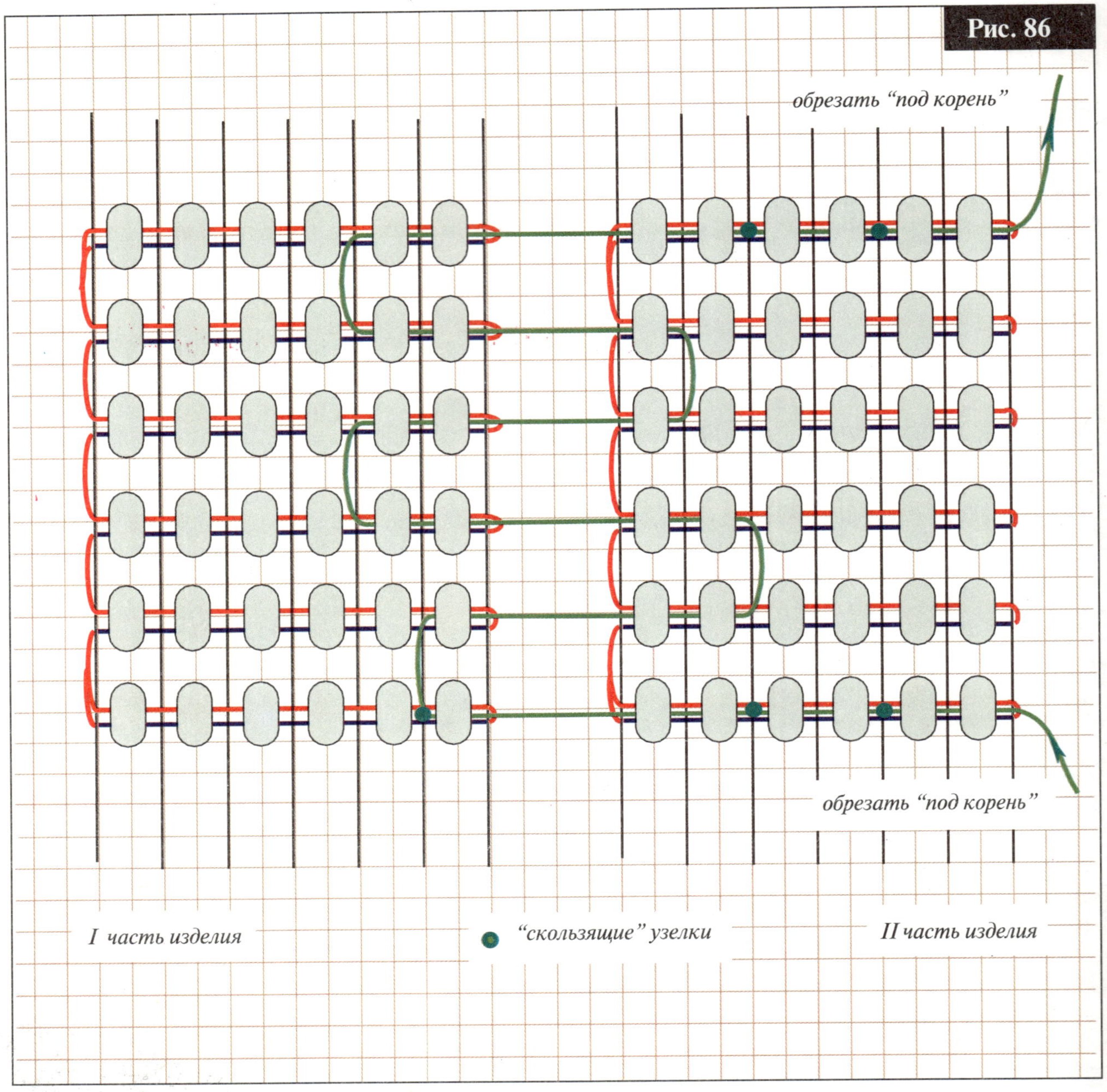

После заделки всех ниток изделие снять со станка, как было указано выше, разложить на столе, подложив под него кусок клеенки или дощечку. Смазать кромки с двух сторон клеем (типа ПВА), дать клею просохнуть, после чего обрезать нити основы с двух сторон изделия до кромок, оставив кончики нитей длиной 4–5 мм.

Перед тем как изделие вставить в рамку, кромки подогнуть.

Стыковка двух частей изделия по ширине

Если станок узкий и желаемое изделие не проходит по ширине, можно плести его из двух отдельных частей, однако бисер в этом случае следует тщательно откалибровать сразу в количестве, необходимом для плетения всего изделия, иначе его части могут не состыковаться.

Обе части соединить согласно рис. 86, учитывая при этом все изложенное ранее по технике плетения.

Последовательность стыковки частей:

1) снять изделие со станка;

2) разложить на столе и соединить две его части, как показано на рис. 86 (не забывать притягивать рабочую нитку);

3) заделать рабочую нить, после чего обрезать ее концы «под корень»;

4) если необходимо сделать подвески на нитях основы, то нужно сплести на них цепочки;

5) заделать оставшиеся нити основы.

Общие дополнения к теме ткачества

Есть несколько общих правил, которые необходимо соблюдать при плетении на станке. Они перечислены ниже:

– рисунок или орнамент изделия выполнять с учетом их возможного искажения, так как бисер, в основном, не круглый; поэтому сетку для нанесения рисунка рекомендуется выполнять самим. Соотношение сторон клеточки должно быть 2:3;

– бисер применять только тщательно откалиброванный;

– выравнивать ряды плетения, «подбивая» их линейкой;

– притягивать рабочую нитку;

– не затягивать края изделия (крайние нити основы) – натяг рабочей нити должен быть равномерным;

– после выполнения «скользящих» узелков иголку с ниткой пропускать через несколько бисерин и только после этого обрезать нитку «под корень»;

– работу вести очень аккуратно.

При изготовлении гайтана следует учитывать следующее:

– в точке разделения между лентами должно быть не менее трех бисерин при их нечетном количестве в ряду и не менее четырех при четном количестве в ряду. В

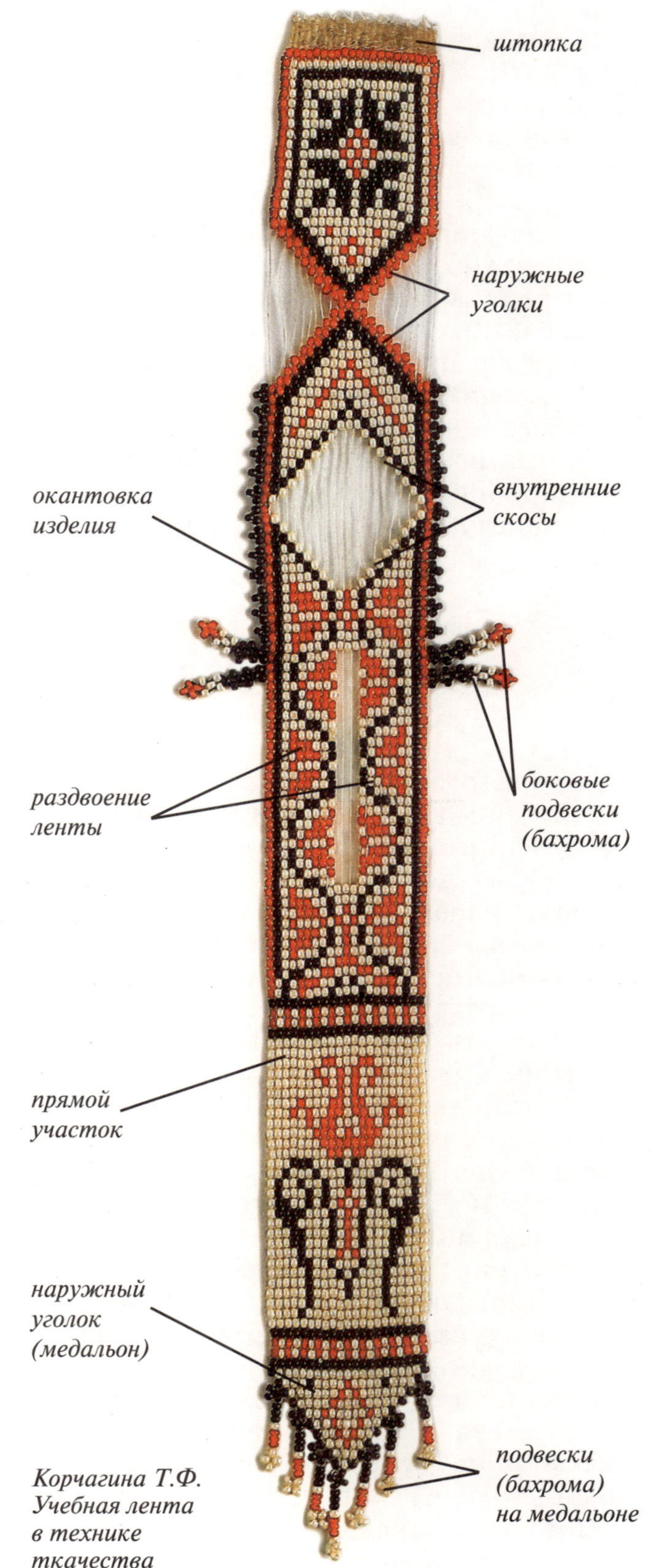

Корчагина Т.Ф. Учебная лента в технике ткачества

противном случае при ношении гайтана его ленты в точке их разделения будут топорщиться;

– гайтан не бывает коротким. Его медальон должен доходить почти до пояса одежды (по той же причине, что указана выше);

– для того, чтобы гайтан хорошо лежал, можно, начиная от точки разделения лент, выполнить внутренние скосы (см. с. 213);

при соединении лент гайтана соединяющие цепочки рекомендуется делать не длиннее 10–12 см.

Когда все приемы техники ткачества опробованы на учебной ленте, можно приступать к изготовлению изделий.

Скругленные изделия в технике ткачества

Для изготовления круглого воротника необходимо вырезать из бумаги его скругленный шаблон, в соответствии с которым сделать бумажную заготовку (ленту) необходимого размера. Для выполнения воротника нужно сплести ленту на станке, но для того, чтобы эту ленту скруглить, следует по всей ее длине сделать вытачки. Такие вытачки должны быть предусмотрены на бумажной заготовке (рис. 87). Такая же бумажная заготовка (лента) может быть использована при плетении круглого воротника и в технике «прямого гобеленового плетения».

Заготовка выбрана шириной 20 клеточек (двадцать бисерин в ряду). Для плавного скругления вытачки должны быть разной длины (от 2/3 ширины ленты и до ее половины) и должны чередоваться. Расстояние между вытачками – не менее трех клеточек (трех рядов бисера). Намеченные вытачки вырезать и склеить клейкой лентой, чтобы край воротника скруглился. Проверить заготовку по бумажному шаблону.

Выбрать такой рисунок, который бы не очень искажался после закрытия вытачек, и нанести на него вытачки с бумажной заготовки (можно их закрасить карандашом).

Заготовку рекомендуется выполнять на бумаге в мелкую клеточку, близкую к размеру бисерин 2 х 2 мм, или на ранее рекомендованной с соотношением сторон клеточки 2:3.

Подготовить бисер и другие материалы для работы.

Натянуть нитки основы на станок (для нашего варианта – 21 нитка) и начать плести ленту.

В ряду, где есть вытачки, выплетается то количество бисерин, которое доходит до вытачки (рис. 88). При замене рабочей нитки «скользящие» узелки нужно делать на сплошной части ленты, а не на той стороне, где вытачки. А в целом плетение нужно вести в соответствии со всеми указаниями и рекомендациями, изложенными ранее в теме «Ткачество».

После окончания плетения заделать концы рабочей нитки и снять изделие со станка. Разложить изделие на столе и аккуратно, по частям, передвигать участки ленты, находящиеся между вытачками, по последней нити основы. Когда вытачки сомкнутся по контуру, то сделать обычный узелок этой ниткой у самой кромки ленты. То же проделать с другим концом этой нити основы. Затем таким же образом аккуратно закрывать вытачки следующими нитями основы.

После закрытия всех вытачек и закрепления нитей основы узелками каждую нить основы следует вдевать в иголку и заделывать эту нить.

Скругленная часть воротника готова. Теперь необходимо приделать застежку, прикрепить подвески или доплести воротник в верхней его части сетчатым плетением.

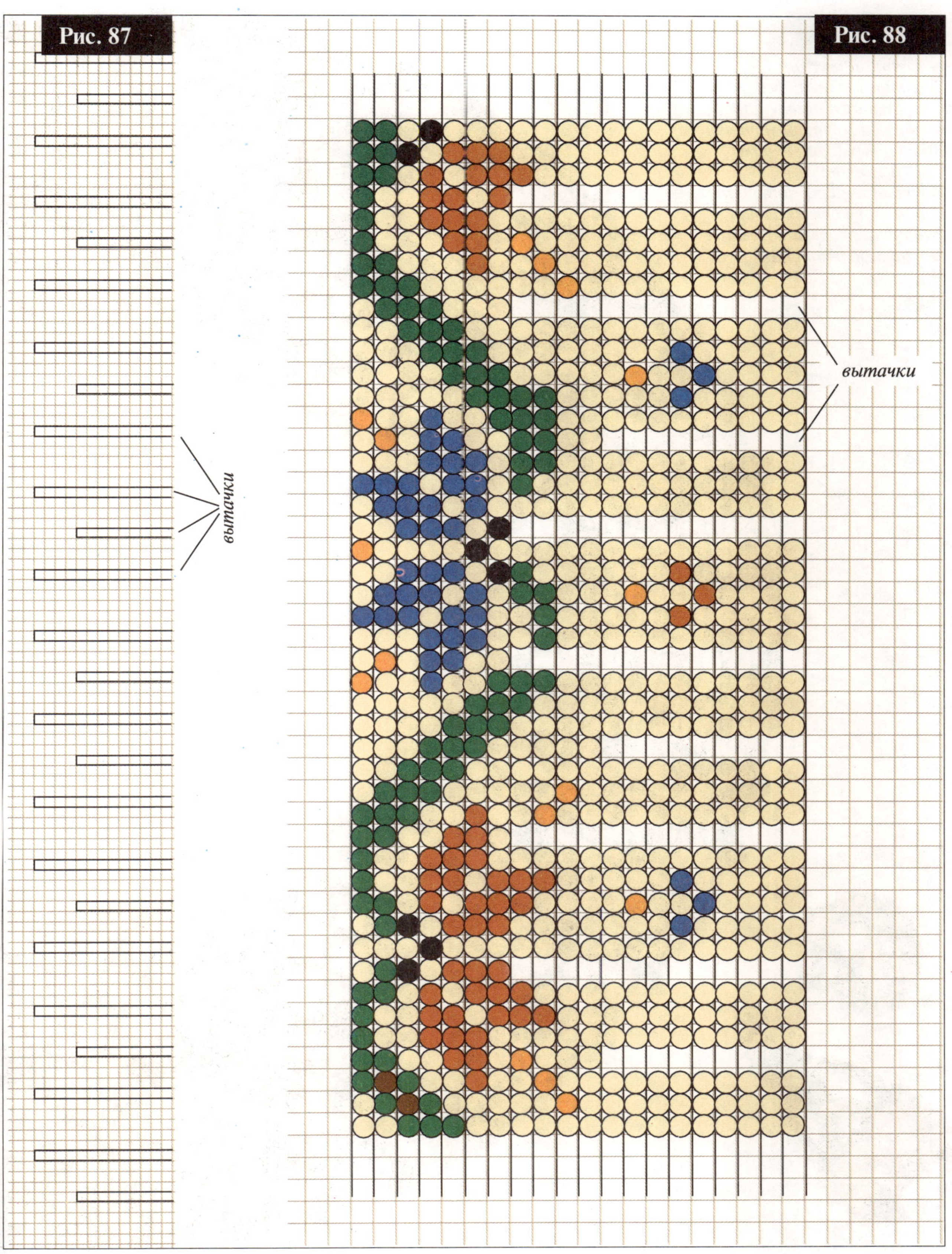
Рис. 87
вытачки
Рис. 88
вытачки

*Золотова М.Б.
Гарнитур «Хохлома»
(воротник и серьги).
Воротник в технике
скругленного ткачества
выполнен мастером впервые,
по рисунку и расчетам
Б.И.Золотова.
Ажурная часть воротника –
сетчатое вертикальное
плетение, серьги объемные –
мозаичное плетение*

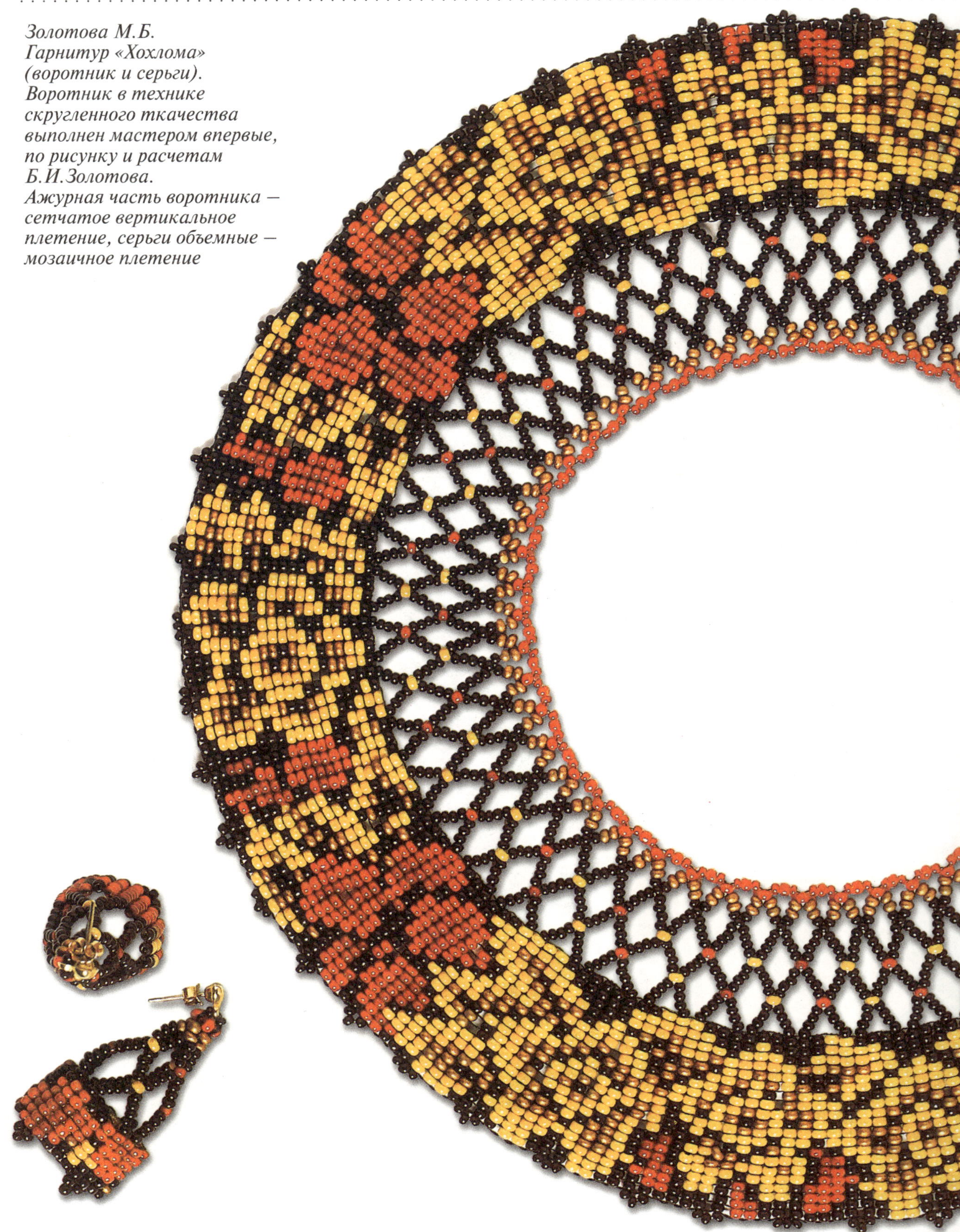

Кадобнова Г.А.
Гобелен «Савраска»
выполнен
в технике ткачества.
Бахрома из мозаичных цепочек.
Цепочки «квадратик» с петелькой
для крепления на стене

Гершун Т.С.
Гайтан «Ирина»
выполнен в технике ткачества.
Хорошо подобран орнамент
с окантовкой на лентах
и медальоне. Медальон разгружен.
Внимание направлено на ленты.
Бахрома выполнена
цепочками «квадратик»

*Новикова Н.Н.
Гайтан «Вечерний».
Выполнен
в технике ткачества.
Орнамент
на черном фоне
выглядит строго
и торжественно.
Напоминает старинную
парчовую ткань.
Бахрома выполнена
низанием,
ленты гайтана
соединены цепочками
«квадратик»*

Корнеева С.М.
Гарнитур «Родник»
(серьги, гайтан, браслет).
Выполнен в технике ткачества.
Бахрома на всех элементах гарнитура исполнена цепочками «квадратик».
Яркий, праздничный гарнитур украсит платье или нарядный костюм

Новикова Н.Н.
Сумочка «Подснежник».
Вязание крючком с бисером.

ДРУГИЕ ВИДЫ ТЕХНИКИ

В этом разделе рассматриваются современные приемы плетения, которые впервые были использованы ленинградскими мастерами: «жабо», «листик» и «цветочек объемный», а также старинное исскуство – вязание с бисером. Наибольший расцвет работы в этой технике в России приходится на начало и середину XIX века.

Вязание с бисером, крючком или на спицах (второе реже), использовали для украшения быта.

При вязании крючком применялись простые столбики, а при вязании спицами – чулочная вязка.

Крючком вязали кошельки, сумочки, салфетки, различные чехлы (на зонтики, игольницы и т.д.), оплетали пасхальные яйца, подсвечники, подстаканники, кувшины.

3

1. Агеева Л.М. Колье «Утрата». Выполнено в технике «жабо», лента «зигзаг«, цепочки «квадратик».

2. Маркина Н.Н. Гарнитур «Изумрудный» (колье и серьги). Выполнен в технике «жабо», цепочки «квадратик».

3. Андреева Е.В. Колье «Искра». Техника «жабо», цепочки «квадратик»

Жабо

«Жабо» – так нами назван прием изготовления украшений из отдельных элементов, со стеклярусом и бисером. Эти элементы можно собирать в изделия различной формы (как детскую мозаику), после чего скреплять между собой.

Для плетения используется леска, так как она лучше держит форму, чем нитка.

В зависимости от размера применяемого бисера (вернее, от величины отверстий в нем) толщина лески может быть 0,15–0,17 мм.

Для освоения техники необходимо изготовить образец одного элемента. В целях удобства объяснения бисерины и стеклярус обозначим сквозной нумерацией.

На середину отрезка лески длиной 80–100 см, на ее *нижний* конец, набрать стеклярус 1, бисерину 2, стеклярус 3 и пропустить этот конец лески второй раз через трубочки стекляруса и указанную бисерину (рис. 89а). Притянуть леску. Этот конец лески теперь находится *вверху* стекляруса 3.

На другой, *верхний* конец лески набрать бисерину 4 и пропустить этот конец лески через стеклярус 3. Теперь этот конец лески находится *внизу* стекляруса 3.

На *нижний* конец лески набрать бисерину 5 и стеклярус 6 (рис. 89б).

Пропустить этот конец через стеклярус – 3 (*сверху вниз*) и бисерину 5. Притянуть леску. На этот же конец лески набрать три бисерины 7–8–9. Пропустить его через бисерину 5 *слева направо*, а затем через все четыре бисерины – 7, 8, 9 и 5. Притянуть леску и пропустить этот же конец через стеклярус 6 *снизу вверх*. В низу плетения получился квадратик из бисера, а этот конец лески находится *сверху* стекляруса 6.

На другой конец лески набрать бисерину 10 и пропустить этот конец через стеклярус 6. Этот конец теперь *снизу* стекляруса 6.

На *нижний* конец лески набрать бисерину 11 и стеклярус 12 (рис. 89в). Пропустить этот конец лески через стеклярус 6, бисерину 11 и стеклярус 12 второй раз. Притянуть леску.

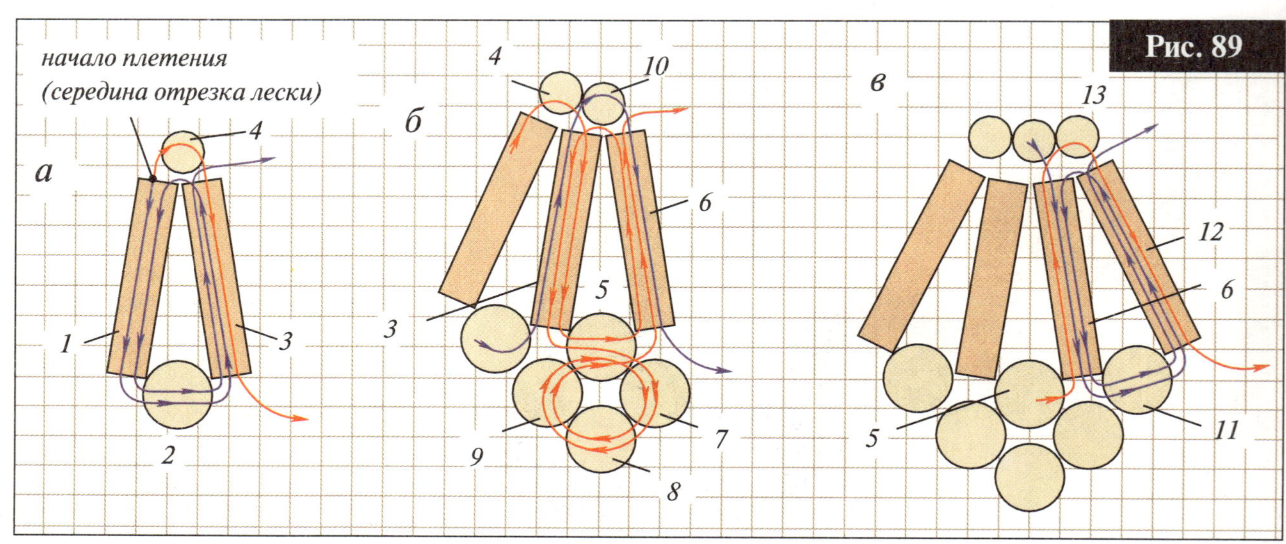

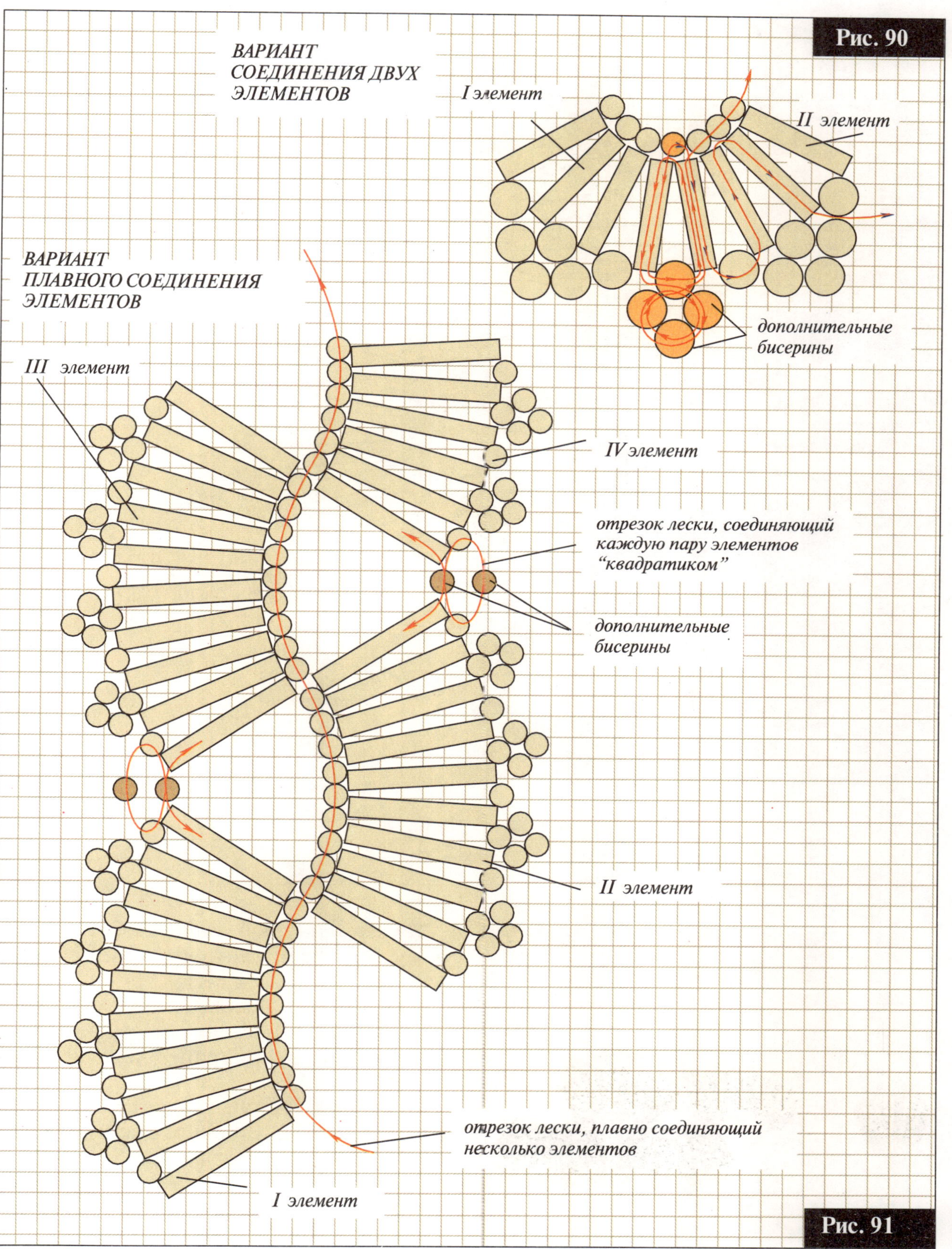
Рис. 90
ВАРИАНТ
СОЕДИНЕНИЯ ДВУХ
ЭЛЕМЕНТОВ
I элемент
II элемент
дополнительные
бисерины
ВАРИАНТ
ПЛАВНОГО СОЕДИНЕНИЯ
ЭЛЕМЕНТОВ
III элемент
IV элемент
отрезок лески, соединяющий
каждую пару элементов
"квадратиком"
дополнительные
бисерины
II элемент
отрезок лески, плавно соединяющий
несколько элементов
I элемент
Рис. 91

Рис. 92

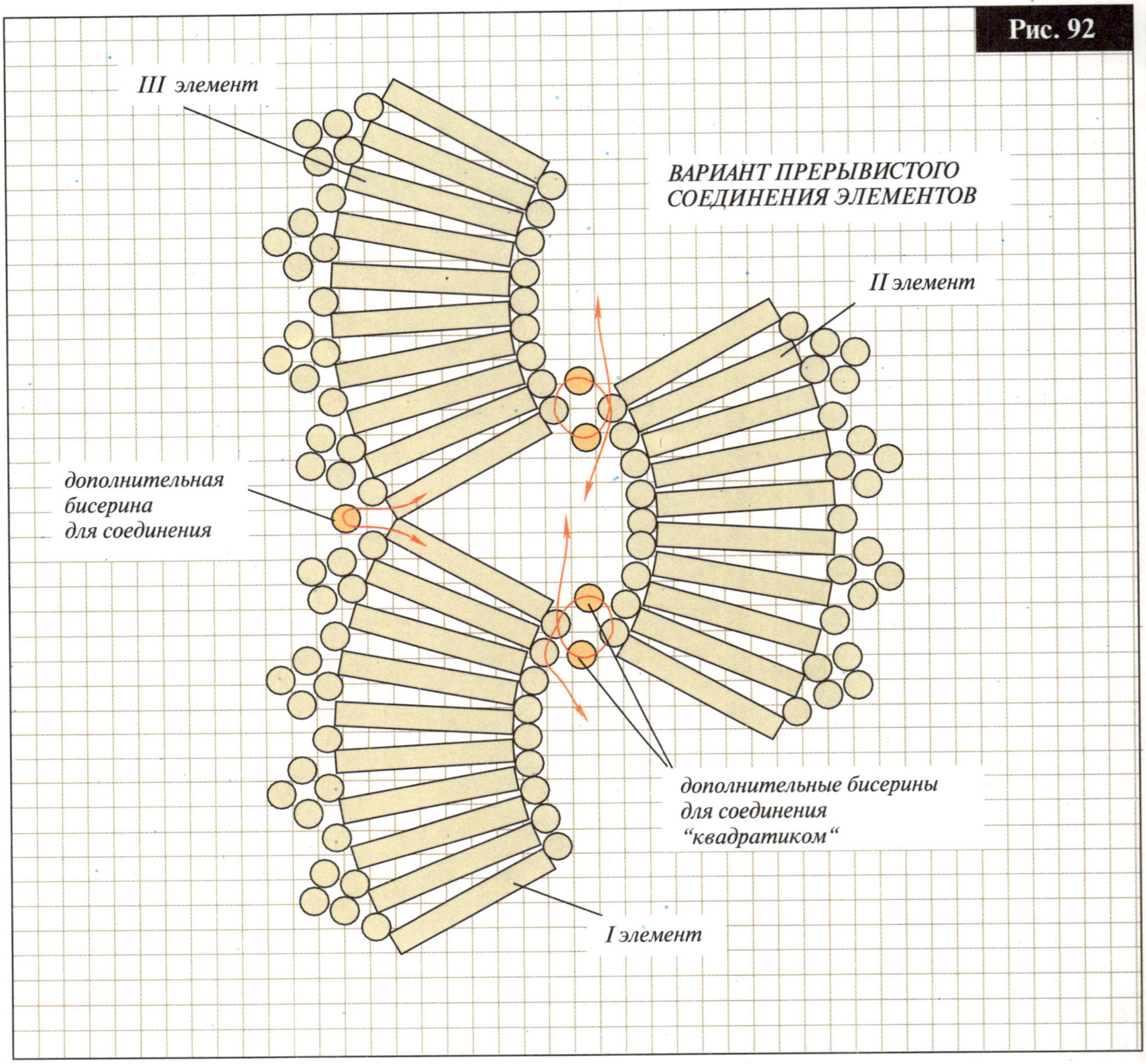

III элемент

ВАРИАНТ ПРЕРЫВИСТОГО СОЕДИНЕНИЯ ЭЛЕМЕНТОВ

II элемент

дополнительная бисерина для соединения

дополнительные бисерины для соединения “квадратиком“

I элемент

Образец техники плетения

На *верхний* конец лески набрать бисерину 13 и пропустить его через стеклярус 12.

Далее плести таким же образом. После окончания плетения элемента заделать концы лески ранее изложенным способом.

Самый маленький элемент может быть сплетен на двух трубочках стекляруса, самый большой – когда сомкнется круг.

Изделия, выполненные этим приемом, выглядят более красиво, когда линия соединения элементов плавная и четкая. Несколько вариантов соединений показаны на рисунках 90, 91, 92, но могут применяться и другие. Соединять элементы нужно отдельными отрезками лески. Концы лески, соединяющей элементы, заделать, пропустив их по лабиринту стекляруса и бисера. Прежде чем приступить к изготовлению украшения, следует нарисовать его эскиз, по которому определить: необходимое количество элементов и их размеры; расположение элементов; варианты их соединения; цветовую гамму стекляруса и бисера.

Используя прием «жабо», можно изготовить колье, воротник, подвеску, кулон, серьги, браслет, различные отделки к платью, салфетки и другие изделия.

Волосатова В.К. Колье «Три кольца». Техника «жабо», цепочки «квадратик»

Полищук Е.Г. Колье «Море» в технике «жабо», цепочки «квадратик»

Полищук Е.Г.
Гарнитур «Каре» (колье и серьги).
Выполнен в технике «жабо»,
цепочки «квадратик».
Мастер создала колье оригинальной формы.
Гарнитур украсит вечернее платье

Сюбаева Т.Б.
Гарнитур «Вечерний»
(колье и серьги).
Выполнен
в технике «жабо»,
цепочки «квадратик»
с промежуточными
бисеринами.
Использованы бусины, которые
придают объем украшению.
Серьги оригинальной формы.
Гарнитур выполнен в черно-золотых
тонах, может служить украшением
вечернего платья

Хохлова О.Ю.
Колье «Красное».
Выполнено в технике «жабо»,
цепочки «квадратик».
Это колье подходит
к трикотажному джемперу

Листик

В основе плетения «листика» – цепочка ступенчатая (см. раздел «Цепочки и ленты»), но начало его плетения другое – оно ведется на двух иголках, а затем каждая половина плетется одной иголкой.

Размеры «листика» могут быть различны. Длину одной половины удобно определять по наружным краевым бисеринам или рядам плетения, что одно и то же.

Для изготовления образца выбран размер в девять краевых бисерин – без учета бисерины на кончике «листика» (рис. 93).

На середину подготовленной нитки длиной 80–100 см, с двумя иголками на концах, набрать бисерину 1. Оба конца нитки пропустить через бисерину 2 (рис. 94а). Притянуть нитки. На иголку II набрать две бисерины 3 и 4, а на иголку I две бисерины 5–6 и пропустить эту иголку через бисерины 4, 3, 5, 6. Притянуть нитки. Набрать на иголку II бисерины 7 и 8, а на иголку I бисерины 9–10 и пропустить иголку I через бисерины 8, 7, 9 и 10 (рис. 94б). Притянуть нитку. Иголку II отложить. Плетение этой половины «листика» проводить только иголкой I.

Набрать на иголку две бисерины 11–12 и пропустить иголку через бисерины 9, 10 (рис. 94в). Притянуть нитку. Набрать бисерину 13 и пропустить иголку *сверху вниз* через бисерины 10, 9 и 6 (рис. 94г). Притянуть нитку. Набрать на иголку би-

Образцы техники плетения

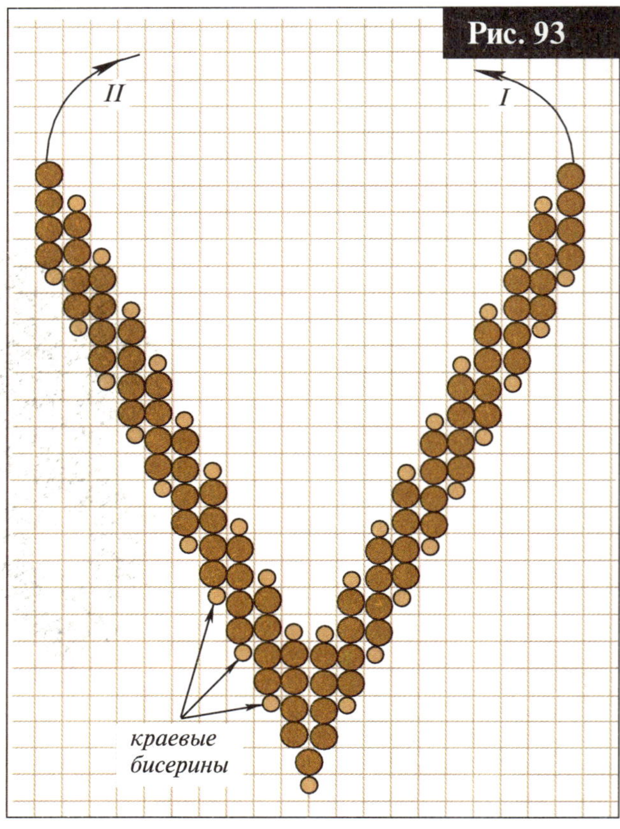

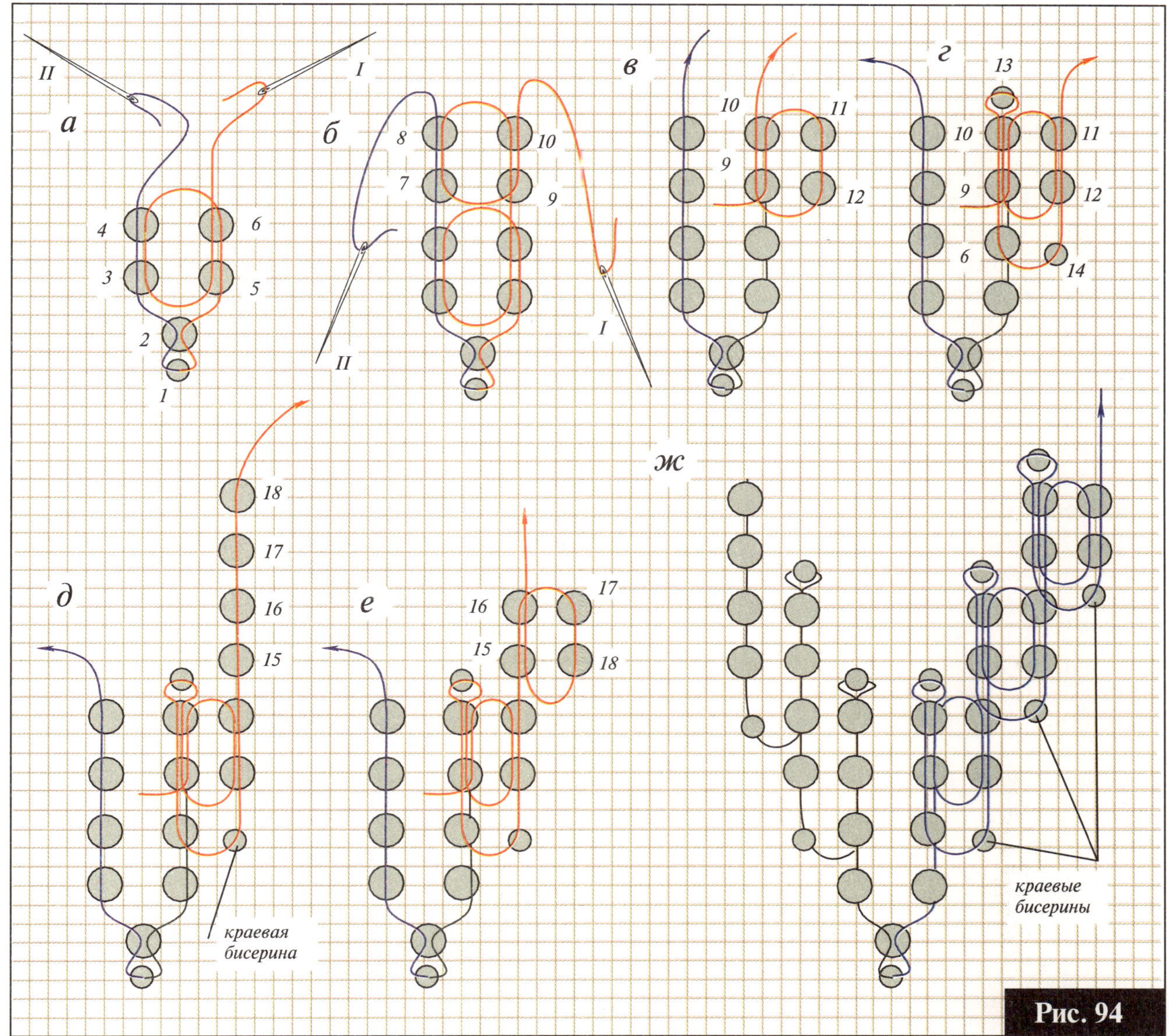

Рис. 94

серину 14 и пропустить иголку через бисерины 12 и 11. Притянуть нитку. Набрать на иголку четыре бисерины 15–16–17–18 (рис. 94д) и пропустить иголку через бисерины 15–16 *снизу вверх* (рис. 94е). Притянуть нитку.

Далее плетение этой половины «листика» продолжать таким же образом. Когда половина «листика» необходимой длины сплетена (в нашем случае – девять краевых бисерин), рис. 93, изделие перевернуть и продолжать плетение второй половины таким же образом, иголкой II (рис. 94ж). Иголку I отложить.

Закончив плетение обеих половин «листика», на иголки I и II набрать по две бисерины (рис. 93) и пропустить их навстречу друг другу через эти бисерины. Затем пропустить иголки навстречу друг другу через предпоследний ряд «листика». Заделать нитки.

Получился «листик», но без прожилок. Сделать их можно перед окончательной заделкой ниток более мелким бисером.

Цветочки объемные

Цветочек состоит из двух частей: нижней (плоской) и верхней (выпуклой). Количество лепестков одинаковое в обеих его частях, оно зависит от числа бисерин серединки. Для шестилепесткового цветочка серединка состоит из 12 бисерин, для семилепесткового – из 14, для восьмилепесткового – из 16. Размер (диаметр) цветочка определяется длиной основного нижнего лепестка (от количества бисерин в нем).

Для изготовления образца выбран шестилепестковый цветочек.

На подготовленную нитку (плетение можно осуществлять и на леске с сечением 0,15–0,17 мм) длиной 160–170 см с иголкой на конце набрать двенадцать бисерин 1–12 для плетения серединки. Эти бисерины должны быть немного крупнее остальных и с большими отверстиями. Иголку с ниткой пропустить через бисерину 1, чтобы получилось кольцо – серединка (рис. 95а).

Для удобства плетения пропустить нитку через это кольцо второй раз.

Притянуть нитку. Оставить другой ее конец длиной 20–25 см для укрепления лепестков нижней части цветочка и заделки нитки.

На иголку, вышедшую из бисерины 1 кольца, набрать девять бисерин для плетения половины первого лепестка и три бисерины более мелкие (или другого цвета). Иголку пропустить через предпоследнюю (мелкую) бисерину в обратном направлении и притянуть нитку, чтобы получился острый кончик. Набрать на иголку одну мелкую бисерину для оформления кончика лепестка и девять бисерин для второй половины этого лепестка. Пропустить иголку с ниткой через бисерину 3 кольца и притянуть нитку. Второй лепесток плести аналогично: по девять бисерин на каждую половинку лепестка и четыре мелких бисерины для оформления его кончика, после чего иголку с ниткой пропустить через бисерину 5 и притянуть нитку. Далее плетение вести таким же образом, то есть иголку с ниткой, после сплетенного лепестка, пропускать через бисерину кольца и приступать к плетению следующего лепестка. Лепестки выплетаются *через одну бисерину* по кольцу.

Когда все шесть лепестков будут сплетены, то иголку с ниткой пропустить через бисерину 2 кольца. Притянуть нитку и начать плетение соединительных лепестков.

Иголку пропустить через шесть бисерин *правой* части лепестка I *снизу вверх*. Затем на иголку набрать три бисерины такого же размера и три мелкие бисерины (для оформления кончика соединительного лепестка). Иголку с ниткой пропустить через предпоследнюю бисерину (мелкую) в обратном направлении. Притянуть нитку. Набрать одну мелкую бисерину и три

Образцы техники плетения

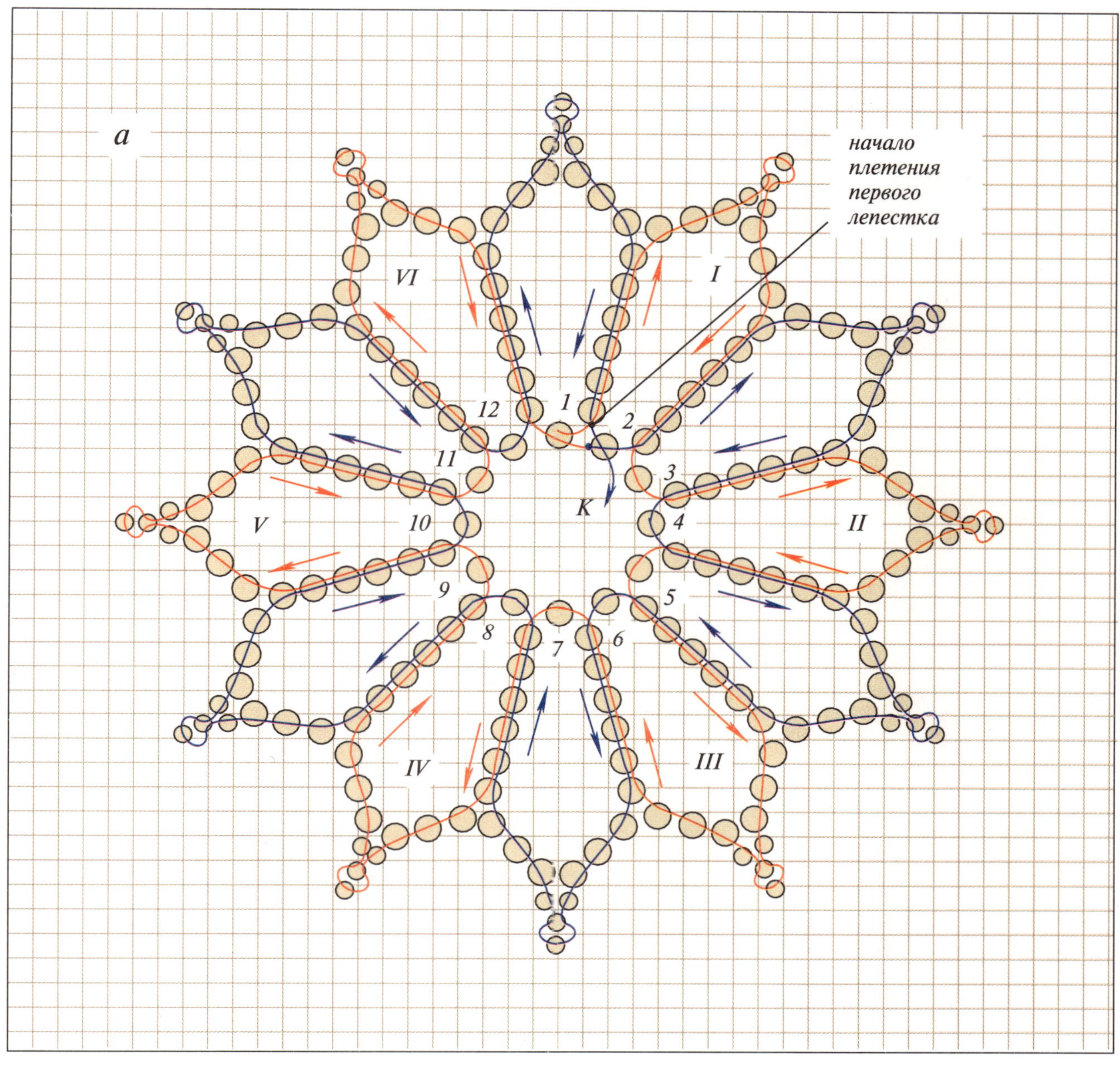

крупнее – лепестковые. Пропустить иголку через шесть бисерин *левой* части лепестка II *сверху вниз*, через бисерину 4 кольца и через шесть бисерин *правой* части лепестка II *снизу вверх*. Притянуть нитку. Далее плетение соединительных лепестков вести аналогично до тех пор, пока не будут оформлены все шесть лепестков и иголка не выйдет из лепестка с правой стороны бисерины 1 кольца. Притянуть нитку, пропустить иголку через бисерину 2 кольца и приступать к плетению верхнего цветочка этой же иголкой с ниткой (рис. 95б).

Набрать на иголку с ниткой шесть рубленных бисерин и три мелких круглых бисерины для оформления кончика лепестка (таких же, как в нижнем цветочке). Иголку пропустить через предпоследнюю бисерину в обратном направлении и притянуть нитку. Набрать еще одну круглую бисерину, шесть рубленных и пропустить иголку через бисерину 4

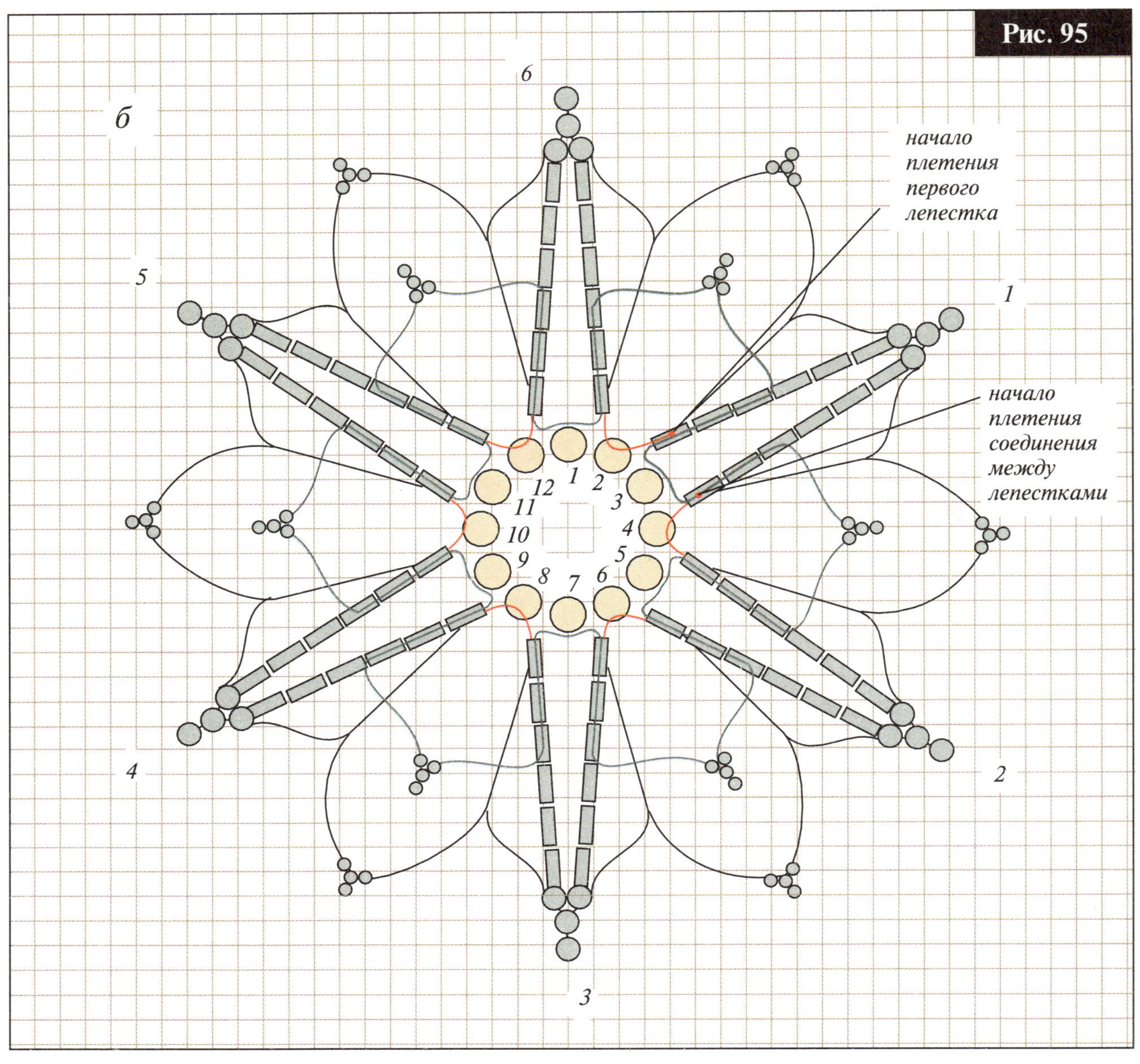

кольца. Притянуть нитку. Снова набрать шесть рубленных и три мелких бисерины. Пропустить иголку через предпоследнюю бисерину в обратном направлении. Притянуть нитку. Набрать одну круглую мелкую бисерину, шесть рубленных и пропустить иголку через бисерину 6 кольца. Притянуть нитку.

Далее плетение вести таким же образом до окончания шестого лепестка, после чего пропустить иголку через бисерину 2 кольца и притянуть нитку.

Теперь можно выплетать соединения между лепестками. Эту же иголку с ниткой пропустить через три рубленных бисерины *правой* половины первого лепестка *снизу вверх*.

Если необходимо, чтобы верхний цветочек был более высоким, то при плетении соединений между лепестками иголку следует пропускать через четыре рубленные бисерины.

Набрать на иголку три мелких бисерины (для оформления кончика) и пропустить иголку с ниткой через предпоследнюю бисерину в обратном направлении. Притянуть нитку. Набрать еще одну мелкую бисерину и пропустить иголку через три рубленных бисерины *левой* части второго лепестка *сверху вниз*. Притянуть нитку. Пропустить иголку через три рубленных бисерины *правой* части второго лепестка *снизу вверх*. Притянуть нитку. Набрать на иголку три мелких бисерины и пропустить иголку через предпоследнюю бисерину в обратном направлении. Притянуть нитку и набрать еще одну мелкую бисерину. Пропустить иголку через три рубленных бисерины *левой* части третьего лепестка *сверху вниз*. Притянуть нитку и пропустить иголку через три рубленных бисерины правой стороны третьего лепестка *снизу вверх*.

Далее продолжать плетение таким же образом, не забывая после каждого приема притягивать нитку.

Рекомендуется после окончания плетения провести эту нитку второй раз только по лепесткам с рубленным бисером (но не по соединениям между лепестками), а затем заделать нитку (для того, чтобы цветочек лучше держал форму). Оставленный начальный отрезок нити провести второй раз по контуру всего нижнего цветочка и заделать его.

Объемный цветочек готов. Его можно прикрепить к листику или использовать для изготовления других украшений.

Ануфриева М.Я.
Подвеска асимметричная «День и ночь».
Использована техника плетения листиков и объемных цветочков.
Цепочки ступенчатые.
Это украшение хорошо подходит как к джемперу, так и к платью.
Носить его следует, помещая медальон из листиков и цветочков с правой стороны

Вязание крючком с бисером

Мы не ставим себе целью научить вязать крючком, для этого можно использовать любую литературу по вязанию. Наша задача – научить вязанию с бисером. Для такого вязания используются крученые нитки (типа «Экстра-3», сложения №10) и тонкий стальной крючок – 0,75; 0,8; 1,0 (в зависимости от размера бисера).

Рисунок можно нарисовать по клеточкам или использовать рисунки, предназначенные для вышивки крестом.

Для изготовления прямоугольного образца без узора (например, шириной в 30 бисерин) связать цепочку из воздушных петель в 42 петли, закрепить нитку и обрезать ее, оставив конец длиной 2–3 см. Затем связать два ряда столбиками без накида (русский тамбур). Крючок продевать каждый раз с лица на изнанку под две горизонтальные петельки петель предыдущего ряда. Работа ведется только с одной стороны. После каждого ряда закреплять нитку и обрезать ее, оставляя концы 2–3 см (рис. 96).

На отрезок длинной нити (в три-четыре раза длинней цепочки) нанизать 30 бисерин. Продолжать вязать третий ряд образца (от края, с которого начиналось вязание цепочки), но уже с бисером.

Сначала провязать шесть столбиков указанным способом, но без провязывания бисерин, а затем провязывать нитку так, чтобы при вывязывании каждого столбика бисерины одна за другой оставались на *лицевой стороне изделия* (обращенной от исполнителя).

Вязание всех последующих рядов начинать также от края, в начале и конце ряда – без бисера (полоски для сшивания).

Во всех рядах количество вывязываемых бисерин должно быть одинаковым. Так как ряды бисерин располагаются под углом, то после каждых трех рядов вязания с бисером в каждом четвертом ряду провязывать нитками на один столбик больше, чтобы затем весь ряд бисерин был сдвинут на одну бисерину влево. Последняя бисерина ряда также будет сдвинута влево по отношению к последней бисерине предыдущего ряда (рис. 97).

Как отмечает Е.С. Юрова в своей книге «Старинные русские работы из бисера», особенности самой техники вязания определяли некоторые распространенные типы узоров бисерных изделий.

Крючком вязали: кошельки, сумочки, подстаканники, кувшины, салфетки, различные чехлы (на зонтики, игольницы и т.д.), салфетки, пасхальные яйца, подсвечники и многое другое. При вязании крючком использовались простые столбики, а при вязании спицами – чулочная вязка.

Новикова Н.Н.
Образец очечника.
Вязание крючком с бисером

Так, встречающаяся на многих салфетках, кошельках и донышках подстаканников розетка с закрученными по спирали лепестками имеет своим основанием обычную схему вывязывания крючком круга, когда прибавление столбиков в каждом ряду осуществляется по нескольким радиусам, причем дополнительные столбики располагаются по отношению к предыдущему ряду с некоторым смещением. Обычно общее число столбиков делилось при этом на 7, 8, 9 или 18 частей.

При вязании спицами изделия получаются не такими плотными, более эластичными и хуже держат форму. Но есть и свои достоинства: из-за большего, чем при вязании крючком, расстояния между бисеринами яркие краски несколько смягчаются.

Предлагаем связать очечник или кошелек (схема узора приведена на рис. 98).

Как уже говорилось, сначала следует связать цепочку из воздушных петель, число которых должно быть равно количеству клеточек рисунка плюс двенадцать петель на края для сшивания. В нашем случае это 73 петли.

Закрепить нитку и обрезать ее, оставив конец длиной 2–3 см. Не переворачивая работу, отдельными отрезками ниток связать еще два ряда. После каждого связанного ряда закреплять нитку, обрезать ее, оставляя 2–3 см.

На отрезок нити длиной 65–70 см нанизать столько бисерин, сколько клеточек в одном ряду рисунка. Цвета бисерин должны соответствовать цветам узора. Связать шесть столбиков без бисерин, а затем провязывать с бисером. Провязав все бисерины ряда, связать шесть столбиков без бисерин, закрепить нитку и обрезать ее, оставив конец длиной 2–3 см. Таким образом связать три ряда по рисунку. Подготовить нитку с нанизанным бисером по рисунку для четвертого ряда. Провязать ниткой без бисера не шесть столбиков, а семь, чтобы весь ряд бисера был сдвинут на одну бисерину влево. Далее, через каждые три ряда в четвертом пользоваться таким же приемом.

Можно вырезать из картона или плотной бумаги выкройку половины кошелька (очечника) и проверять вязание, чтобы оно было ровным.

Связав обе половины изделия, надо аккуратно сшить их с изнаночной стороны, пришить заранее подготовленную подкладку и, при необходимости, «молнию».

Рис. 96

Рис. 97

Рис. 98

1. Дубская Е.И. Колье «Аметист».

2. Дубская Е.Г. Колье «Рубин».

3. Сошнева И.А. Колье «Звезда».

4. Белик С.В. Кулон «Жемчуг».

5. Ануфриева М.Я. Кулон «Хрустальный».

6. Кадобнова Г.А. Колье «Жемчужные цветы»

БИЖУТЕРИЯ

У многих имеются старые рассыпанные бусы. Из них с добавлением бисера или только из бисера можно изготовить красивые украшения.

Предлагаем несколько вариантов таких украшений. Плести их рекомендуется на леске сечением 0,17-0,2 мм – в зависимости от размера применяемых бус и бисера (размера отверстий).

5

6

Колье «розочки»

Такое колье следует плести по частям: «розочки», лента, соединение «розочек» с лентой, оформление горловины.

Для изготовления «розочек» на середину отрезка лески длиной 160—180 см, набрать одну бусину 1 (рис. 99); на *правый* ее конец — бисерину 2, бусину 3 и бисерину 4; на *левый* конец лески набрать бисерину 5 и бусину 6.

Правый конец лески пропустить через бусину 6 навстречу левому концу.

Притянуть концы лески. Теперь они поменялись местами.

На *правый* конец лески набрать бисерину 7, бусину 8 и бисерину 9, а на *левый* конец — бисерину 10 и бусину 11. *Правый* конец лески пропустить через бусину 11 *навстречу ее левому* концу.

Притянуть концы лески.

Далее плести таким же образом до того, как круг сомкнется, после чего концы лески пропустить навстречу друг другу через бусину 1, как показано на схеме (рис. 99).

Пропустить леску второй раз таким же образом по всей «розочке», после чего окончательно заделать ее. Для колье таких «розочек» может быть три—пять и более, для кулона — одна.

Ленту следует плести в технике цепочки «квадратик» (см. раздел «Цепочки и ленты»), только между бусинами ставить бисерины, как показано на схеме.

Когда лента сплетена, изготовить замочек, выбрав один из ранее приведенных вариантов, и приделать его к ленте.

Произвести соединение «розочек» с лентой, после чего оформить горловину, как показано на схеме.

Очень красиво смотрится такое колье из граненых бус диаметром не более 8 мм.

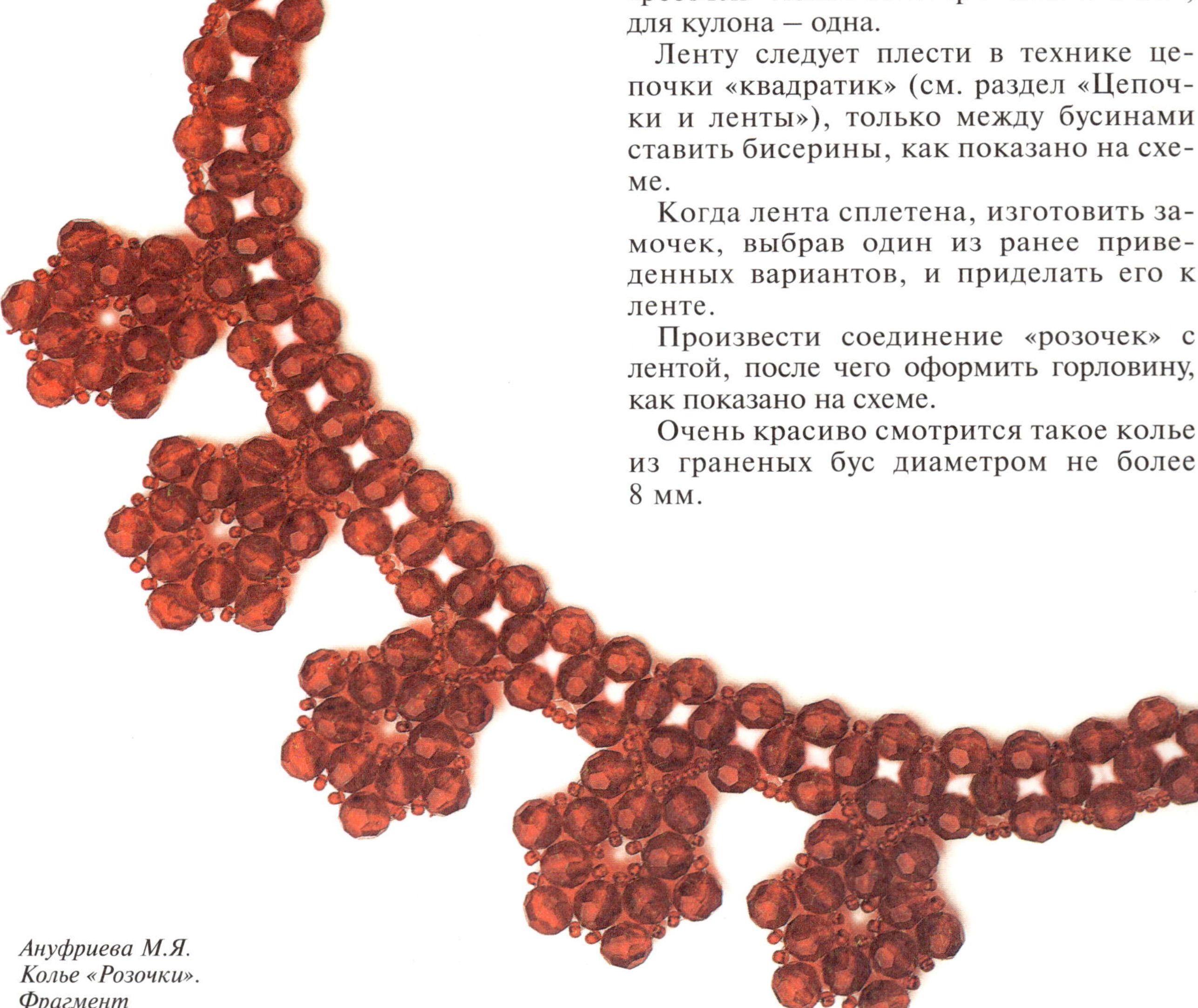

Ануфриева М.Я.
Колье «Розочки».
Фрагмент

Рис. 99

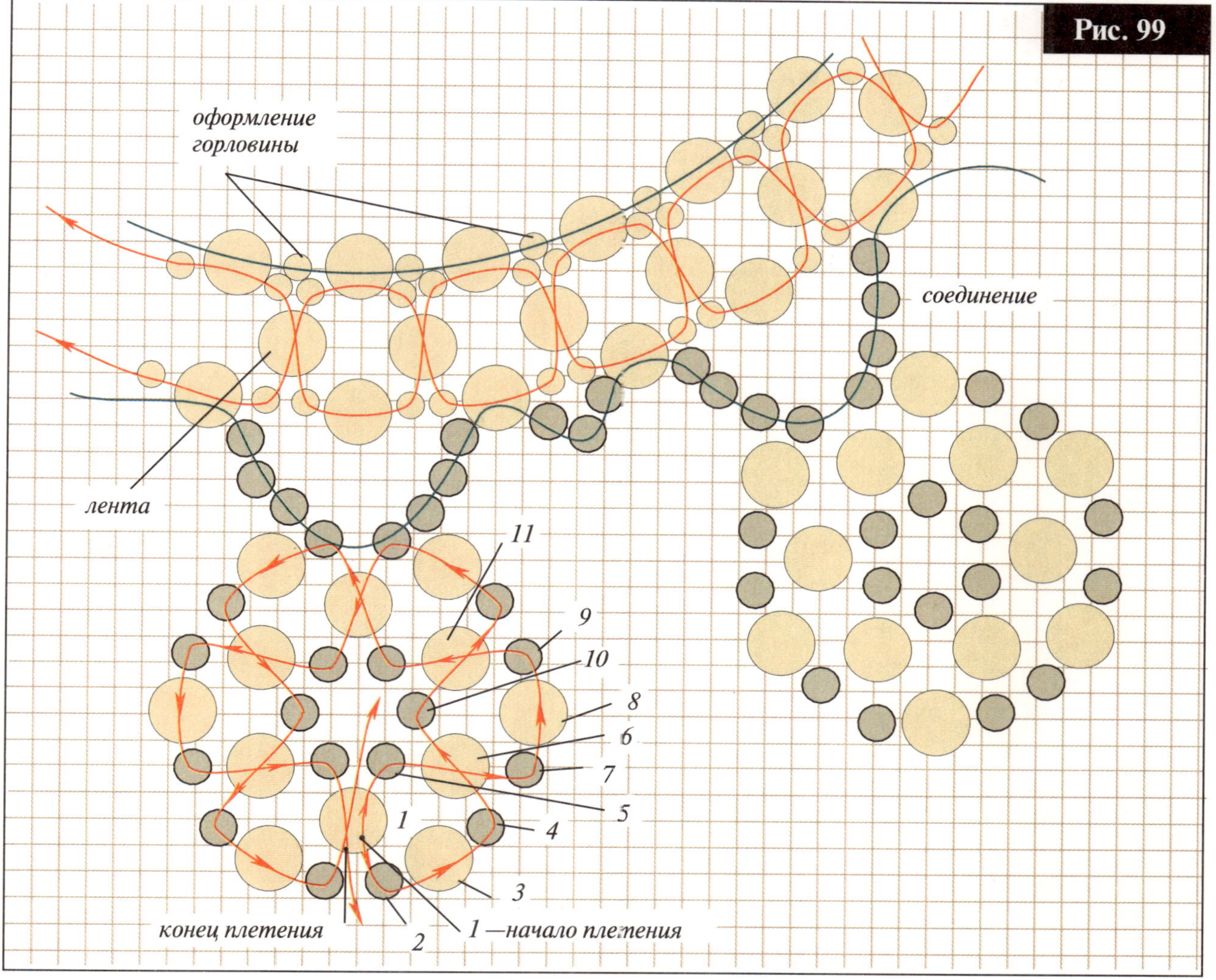

Кулон «двойной»

Кулон изготавливать по элементам согласно схеме на рис. 100.

Для плетения I элемента на середину отрезка лески, длиной 160–180 см, набрать одну бусину. На *правый* конец лески набрать одну бисерину, а на *левый* – одну бисерину, одну бусину, одну бисерину и одну бусину.

Пропустить *правый* конец лески через последнюю набранную бусину навстречу *левому*, притянуть концы лески.

На *правый* конец лески набрать одну бисерину, а на *левый* – набрать одну бисерину, одну бусину, одну бисерину и одну бусину. Пропустить *правый* конец лески через последнюю набранную бусину навстречу *левому* и притянуть концы лески.

Далее плести таким же образом до того, как круг сомкнется, после чего через бусину 1 пропустить оба конца лески навстречу друг другу и притянуть их. Пропустить леску по всему элементу второй раз таким же образом и заделать ее.

II элемент (бусина и четыре бисерины) крепить к I элементу, как показано на схеме.

Эти два элемента могут быть отдельным медальоном для кулона. Если же продолжить плетение согласно схеме на рисунке 100, получится второй вариант медальона для кулона.

Кулон «Паук»

Для плетения такого кулона используются бусины, бисер и стеклярус.

На середину отрезка лески, длиной 110–120 см, набрать восемь бусин 1–8. Пропустить *правый* конец лески через бусину 8 и провести леску второй раз через все бусины получившегося «кольца» и вывести ее через бусину 1 (рис. 101).

Притянуть оба конца лески.

Пропустить оба конца через стеклярус 9 (нумерация бусин и трубочек стекляруса сквозная).

На *правый* конец лески набрать стеклярус 10, а на *левый* – стеклярус 11.

Набрать на *левый* конец лески бусину 12 и пропустить через нее *правый* конец навстречу *левому*. Притянуть оба конца лески.

На *правый* конец лески набрать одну бисерину, бусину 13, одну бисерину,

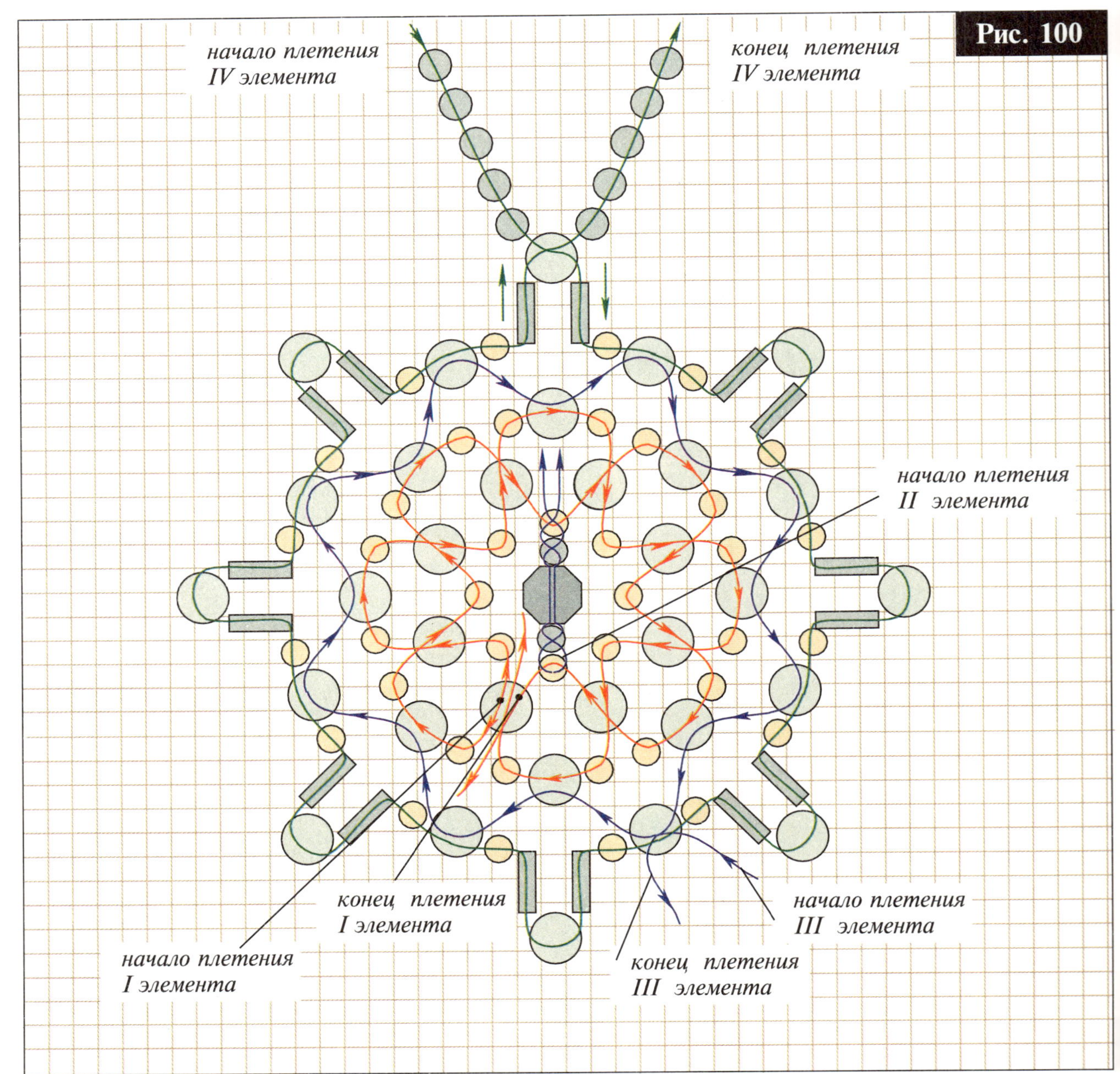

бусину 14, две трубочки стекляруса 15 и 16.

Зацепить этот конец лески за леску на «кольце» между бусинами 1 и 2. Пропустить его через трубочку стекляруса 16 в *обратном* направлении. Притянуть леску.

Набрать на этот же конец лески трубочку стекляруса 17 и пропустить этот конец через бусину 14 *слева направо*. Притянуть леску.

Набрать на этот же конец лески: одну бисерину, бусину 18, одну бисерину, бусину 19 и две трубочки стекляруса 20 и 21. Зацепить этот конец лески за леску на «кольце» между бусинами 2 и 3 и пропустить его через стеклярус 21 в *обратном* направлении. Притянуть леску.

Набрать стеклярус 22 и пропустить этот конец лески через бусину 19 *слева направо*. Притянуть леску.

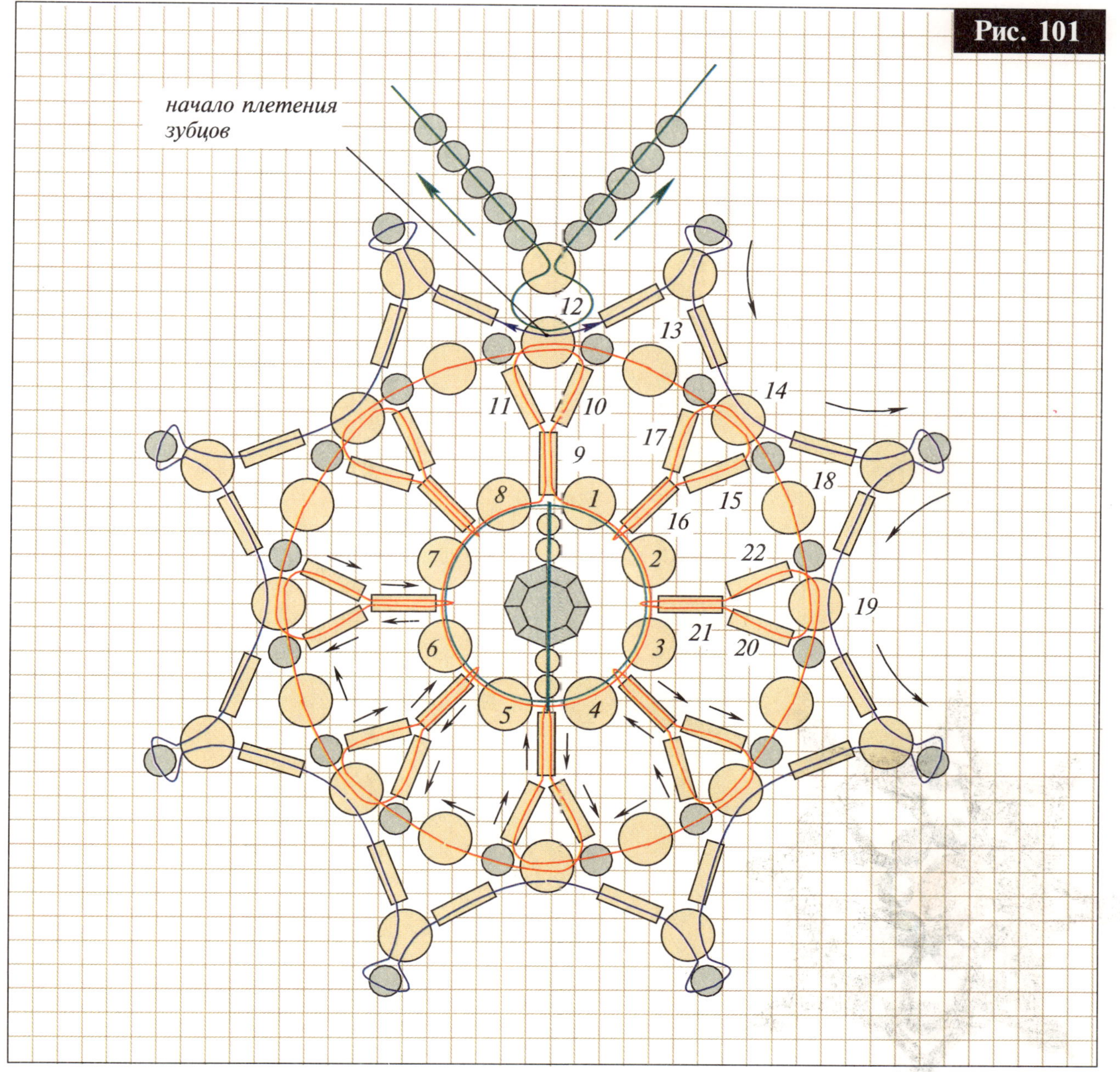

Далее плетение продолжать таким же образом, до тех пор пока этот конец лески не дойдет до бусины 12. Пропустить его через бусину 12. Притянуть оба конца лески и провести их по кругу навстречу друг другу через все бисерины и бусины. Заделать концы лески.

Для плетения зубцов пропустить отрезок лески длиной 120–130 см через бусину 12 так, чтобы эта бусина была расположена примерно на середине отрезка (рис. 101).

На *правый* конец отрезка лески набрать одну трубочку стекляруса, одну бусину и одну бисерину. Пропустить этот конец через набранную бусину в обратном направлении и притянуть леску.

Набрать одну трубочку стекляруса и пропустить конец лески через бусину 14. Набрать на него одну трубочку стекляруса, одну бусину, одну бисерину и пропустить этот конец лески через набранную бусину в *обратном* направлении. Притянуть леску.

Набрать на этот же конец одну трубочку стекляруса и пропустить леску через бусину 19.

Дальнейшее плетение вести этим концом лески до тех пор, пока все зубцы не будут сплетены. Затем пропустить его через бусину 12 и притянуть оба конца лески.

Ануфриева М.Я
Брошь «Паук».
Выполнена из бусин, стекляруса, бисера в технике «паук»

На каждый конец лески, на которой будет повешен медальон, набрать бисерины. Размер должен быть таким, чтобы кулон можно было свободно надевать через голову. Заделать концы лески.

Теперь оформить середину медальона. Для этого отдельным отрезком лески длиной 40–50 см зацепить за леску «кольца» между бусинами 4 и 5. Оба конца лески пропустить через две бисерины, бусину и еще через две бисерины. В зависимости от размера «кольца», которое образовано из восьми бусин 1–8, определяется необходимость использования бисерин. Если «кольцо» небольшое и достаточно одной бусины, то бисерины не используются.

Снова двумя концами этого отрезка зацепить за леску «кольца» между бусинами 1 и 8. Пропустить концы через все набранные для серединки бисерины и бусину в *обратном* направлении. Заделать их.

Кулон готов.

Шарик
на пяти бусинах

На отрезок лески длиной 110–120 см набрать пять бусин 1–2–3–4–5, оставив нерабочий конец лески 10–12 см длиной для последующей его заделки (рис. 102). Пропустить рабочий конец лески через бусину 1. Через все эти пять бусин леску пропустить второй раз и притянуть ее.

Набрать на этот конец лески четыре бусины 6–7–8–9 и пропустить его через бусины 1 и 2. Притянуть леску.

Набрать три бусины 10–11–12 и пропустить конец лески через бусины 6, 2, 3. Притянуть леску.

Набрать три бусины 13–14–15 и пропустить леску через бусины 10, 3 и 4. Притянуть леску.

Снова набрать три бусины 16–17–18 и пропустить леску через бусины 13, 4, 5 и 9. Притянуть леску.

Набрать две бусины 19–20 и пропустить леску через бусины 16, 5, 9 и 19. Притянуть леску.

Набрать три бусины 21–22–23 и пропустить этот конец через бусины 8, 19, 21, 22, 23, 7, 12. Притянуть леску.

Набрать бусины 24–25 и пропустить леску через бусины 23, 7, 12, 11, 15. Притянуть леску. Набрать бусины 26–27 и пропустить леску через бусины 24, 11, 15, 14, 18. Притянуть леску.

Набрать на леску бусины 28–29 и пропустить ее через бусины 26, 14, 18, 17, 20 и 21. Притянуть леску.

Набрать бусину 30 и пропустить леску через бусины 28, 17, 20, 21, 30, 29, 27, 25, 22 и 30. Притянуть леску. Еще раз пропустить леску через бусины 29, 27, 25, 22 и 30. Притянуть леску и заделать концы.

Образец техники плетения

Рекомендуется через каждый сектор (А, Б, В, Г, Д, Е, Ж, З, И, К) пропустить леску по нескольку раз, тогда шарик будет жесткий. Можно между секторами бус поставить бисерины.

Из таких шариков можно сделать гарнитур – кулон и серьги или использовать их в других украшениях.

Рис. 102

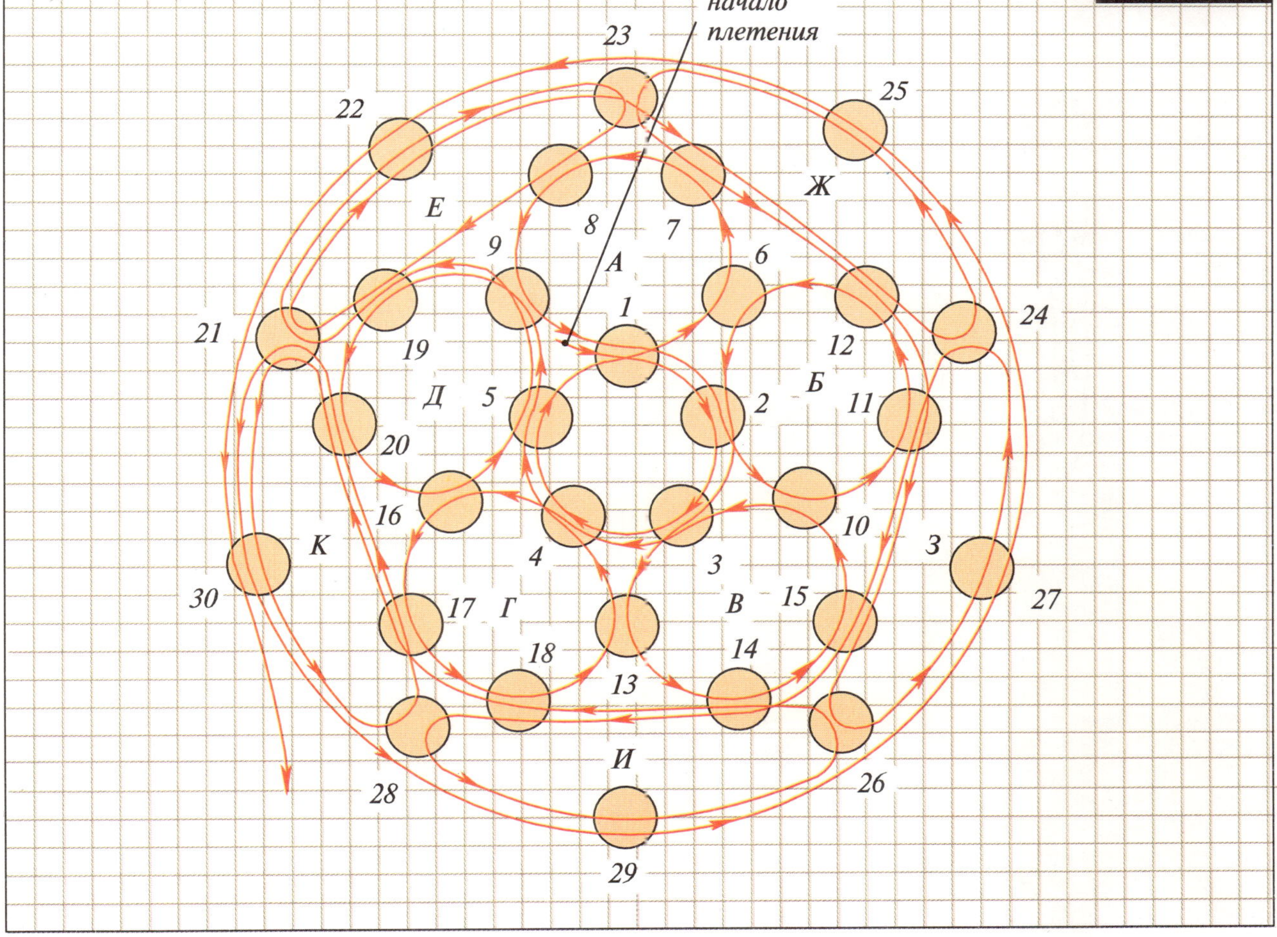

начало плетения

Шарик на пяти бусинах (приплюснутый)

На отрезок лески длиной 110–120 см набрать пять бусин 1–2–3–4–5, оставив нерабочий конец лески 10–12 см длиной для последующей заделки (рис. 103).

Пропустить рабочий конец лески через бусину 1, а затем второй раз через все пять бусин. Притянуть леску.

Набрать на этот конец лески четыре бусины 6–7–8–9 и пропустить его через бусины 1 и 2. Притянуть леску. Набрать три бусины 10–11–12 и пропустить конец лески через бусины 6, 2, 3. Притянуть леску. Набрать три бусины 13–14–15 и пропустить леску через бусины 10, 3 и 4. Притянуть леску. Снова набрать три бусины 16–17–18 и пропустить леску через бусины 13, 4, 5 и 9. Притянуть леску. Набрать две бусины 19–20 и пропустить леску через бусины 16, 5, 9, 19, 20. Притянуть леску. Набрать три бусины 21–22–23 и пропустить леску через бусины 19, 20, 21, 22, 23, 8 и 7. Притянуть леску. Набрать две бусины 24 и 25. Пропустить леску через бусины 23, 8, 7 и 24. Притянуть леску. Набрать две бусины 26–27 и пропус-

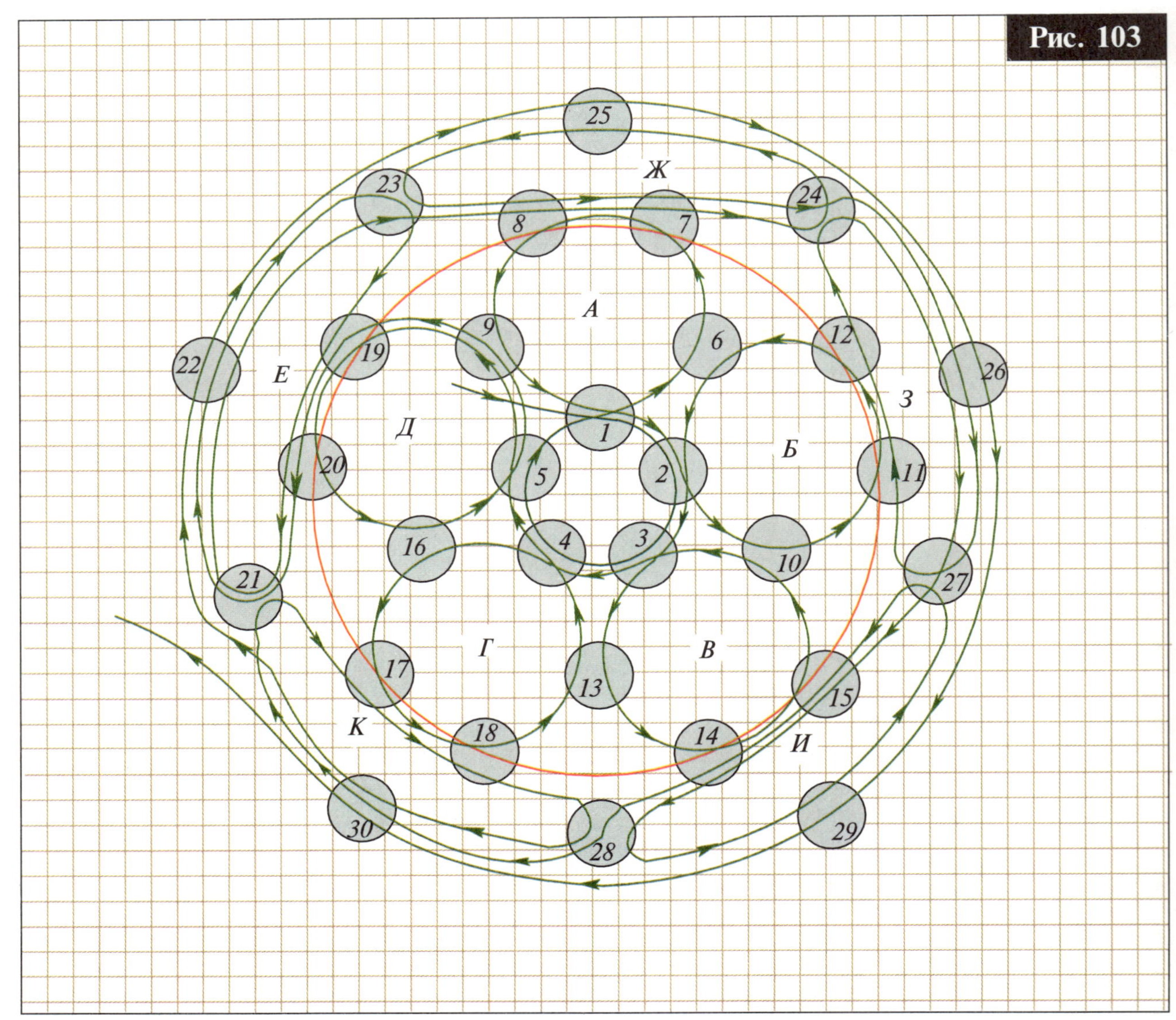

Образцы техники плетения

Образцы техники плетения шарика-кубика

тить леску через бусины 11, 12, 24, 26, 27, 15 и 14. Притянуть леску. Набрать две бусины 28 и 29. Пропустить леску через бусины 27, 15, 14, 28. Притянуть леску.

Набрать бусину 30 и пропустить леску через бусины 21,17,18, 28, 30. Притянуть леску.

Пропустить леску через бусины 22, 25, 26, 29, 30. Притянуть леску и пропустить леску через перечисленные бусины два-три раза. Заделать концы лески.

Через бусины 8, 7, 12, 11, 15, 14, 18, 17, 20, 19 пропустить леску два-три раза. На эту леску между секторами А, Б, В, Г, Д, А рекомендуется поместить бисерины.

Шарик-кубик

На отрезок лески длиной 100–110 см набрать четыре бусины 1–2–3–4. Оставить нерабочий конец лески длиной 8–10 см для последующей его заделки (рис. 104). Пропустить рабочий конец лески через бусину 1. Получился квадрат. Через эти четыре бусины пропустить леску второй раз и притянуть ее.

Набрать на рабочий конец лески три бусины 5–6–7 и пропустить этот конец лески через бусины 1 и 2. Притянуть леску.

Набрать на леску две бусины 8–9 и пропустить этот конец лески через бусины 5, 2, 3. Притянуть леску. Набрать на леску бусины 10–11 и пропустить ее через бусины 8, 3, 4 и 7. Притянуть леску. Набрать бусину 12 и пропустить этот конец лески через бусины 10, 4, 7. Притянуть леску. Пропустить леску через бусины 6, 9, 11, 12 и 6. Притянуть леску и пропустить ее второй раз через перечисленные бусины. Заделать концы лески.

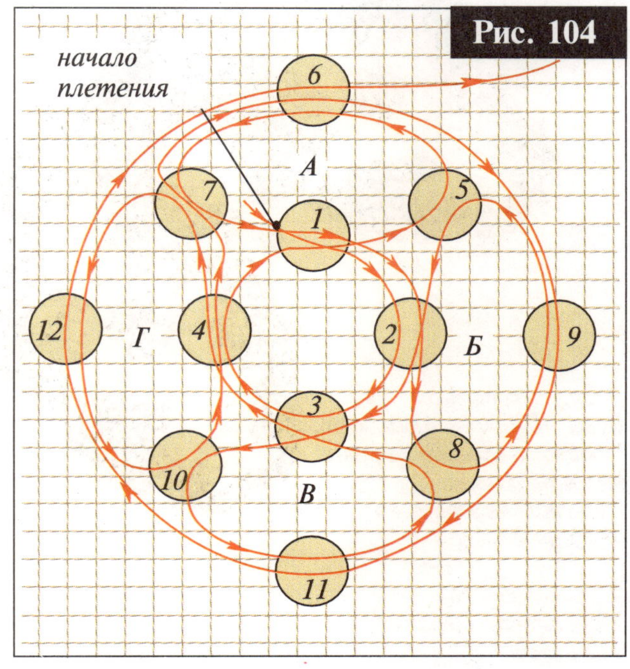

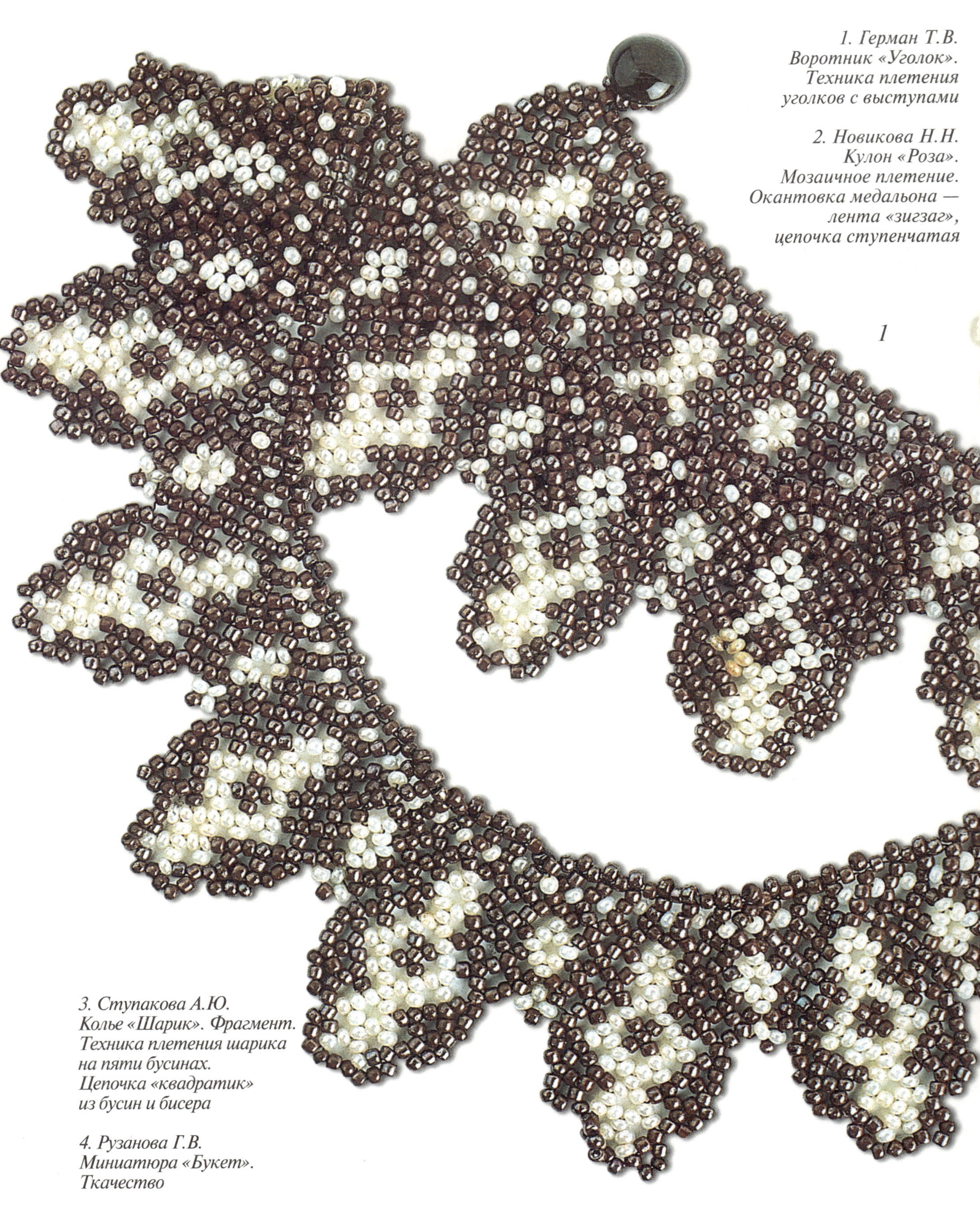

1

1. Герман Т.В.
Воротник «Уголок».
Техника плетения
уголков с выступами

2. Новикова Н.Н.
Кулон «Роза».
Мозаичное плетение.
Окантовка медальона —
лента «зигзаг»,
цепочка ступенчатая

3. Ступакова А.Ю.
Колье «Шарик». Фрагмент.
Техника плетения шарика
на пяти бусинах.
Цепочка «квадратик»
из бусин и бисера

4. Рузанова Г.В.
Миниатюра «Букет».
Ткачество

Украшения для платья и интерьера

В этом разделе представлены авторские работы — украшения для повседневной и праздничной одежды, предметы интерьера. Они, возможно, помогут вам выбрать подходящие варианты для воплощения собственных замыслов: как конструкции в целом, так и отдельных элементов.

Мы неоднократно говорили в нашей книге о том, что путь к мастерству лежит через терпение, аккуратность, фантазию. Не бойтесь переделывать неудавшуюся работу, не копируйте слепо чужие изделия, вносите элементы собственного творчества. Особое внимание уделяйте качеству соединений отдельных элементов изделия. Это придаст ему чистоту и элегантность.

2

3

4

Ануфриева М.Я.
Украшения в технике плотного плетения

Колье «Былина»

Кулон «Прага»

Колье «Латвия»

Корнеева С.М. Колье «Снежинка» выполнено в технике «жабо», цепочка «усложненный квадрат»

Ануфриева М.Я. Колье «Лебедушка». Техника плотного плетения

*Ануфриева М.Я.
Жгут «Белоснежка».
Техника плетения
спирального жгута,
цепочка «квадратик»*

Резниковская А.В.
Воротник «Утро».
Выполнен плетением
типа «поднизей»

Ануфриева М.Я.
Кулон «Любимый».
Техника плотного плетения

Волосатова В.К.
Колье «Ленты». Выполнено из двух ажурных лент в 2,5 ромба с выступами, соединенными цепочками «квадратик» и лентой многорядный «квадратик». Украшено бусинами

Полищук Е.Г.
Кошелек «Оригинал».
Техника ажурного плетения «ромб»(двумя иголками).
Передняя, задняя стенка кошелька и клапан – цельное полотно, боковины вставные.
Подкладка пришивается по краям изделия

Ануфриева М.Я.
Гарнитур «Славянка»(колье и клипсы).
Основа колье — ажурное плетение в технике «Ярославна».
Подвески состоят из трех мозаичных жгутов.
Клипсы — ажурное уголковое плетение.
Основание колье выполнено в черно-белых тонах, что отражает пережитое, и плохое, и хорошее.
На колье и на клипсах изображены стилизованные купола.
Три подвески символизируют единство великих славянских народов — русского, украинского, белорусского

Ануфриева М.Я.
Ожерелье «Оберег». Состоит из спирального двухзаходного жгута, переходящего с помощью цепочек «квадратик» в мозаичный жгут.

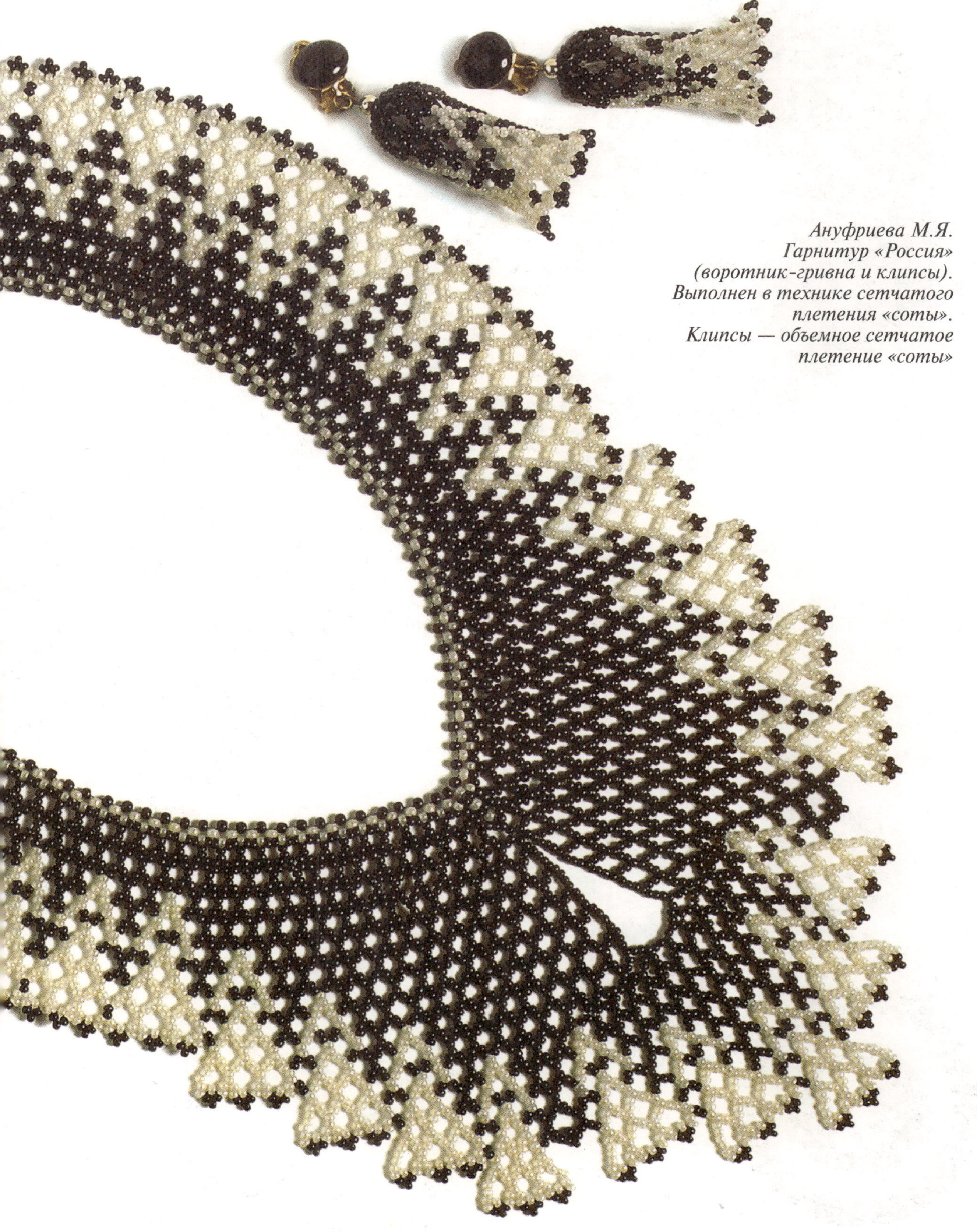

*Ануфриева М.Я.
Гарнитур «Россия»
(воротник-гривна и клипсы).
Выполнен в технике сетчатого
плетения «соты».
Клипсы — объемное сетчатое
плетение «соты»*

Ануфриева М.Я.
Колье «Вологодское».
Техника плотного плетения

Ануфриева М.Я.
Кулон «Улыбка».
Техника плотного плетения

Ануфриева М.Я.
Гарнитур «Цепь»
(ожерелье и клипсы).
Звенья цепи выполнены в технике плетения мозаичного жгута на семи бисеринах. Они соединены между собой цепочками «квадратик». Основная цепочка — сдвоенный «квадратик». Клипсы — мозаичный жгут, цепочка «квадратик»

Ануфриева М.Я.
Гарнитур «Старинные мотивы» (оплечье и клипсы).
В старину любили вышивать по тюлю
и отделывать работу кружевами.
Одним из любимых цветков был колокольчик.
На воротнике и медальоне оплечья
«ледяным» бисером автор имитирует тюль,
на котором нанесен орнамент из стилизованных
колокольчиков, а ленты для подвески медальона —
имитация кружев. На объемных клипсах
также выполнены колокольчики

Корнеева С.М.
Колье «Загадка». Фрагмент.
Прямое гобеленовое плетение

*Кадобнова Г.А.
Воротник «Бабочка».
Нежный воротник исполнен в технике плетения «поднизей», на основе цепочки «квадратик».
Подвески — мозаичные жгуты, низание.
Замочек на двух бусинах*

*Рузанова Г.В.
Гайтан «Наташа» выполнен в технике ткачества.
Пятиугольный медальон с монограммой.
Для бахромы и соединения лент гайтана использованы цепочки «квадратик»*

Корнеева С.М.
Кулон «Бабочка».
Медальон кулона выполнен в технике прямого гобеленового плетения, цепочка «квадратик». Легкий оригинальный кулон украсит любой костюм

Церевитинова Т.С.
Оплечье «Бабочка».
Выполнено в технике ажурного плетения (ромб) и петельной технике (бахрома).
Мастер создала оригинальную форму оплечья.
Несмотря на то что изделие крупное, оно не производит впечатления тяжелого, так как удачно выбрано композиционное решение.
Рекомендуется носить на тонкий свитер с высоким воротником

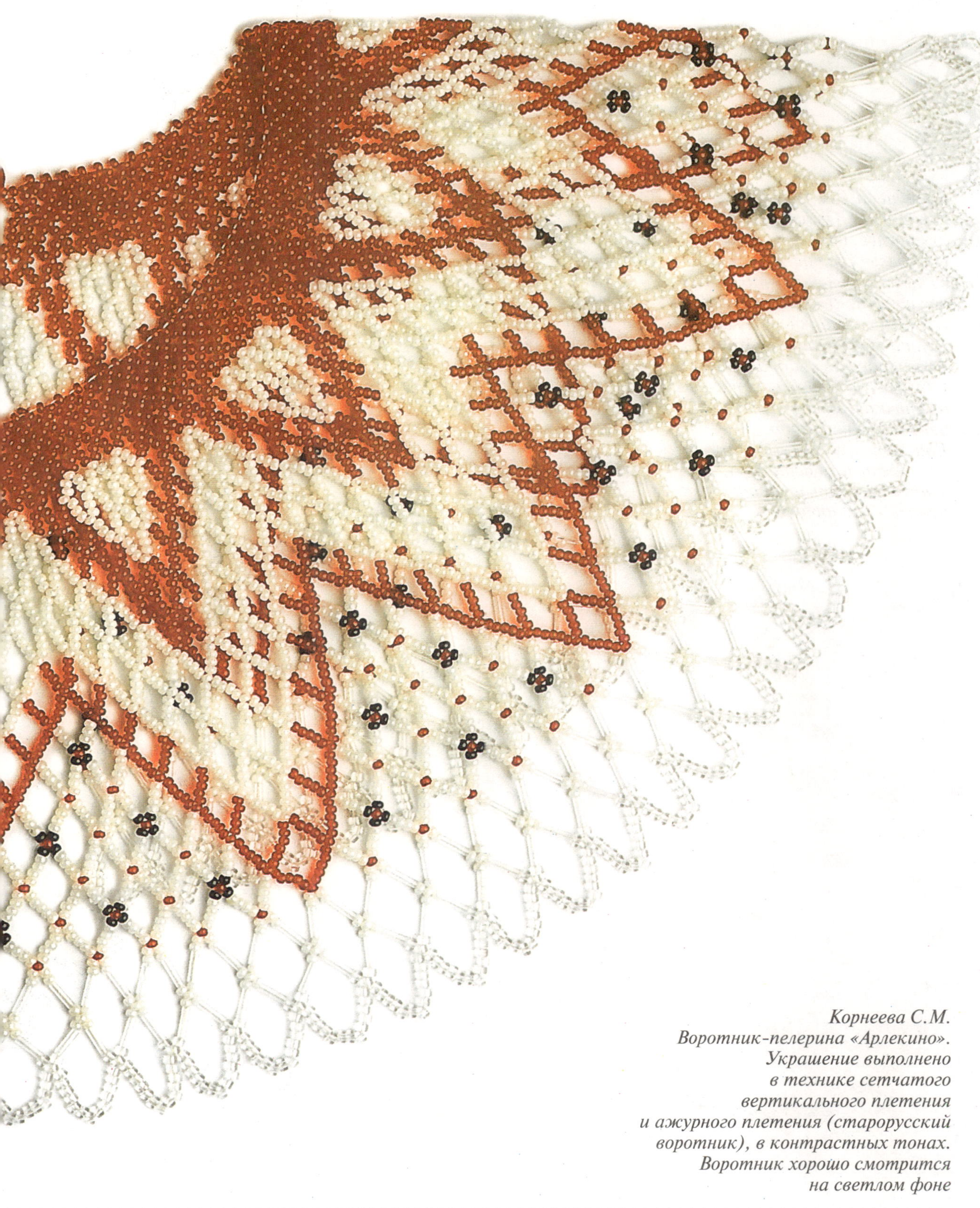

Корнеева С.М.
Воротник-пелерина «Арлекино».
Украшение выполнено
в технике сетчатого
вертикального плетения
и ажурного плетения (старорусский
воротник), в контрастных тонах.
Воротник хорошо смотрится
на светлом фоне

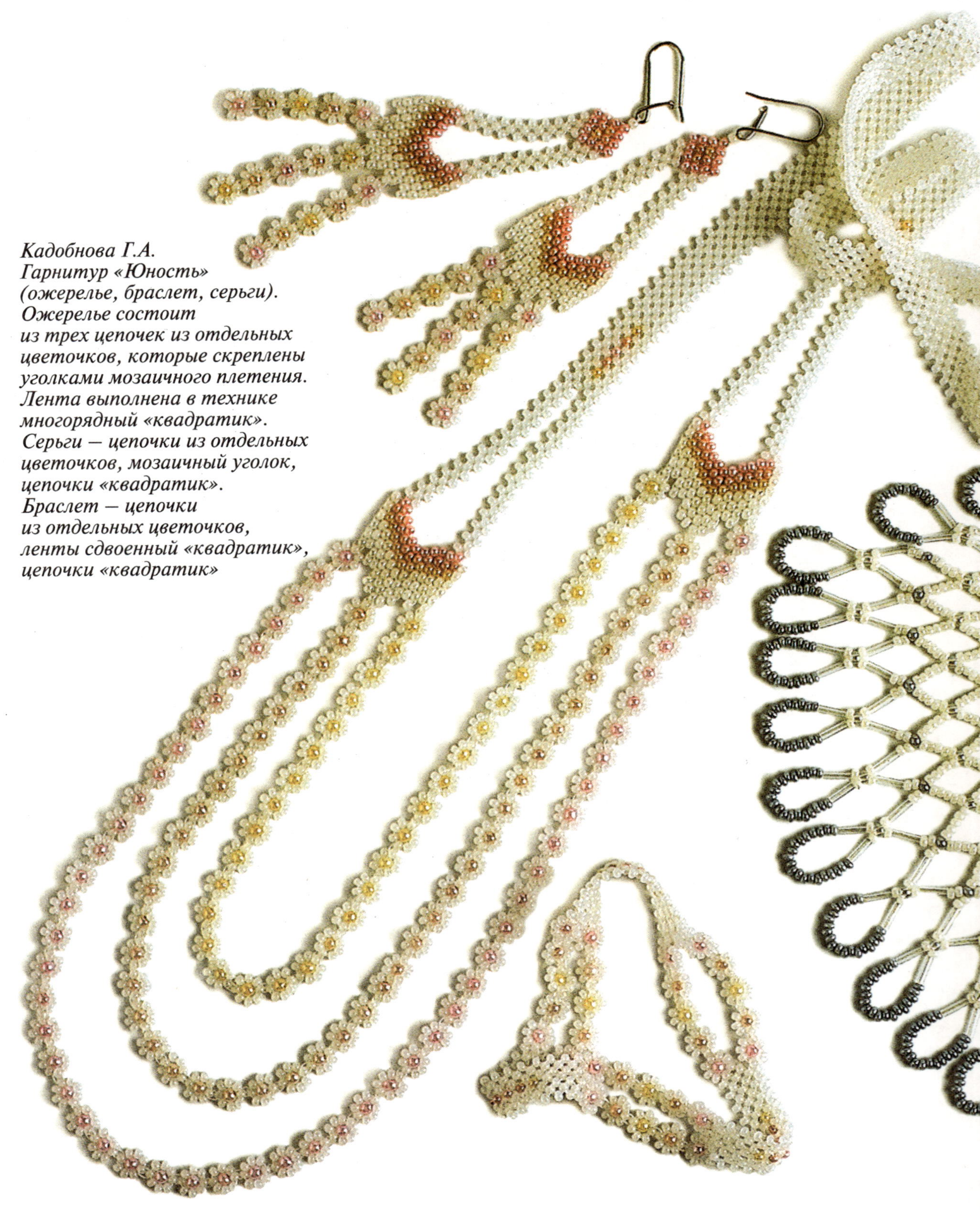

Кадобнова Г.А.
Гарнитур «Юность»
(ожерелье, браслет, серьги).
Ожерелье состоит из трех цепочек из отдельных цветочков, которые скреплены уголками мозаичного плетения. Лента выполнена в технике многорядный «квадратик». Серьги – цепочки из отдельных цветочков, мозаичный уголок, цепочки «квадратик». Браслет – цепочки из отдельных цветочков, ленты сдвоенный «квадратик», цепочки «квадратик»

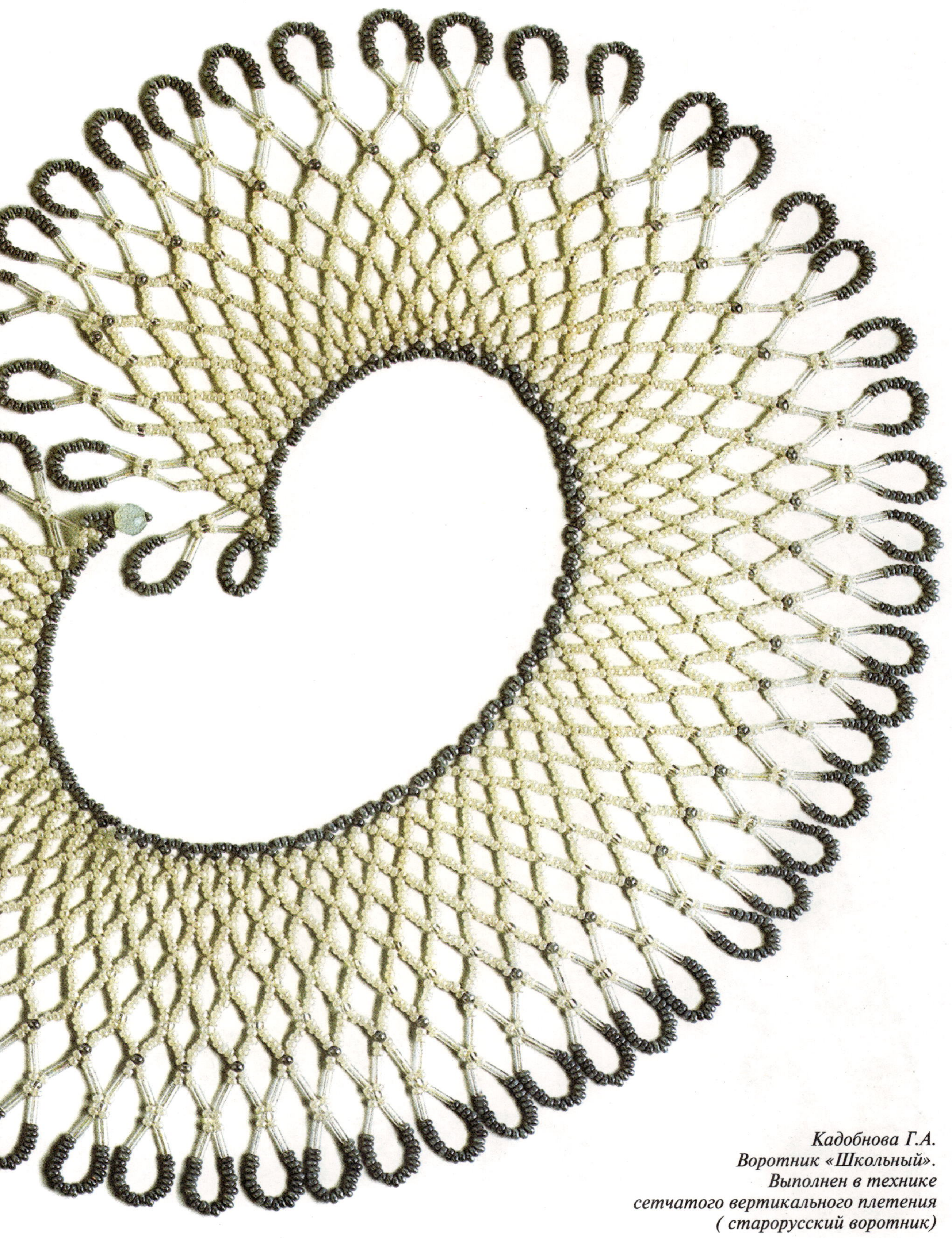

Кадобнова Г.А.
Воротник «Школьный».
Выполнен в технике
сетчатого вертикального плетения
(старорусский воротник)

Шарай Е.Г.
Воротник «Былое».
Выполнен в технике плетения «поднизей», горизонтально по отношению к цепочке.
Цепочка из цветочков на восьми бисеринах.
Изделие окантовано вплетенными уголками

Новикова Н.Н.
Гарнитур «Черные кружева» (лента и серьги).
Ажурная лента в один «ромб»

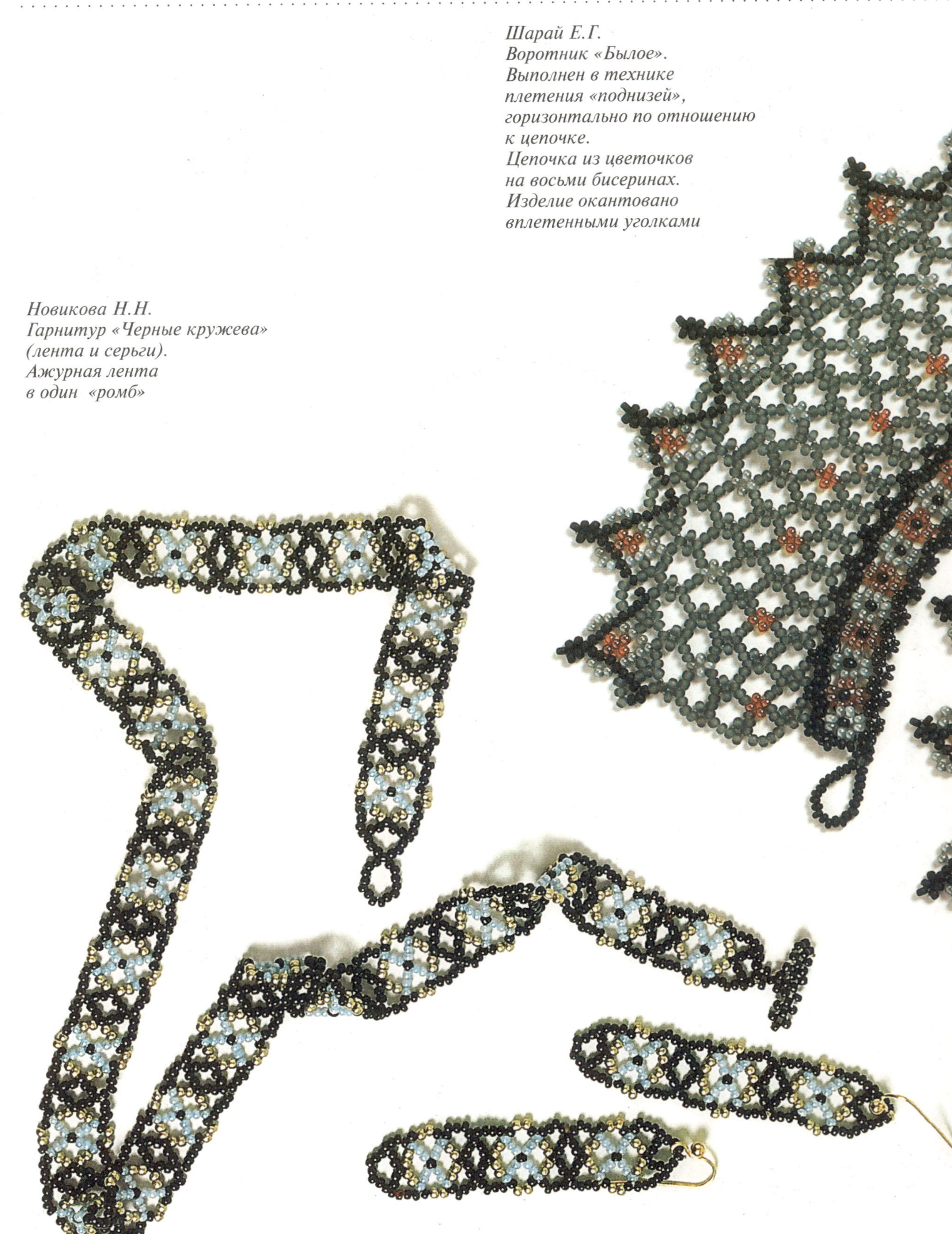

Кадобнова Г.А.
Воротник «Гимназистка».
Выполнен в технике сетчатого горизонтального плетения, лента «зигзаг», объемный цветок

Корчагина Т.Ф.
Жгут «Ажур».
Мозаичный жгут на девяти бисеринах оплетен ажурной сеткой и переходит в мозаичный жгут на семи бисеринах

Нушель В.Г.
Ожерелье «Тигровый глаз».
Состоит их двух
квадратных жгутов

*Шарай Е.Г.
Воротник «Кобальт».
Сочетание
техники сетчатого
плетения «соты»
и ажурного
уголкового плетения,
окантовка произвольная*

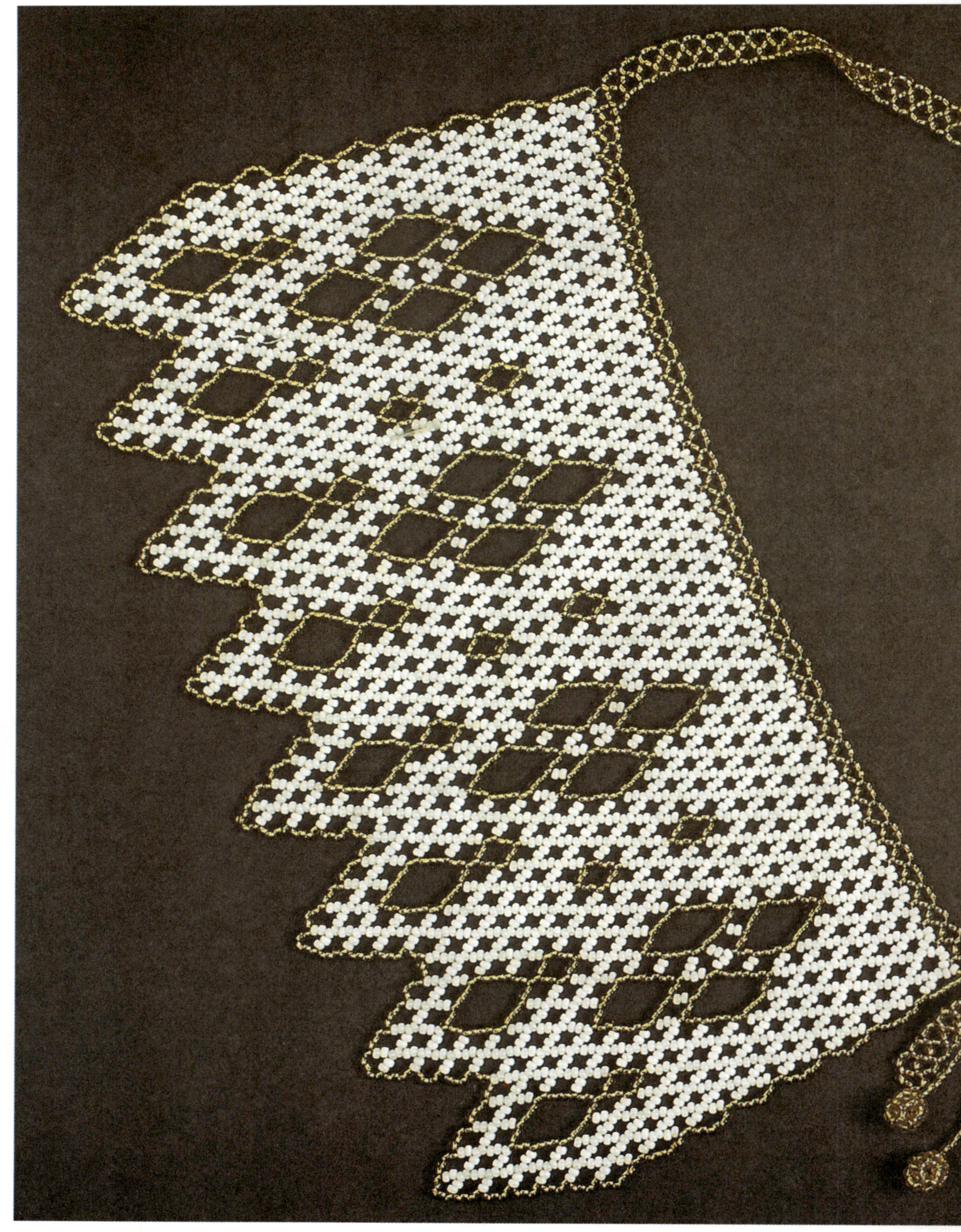

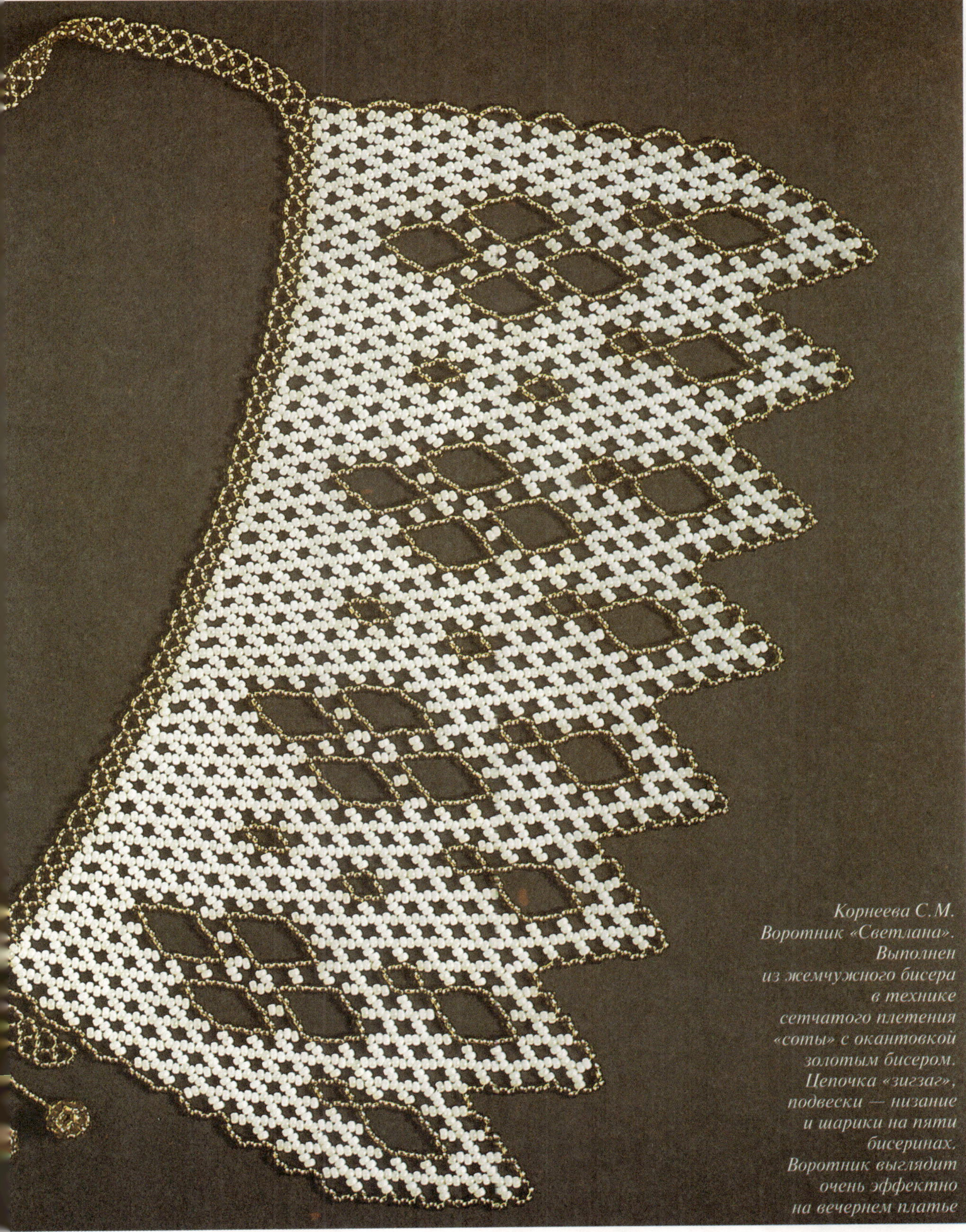

Корнеева С.М. Воротник «Светлана». Выполнен из жемчужного бисера в технике сетчатого плетения «соты» с окантовкой золотым бисером. Цепочка «зигзаг», подвески — низание и шарики на пяти бисеринах. Воротник выглядит очень эффектно на вечернем платье

Шарай Е.Г.
Воротник «Ритм».
Строгий, деловой.
Выполнен в технике
ажурного плетения «фонарик».
Горловина оформлена
цепочкой «квадратик».
Окантовка произвольная

Корытина Ю.А.
Кулон «Гранатовый».
Техника плетения — «усложненный квадрат»

Брусова Е.Г.
Гарнитур «Гранат» (колье и серьги).
Листики выполнены в технике уголковой мозаики, использован рубленный бисер.
Цепочка «зигзаг»

Елизарова Т.И.
Галстук «Золотистый» выполнен в технике «усложненный квадрат»

Дубская Е.И.
Воротник «Лес». Использовано ажурное круглое плетение одной иголкой, цепочка «квадратик» с дополнительными бисеринами

Величко Е.Р.
Гайтан «А» . Фрагмент. Техника — ткачество, низание (на подвесках бусины)

Помазанова А.М.
Подвеска «Орден». Медальон в технике прямого гобеленового плетения, цепочки «квадратик»

Ануфриева М.Я.
Гарнитур «Космос» (колье и клипсы).
Использованные виды техники:
центральный элемент —
плетение типа «поднизей»,
плоские цветочки, цепочка
из цветочков на восьми бисеринах.
Клипсы — плоские цветочки

Ануфриева М.Я.
Воротник «Нарцисс».
Выполнен в технике плетения «поднизей», сдвоенная цепочка «квадратик».
На подвесках плоские цветочки, цепочка «квадратик»
Замочек — мозаичный жгут, низание.

Так носится этот комплект

*Корытина Ю.А.
Старинное украшение к девичьему праздничному костюму второй половины XIX века Тамбовской губернии из собрания Государственного музея этнографии, воспроизведенное мастером.
Оно состоит из трех частей: ленты, цепочки с крестиком и воротника.
Лента — ажурное плетение в две ячейки «ромб».
Цепочка с крестиком — ажурное плетение в один «ромб».
Воротник (сетчатое горизонтальное плетение с цепочкой «зигзаг» (старорусский воротник)*

Брусова Е.Г.
Колье «Волна».
Выполнено в технике «жабо»,
цепочки «квадратик»
Рузанова Г.В.
Колье «Снегурочка».
Техника — мозаичное плетение
«ромбики», цепочка «квадратик»

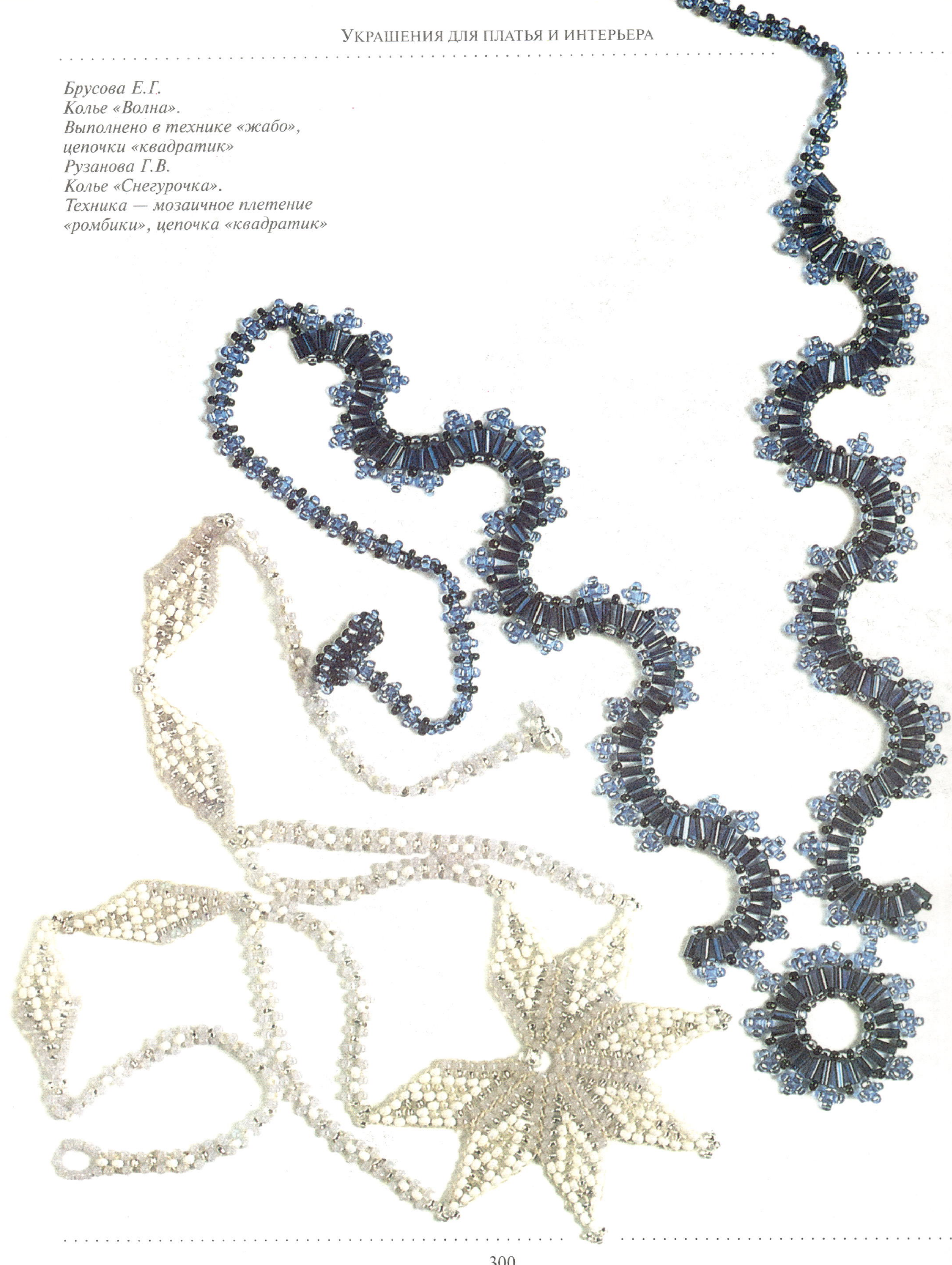

Кадобнова Г.А.
Колье «Амулет».
Молодежное украшение.
Техника — ажурное плетение «Ярославна», уголковая техника, на центральном элементе бантик (низание)

Золотова М.Б.
Гарнитур «Жостово»
(пояс, браслет, брошь).
Все три элемента гарнитура выполнены в технике ткачества. С внутренней стороны пояса и броши пришита подкладка. Мастер использовала в бисере мотивы жостовских подносов

Золотова М.Б.
Гарнитур
«Боливийский петушок»
(гривна и серьги).
Использована техника
сетчатого вертикального
плетения,
цепочки «квадратик»

Агеева Л.М.
Гарнитур «Север»(колье и серьги).
Техника — мозаика уголковая с использованием стекляруса, цепочка «квадратик»

Новикова Н.Н.
Воротник «Романс».
Техника — ажурное уголковое плетение, ажурное плетение «ромб».
Медальон «Камея» — прямое гобеленовое плетение.
Рамка на медальоне — цепочка из цветочков на восьми бисеринах

Полищук Е.Г.
Колье «Лебедь».
Выполнено в технике «жабо», цепочки «квадратик»

Корнеева С.М.
Кулон «Цикламен».
Строгое элегантное украшение к деловому костюму.
Медальон и ленты выполнены в технике прямого гобеленового плетения.
Бахрома — цепочки «квадратик»

Полищук Е.Г.
Гарнитур «Дагестан»(колье и серьги).
Выполнен в технике ажурного плетения «ромб» двумя иголками.
Медальон — ажурное уголковое плетение.
Бахрома — цепочки «квадратик».
Соединение элементов — низание.
Вторым рядом вплетены жемчужные бусины.
Мастер заимствовал форму гарнитура с дагестанского серебряного украшения

Золотова М.Б.
Гарнитур «Чернь»
(колье и браслет).
Техника — мозаичное плетение.
Цепочки из цветочков
на восьми бисеринах.
Медальон подвешен
на цепочках «квадратик».
Окантовка произвольная

Хохлова О.Ю.
Кулон «Цыганочка».
Техника — уголковый медальон-пятиугольник,
ажурное плетение «ромб»,
подвески — низание.
Угол — многорядные ленты из цепочек «квадратик» и цепочки «квадратик»

Мовсесян Е.А.
Кулон «Солнышко».
Выполнен в технике
«усложненный квадрат»,
низание

Агеева Л.М.
Колье «Тройной уголок»,
ажурное уголковое плетение,
цепочки «квадратик»
с использованием
стекляруса

Агафонова Л.А.
Гарнитур «Сказка» (колье и серьги).
Выполнен в технике ажурного плетения «Ярославна».
Цепочка из цветочков на восьми бисеринах.
Подвески — ажурное плетение на цепочках «квадратик».
Серьги объемные, ажурное плетение

Полищук Е.Г.
Кулон «Жасмин».
Техника (жгут ажурный
на жесткой основе (проволока),
цепочка из цветочков на восьми бисеринах.
Объемные цветы на проволоке

Качан Х.Х.
Гарнитур «Воспоминание»
(накладная кокетка к платью
и серьги).
Выполнен в технике
ажурного плетения «Ярославна».

Величко Е.Р.
Сумочка «Вечерняя».
Выполнена с использованием различных видов техники: сетчатого плетения «соты» с бахромой из длинного крученого стекляруса.
Ручка — отрезки спиральных жгутов, переходящие в ажурные жгуты с рубленным бисером, а затем в мозаичный жгут.
Она украшена букетом листиков из рубленного бисера в технике уголковой мозаики

Сюбаева Т.Б.
Колье «Павлин».
Оригинальное украшение выполнено в технике плетения типа «поднизей», цепочки «квадратик»

Брусова Е.Г.
Воротник «Контрастный».
Плетение типа «поднизей»,
цепочка «квадратик»

Полищук Е.Г.
Гайтан «Ромашки»(фрагмент).
Выполнен в технике ткачества,
бахрома и соединение лент
гайтана — цепочки «квадратик»

Корчагина Т.Ф.
Гарнитур «Мавританский ковер»
(ожерелье и браслет).
Ожерелье собрано из цепочек
«лето» и «квадратик»,
соединенных многорядной
лентой из цепочек «квадратик».
Браслет — многорядная
лента из цепочек «квадратик»
и цепочки из цветочков
на восьми бисеринах

Кадобнова Г.А.
Ожерелье «Коралл».
Многорядная лента «квадратик», цепочки «квадратик»

Рузанова Г.В.
Гарнитур «Бессмертник» (гайтан и серьги).
Техника ажурного плетения, ленты с уголками.
Серьги — ажурное уголковое плетение, низание

Кадобнова Г.А.
Гайтан «Латышские дайны».
Техника ажурного плетения

Золотова М.Б.
Гайтан «Эллада».
Выполнен в технике ткачества.
Ленты соединены
цепочками «квадратик».
Подвески — низание,
цепочки «квадратик»

Золотова М.Б.
Колье «Ракушки».
Выполнено в технике «жабо»,
цепочка «квадратик»

Хохлова О.Ю.
Гайтан «Монограмма».
Ткачество, цепочки «квадратик»

Корнеева С.М.
Гайтан «Русские напевы».
Ткачество, цепочки «квадратик»

Каштанова Л.А.
Гайтан «Осень».
Ткачество, цепочки «квадратик»

Кадобнова Г.А.
Ожерелье «Ромашки»
из цепочек «лето» и «квадратик»

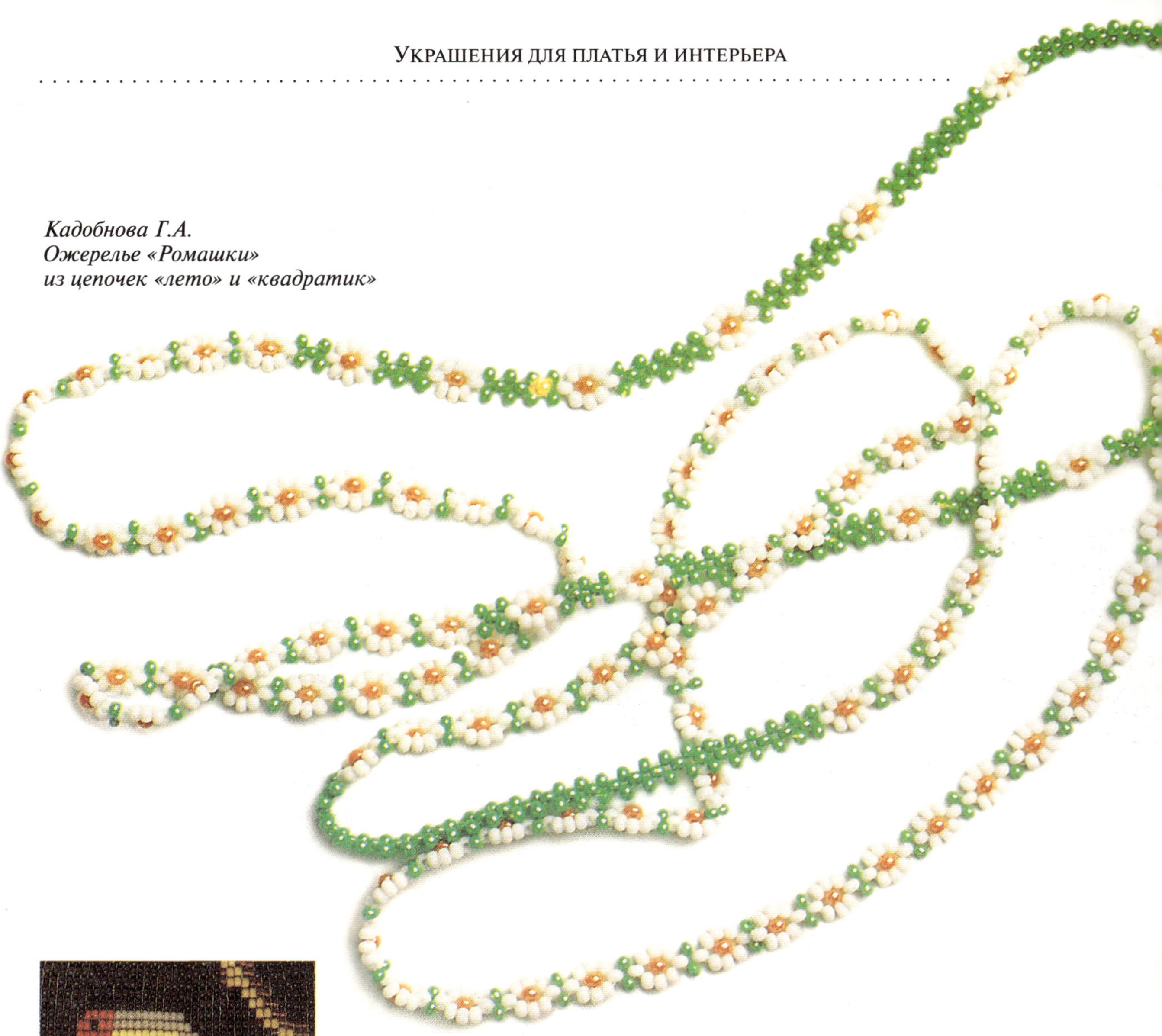

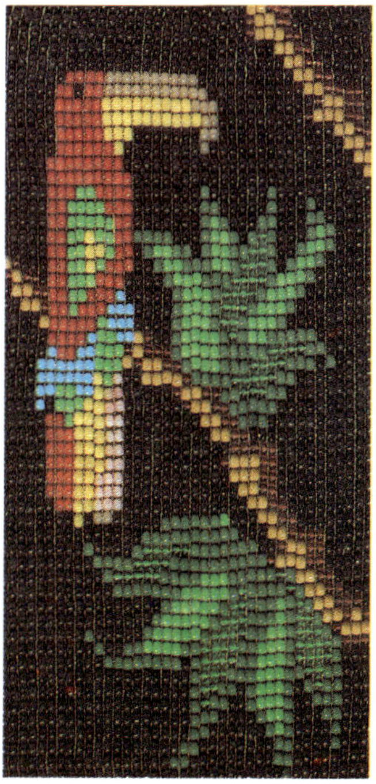

Фролова О.В.
Миниатюра «Тукан».
Ткачество

Полищук Е.Г.
Гарнитур «Цветы полевые»
(гайтан и браслет).
Ткачество,
цепочки «квадратик»

Полукарова И.Г.
Гайтан «Иней»
в технике ткачества.
Соединение лент
и бахрома выполнены
цепочками «квадратик»

Полищук Е.Г.
Гарнитур «Жаркое лето»
(гайтан и браслет).
ткачество,
цепочки «квадратик»

Каштанова Л.А.
Кулон «Малахит».
Выполнен в технике прямого гобеленового плетения.
Цепочки «квадратик»

Кадобнова Г.А.
Гайтан «Уральские мотивы».
Выполнен в технике ткачества.
Медальон сложной формы, ленты разной (переходной) ширины соединены многорядной лентой из цепочек «квадратик» и цепочками «квадратик».
Бахрома — мозаичные цепочки

Агеева Л.М.
Гривна «Березка».
Выполнена в технике
сетчатого плетения «фонарик»,
цепочки — сдвоенный «квадратик»

*Корчагина Т.Ф.
Гайтан «Гуцульский».
Ткачество.
Бахрома выполнена низанием с вплетенными «квадратиками».
Использованы бусины*

Полищук Е.Г.
Миниатюра «Ты кто?»
Ткачество

Маркина Н.Н.
Гарнитур «Хризантемы» (колье и серьги).
Цветочки объемные, цепочки «квадратик» соединены попарно

Золотова М. Б.
Гарнитур «Златоглавая»
(гайтан и серьги).
Гайтан выполнен в технике ткачества.
Бахрома и соединение лент — цепочки «квадратик».
Объемные серьги — мозаичное плетение

Полищук Е.Г.
Миниатюра «Минин и Пожарский»

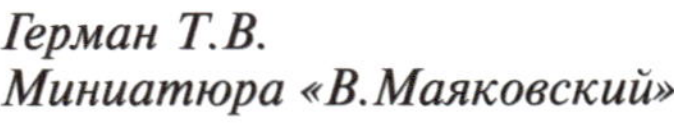

Герман Т.В.
Миниатюра «В.Маяковский»

Гершун Т.С.
Миниатюра «П.И.Чайковский»

Золотова М. Б.
Миниатюра
«Рабочий и колхозница»

Все миниатюры из коллекции «Памятники Москвы» выполнены в технике ткачества по рисункам Б.И.Золотова (с. 332 — 334, 337)

Корнеева С.М.
Миниатюра
«Первопечатник И.Федоров»

Церевитинова Т.С.
Миниатюра
«Царь-пушка»

Золотова М.Б.
Миниатюра
«А.С.Пушкин»

Кадобнова Г.А.
Воротник «Сирень».
Техника сетчатого
плетения «соты»
с цветочками.
Подвеска – ажурное плетение.
Окантовка произвольная

Кадобнова Г.А.
Миниатюра
«Ю.Долгорукий»

Кадобнова Г.А.
Салфетка «Каменный цветок».
Салфетка объемная,
в ней сочетаются
несколько видов техники:
вертикальное сетчатое плетение,
монастырское плетение,
низание, цепочка «квадратик»

Агеева Л.М.
Кулон «Щит».
Медальон выполнен
в технике уголкового
ажурного плетения.
Цепочка ажурная
в один «ромб»
(двумя иголками)

Новикова Н.Н.
Миниатюра «Роза».
Прямое гобеленовое плетение

Рузанова Г.В.
Миниатюра «Жук».
Прямое гобеленовое плетение

Резниковская А.В.
Миниатюра
«М.Ю.Лермонтов»
из коллекции
«Памятники Москвы»

Шарай Е.Г.
Цепочка «Осень».
Техника — «колечки»

Сюбаева Т.Б.
Панно «Музы».
Диаметр панно — 45 см.
Фигуры муз
выполнены в технике
мозаичного плетения
и нашиты на бархатный фон

Харитонова Н.Н.
Жгут «Зелено-золотой».
Спиральный жгут
(со стеклярусом).
Цепочки «квадратик»
и «сдвоенный квадратик»

Сюбаева Т.Б.
Картина «Бабочка».
Размер 29х39 см.
Бабочка и ветка выполнены в технике мозаичного плетения, а затем нашиты на ткань

Золотова М.Б.
Кулоны «Бабочка красная» и «Бабочка синяя».
Ажурное плетение, цепочки «квадратик»

Белик С.В.
Воротник «Летняя ночь».
Петельная техника,
цепочка «квадратик»

Белик С.В.
Лента «Золотые сердечки»,
техника плетения
плотной ленты
на восьми бисеринах.
Белик С.В.
Ожерелье
«Синие цветы».
Две цепочки
из цветочков
на восьми
бисеринах

Корнеева С.М.
Салфетка «Васильки».
Сетчатое вертикальное плетение с плоскими цветочками

Гершун Т.С.
Бутылка «Гжель» и салфетка. Для оплетения бутылки использовано несколько видов техники: плетение типа «поднизей», сетчатое плетение «фонарик», монастырское плетение, цепочки «квадратик». Салфетка выполнена ажурным, скругленным плетением в один «ромб» из отдельных секторов

Моторина Т.А.
Вазочка с салфеткой. Плетение типа «поднизей», ажурное плетение в один «ромб». Салфетка — сетчатое вертикальное плетение с цветочками

*Гершун Т.С.
Шапочка.
Горизонтальное сетчатое плетение,
плетение типа «поднизей»,
цепочки «квадратик» (бахрома)
с плоскими цветами*

*Гершун Т.С.
Воротник «Паутинка». Фрагмент.
Выполнен в технике сетчатого горизонтального плетения
с выплетенными в центре воротника плоскими цветами.
Цепочка «зигзаг» (стилизованный старорусский воротник)*

*Церевитинова Т.С.
Мышь серая.
Мозаичное плетение
(на деревянной основе
в форме яйца),
жгут мозаичный, бусины*

*Корнеева С.М.
Цепочка «Петельки».
Техника плетения цепочки
двойной с цветочками*

Нушель В.Г.
Бутылка «Золотистая» и салфетка.
Сетчатое плетение «соты», горлышко оплетено многорядной лентой из цепочек «квадратик», пробка — мозаичное плетение, салфетка — горизонтальное сетчатое плетение, петельные кисти

Корчагина Т.Ф.
Яйцо на подставке.
Ткачество, ажурное плетение

Шарай Е.Г.
Яйцо «ХВ».
Ткачество, ажурное плетение

Корчагина Т.Ф.
Чехол на абажур.
Плетение типа «поднизей».
Бахрома — низание

Величко Е.Р.
Косметичка.
Мозаичное плетение
из стекляруса

Борзова А.Д.
Салфетка «Старинные кружева» состоит из отдельных элементов скругленного ажурного плетения (в один «ромб»), соединенных между собой низанием.
Окантовано скругленными ажурными лентами в один «ромб»

Фролова О.В.
Галстук «Лесная сказка».
Ажурное плетение в четыре ячейки (ромб),
цепочки «квадратик», низание

Новикова Н.Н.
Браслет «Русский мотив».
Ажурная лента в четыре ячейки («ромб»)

Литература

Ануфриева М.Я. Бисерные переливы. – Народное творчество. 1993. № 3-4.

Ануфриева М.Я. Украшения из бисера. – Марина (рукоделие, мода, полезные советы). 1994, №1.

Ануфриева М.Я. Радуга из бисера. – Мир женщины. 1994, №№ 6, 7, 8, 9, 12. 1995, №№ 4, 5, 8, 10, 12. 1996, №№ 2, 4, 6, 8, 10. 1997, №№ 2, 9, 10.

Беляева Л.Д. Русское бисерное шитье. Петроград, Русский музей, 1923.

Бисер в культуре народов мира: Каталог выставки. Л.: 1990.

Богуславская И.Я. Русская народная вышивка. М.: Искусство, 1972.

Давыдова С.А. Очерк о производстве бисерных работ в Чернском уезде Тульской губернии. – В кн.: Кустарная промышленность России. Женские промыслы. Спб, 1913.

Дудорева В.А. Бисер в старинном рукоделии. М.: Светлана, 1923.

Золотников М.Ф. К материалам о фабрике Ломоносова М.В. в Усть-Рудицах. – В кн.: Ломоносов. Т.I. М.: АН СССР, 1940.

Кельман Л. Хроника бисера. – Химия и жизнь. 1983. №3.

Колотило К. Альбом. К.: Мистецтво, 1992.

Кошкарова-Герцог Е.Д. Руководство по рукоделию. ГИЗЛЕГПРОМ, М-Л.,1946.

Кузнецова Н.А. Проблемы стиля в городских и крестьянских изделиях с бисером: Сб.науч.трудов НИИХП. Русские художественные промыслы XIX–XX вв. и город. социальные основы искусства. М.: 1983.

Лебедева Н.И. Народный быт в верховьях Десны и верховьях Оки: Мемуары этнографического отдела Общества любителей естествознания, антропологии и этнографии. Ч.I.; Народный костюм, прядение и ткачество. М.: 1927.

Литвинец Э.Н. Изготовление украшений из бисера и стекляруса. М.: ВНМЦ народного творчества, 1984.

Мерцалова М.Н. Поэзия народного костюма. М.: Молодая гвардия, 1988.

Моисеенко Е.Ю. Бисерные изделия XVIII в. работы крепостных мастериц в собрании Эрмитажа. — В кн.: Труды Государственного Эрмитажа, Т.3, Л., 1959.

Моисеенко Е.Ю., Фалеева В.А. Бисер и стеклярус в России XVIII – начало XX века. Л.: Художник РСФСР, 1990.

Русский народный костюм из собрания Гос. музея этнографии народов СССР. Л.: Художник РСФСР, 1984.

Русский народный костюм ГИМ. – М.: Советская Россия, 1989.

Русский бисер второй половины XVIII в: Каталог выставки. Госуд. историч. музей М.: 1993.

Солодовников Д.Д. К материалам о русском шитье XIX века. В кн.: Рязанский госуд. областной музей. Исследования и материалы. Вып.III. Рязань, 1928.

Станюкович Т.В. Цветное стекло. М.В.Ломоносов в русском прикладном искусстве XVIII в. Культура русского Севера. Л.: 1988

Фалеева В.А. Бисерные украшения русских крестьянок XIX в. В кн.: Сообщ. Гос.Эрмитажа. Вып. XI, 1976. XXXVII.

Хансуварова С.В. Украшения из бисера. – Работница. 1980. №9 (приложение).

Червяков А.Ф. Шитье бисером и стеклярусом. – В кн.: Русское декоративное искусство. М.: 1965. Т.3.

Юрова Е.С. Старинные русские работы из бисера. М.: Истоки, 1995.

Якунина Л.И. Русское шитье жемчугом. М.: Искусство, 1955.

Ясинская И.М. Русский бисер (Вступительная статья к набору открыток). Л.: Аврора, 1975.

Ясинская И.М. Русский бисер. Проспект выставки из собрания Государственного Русского музея. Л.: Художник РСФСР, 1973.

Содержание

Ануфриева М.Я.

А 73 Искусство бисероплетения. Современная школа. – М.: Культура и традиции, 2000. –352 с.: ил.

ISBN 5 – 86444 – 066 – 3

Книга предназначена для желающих освоить искусство бисероплетения. Построенная по принципу «от простого к сложному», она научит вас не только копировать уже созданные образцы бисерных изделий, но и самостоятельно разрабатывать схемы и изготавливать изделия любой сложности. Подробно описаны различные техники бисероплетения.

В конце книги помещен цветной альбом, содержащий более ста украшений и предметов интерьера из бисера.

Майя Яковлевна Ануфриева

ИСКУССТВО БИСЕРОПЛЕТЕНИЯ.
Современная школа

Книга выпущена при участии издательства
«Народное творчество»

Редактор *В.А. Александрова*
Технический редактор *Г.Г. Гаврилова*
Корректор *Р.А. Трушкина*

ЛР № 065429 от 30 сентября 1997 г.
Подписано в печать 23.12.99. Формат 84×108$^{1}/_{16}$.
Печать офсетная. Объем 22,0 п. л. Тираж 6 000 экз.
Заказ № 1390.

Издательство «Культура и традиции». 129626, г. Москва, 3-я Мытищинская, 16, корп. 47. Тел./факс 287-48-04.

**Отпечатано с готовых диапозитивов
в ОАО «Ярославский полиграфкомбинат»
150049, г. Ярославль, ул. Свободы, 97.**